"十三五"国家重点图书出版规划项目

法学精义
Essentials of Legal Theory

宪法学讲义

（第四版）

林来梵 著

清华大学出版社

北 京

图书在版编目（CIP）数据

宪法学讲义 / 林来梵著. —4 版. —北京：清华大学出版社，2023.6（2025.9 重印）
（法学精义）
ISBN 978-7-302-63650-2

Ⅰ. ①宪⋯　Ⅱ. ①林⋯　Ⅲ. ①宪法学—研究　Ⅳ. ①D911.01

中国国家版本馆 CIP 数据核字（2023）第 092239 号

责任编辑：朱玉霞
封面设计：徐　超
责任校对：宋玉莲
责任印制：丛怀宇

出版发行：清华大学出版社
　　　　网　　　址：https：//www. tup. com. cn，https：//www. wqxuetang. com
　　　　地　　　址：北京清华大学学研大厦 A 座　　　邮　　　编：100084
　　　　社 总 机：010-83470000　　　　　　　　　邮　　　购：010-62786544
　　　　投稿与读者服务：010-62776969，c-service@tup. tsinghua. edu. cn
　　　　质量反馈：010-62772015，zhiliang@tup. tsinghua. edu. cn
印 装 者：三河市东方印刷有限公司
经　　销：全国新华书店
开　　本：170mm×240mm　**印张**：31　**插页**：2　**字　　数**：493 千字
版　　次：2011 年 8 月法律出版社第 1 版　2023 年 6 月第 4 版
印　　次：2025 年 9 月第 4 次印刷
定　　价：109.00 元

产品编号：100201-01

古罗马神话中的"两面神"雅努斯(Janus)的形象之一。
近现代人类社会的宪法，
在本质上也像是某种"两面神"——
它既授予公共权力，又适当约束公共权力，
其目的是维护人的尊严和基本权利。

其一，扩展了与"马工程"《宪法学》教材之间的对话，并增加了一些观点上的商榷。

其二，扩写了基本权利各论部分，使该部分由原来的一章扩容到三章。

其三，鉴于斐然可观的制度发展与现实变化，较大幅度地改写了全书最后一章"宪法实施与合宪性审查"，尤其是其中有关我国合宪性审查制度的部分。

其四，对全书最后附录的两份书单，特别是第二份（现名称改为"《宪法学》课程体系化进阶学习推荐书单"）中的推荐书目做了调整与修改，增补了一定数量的当今我国宪法学者的优秀著作。

其五，顺应信息时代"书籍形态立体化"的发展趋势，同时也为了满足读者们对更加轻便、更加多元的阅读需求，本次修订的一项重要内容，就是将部分重要资料，存放于出版机构专门提供的网络平台，其中既有与所有读者分享的学习资料（分为"小贴士"与"延伸阅读"两类），也有为了与各位教师同行相互交流而首次公开的教学资料，即多年来鄙人亲自制作和不断修订而成的全套"宪法学"课件PPT。为此，本书在封底和书中各处相应设置了二维码，读者们可以通过扫码获取这些资料。可以说，这一尝试，为本书的立体化阅读迈出了关键的第一步。

总之，本次的修订虽因特殊情况延宕至今，但作为作者，在全书修订完毕之际，仿佛有一种"归棹晚，载荷花十里，一钩新月"的满足感。

与以往的历次修订一样，本次的修订虽然由鄙人亲自完成，但也要感谢清华大学法学院俞伟、李治莹、陈楚风、林自立等各位博士生弟子在整理文献资料、校对书稿文字方面所提供的襄助。同时也特别感谢为本书的修订提出诸多宝贵建议，并默默做出贡献的热心读者！此外，还要感谢为本书的刊行付出心血的清华大学出版社责任编辑朱玉霞博士，尤其感谢在关键时刻对本人及本书给予过有力支持的各位师友！

林来梵

2023 年 5 月 25 日于北京清华园

第三版序

本书第二版刊行之后,有幸获得了更多读者的瞩目和支持,作为作者,在深受激励的同时,也对书中的学说和文字平添了更强的责任感,并常因其中的谫陋而愧怍。有鉴于此,便留意此书的缺憾与纰误,用心发展其中的理论与表述,以期精进完善。

适逢 2018 年修宪,本书第二版的修订就成为必要。可以说,这是一次重大的宪法变革,对我国现行《宪法》的规范内容、体例结构等方面均作出了较大幅度的变动,需要我等在体系化思考中加以融贯性的阐释。这也成为本次修订内容的最要者。

本次修订的第二方面内容,就是吸收了笔者在清华大学法学院 2016 年度与 2017 年度本科《宪法学》教学中讲授的一些新内容,其中诸如有关国家目的理论、法学国家观中的国家有机体学说、基本权利限制的正当化论证框架或审查框架等等。这些内容丰富了本教材的理论内涵,其中有些部分也是宪法学初学者有必要把握的知识要点。

本次修订的第三方面内容,则是在继续保持本书与"马工程"《宪法学》教材进行真诚的学术对话的同时,改变自己过去在一定程度上"自甘"成为其辅助教材的自我定位,从而直接补充了许多教学内容,由此获得了相对独立的地位。

通过以上三个方面的修订,本书较之于第二版又增加了近四万字。应该说,这是一次重要的、有实质内容的修订。

"天翻地覆谁得知,如今正南看北斗。"当下中国,无疑仍处于所谓"三千年未有之变局"的历史余脉之中,时代变迁的天光云影,必然映照在宪法这一皇皇大典的规范之间。据闻,近年来,本书越来越受到了校园之外诸多读者的瞩目。诚挚希望通过此度的修订,能为那些关心中国法治前途、未来命运的读者提供一些有益的启迪。

考虑到一些方面的便利,自第三版开始,本书将从法律出版社转由清华大学出版社付梓刊行,对此,法律出版社高山君等同仁给予了可贵的谅解,在此致以谢意。同时需要感谢的还有这几届清华大学法学院研究生赵岩、王敏、谢琪烽、陈楚风、马东飞、段瑞明、张强等同学，他们为初步整理课堂录音、校对书稿文字付出了辛勤劳作。此外值得一书的是，国内许多热心的读者也为本书的修订提出了不少颇有裨益的意见。并此致铭，深表谢忱！

林来梵

2018 年 7 月 28 日

第二版序

对于一部书而言，时光所能给予的最好待遇，就是再版。拙著自 2011 年 8 月刊行以来，承蒙诸多读者的垂注和厚爱，迄今已历四刷，但书中亦有不少缺憾。每念及此，多有惶恐。此度，获得责任编辑高山先生的惠允与建议，有机会对它进行全面修订，实为一大幸事。

著作的修订，当如一场思考的翻耕。这一版，除了在各章之中适当增加了一些新的内容之外，主要是调整了原书的体系，将其第二编"国法秩序的纲领"改定为"国家组织"，同时将"国家机构"一章扩展为两章，一并纳入此编，从而大大充实了有关国家组织方面的内容，使体系中各部分的论述趋于合理平衡，由此弥补了第一版的一个缺陷。此外，还补设了第四编"宪法保障"，专门论述宪法的实施与保障，突出了这一内容的重要性。经过修订，全书的内容已有较大的变动，但仍保留了原书的那种"讲义录"的体裁与风格。

修订之际，还维护了原书所追求的两个目标：一是在宪法学之中理直气壮地引入了法学固有的思考方法，即规范法学的方法，而尽力去除那些空洞的政治话语，尤其是大话、套话与假话。但是，从规范宪法学的立场出发，我所做的主要是去政治话语化，并最大限度地避免将任何特定的政治利益或政治信念作为学术思考或学术表达的预设前提，而非研究对象上的"去政治化"，相反，本书更加重视对政治现象的规范考量。二是考虑到本书毕竟是面向法科初学者的一部讲义，又兼具宪法启蒙读物的性质，为此在表述方面尽量做到深入浅出、生动有趣，真正具有可读性。

本书第一版中多次提及的博士生白斌君，如今已成长为一位青年宪法学者了。最近读到他的一本新著，其中的一句话是："宪法学是有祖国的。"善哉斯言！记得我国法学前辈蔡枢衡先生早在 1947 年就曾指出："今日中国法学之总体，直为一幅次殖民地风景图：在法哲学方面，留美学成回国者，例有一套 Pound 学说之转播；出身法国者，必对 Duguit 之学说服膺拳拳；德国回来者，则于新康德派之 Stammler 法哲学五体投地。"其实，在当今中国法学理论中，这幅"风景图"又已复现久矣，宪法学界亦然。在课堂上，许多学者谈及外国宪法时便眉飞色舞，一旦回到中国宪法的理论问题，则多黯然失色。

有鉴于此，此书的这次修订还特意重视了第三个目标，即进一步确立中国主体立场，修复中国问题意识，努力推动宪法学理论的中国化。为此，尽管书中不少地方谈到了外国宪法或比较宪法学的知识，但总体上已在有意识地挥别那种"次殖民地风景图"了。

全书修订虽经笔者亲手完成，但也要感谢那些为整理课堂录音、校对书稿文字付出辛勤劳作的数位清华大学的同学，他们是晏翮、马东飞、赵岩和李响。其中，晏翮同学为相关工作的筹划、组织与实际运作付出了尤多的心血。同时，法律出版社及高山先生也为此书的出版颇费神思。并此致铭，以表谢忱！

学问的欢愉与艰辛，如鱼饮水，冷暖自知。此时，乘兴翻出二十多年前的一首诗作，改写其中的两行，用以收束本序：

我将犁向一片冬天的思想里
它的废墟形形色色

林来梵

2014 年 12 月 20 日夜

第一版序

近年来,用心从事本科教学,受益良多。2008 年和 2009 年这两个年度,其时本人尚在浙大(光华)法学院任教,先后于当年春季学期承担本科《宪法学》课程的教学任务。承蒙学校为该课程聘任的助教白斌(现执教于中央财经大学法学院)等多位研究生诸君的热心支持,讲授内容得以一一录音下来,并由他们整理成一份书稿。恰逢 2008 年起该课程被评定为国家精品课程,在同学们的鼓励下,便萌发将此稿校订之后予以出版之意,借以作为国家精品课程建设项目的一项成果,亦俾便与国内同行切磋交流。然此后因本人工作调动之故,原稿的订正未能一气呵成,付梓的计划更被延宕至今。但在断断续续的修订过程中,还进一步吸收了 2009 年秋季学期本人调到清华大学法学院之后为本科生讲授此课的一些内容,终于形成了本书现在的全貌。

叹中国立宪,迄今已历漫漫百年,却因种种缘由,使作为学问的宪法学之发展,一波三折,备尝艰辛,即使到了如今,仍然可谓是一门最难研究的学科之一。而且从某种意义而言,中国的宪法学,也是一门最容易使人肤浅的学问。许多在其他研究领域中颇有建树、甚或负有盛名的学者,一旦在涉及中国宪制问题上展开学术言说,便十有八九难逃典型的所谓"法学幼稚病"之嫌。鉴于此,本人从教虽也有一定年头,却踌躇再三,一直未敢贸然独立撰写或主编本科的宪法学教材,平时教学,就选用我国老一辈著名宪法学家许崇德先生主编的《宪法》(21 世纪法学系列教材),但从国家精品课程建设项目的要求而言,这毕竟属于一种不足。

呈现于读者诸君面前的这本读物,虽然不是严格意义上的一部教材,但它的问世,或许可以聊补上述的缺憾。诚然,它所反映的教学过程,是基于别人主编的教材展开的,但本人原本也参与了这部教材的撰写工作,而且,在独立的教学过程中,针对教材中那些不能苟同的描述或见解,也会作出一些澄清或讨论,并借此引导学生作批判性的学术思考,此外,对于一些本身就存有重大争议的问题,也会尝试提出并初步论证自己的学术见解。为此可以说,本书或多或少地也反映了自己对宪法学所作出的"体系化思考"。也正因如此,将书名定为《宪法学讲义》。此外,作为一部"现场实录讲稿",本书也以一种活泼的方式,记录了自己在课堂上挥洒的性情。为此诚望通过它,能为莘莘学子以及其他具有知性的读者,就宪法学这样一门似乎是严肃的学科,提供一册轻松的、具有一定"临场感"的启蒙读物。

最终成书之际,还当特别感谢当年为现场录音和文字整理付出了辛勤劳作的诸君;他们的名字是:白斌、吴耀俊、王群、陈诚、廖珍珠、骆正言、朱玉霞、陈运生、姚夏军、董旭峰(按照所负责内容的先后顺序排列)。尤其是白斌君,还为此书的筹划、组织以及全稿的初校,付出了较多心血。

现付梓之际,仍有迟疑。是的,随着近年来研究生教育的大力发展,对于大学教师而言,本科教学虽然属于低年级的教学工作,但其实,有经验者均能体悟到,它恰恰要求更高超的授课艺术。更何况,在当今中国各大学的法学院系中,本科《宪法学》的课程大多开设在一年级的第一或第二学期,与几乎同时开课的《法学导读》或《法理学》等课程分担着"基础课"的功能,甚至在一定程度上,也成为法科专业学习的入门津梁。为此,面对嗷嗷待哺的新生,如何以生动活泼、通俗易懂的表达方式,将宪法学的教学内容深入浅出地讲清、讲通、讲透,对授课教师而言,乃是一项极大的挑战。

自知与上述的要求仍相去甚远,为此不胜惶恐。且由于本书成稿过程的特殊性和复杂性,虽经认真订正,但纰误之处仍在所难免,伏望读者诸君以及其他大方之家予以教正。

林来梵

2011 年 3 月于清华园

简　目

详　目

导　论

昨夜那场秋雨，洗刷了我们迈向宪法学的路。

今天，我们就要开始一起学习这门学问。

说起"学问"，大家可能会想起民国时期，清华大学有一位著名的大教授，叫王国维，他说过这样的话：古今之成大事业、大学问者，必经过三种境界：第一种境界是"昨夜西风凋碧树。独上高楼，望尽天涯路"；第二种境界是"衣带渐宽终不悔，为伊消得人憔悴"；第三种境界则是"众里寻他千百度，蓦然回首，那人却在灯火阑珊处"。显然，这三种境界是依次递进的，但前一种境界又是后一种境界的基础。

不过，请大家注意的是，王国维所认定的第一种境界不是"衣带渐宽终不悔，为伊消得人憔悴"，而是"独上高楼，望尽天涯路"。正如有人指出的那样，在这里，王国维是有深意的。也就是说，"你付出很多努力你就会成功"这样的想法只是一般人的推论。这个推论还是太甜美了，甜美到有害健康。真正的道理是：对于治学而言，你必须先"独上高楼，望尽天涯路"，否则你注定走不远，甚至白忙活。质言之，"衣带渐宽终不悔"自然是必要的，但仅凭这一点也可能不会获得学问上的成功，只会收到瘦身的效果而已。

诸君选择法学专业，这是很好的。环顾整个法学内部的各门学科，宪法学这门学科虽然颇为冷门，不过它为你提供了一座"高楼"，可以让你去攀登，去"望尽天涯路"。而之所以"冷门"，也是因为"西风"给吹的。我不知道昨夜吹的是否正是西风，但是我们可以肯定昨夜的那场雨正是秋雨，此可谓"昨夜秋雨凋碧树"，那就让我们今天"独上"宪法学的"高楼"，"望尽天涯路"吧。

王国维先生所说"独上高楼"的"独"字，内涵也很丰富。在他去世后，清华大学的另一位国学导师陈寅恪先生专门写了纪念碑铭,被刻在一块石碑上,如今还竖在清华园里,其中提炼出了"独立之精神、自由之思想"这一学术精神。有空你们可以去找到它,认真读一读。"独上高楼"的"独"字,就可以理解为一种"独立之精神",至少也可以理解为一种孤独。

说到孤独,你们现在济济一堂、兴致勃勃地凑在一块儿听课,是感觉不到的。但其实你们在面对宪法学这门学问的时候,注定是孤独的。是的,学习宪法学,需要一种"在绿原上啃枯草"的精神。为此要让一个人喜欢宪法学,尤其是让年轻人喜欢宪法学,是很不容易的。可是,你们必须重视宪法学。一个国家,也总是需要一些大学重视这门学问的。比如美国至少就有一个大学是非常重视宪法学的,这个大学就是耶鲁大学。据说,耶鲁大学法学院里面,老师不多,但大部分的教授都声称自己研究宪法学。耶鲁大学法学院也盛产宪法学专业的学生,盛产宪法实务人才。我们清华大学也应该重视宪法学,为此你们也必须好好学习这门课程,未来才能对国家、对社会有所担当。

以上这些闲话先按下不表,现在开始进入正题。但说是正题,其实这一章上的是宪法学的导论课。不过,这导论课也很重要。

说到宪法,大家可能都对它有一些印象。这种印象往往从宪法的文本开始,尤其是宪法的封皮,那是一个国家宪法的一种典型的表象。下图中,第一个是中华人民共和国《宪法》,印刷出来的封皮大部分是红色的,我们对宪法的印象往往从它开始形成。第二个是美国《宪法》,它是 1787 年在美国费城制定签署的,是写在羊皮纸上的一部非常简要的宪法,原来只有七个条文。第三个则是"二战"后制定的西德《基本法》。德语叫 Grundgesetz,缩写为 GG。东西德统一之后,这部宪法仍然在适用。世界上大部分国家都有一部宪法。其中一些国家的宪法是具有代表性的。以上三个国家的宪法就各具一定的代表性。

关于宪法的印象,还有两种说法:一种说法是"宪法是国家的名片"。确实,要了解一个国家,首先看它的宪法。翻开宪法就可以知道,这个国家的政权是什么性质,国家一切权力来自谁,或属于谁,国家机构是怎么安排的,人民在国家中处于什么样的地位、享有什么样的权利。这些都大致可以从宪法中看出端倪。如果进一步认真学习这部宪法,还可以基本了解整个国家的实际运作过程。第二种说法、也是更早的一种说法是:"宪法是国家的肉体"。这是欧洲 19 世纪末

图 1　宪法的印象

著名政治思想家、国家法学家布伦奇利（过去译为伯伦知理）提出的。他把国家想象成一个有机体，宪法就是它的肉体。这个说明不一定好理解，但告诉我们：宪法是关于国家的法，它所涉及的内容非常重要。

首先，国家权力归谁所有。各国宪法一般都对此作出规定。但这种规定可能比较抽象，如表述为"国家的一切权力属于人民"；或"国家的一切权力属于国民全体"。看上去似乎很好理解，但我们真的理解了吗？人民是哪些人？国民在哪里？人民与国民有何区别？还有公民，与人民、国民又有什么关系？这就涉及宪法问题了。

其次，宪法还关系到国家设置哪些权力，这些权力如何安排。大部分国家设置三种权力：立法权、行政权、司法权。现在中国还设置了第四种权力：监察权。实际上孙中山还曾经主张再设置一种权力，叫考试权，这样就有五种权力，宪法也号称"五权宪法"。有人可能想问，那我们现在是否属于"四权分立"？这就涉及一个关于国家权力如何组织的宪法学问题。

除此之外，宪法还涉及中央和地方的关系问题，这关系到中国究竟是单一制还是联邦制的问题，但我国宪法文本对后面这个问题没有明确规定。那怎么办呢？这就应该在涉及央地关系的宪法条文中进行分析。分析后的结论是中国属于单一制，权力主要集中在中央，地方的权力由中央授予，虽然有一定的灵活性，但重要的大事都由中央主管。不过也有学者可能认为，中国虽然号称单一制，但宪法没有明文规定，实际上地方的权力不小，相当于一种半联邦制；甚至有人就主张中国应该实行联邦制。而中国能不能实行联邦制呢？这是一个自古以来就非常有争议的问题。柳宗元的《封建论》一文就曾讨论中国王朝到底应该实行封建制还是郡县制，并倾向于主张实行郡县制。我们现在所说的"封建主义"则是按照马克思主义的说法，与我们传统说的封建制不同。传统的封建制主要指的是宗亲分封制，西周就是典型的封建制，西晋也比较有代表性。与封建制相反的是郡县制，典型的朝代是秦。当今中国更像哪一个呢？显然是像郡县制。这也涉及宪法问题了。

当然，宪法也不止关系到这些国家大事，还关系到每个人的大事，其中最关键的问题是：作为个体的人，作为公民，作为国家成员的一员，相对于国家应享有哪些最起码的权利？这应该属于重大的宪法问题。在这里，我们先举出一个例子，今后讲到相关宪法原理时再具体分析。2001 年，美国发生"9·11"恐怖事件，随后，一个严峻的问题很快就摆在各国政府的面前：如果民航客机被恐怖分子劫持，那么，为了防止被劫持客机撞向大楼，造成更大的二次威胁，国家可否将其击落？关于这个重大问题，在各国争议很大，在有些国家，它还被提交到宪法法院做裁断。

说到这里，有的同学可能会觉得，我国现在不是有《民法典》了吗？宪法与民法谁更厉害呢？这好像就得"煮酒论英雄"了。应该说，民法确实很厉害，关系到人们生活的方方面面，在当今我国现实中，其实效性也比较强，但民法并不能解决所有的问题。例如，你到一个私营企业工作，公司发现你不信仰马克思主义，就把你解雇了，这可以吗？也就是说，私营企业是否可以基于个人信仰解雇员工？这个案例在"二战"后日本历史上就真的发生过，这就是著名的三菱树脂案。案中被解雇的年轻人叫高野，毕业于日本的某所著名大学，他在填表时隐瞒了一段重要经历：他在大学时信仰共产主义，还是个学生干部。公司发现后，就让高野不要再来上班了，表面上的理由是他曾向公司隐瞒了个人的一段履历，实际上则与高野的政治信仰有关。高野不服，跟公司打了十年左右的官司，直到上诉到日本最高裁判所，双方还请来了许多著名的宪

延伸阅读：宪法切入民法

法学家出具法律意见书,最后日本最高裁判所作出了判决。这份判决就引入了宪法学的原理,被称为宪法判例。

以上初步讲到了有关宪法的印象,其实已涉及如何看待宪法的问题。那么,我们中国人究竟是如何看待宪法的呢?也就是说中国人的宪法观是如何的?这就要从近代讲起了。

中国人对宪法真正开始有点感觉,应该是在甲午中日战争之后。这个战争过去两个甲子年了。如今,我们把 9 月 18 日定为国耻日。其实在我看来,真正的国耻日是 9 月 17 日。1894 年 9 月 17 日这一天,中国人在鸭绿江口跟日本人打了一个败仗,这是甲午战争开端的一仗,史称"大东沟之役"。根据清华大学民国时期著名历史学家蒋廷黻先生的说法,这一仗决定了中日两国此后在亚洲的地位,真正属于一决雌雄的战役。当时,大清国相对于日本而言,在军备上本来处于一定优势,根据蒋廷黻的说法是:大清国的海军力量居世界第八位,而日本的海军力量仅居世界第十一位。但这第一仗,中国人却打输了。打输了这一仗之后,中国人才开始有点醒悟,为此出现了变法维新运动。其实在这之前,中国人已经打输了鸦片战争,在反复和西方的较量当中,我们感到自己缺的是坚船利炮,是军事实力。因此就进入了洋务运动。在洋务运动过程当中,中国人一时没有赶上西方的科技,就向西方人购买先进武器。比如说北洋水师当时很多军舰都是从英国、德国买过来的。但是,洋务运动的成果仍然在甲午海战中不堪一击。原因是什么呢?这个时候,人们开始反应过来,推断是中国的政治制度出了问题,于是出现了维新变法。但是维新变法运动最终还是失败了。也就是说,当时中国的高层政治精英集团还没有全面觉醒,很多人还没有想变革国家制度。

使中国人真正觉醒并开始重视宪法的是此后 1904 年到 1905 年的日俄战争。当时有代表性的说法,认为它是"启中国宪政之萌芽者"。这是日本人和俄国人在中国土地上打的一场战争,结果日本打赢了。这是近代东方人对西方人的第一次胜利。作为东方人,中国人也很高兴,但也在想,到底是什么原因日本人打败了俄国人。大家看到:当时的日本已经是一个立宪国家了,1889 年,日本就制定了一部宪法,叫作《大日本帝国宪法》,又叫《明治宪法》。这是亚洲第一部成文宪法。日本由此进入了一个立宪主义时代,即依据宪法施行政治的时代。当然,这个立宪主义是有限的,现代日本学者把它叫作"外见性立宪主义",即表面上是立宪主义,但在一定程度上仍然是专制主义。可是那时的日本人正是在这部宪法之下,确立了制度的变革,促进了国家的转型,也在一定程度上借用了天皇的权威,并激活和凝聚了国民的精神。与此相反,俄国却不是一个立宪国家。为此,日俄战争的结果就被我们中国人理解为"非俄之败于日也,乃专制国之败于立宪国也"。于是中国朝野上下不少人都把宪法当作一种"神器"来看待,认为只要立宪,就可能实现富国强兵的国家理想。这是中国人的一种宪法观。直到今日,这种观念还很有生命力。可以说,新中国宪法依然寄托了富强的中国梦,"富强"即被明确地写进了宪法。现行《宪法》序言第七自然段最后一句即写道:"把我国建设成为富强民主文明和谐美丽的社会主义现代化强国。"

当年的晚清朝廷,最终也受到这种宪法观的影响,为此就于1906年宣布预备仿行立宪,1908年颁布了《钦定宪法大纲》,而且已经命人在起草正式的宪法了。谁在起草呢? 主要是两个人:李家驹和汪荣宝。如果你们有兴趣可以去看《汪荣宝日记》,里面写到汪荣宝当时已经受命在起草宪法的事情。但在这个宪法草案刚刚完成的时候,辛亥革命爆发了。这是一场失败的立宪运动,因为革命赶在立宪之前,并获得了成功。因此,长期以来,就有不少人推断当时清廷的预备立宪是虚情假意,不是真的准备实行宪政。但是综合中国人以及日本人的研究资料,如果说清廷当时完全只是欺骗也是不对的。实际上清廷是半推半就,也想把宪法作为自己的救命稻草。尤其是相当一部分人,包括慈禧太后,意识到亟须制定一部宪法来拢聚民心、改善政局,使清朝得以延命。但是,他们又不想走得太远,不想把权力和利益彻底地交割出去。

应该说,晚清之所以想推行预备立宪,同时还涉及中国人的另一种宪法观,即认为宪法可以赋予政权合法性。正如公司有营业执照那样,宪法就好比国家的"营业执照"。正因如此,最后清廷才决定预备立宪的。甚至连革命派在一定程度上也是这样想的,担心清廷真的立了宪,延了命,为此1905年9月当五大臣第一次启程出洋考察时,革命党人吴樾就不惧牺牲自己,混入北京正阳门火车站去截杀过他们。这个行刺活动没有完全成功,但辛亥革命最终倒是真的成功地"截杀"了清末君主立宪。

然而立宪主义在中国并没有因此断了血脉,反而在这个国土里扎下了根基。只不过到了民国,立宪之路又是一波三折。这一段历史,可以用鲁迅的一句诗来印证，那就是"城头变幻大王旗"。是的，整个民国时期，宪法就像是城头不断变幻的"大王旗"，扯出来都为了立一个旗号，用以认定自己政权的合法性。

到了新中国，宪法观念发展了，也很重视通过制宪加强政权合法性。新中国成立之际制定了《共同纲领》作为临时宪法。到了 1952 年 10 月刘少奇访问苏联时，斯大林建议我国应该制定一部正式的宪法。在他看来，新生的中国如果缺少一部正式的宪法，敌人就会声称"你们的政权是建立在刺刀之上的"。毛泽东和党中央非常重视这个观点，决定制定新宪法。毛主席对制定这部宪法非常上心，亲自参与起草。这就有了 1954 年宪法。

但真正值得重视的一种宪法观，是将宪法看成是人民手中的法宝。民国时期，就有人认为宪法应成为"人民之甲胄"。现在我们说宪法应成为人民手中的一种法宝，也不完全是妄言。如 2007 年重庆发生了一个"钉子户"的事件，就有了这样的萌芽。本案当事人吴萍女士在政府大规模拆迁当中坚守自己的房屋，并且用宪法跟有关方面进行交涉，使得对方最后给足了补偿，最后呢，她才同意拆迁。这个案件当时在国内引起了广泛的关注，确实在某种意义上来说，体现了中国宪法发展的一种新的趋势，这就是：宪法不再仅仅是政权合法性的确认书，宪法也开始慢慢地在被普通民众所使用，用来保护自己合法的权益，也就是保护自己宪法上所规定的基本权利。这可能成为中国宪法的一种新的发展方向。在这个意义上来说，宪法在当今中国，已经逐渐走出了自清末以来中国立宪主义的悲情的历史，迈向一种新的、值得期待的前景。

当然，在当今中国，宪法是否真的有用呢？关于这一点，争议还比较大。但从这些争议当中，我们也可以体悟到国人对于依宪治国的一种心声，体悟到国人对于依宪治国的一种期待。这可能是我们立宪主义进步的一种精神动力。

中国宪法发展的趋势是什么？我们可以从学术上作出这样一个判断：它正在从国家政权合法性的认定书逐渐地发展为人民权利的保障书。一个政府诞生了，确实需要一种东西去确认它是合法的。宪法就是这样一个证书，就好像国家的"营业执照"一样。但是如果我们把这宪法装裱起来，束之高阁，仅作为图腾膜拜，这还是不够的。因为这既不能满足人民的需求，也不符合时代发展的规律。当今中国有一股力量，随着改革开放，随着社会主义市场经济的发展，随着社会的不断进步，推动着宪法往一个方向发展，就是使宪法成为人民权利的保障书。

从学理上说,如果一部宪法真的能够成为人民权利的保障书,那么这部宪法就恰恰可以更有效地证明一个政权的合法性。这是由于,宪法本身就要求国家要最大限度地维护和保障人民的基本权利,只有做到了这一点,这个国家和政府的存在才具有正当性。只要这个历史发展进程没有被打断,我们完全有信心看到宪法未来美好的发展前景。

那么,人们期待中的宪法是什么样的呢? 我们可以用以下几个简单的说法来概括:

(1) 镇国之法宝。宪法成为国家所有法律中最重要的法律。

(2) 治国之法典。宪法可以用来治理国家。

(3) 政治之准据。宪法赋予公共权力,但公共权力的运行也应当符合宪法,应当依据宪法来治理国家。

(4) 人民之甲胄。宪法最终是要用来保护人民的,保护人民作为人的尊严,保护人作为人应该享有的最起码的权利。

以上我们讲的是有关宪法的印象。

接下来我们要进入导论课的另一个阶段,就是课程简介。

宪法学这个课程,可能大家已经有所了解。宪法学这门课,是教育部所认定的核心课程之一,在任何一家法学院读法学,都要学习这门课程。同时,我所讲授的宪法学这门课程,也是清华大学 2012 年起所认定的精品课程之一。这自然也归功于各方面的支持,包括历届同学与我在教学中的互动,在这里也希望大家继续参与这门课程的建设。我们这门课的学时是 48 学时。我们的讲课方式是讲授与讨论相结合。但因为课堂中人数多,所以,平时以我讲授为主,辅以一些提问和讨论,包括网络学堂以及其他第二课堂上的研讨。

其次是教师简介:我的名字叫林来梵。但对于这个名字,很多人浮想联翩,以为我是个和尚,或者属于迟早要出家的人。其实非也。我在网络上还有个别号,称作"梵夫俗子"。我的星座是白羊座,稍微清高一点点,但人还是相当温和的。

下面推荐一些教材及参考文献。

我们首先推荐的主教材，或者说重点推荐的教材，就是"《宪法学》编写组"所编写的《宪法学》。它属于马克思主义理论研究和建设工程重点教材，可简称"马工程《宪法学》"或"马工程"教材。这本书现在已出了第二版，是高等教育出版社和人民出版社 2020 年出版的。

为什么要推荐这个教材呢？原因不仅仅是因为我个人也参与了这部教材的编写，是其第一版编写组中 11 位主要成员之一。更重要的是因为这本教材有一个好处，即它可能是当今我国教育出版界错误最少的宪法学教材之一。迄今为止，许多宪法学教材都难免有一些硬伤，比如，过去我们称为"象牙海岸"的这个国家，已正式要求我国将它的国名改为音译名"科特迪瓦"，但我们有的宪法学教材还使用"象牙海岸"这个名称。有的教材更离谱，居然同时使用两个国名。而根据我的判断，像这样的硬伤，这本"马工程"教材则很少，因此从某种意义上来说它是最正确的教材，当然其中也包括"政治正确"。

但需要指出的是，这本教材从第一版开始就有很多问题，不少读者对它作出了尖锐的批评，豆瓣评分也很低，其中最重要的问题就是：对于许多同学而言，它内容比较简单，有些内容甚至在中学的政治课中就学过了。而且，毕竟这是一本全国统编教材，它必然带有统编教材所固有的先天缺陷，就是要考虑到全国所有高校法学院系学生都适合用来学习，因此在知识密度、理论深度、思想高度上只能采用平均值，这导致一个结果是，许多高校法学院的学生读了这本书之后就感觉不"解渴"。不谦虚地说，清华大学的学生同样也有这种感觉。

有鉴于此，我们还需要推荐一些其他的辅助性参考教材。

其中一部是我的《宪法学讲义》。清华大学是很重视教授给本科生上课的，我多年来坚持参与本科教学工作。这本教材就是根据这十多年来我给本科生上课的课堂讲授内容整理出来的，不断修订完善，出到了现在的第四版。很荣幸的是，这本书自 2011 年初版以来长期受到众多读者的喜爱，2020 年还获得清华大学优秀教材特等奖的殊荣。由于我在教学中采用了上述的"马工程"《宪法学》，为此这本教材实际上在很大程度上也是围绕"马工程"教材的内容而展开的，在某种意义上可以说是"马工程"《宪法学》的一部辅助教材。

这本教材有明显的特色。首先，为了满足同学们对宪法学知识的渴求，这本书在"马工程"教材的基础上增加了很多内容，知识密度较高，但这些知识并不是随便堆积上去的,而是从我所主张的"规范宪法学"这样一种方法论的角度做了体系化的布局与建构。

其次,这本书很重视学理性。在我看来,学理性与理论性是不同的。如今,讲理论性已经够普遍的了,不仅政治宣传讲理论性,独断性的政治宣示也讲理论性,但追求学理性则殊不容易。学理性也不可多得。那需要从现实生活中或从理论思考中提取出问题,并将这类问题转化为学术上真诚的追问,接着在学术上加以深入的分析与探究,获得学术上的解答,并从学术上将其说通,而且最好能说得通透。为了尽量做到这一点,本书很重视引导学生进行必要的学术思考,甚至不时地针对以"马工程"教材中的学说为代表的主流宪法理论进行反思性的学术分析,并就一些有争议性的问题提出了个人的学术见解。

这本书的第三个特点,就是重视理论知识的趣味性。我悟到了一个道理:在当今这个世界,想把某种理论强加给他人接受,那几乎是很难成功。要让大家接受宪法学这样的理论,也不是那么容易。为此,本书的叙说追求理趣并蓄,在语言表述上保留了课堂讲授的原有风格,力求深入浅出、通俗易懂。

但如果大家觉得这本教材还不"解渴"的话,那怎么办呢?

那可以读这本书,即:韩大元、林来梵、郑贤君合著的《宪法学专题研究》(第二版),中国人民大学出版社2008年出版。这本书比较深入,主要属于研究生用书。

但如果你觉得实在还不"解渴",我再向你推荐芦部信喜《宪法(第六版)》,是我主持翻译的,2018年清华大学出版社出版。这部教材是当今日本最具影响力的宪法学教材,据说第六版之前就已在日本销售百万册之巨。作者芦部信喜是一位已故的宪法学家,生前被誉为日本宪法学的"第一人"。他去世后,其许多弟子仍然在日本宪法学界雄踞重要地位,而且这本书也仍然不断地通过补订一些新判例而推出新版。他最重要的弟子之一、当今日本宪法学权威高桥和之教授,就是这本书的补订者。

除了教材之外,我想给大家再推荐一下《清华大学宪法学课程教学案例》。这是由我和历届的助教们一起编写的,里面的案例都是精选的,并有不间断的更新。其中一部分案例,我们在课堂中会分析到,其他的则供大家平时思考。

好,以上我们推荐的主要是教材。除了教材,我认为同学们还要读一些其他参考文献,尤其是一些经典著作。在此方面,我为大家准备了两份资料。

图2　芦部信喜(あしべのぶよし),原日本东京大学法学
院教授,当代日本具有代表性的宪法学者

一份是《法科初学者〈宪法学〉课程精选推荐书单》,里面共有 20 本著作。其中有几本有关宪法学和政治学的震烁古今的经典名著,如洛克的《政府论》、卢梭的《社会契约论》、孟德斯鸠的《论法的精神》,还有密尔的《代议制政府》、汉密尔顿等人的《联邦党人文集》。如果你们想学好宪法学这门课,想成为真正有思想的人,可以将这几本买下来读,那将终身受用。

这份书目中也有一些辅助性的读物,甚至有几本看似闲书的书,如梁漱溟的《中国文化要义》、钱穆的《中国历代政治得失》,你可以读。还有,容许我推荐一下自己的随笔集《文人法学》。为什么要再推荐自己的这本书呢?主要是因为里面收集了我有关宪法学的一些比较"好玩"的随笔。其实我知道,一般来说,你们未来注定只有很少的一部分人可能从事学术研究的,也就是说你们很少人将在未来的职业生涯中需要撰写大量的学术论文,但是你们每一个人都可能需要写一些文章。那么,跟法学专业有关的文章怎么写,我这本小书可以提供一个未必成功、但很亲切的标本。

以上 20 本书是精选的推荐书目。有些同学认为这 20 本还不过瘾,怎么办呢?我们还准备了一份《〈宪法学〉课程体系化进阶学习推荐书单》,其中推荐了56 本书(说明:这两份书目都附录在本书之后)。

接下来,我们将进入正式的导论课的核心内容。

话说在国内,有很多教师在不同的学校讲授宪法学,我只是其中的一员。但我也跟许多宪法学教师一样,希望能给这门课带来一些新意,不过,我绝不刻意追求"语不惊人誓不休"的效果,那违背了我的学术立场,对大家学好这门课也是无益的。那我们该追求什么呢? 我认为,应该追求一种贯彻了立宪主义精神、又契合中国国情实际,且能真正有效地认识中国问题、解决中国问题的宪法理论。我曾经把这种理论体系叫作"规范宪法学"。当然,因为课时等方面的限制,我们很难在这里全面深入地探索"规范宪法学",但从这里开始,我将尽量从"规范宪法学"的立场出发,跟你们一道,踏上宪法学思考的历程。

今天要讲的导论,就是这个思考历程的起点,主要探讨四个问题。

一、学科名称:"宪法"还是"宪法学"?

首先讲第一个问题:学科名称。到底我们这个学科的名称是该叫作"宪法"还是"宪法学",抑或二者都可以? 国内许多这个学科的教材名称叫《宪法》,但是在绪论中却多次使用"宪法学"这一术语,这到底是怎么回事?

类似的情况在日本也有,前面讲到的芦部信喜教授,他的著述中就出现过。在前面我们所推荐的他的那本教材,就叫作《宪法》。但是,老人家晚年退休以后开始出版另一套体系书,书名却是《宪法学》。这套书是分卷完成的,第一卷:《宪法学Ⅰ(宪法总论)》,第二卷:《宪法学Ⅱ(人权总论)》,第三卷:《宪法学Ⅲ(人权各论Ⅰ)》。这到底是为什么呢? 这个问题很重要,说起来背后有很深的学问,姑且我们可以作出这样的解答:宽泛地说,作为学科的"宪法"其实也可以称作"宪法学",也就是说,我们这个学科既可以叫"宪法"也可以叫"宪法学"。但是,从严格意义上讲,作为学科的名称,"宪法"和"宪法学"之间又有着微妙的区别。

这种微妙的区别在哪里呢? 要理解这一点,就需要先学习下面的内容,也就是我们导论中要讲的其他三个方面的内容,然后我们才能得出一个完整的结论。

二、宪法学的研究对象

那我们接下来讲第二点:宪法学的研究对象。也就是说,宪法学作为一门学科，究竟研究什么？

或许有人马上会说：这很简单，宪法学研究的就是"宪法"。这个说法很难说是错误的，但我们把宪法典拿过来琢磨一个晚上，是不是就算研究了宪法呢？如果是那样，那太容易了。比如，我国现行《宪法》，除了序言，还有 143 条，一共有 17000 多字，跟钱穆先生所统计的中国古代的《论语》的总字数差不多。有人可能会说，就这么多字，我一个晚上就可以搞定，甚至把它的条文全部背诵下来又有何难！可是，如果研究宪法学真的如此简单，我的头发也不会掉得就剩下这么点儿了。

其实，从学术的角度来看，作为宪法学研究之对象的"宪法"，既具有多样性，又具有复杂性。

先说宪法的多样性。

作为宪法学研究对象的宪法具有多样性。大多数的宪法学者主要研究的是自己国家的宪法，而且是自己国家的现行宪法，这确实也是我们以下所说的"宪法教义学"的必然要求。当然，除了自己国家的宪法之外，还可能研究其他国家的宪法，因为其他国家的宪法理论、宪法实践的经验和教训都可能值得我们反思或借鉴。

大部分国家都有自己的宪法。每一个国家的宪法又都有自己的历史。

中国宪法也有多样性。现在让我们简略地回顾新中国宪法的历史。

众所周知，毛泽东曾经亲自主持起草制定新中国第一部宪法，即 1954 年《宪法》。这部宪法跟杭州有关，起草的地方就是在杭州，办公地点在北山路 84 号院，下榻的地点在刘庄，如今改名为"西湖国宾馆"。1953 年 12 月，毛泽东一行乘火车从北京到达杭州，准备起草《中华人民共和国宪法》。如前所述，在这之前，新中国只有《中国人民政治协商会议共同纲领》，它起到了临时宪法的作用。但出于重要原因，新中国制定出 1954 年《宪法》。这部宪法后来经过三次的大修改，先后便有了第二部的 1975 年《宪法》、第三部的 1978 年《宪法》和第四部的 1982 年《宪法》。而 1978 年《宪法》曾经历了两次部分修改，现行的 1982 年《宪法》，迄今为止则经历了五次部分修改。凡此种种，都可以、也应该纳入我们的研究范围。

那宪法学首先研究什么呢？如前所述，宪法学应该首先研究本国的现行宪

图 3　毛泽东曾主持起草了 1954 年宪法草案

法。重点在这里，其他的都是辅助的。有一个说法非常好，即"宪法学是有祖国的"。当我们说"宪法"的时候，首先是说自己国家的现行有效的那一部宪法。这是第一点。

其次，作为宪法学研究对象的"宪法"，又具有复杂性。

宪法复杂性表现在它既有静态的一面，又有动态的一面。而且它的结构非常复杂。从静态来看，我们首先会看到宪法文本、文本里面的条文。我为什么会叫大家买宪法典呢？因为宪法文本是我们研究的基础。我们读宪法文本的时候，首先遇到宪法的条文，但是这种条文并不那么简单，因为条文当中存在着规范。而且，一个条文可能推出多个规范。换言之，看似一个简单的条文，但是里面可能存在不同的规范。这个道理我们今后会讲到。而规范当中又存在内涵，里面有些基本概念、基本原理在起作用。所以呢，这内涵里面就涉及或形成各种概念和理论。正因为这样，对宪法静态的一面，我们就需要深入研究。而不要把静态的宪法现象，看成是简单的、波澜不惊的一种现象。

比如我们说，现行《宪法》第 39 条规定："中华人民共和国公民的住宅不受侵犯。禁止非法搜查或者非法侵入公民的住宅。"这个条文连小学生都知道它说的是什么意思。但是，你真的知道这个条文当中蕴含着什么规范、规范里面蕴含着什么内涵、内涵里面蕴含着什么概念和基本理论吗？你或许说没问题，那我们来提问。

首先，这个条文里面只说"公民的住宅不受侵犯"，而没有直接告诉我们到底谁不能侵犯公民的住宅。那究竟是谁不能侵犯公民的住宅呢？是国家不能侵犯公民的住宅，还是其他公民不能侵犯公民的住宅呢？还是这两者都不能？这就是一个问题，需要研究。

接着我们再问一个问题：这里规定公民的住宅不受侵犯，那么在中国的外国人的住宅是否可以侵犯呢？这也是个大问题。如果说外国人的住宅可以侵犯，那我们到了外国，外国人也侵犯我们的住宅，该怎么办？有的同学说，我们去了外国没住宅啊，只是住在宾馆里面。是的，这里就要再问了：住宅不受侵犯，那么人们下榻的宾馆或宿舍，能不能侵犯呢？有人认为从严格的意义上说，宿舍不是学生的住宅，可以侵犯。这个观点说的对不对呢？

我们还需要继续问：关于"侵犯"，其含义应该如何理解？踹门进去肯定是一种侵犯，但我不踹门，只在你屋外架设各种监视器，监视你、监听你，这算不算侵犯呢？

接下来，"禁止非法搜查或者非法侵入"公民的住宅，那么就有合法的搜查或者侵入，那么，什么情形下才是"合法的搜查或者侵入"呢？

再接下来一个比较根本性的问题是：宪法为什么要保护公民的住宅不受侵犯呢？是的，公民的住宅很重要，要保护，但是《宪法》第13条已经规定公民合法的私有财产不受侵犯，住宅往往就是公民合法的私有财产，为什么第39条还要规定公民的住宅不受侵犯呢？也就是说，第13条保护的私有财产，保护的是什么呢？而这里第39条保护的公民的住宅又是什么呢？这也需要我们去理解，否则这两条宪法条文解释和运用起来，可能就会有偏差。

所以你看，宪法学起来并没有那么容易：看上去那些条文很好懂，但是从宪法学学术的角度问一问，就知道它还是有一些学问的。

以上说的，涉及我们对静态宪法现象的探究。这已经比较复杂了。如果我们看动态的宪法现象，那么就涉及规范的运用，其情况可能就更复杂了。我们说，有些宪法被运用，有些宪法可能不怎么被运用，有些宪法的运用形态比较独特。一般来说，被合理运用的宪法，叫作"活的宪法"（living constitution）。不被运用，尤其是不被合理运用的宪法，我们可以叫它"死的宪法"。中国共产党在民国时期还使用过一个更加精辟的词，叫"伪宪法"，用以指称国民党1946年制定的宪法。不怎么被运用的宪法，有些人叫它"闲法"。比如我国1982年《宪法》，就有人说它是"闲法"。据说，根据四川人的发音，"宪法"和"闲法"都是一样的，四川人会说："宪法嘛，就是闲法！"这个说法很委婉，因为1982年《宪法》的修改是邓小平主导的,它甚至被叫作"邓小平宪法",而邓小平就是四川人。

宪法应该如何运用,这很复杂,需要研究;而有宪法却不怎么被运用的现象,也很复杂,也是我们要研究的课题之一。中国古代有个说法,叫作"半部《论语》治天下"。《论语》,就大约相当于中国古代的治国纲领之类的文件。中国古代是半部《论语》治天下,或许当今中国约略也是如此,可以说是"半部宪法治天下"。为什么好不容易制定出一部宪法来,却只用半部?这里真的就体现了中国人的特殊智慧?那么,只用半部行不行?将来有没有可能全部用?或者即使全部用了还是不够,也就是说,本来只有一部宪法,但由于我们这个国家规模比较大,国情也比较复杂,为此是否得用两部宪法才行?这又是一个问题。如果做肯定回答,到底哪两部呢?一部就是我们通常说的那个宪法,就叫"显性宪法"吧,那还有一部应该是"隐性宪法"了。如果真是这样,那么,这"隐性宪法"又有什么内容?如何确定其内容?"隐性宪法"与"显性宪法"之间的关系又是如何?凡此种种,都是关系到每一个公民的幸福甚至是国计民生的大问题,都应该研究。

鄙人曾经写过一篇小文章,标题就是《宪法不能全然没牙》。"没有牙齿"这个说法来自西方。西方的一个观点是:哪一部法律如果没有适用性或者实效性,或者说运用不好,那它就会被说是 Toothless——没有牙齿,为此不会咬人。许多人认为我国宪法不怎么被运用,原因是它没有牙齿,没有办法咬人,你违反它,不会被咬。不像刑法,嘿,你违反了刑法,就会被刑法惩罚,咬死你都有可能。可是当你违反宪法时,宪法却好像拿你没办法。这样一种情况的根源就在于目前我国的宪法没有牙齿。外国宪法的情况如何呢?这个问题比较复杂,学说有争议,以后我们会讲到。但至少在成熟法治国家,宪法是有着牙齿的,一旦违反了它,后果必然不好。这就是宪法拥有牙齿的重要性。类似这个宪法规范的运用问题,也自然属于宪法学的研究对象。

这个问题又会引出其他许多问题。我们可以举个例子:拆迁。在我国,21世纪初,拆迁之风愈演愈烈,几乎可以形容为"像传染病一样蔓延",其中也引发了一些惨案。有些惨案被人们称作"推土机下的血案"。20世纪90年代末,因为地方政府事权扩大、公务员规模过于庞大等原因,我国许多地方政府财政收入曾经出现亏空,有的甚至已经提前预支了未来好几个年度的财政收入。按照那样情况发展下去,有些地方政府都要在财政上"破产"了。但根据宪法规定,城市土地属于国家所有,农村和郊区的土地除了由法律特别规定属于国家所有的之外,一般属于集体所有,但国家也可以为了公共利益的需要,依据法律规定将它征收为国家所有。而且1988年修宪时,《宪法》第10条第4款里加上了土地使用权可以依照法律规定进行转让,即进行买卖的规定。于是各地政府就活用这个条款,经常性地转让国家所有的土地,使政府集聚了大量资金,克服了潜在的财政危机,另外,也推动了地方各项事业的发展。这样一来,一方面可以继续养活庞大的公务员队伍,甚至还能不断扩大这个队伍;另一方面也的确加速了公共事业的建设。但是,这个过程却伴随着拆迁,进而在全国各地形成拆迁风潮。大家看到的图4,就是那个年代出现的:有一座房子,上面画一个圆圈,写个"拆"字,这个房子就被宣布了"死刑",迟早要拆,但可能是房子的主人吧,却写上了自己的诉求:"坚决不拆!!!"

图4 这幅图恰好形象地呈现了宪法权利的内在结构,
也反映了在当今中国公民之间,基本权利意识开
始觉醒、宪法权利诉求颇为活跃的状况

这幅图应该说很形象地呈现了宪法权利的内在结构,呈现了公权力与公民基本权利之间相互冲突的图景。曾几何时,由拆迁导致的这种权利冲突,相当普遍,有些地方现在还可能发生。那么如何解决这个问题呢?我们要明白,这终究是一个宪法问题。

当然,有些老百姓在他的房子面临拆迁的时候,不是像这样用"坚决不拆"的字样去覆盖"拆"的字样,而是把宪法的有关法条抄到一块小木板上,再把它立在自己房子前面,这就把宪法当成是一种"护身符"一样的东西了。据说有些拆迁人员起初乍一看到这个,还真吓了一跳。比如,现行《宪法》第13条,共有3款,第3款中的"征收征用"就可能涉及拆迁,根据《宪法》第13条第3款的规定,要拆迁房屋,就必须具备四个要件:一是必须是基于公共利益的需要;二是国家为行为主体;三是政府的征收、征用,包括拆迁的行为要依据法律规定实施;四是还要给予正当的补偿。那么到底什么情况下才存在公共利益的需要?这种拆迁是否有法律依据?什么样的补偿才是符合宪法要求的补偿呢?这些都需要研究,而这也是宪法学的研究内容。

总之,虽然说宪法学研究的就是宪法,可是刚才我们讲过了,作为宪法学研究对象的宪法本身,既具有多样性,又具有复杂性。如此丰富的内容都是我们宪法学要研究的内容,所以我们说虽然宪法学研究的是宪法,但是这个"宪法"并不简单。那么,总结起来,宪法学要研究的对象到底是什么呢?

马工程《宪法学》在其导论中是这样说的:"宪法学是指以宪法及宪法现象为主要研究对象的一门法律科学。"这句话总结得不错。我个人觉得,要了解这个对象,我们不妨从另一个角度来说。第一,宪法学是以宪法为研究对象的;第二,但是这个对象具有多样复杂性的结构。因此,宪法学就形成了一个复杂的学科体系。

以上,我们通过举例说明的方式,考察了宪法学的研究对象是什么,但是将这些研究对象进行归纳整理,则要进一步考察宪法学的学科体系,因为这个宪法学的学科体系就对应了宪法学研究对象的多样复杂性结构。

三、宪法学的学科体系

接下来,我们讲导论的第三个问题,即宪法学学科体系。

对于这个学科体系,我认同这样一个观点:宪法学的学科体系只有运用二分法才能认识得更加清楚一些。

首先,宪法学可以分为两大部分:

第一部分是理论宪法学,顾名思义,主要研究宪法的基础理论,是为实用宪法学服务的。它包括更小的几个学科。首先是一般宪法学,即具有普遍意义的宪法学,各个国家差不多都可以适用的宪法学。这个学科是否成立,存在很大争议。因为各国都有各国的宪法，各国情况不太一样，价值观念也不太一样。但也有人认为，各国宪法在某些问题上总有一些共通的原理吧。至于这些共通的原理是否存在？如果存在，其范围多大？具体有哪些？这些就需要研究。有些学者认为，各个国家的宪法，总有一些规范的原理、价值取向是一致的，而且未来人类也可以共享同样的宪法。这个想法对不对呢？主流的看法认为，这个想法有一定道理，但目前很难实现。未来不同国家间是否可以共享一部宪法呢？这个问题争议就更大了。至少目前，不同国家宪法不同。而且我们中国比较强调自己的宪法具有中国特色。但是一般宪法学的研究可以作为学术上一个理想来追求。只不过不能滥用一般宪法学对其他国家进行强制。在这一点上，强调中国特色的宪法制度，也是可以理解的。接下来，理论宪法学还包括宪法史，主要研究宪法制度及宪法思想的发展史；再接下来是比较宪法学，即对不同国家的宪法进行比较的研究；还有，就是宪法社会学，即以社会学方法研究宪法现象，或者把宪法视为一种社会现象加以研究。当前中国法学界存在法教义学与所谓"社科法学"的争议，社科法学在宪法学意义上主要就是相当于宪法社会学，这个学科当然是成立的，但它并不等同于宪法学的全貌。把宪法看成社会现象、政治现象是成立的，但宪法还是一种精神现象，是人类设计出来的规范。把宪法看作社会现象、政治现象，研究的是"to be"的问题；把宪法看成应然现象、精神现象，研究的就是"ought to be"的问题，这一点往往很难得到理解，但它恰恰是最重要的。此外还有宪政经济学，如美国的布坎南所开创的宪政经济学；等等。

第二部分是实用宪法学，其中主要包含两小类：一类是宪法教义学；另一类叫宪法政策学。

宪法教义学乃是一门主要着力于研究某个特定的宪法（一般是研究者本国的现行宪法）之解释与适用的规范科学。我们前面讲过，本国现行宪法是研究重点，这在宪法教义学中体现得特别明显。宪法教义学是专门研究本国现行宪法是如何解释、适用的一门学问，尤其是研究本国宪法各个条文的解释，所以宪法教义学一般又被称为"宪法解释学"。同时，宪法教义学也是一种规范科学，主要是研究"ought to be"的问题，即应当怎么样的问题；而不是主要研究"to be"的问题的，即不是主要研究事实的问题。而"应当怎么样"的问题，则涉及人类的实践理性，涉及规范科学。这个大家要注意。至于宪法教义学为什么叫"教义学"，我们等下再讲。

实用宪法学还有第二个类型，叫作宪法政策学，也有人称之为"宪法政策论"。这是实用宪法学内部相对新兴的一门小学科。它是为实现宪法上的一定目的，而探究有效的法技术体系的科学。通俗地说，可以叫作"宪法制度设计学"。举个小例子，比如说司法独立这个问题，是许多国家的宪法所承认的。在中国，司法独立有没有规定呢？没有明确的规定。我们只规定了审判权、检察权行使的独立。那么这个审判权行使的独立，和西方国家的司法独立是不是一样呢？不一样。而我们的审判权行使的独立落实得怎么样呢？不少人认为效果不理想。那么怎么办？需要改革。改革要达到什么目标呢？要达到的目标是：不等于要实现西方式的司法独立，但可以吸收西方司法独立的一些做法。这是一些人的观点。可是，往这个方向去了之后，要不要坚持党的领导？在司法审判的过程中，完全隔离党的领导行不行？这些都是宪法政策学所要研究的问题。

宪法教义学和宪法政策学二者具有共同性，即都具有实用性，属于实用宪法学。但二者之间也有微妙差别：宪法教义学比较保守，而宪法政策学则具有一定的反思性和批判性，突破既有框架的取向比较明显；宪法教义学着力于维护某种宪法规范及其精神，宪法政策学则适用于制度的设计和变革；在社会变革与转型时期，宪法政策学非常重要，然而，不论如何，宪法政策学还是以宪法教义学为基础的。

在上述诸种门类中，最基本、也是最重要的当属宪法教义学。请记住，我们这里要讲的"宪法学"，就倾向性地属于这种"宪法教义学"。各国大学法学院里作为主课的本科宪法学，应该说基本上都是如此。

那么，到底应该如何理解宪法教义学呢？我们可以分几个点来讲解。

第一点，我们说，它属于一种法教义学。"法教义学"一词在英文中写作 legal doctrine 或 legal dogmatic。什么是法教义学呢？德国著名的法哲学家、曾经是德国民法学界巨擘的拉伦茨（Karl Larenz），有一本书叫《法学方法论》。这本书我向大家隆重推荐，如果你想在法学这个领域中有所作为，或者是在法律职业上有所作为，这本书可以买来读，读了以后肯定会功力大增的。当然，如今德国著名学者默勒斯的

小贴士：拉伦茨关于"法教义学"的这个定义应该如何理解

《法学方法论(第四版)》也翻译过来了,它成功地构建了一种"现代的法学方法论",也很值得推荐。而在拉伦茨那本书的"引论"部分里,作者曾经给"法教义学"下过这样的一个定义:"以某个特定的,在历史中逐渐形成的法秩序为基础及界限,借以探求法学问题之答案的学问。"

　　法教义学存在一种自身的前提,即对于法律条文、制度本身的最起码的、应有的"确信",相信它是正确的,或者假定它是正确的。那么这种"确信"本身是否是合理的呢? 是合理的。我们人类知识的很多学科,都需要一定的假设。如果没有一定的假设,就不可能形成一个学科。当我们无法确信 $1+1=2$ 的时候,数学这个学科可能就无法确立了。法学也是这样,需要一种基本假设,就是假设现行的法律是合理的。当然,法学里面也可以研究现行法律为什么是合理的、是否是真的合理的。但这甚至是其他学科研究的问题,而非纯正的法学研究的核心问题。比如说有一个男人因为贫困,入室抢劫,在抢劫的过程中,为了避免独居的女主人发出大声惊叫,把她掐死了。案发后,男人被起诉。假如你是这个案件被告人的律师,对于此案,你就只能采用法教义学的思考方式去看待这个案件被告人的行为。但如果你站在法庭上,慷慨激昂地说道:马克思主义告诉我们,任何犯罪都是由贫困引起的。本案被告人之所以入室抢劫并且不慎杀了人,其根源就在于他的贫困,就在于这个社会对他的不公! 所以,他的罪行应该由社会来承担! 至少应该有一部分应该由社会来承担! 那么,你的这个说法正确不正确? 估计许多人会认为这种说法是正确的。但是,你的思维就是一种非法教义学的思维。真正的法教义学的思维,不是这样的,而是应该根据现行有效的刑法的相关条款,对被告人的行为进行裁判。这就是刑法教义学。宪法学也是如此。当我们谈到宪法教义学的时候,也是要假定或者说确信现行宪法是合理的、正确的。这就是宪法教义学的底线。

　　那么,法学为什么称作"教义学"呢? 这是第二点。

　　综观人类知识体系的各种学科门类,我们法学跟哪一门学科最为接近? 教育学? 哲学? 抑或医学? 鄙人认为,法学跟神学最为接近。比如基督教神学家研究什么? 主要就是研究《圣经》。《圣经》捧在手上,神学家对《圣经》的态度是怎样的? 可以说是虔诚的! 他要研究《圣经》里面某句话是怎么写的,它的内涵是什么,然后借此指引人们的生活。为此,他绝不敢说《圣经》写错了。即使他内心觉得《圣经》某句话写得有点儿问题，难以接受，那怎么办呢？比如里面有"你们做妻子的要顺服自己的丈夫"这样的一句话，现代神学家如果秉持男女平等的观念，就自然无法接受这句话里面透露出来的观念。但是作为神学家，他绝对不会说这句话错了；而是可能通过对它进行解释，解释到跟它的原有文意有点不同、但是又是在它的合理的"意义空间"之内。这样的学问就是教义学。什么叫教义学？康德说，它就是"对自己前提未先予批判的纯粹理性的独断过程"。法学也是属于教义学的一种，它跟神学有很大程度上的相似性。从这点来看，法学和神学一样，可能是最缺少批判精神的一门学问。

请大家注意，你们所学的法学就是如此。它的核心部分就是法教义学。部门法学基本上都是法教义学，比如说宪法教义学、民法教义学、刑法教义学，它们都是在维护法律文本的前提下开始工作的。如果没有这个"维护法律"的精神，那你就搞不了法学。如果你有强烈的批判精神，那该怎么办？我告诉你们一个秘诀，那就是：最好不是去批判法律，而是去批判人的行为或社会现实，甚至可以依据法律去批判社会现实。有些同学可能会说：我还是要批判法律本身，这个法律制度太荒唐了。那么该怎么批判呢？我觉得也有两条道路。第一条叫"大批之道"，即颠覆性的批判，这需要从理论法学、甚至其他学科的角度进行；第二条是"小批之道"，用专业性比较强的语言表述，应该叫作"体系内部的批判"。你仍然在法秩序的范围里面，但是却对它进行"小批"，即不对它进行颠覆性的、全盘的批判，而是枝节性的、体系内的批判。例如，根据宪法规范去批判刑法、批判行政法，用某个宪法规范去批判部门法的某个条文。这样的批判其实都是属于"小批"，法教义学只能进行这样的"小批"，也就是前面说的只能以法秩序为基础和界限进行批判，而不能进行根本性批判。如果你对于颠覆性批判特别热衷，那么你要跳到"三界外"，绝不能停留在"法教义学之中"了。

我们说了，法学最为核心的部分就是法教义学，而法学就是这样的保守。它的主要精神不是在于批判秩序，而是在于维护秩序，为此是保守的。这是一种必要的保守。就宪法学而言，宪法教义学最为保守，它对待宪法文本的态度可以说几乎类似于神学家对待宗教经典的态度，就像基督教徒对待《圣经》的态度一样，或许虽然没有那么虔诚，但大体也差不多，在保守性方面是比较接近的。而宪法政策学就比较具有批判性了，因为它想实现一定的目标，通过宪法来实现这种目标,为了目标的实现就会允许自己突破既有的宪法规范框架。总之,宪法教义学是最符合法学本性的一门学科,拥有典型的法学精神。

中国现在法制还需进一步完善,部分法律人还不怎么像法律人。如果你到过成熟的法治国家或社会,你看它们的法官、检察官、律师,这些人的精神气质,跟一般人不完全一样。尤其是法官,在法治国家里地位很高,都是属于法律世界里面的精英人物,借用德沃金的话来说:法院是法律帝国的首都,而法官则是法律帝国里面的王侯。这些人的气质,跟音乐家、文学家、经济学家有很大不同,一般都是雍容大度、一本正经、谨言慎行的。他几乎不会说这样的话:这个法律错了! 如果中国在未来能成为一个成熟法治国家,那么估计情形也会如此。从这个意义而言,如果你这个人的性格注定具有批判性,你就未必要去搞法律;如果你的批判性很强,那么你未必要去当法官,否则,那就是误入歧途。万一你真的被录取到了法学院的法律专业,那又该怎么办呢? 只有一个办法:请跟我来,做学者去。因为那样就会多一条路,就是“学术批判”。比如,我们就会在课堂里展开一定的批判,即学术的批判。当然,我们的学术批判,也主要聚焦于某些社会现实,或者某些宪法学说,而对宪法规范或宪法文本,则至少保持一定量度的尊重。这才符合法学,即法教义学的本质要求。

在宪法教义学精神的引导下,我们所讲宪法学,其内部体系就跟宪法规范文本有着密切的关系。宪法学的学科体系也高度尊重宪法规范文本,就连结构上也都保持这种尊重的取向。比如说,我国现行《宪法》的结构体系比较简明,也就是序言再加 143 条,其中,第一部分是序言;第二部分是总纲;第三部分是公民的基本权利和义务;第四部分是国家机构;第五部分是国旗、国歌、国徽和首都。这样一个结构,在我们宪法学的理论体系中基本得到维持。当然,宪法学毕竟是一门学问,不可能完全按照《宪法》的结构,而是按照学科理论内在的逻辑要求有所改变,但是对它保持了必要的尊重。比如,我们教材里面的学科体系就把宪法文本的内容全部吸纳到宪法学理论框架里面,而宪法学理论框架的排列、次序也大致与它相符合。这个就是宪法教义学的要求。

说到这里,我们就可以回答本节课的第一个问题:作为我们的学科名称,“宪法”与“宪法学”究竟有什么微妙区别呢? 它们的关系又是如何呢? 基于前面的论述,我们可以得出这样两个结论:(1)宪法学在广义上包括理论宪法学和实用宪法学,尤其可指前者,即理论宪法学;(2)如果我们把学科名称叫作"宪法",那么这个称呼指的是什么呢? 需要说明两点。

第一,它就相当于宪法教义学,主要研究某个特定的宪法,一般来说就是本国的现行宪法,因此我们把它称为"宪法"。但是它不等于宪法文本,不过非常尊重宪法文本。

那么,这样的一种学问能不能也叫作"宪法学"呢? 也可以。原因是这样的——

第二,它也是一种教义学,因此在狭义上也可以称为宪法"学",毕竟是一种学问。只是这种意义上的"宪法学",乃相当于第一点中所说的"宪法",可以说只是一种狭义的宪法学,与前面所讲的广义的宪法学不同。

四、宪法学的研究方法

最后,让我们来学习一下宪法学的研究方法。

"马工程"《宪法学》当中列举了宪法学研究的几种方法,主要包括这么几个:第一,阶级分析法;第二,历史分析法;第三,比较分析法;第四,规范分析法;第五,理论联系实际的方法。这个列举很简单、很明快,却存在一个问题:我们单纯看这些研究方法,似乎看不出这是"宪法学的研究方法",好像民法学、刑法学都可以用,而且更为严重的是:其中大部分方法,不但法学用,其他学科像政治经济学、政治学、社会学、伦理学号称也可以用。总之,它们没有体现宪法学作为一个法学学科的研究方法的特殊性。

法学有没有自己固有的方法,也就是法学有没有自己独有或者接近独有的方法,即一般来说其他学科所不具备的方法呢? 不了解这个问题,你就进不了"法律之门",永远漂浮在法学的"外海"。

那么,法学本身所固有的方法是什么呢? 或曰最能体现法学特色的方法是什么呢? 比如说我们研究宪法学,和宪法学非常相近的一门学科叫政治学,政治学也研究国家制度,也关心人权保障,跟我们宪法学的研究内容几乎没有什么差别。但是为什么我们法学院还要开"宪法学"这样一门课程,而且是法学专业核心课程之一? 政治学也作为一个独立学科,存在于我们学术殿堂之内,这是为什么？它们能否合并呢？当然是不能合并的。为什么？首先是因为方法不同,然后作用也不同！有什么不同？这就涉及法学独有的方法。这独有的方法是什么呢？这是我们要思考的。

"马工程"教材上所列举的这些方法固然重要,但是我认为,我们方法的应用不能够混乱。一般来说要根据具体的学科类型来定。比如宪法史研究,主要用历史的方法;比较宪法学研究主要用比较的方法;宪法社会学主要用社会学的方法,包括"理论联系实际";宪政经济学,一般来说用的是经济学的方法;而所谓的政治宪法学,主要采用政治学的方法;一般宪法学,则可以综合运用多种方法。那么宪法教义学的方法是什么样的呢？主要采用的是解释、适用、发展等方法。其中,解释的方法是最重要的。但是,宪法教义学也会开放性地吸收一些其他的方法。

鄙人曾经提出一个概念,叫作"规范宪法学",主张在方法论方面,要从两个方面来把握宪法学研究的方法:

第一,接续规范主义的思考传统,重视以规范作为准据的方法,主要是宪法教义学的方法,尤其是宪法解释学的方法,但可以适当吸收其他方法;

第二,秉承立宪主义的核心价值,坚持对规范进行内部性的反思、修复或重构,以促成规范宪法的形成。在这个过程中,当然也要吸收其他的研究方法。这里的关键是要了解什么是"立宪主义"。立宪主义是一种主张依据宪法施行政治的原理。立宪主义也有"近代立宪主义"和"现代立宪主义"之分。近代立宪主义又称传统立宪主义,其核心价值是保护人的尊严和最起码的权利,为此力图合理地规范公权力;而现代立宪主义则倾向于将宪法政治看作是民主政治,主张人民当家做主,同时也寄望于通过民主途径,来保障人民的基本权利。传统立宪主义与现代立宪主义之间也存在着一定的张力,比如,人民是否可以拥有不受限制的权力？现代立宪主义似乎很难解决这个问题,民粹主义就是这样发展起来的;但根据传统立宪主义的精神,答案应该是否定的,也就是说,即使是人民,也不拥有完全不受限制的公共权力,更何况是部分大众在公共领域所形成的力量,包括各种形态的"街头民主"、公众论坛(如网络)上聚集的某种舆论势力等,都必须受到合理限制,都不能侵害和压制个体应有的尊严和基本权利。这其实已涉及我们究竟要坚持传统立宪主义还是现代立宪主义的问题,比较复杂。对于这个问题,我总体上认为,由于我国基本上未彻底完成传统立宪主义的课题,为此应该采取传统立宪主义和现代立宪主义相互交融、齐头并进,但又在二者之间适当偏重于传统立宪主义的立场。这也是我所理解的规范宪法学的一种基本立场。

当然,多年来规范宪法学也遇到方法论上的对手,代表性人物是陈端洪教授、高全喜教授等,他们也打出一个旗号,叫"政治宪法学"。我们在学术上还是有点雅量的,很欢迎他们的批评,但他们至少存在三个方面的问题:第一,他们往往不把宪法看成是政治的准据,而看作是政治的结果,为此强调宪法具有高度政治性,是完全服膺于政治的,这就明显违背了宪法和法治的精神;第二,他们将研究对象与研究方法之间的关系混为一谈,一味主张以"方法的政治性"应对"对象的政治性",而完全不理解以"方法的规范性"应对"对象的政治性"的意义与苦衷;第三点,究其根源,政治宪法学还是混淆了事实与规范之间的关系,倾向于从事实命题中直接推导出规范性命题,这就相当危险的了。

我历来没有竭尽全力回应我国政治宪法学对规范宪法学的批评,只写过《宪法学界的一场激辩》等一些学术随笔来对付他们,这是由于,人家内部早已出现了立场的分化。高全喜教授有一次就问我:国外有没有"政治宪法学"呢? 我说国外有啊,代表性人物就是德国的施米特。高教授一听大惊失色,从此就踏上了"分化"的道路。

以上所讲的方法论问题,大家一时可能难以全部理解,以后可以逐步深入学习。

第一编　宪法总论

从今天开始，我们进入宪法学的正题。

在进入正题之前，有必要先说明一下宪法学的理论体系。关于宪法学的学科体系，导论已经有所涉猎，那是宪法学作为一个学科的理论体系，而这里要讲的是宪法学的理论体系。

在此请看一下我们这个"马工程"教材的体系。这就是它所建构的宪法学理论体系，分为这么几章：导论、第一章宪法总论、第二章宪法的历史发展、第三章宪法的指导思想和基本原则、第四章国家性质和国家形式、第五章国家基本制度、第六章公民的基本权利与义务、第七章国家机构、第八章"一国两制"和特别行政区制度，这是"马工程"《宪法学（第二版）》唯一增设的一章，还有第九章宪法实施和监督。这个体系与宪法文本的章节体系大致上具有一致性。这就是法教义学的特色所在，它要尽量反映出宪法条文的规范结构，但是又不完全等同于条文的规范结构，否则它就不可能作理论上的升华。

但是，关于宪法学理论体系，其实有各种各样的版本。首先，一般来说，不同国家的宪法学，就有不同的学科体系。关于这一点，上次我们已经谈到了，是因为宪法学的核心应当是一种法教义学，它要尊重特定国家的宪法文本，一般都是本国的现行宪法，而不同国家又拥有不同的宪法规范以及体系结构，所以自然会形成不同的宪法理论体系。

其次，即使在同一个国家里面，面对同样的宪法规范文本，不同的宪法学者也可能会提炼出不同的理论体系。在此，就容许我对"马工程"教材的理论体系作一些变更。虽然这个变更不是很大，但是或许会更合理一些。

我们要讲的理论体系改为这样：总体上分四编，每编下来又分章：第一编宪法总论;第二编国家组织,"马工程"教材中的第七章提到这一部分中来了;第三编基本权利;最后第四编宪法保障,其内容比书中所讲的宪法实施这一概念要更大一些。可以说,我认为整个宪法学理论体系,它的内容大概就包含这些。

那么,在这个体系中,基本内容部分在哪里呢? 答案是: 在第二编和第三编。一部宪法一般都包含这两部分。

一部分是国家组织法,它关系到国家作为一种实体,是如何组织起来的大问题,也是宪法学课程中要学习的重要问题。现实中,这是一项气势恢宏的事业! 要组织一个家庭或公司,比较容易;而要组织一个国家,那不是一般人思考的事情。但这就是宪法学要思考的。那么,把国家组织起来干吗呢? 为了好玩是不是? 在美国,据说有人玩这个游戏。他住在一个小岛上,把这个小岛封闭起来,架上一个桥,设出一个海关,宣布我在这里成立一个国家,他是国王,他的家人分别被册封为王后、王子、公主,他也制定"宪法",实行立宪君主制,把组织国家的大事作为"玩家家"那样玩。这个玩法相当于在另立国家,是不合法的,但在有些地方还好,你不承认它就行了,人家只是为了建设一个旅游景点。而真正的国家组织,则是一项大业,没这么简单,它的设立过程需要许多人为之浴血奋战,付出血淋淋的代价;它的运作过程也需要极高的成本,基本上社会中每一个人都可能在为其付出代价,比如纳税和服兵役。

那么我们组织国家干吗呢? 目的是什么呢? 这就涉及宪法中的另一个可以说是更加重要的问题,其答案是: 组织国家就是为了保障人民生存的最起码的权利。这种最起码的权利,宪法学把它叫作"基本权利"。只要是完整的宪法典,一般都规定了基本权利。这也是宪法学理论体系中的另一个基本部分。

那为什么要保护人的最起码的权利呢? 这又是为了保护人的尊严,即让人应该拥有像人一样活着的资格、待遇或处境。如果人像其他动物、像玩具或者像工具一样活着,这个时候人就失去了尊严。康德的一句话体现了这个含义,即:"人是目的本身。"这说的是:人本身是一切的最终目的,所有的一切都必须为这个目的服务,而不能把人当成动物、手段、工具一样对待。那么为什么要保护人的尊严呢? 问到这里,问题就终极了,答案就是:因为就是要保护人的尊严,人即目的本身。

这就形成宪法的基本价值体系。为此,国家组织法和人权保障法,就构成了宪法学的基本内容，特别是宪法学当中规范理论的基本内容。

但是要学习这两个内容很不容易，需要基础理论。我们第一编的宪法总论，就是为了解决第二编、第三编的基础理论问题。最后还有第四编，它实际上是说：好的，你这个宪法很重要，要保障很多东西，包括最终要保障人的基本权利，但你自己应该如何去保障自己呢？

我们整个学期要学习的理论体系就是由这四个部分构成的，每个部分下面还有更具体的内容。这四编都非常重要，那么重要当中最重要的在哪里？这个仁者见仁智者见智。我认为就在两个部分：一个是宪法总论。在我看来，这对中国来说非常重要。还有一个重点，就是基本权利，尤其是它的总论部分。国家组织和宪法保障也非常重要，但是不如以上这两个部分重要。

接下来，我们要开始讲《宪法总论》了。"马工程"教材只用一章来讲，而考虑到它的重要性，我们要用四章来讲：第一章宪法的概念与本质，第二章宪法的分类与结构，第三章宪法的制定与修改，第四章宪法的解释与运用。

第一章　宪法的概念与本质

学习宪法学，首先要了解"宪法"是什么。上次我们就已经提到，宪法学研究的对象就是宪法，而所谓的"宪法"，则具有多样性和复杂性。那么，宪法究竟是什么呢？这是一个初始的问题，又是一个终极性的问题。它贯穿于宪法学学习和研究的始终，初学者刚开始学习宪法学就要了解这个问题，许多皓首穷经的宪法学者到了最后，也可能还在仰天追问这个问题。

我们先推出一些"章前导引问题"。请大家想一想：以下这些说法对不对。一个说法是："中国自古就有宪法。"这个说法对不对呢？请先用你最朴素的法感来说说看。先透露一下：这句话是孙中山先生说的。第二个说法是："宪法是从英美法等国资产阶级革命成功之后才有的。"这句话对不对？这也是伟人说的，即毛主席说的。第三个说法是："当今中国没有严格意义上的宪法。"这个说法对不对呢？这句话是我有一次在香港参加一个学术交流时，听一个美国学者说的。在座很多中国学者听了都不愉快，告诉他中国不仅有宪法，而且算起来至今都已经有四部啦。但那个美国人说，那些都不是 constitution，而只是"xianfa"！请问，他这个说法对不对？第四个说法是："宪政"概念本来是从西方引进的，现在我们还可以用吗？有人认为不能用，官方也认为这个概念中包含一些阴暗的居心。那么从学术角度应该怎么理解这个概念？

要弄清这些问题，就需要学习宪法的概念和本质是什么。请大家带着这些问题以及你初步的想法，开始这一章的学习。

一、"宪法"的多义性

记得 2006 年 5 月的某一天，山东大学法学院曾举办了一个学术会议，会议期间的某一天晚上,下着蒙蒙细雨,与会的一些学者被邀请去同台讲演,即为学生们作一场学术讲座。讲座之前组织者并没有告诉我们讲什么题目,到了现场才知道讲座的标题竟然是"宪法大家谈:宪法是什么?"听众主要也是本科生。作报告的人有好几位,包括韩大元、胡锦光、童之伟、刘茂林、林峰等当时我国宪法学界教学研究领域"一线"上的教授,鄙人也忝列其间。但从讲座中就会发现,大家所给出的宪法定义不尽相同。有关讲座的具体内容,感兴趣的同学可以去查《六人齐谈:宪法是什么》这篇文章,仔细研究一下他们分别给出了什么答案。

我这里只重点介绍一下人民大学胡锦光教授的观点。关于宪法是什么,他说:宪法犹如禅一般。他说道:"我曾经模拟了两个人的对话:有个教授,学生请教他'宪法的精神是什么',我代那个教授解答说,'宪法的精神犹如禅一般',也就是说,你能悟到什么是什么,你能悟多深是多深。"

后来轮到我讲,我也借用佛学的典故,从"麻三斤"谈起。"麻三斤"是佛学里面一个著名的公案,出自一部佛学经典,叫《碧岩录》,其中有这样一段记载,很简单:

僧问洞山:"如何是佛?"山云:"麻三斤。"

首先要明白:"洞山"是什么意思?不要以为是"山洞",洞山是一个人名,他是唐代著名佛学大师洞山良价,江西曹洞宗开宗祖师。上面这段引文的大意如下:有一次一个和尚问洞山大师:"如何是佛"?用现在的话说就是"佛是什么?"洞山回答:"麻三斤。"

要知道,"佛是什么"的问题绝对不是一个简单的问题。在佛学里面这是一个佛身论的问题。大家千万不要小看佛学,我上次讲过,神学是跟法学最为相近的一门学科,而神学是有学问的,佛学也是如此。比如说"如何是佛?"这样一个佛身论的问题,就相当于哲学的本体论问题。而洞山大师的答案很简单,只三个字:"麻三斤"。所谓的"麻",就是麻衣的麻,和尚衣服所用的材料就是麻。

面对这样一个公案,后来研究佛学的人就不得不对它进行解释。我上次讲过,法学最像神学,在方法论上也是如此:神学讲究解释,法学也讲究解释。在这个公案中,要理解洞山答案的含义,就必须对"麻三斤"进行解释,通过解释才能理解洞山所理解的佛身论究竟是什么,进而帮助理解佛是什么。而针对洞山的回答,后世就是这样的,但至少出现了三种不同的解释:一种认为,大师之所以这样回答,是因为他回答这个问题的时候正在仓库里面称量胡麻,因此顺口回答"麻三斤";第二种解释认为,洞山其实是在问东答西,而"问东答西"是禅学里面的一种方法,所以这个说法也有一定道理;第三种解释方式则认为,"麻三斤"的说法体现了洞山的一种佛学思想,即认为佛的存在体现在类似于"麻三斤"这样的具体物象当中。

我之所以引出这个公案来说宪法是什么,主要是被胡锦光教授启发的,他说宪法的精神犹如禅一般,我就联想起了这段禅宗公案来应和他;前面的那些大牌教授们众说纷纭、莫衷一是,这也促使我谈起了这个公案,以此来说明,人们在面对本体论上既初始又终极的问题之时,往往会产生不同的见解。这些不同的见解之间的冲突如何解决呢?比如说那天晚上,在谈宪法是什么的时候,六个人的答案几乎都不一样,那么,我们应该如何来解决这种定义的困境呢?我认为这个禅宗公案里面就已经隐含了一种方法论上的追求。我比较支持公案中的第三种解释。当时洞山可能就是这样认为,像佛这样的一种存在,就存在于具体的物象中,这本身就与洞山所代表的禅学思想是一致的。洞山通过这个答案试图解决人们对佛身论的各种歧见之间的冲突。

返回到"宪法是什么"的问题。这是学习宪法最初碰到的问题之一,但也是一个终极性的问题。像这样的问题,有时仅仅思考"什么是宪法"是不合适的。古往今来,很多人对这样的问题已经有答案了。如果再对这种终极性的问题进行定义,很可能重复了他们的思考,并且很可能产生或促成众说纷纭的局面,甚至可能形成意志的专断。

所以,我们要认识什么是宪法,应该对宪法这个概念的源流进行综述。它是怎么来的,大家对它是怎么定义的?与其抛出自己的定义,不如先看看历史上其他人是怎么定义的,分析不同意见产生的分歧在哪里,然后再自行把握这个概念的内涵。

"宪法"这一用语,中国古代经典中就有,但是在近代,它是由外语翻译过来的,主要译自英语的"constitution"、法语的"constitution"、德语的"verfassung"等等。最早将英语的"constitution"正式译成中文的,可能是美国的传教士裨治文,他在 1857 年译为"世守成规",《海国图志》中就出现了"世守成规"这个说法。后来日本的一位名叫箕作麟祥的法律翻译家,则译为"宪法"。其实,同时代的其他日本人、如明治时期的启蒙思想家加藤弘之曾采用"国宪"这个译语;另一位明治时期的思想家津田真道,则翻译成"根本律法",但箕作麟祥所采用的"宪法"这个译法最终被日本官方所采纳,因此就确定了下来,并被中国所移植。那么,最早把日本人翻译的"宪法"这个词引入中国的人是谁呢?许多教材认为是郑观应,但根据最新的考证,清末驻日公使何如璋更早开始使用这个词。

由于日本古代有圣德太子的《宪法十七条》,为此,在日文语境下,"宪法"这个词已多少暗含了一点"极其重要的法"的意味,但在中文语境下,最初很难说已具有这个内涵。中文中古代的"宪",一般指的也是普通的律法,或指的是法令的公布。也就是说,我们引进的"宪法",可谓是引进了一个在自身文化语境下不算很确切的译词。那应该怎么弥补呢?主要靠此后修复性的定义来弥补。例如毛泽东就强调,宪法是国家的根本大法;当然这层含义在孙中山那里就已经开始提及。这样的定义就使得"宪法"一词在意义上的疏漏得到了弥补。

但是定义也可能伴随着一些问题。定义本身可能构成一种专断、一种命令。你定义了一个概念,就等于宣布了一个"答案",甚至有可能是把一个定义强加给别人。而人类是复杂的动物,他们形成社会后,会形成社会意识和自己的规则,他们有时候不接受别人强加的定义,希望自己也参与定义。因此在分析哲学以及维特根斯坦的语言哲学等理论出现之后,人们就开始注意到一点,即定义的方法本身就具有问题性,具有它的功能边界。尤其是跟人类利益密切相关的词汇,它就可能具有多义性。比如说什么叫爱情、正义、善,各人有各人的说法;比如说什么叫自由、民主、平等,同样也是见仁见智,所以就出现含义的多样化了。对此,人们聚讼纷纭,莫衷一是。"宪法"这个概念也是如此,它在不同场合下有不同的含义,与前述的"麻三斤"的解释一样。

那我们该怎么办呢?英国法哲学家哈特就曾为我们指明了一个方向,那就是在不同的语境中去分析语言的含义。围绕"宪法是什么"的问题,我们完全可以沿着哈特所指明的道路前行,即首先要认识到"宪法"一词在现实中具有多义性,在不同的语境下有不同的指称,因此就有不同的含义,这一点跟洞山所揭示的佛身论的语境是相似的。我们应当区分不同的语境,从而作出分别的界定。

我认为,宪法的概念主要出现在两种不同的语境中:

第一种"宪法"出现在形式意义上的语境中,因此所谓的"宪法",实际上是指形式意义上的宪法。这种"形式意义上的宪法"指的是什么?指的就是可以用"宪法"这一名称所命名的规范性文件,此种命名与内容无关。比如说,《中华人民共和国宪法》,这个文本就被称为"宪法"。德国《基本法》虽然不叫"宪法",但也是可以用"宪法"指称的,为此也属于形式意义上的宪法。当人们提到"宪法"这个词汇的时候,可能指的就是这种文本。中国有没有宪法呢?我们说中国有宪法,但前面说的那个美国人却说没有。我们所讲的是形式意义上的宪法,至少我们有一部形式意义上的宪法。这是事实。但美国人说:"不!你这个形式意义上的宪法不是 constitution! 是'xianfa'。"那么这个美国人所讲的 constitution 意义上的"宪法"又是什么呢?在这里,我们先不管他这句话说得对不对,关键是要弄清楚他指的是什么。应该说,指的是第二种语境下的宪法。

这第二种语境下的宪法,就是"实质意义上的宪法"。它区别于"形式意义上的宪法",并不是指具体的文本,比如说中国宪法、德国宪法、美国宪法,而是在内容上具有某种实质的规定性。此种"实质意义上的宪法"又根据其所运用的不同语境而分别具有如下两种可能的含义。

第一种是固有的含义,即"固有意义上的宪法"。宪法的固有含义便是"规定国家统治之基本的法",因此有人用"基本法"或者"根本法"来专称之。比如我们所熟悉的孙中山先生就认为:"古代也存在宪法。"这一观点曾经引起争议,然而若从宪法的固有含义视之,则是可以接受的。再举个例子,《汉谟拉比法典》是已知的人类历史上第一部成文法典,产生于公元前 18 世纪的古巴比伦王国,刻在石头上面,现存于法国的卢浮宫中,我曾经参观过这块矗立的石头。这部法典就可以被看作那时的"宪法",只不过古代的法典是诸法合体,刑法、民法,还有国家组织法等性质的法条都整合在一部法典里面。《汉谟拉比法典》大家有机会可了解一下,它一开头就说汉谟拉比国王的权力来自神授,赞颂他统一两河流域的文治武功,是当之无愧的"宇宙四方之王",制定法典是为了"在世界上发扬正义",同时对破坏法典的人进行了神的诅咒。法典阐明了汉谟拉比国王统治权力的正当性基础,从这种意义上说,《汉谟拉比法典》的这个部分就相当于古代"固有意义上的宪法"。而在近代,只要任何涉及国家统治权力的基础和构造的法,我们都可以把它叫作"宪法"。

图 5　在今日法国卢浮宫，可以看见《汉谟拉比法典》。图为本书作者访问法国时所摄

　　在所有固有意义上的宪法当中，有一种被广泛认为是特别优异的宪法，被称为"立宪主义上的宪法"。这种意义上的宪法专指：通过限制专断性权力以广泛保障基本人权的国家基本法。这种宪法具有一种本质精神，便是限制专断性权力，保障人民的基本权利。只有符合这种精神层面之规定性的宪法，才有资格被称为"立宪意义上的宪法"。当然，判断某个国家的宪法是不是属于"立宪主义意义上的宪法"，这很容易引发争议。前面说的那个美国人认为当今中国宪法不是constitution，而只是"xianfa"，这在学术上就极需商榷。但其所讲的"宪法"，即constitution，就可能是专门指立宪意义上的宪法。反之，中国学者所理解的"宪法"，确实也可能是形式意义上的宪法，就是那个被称为"宪法"的文本。

　　那么，立宪意义上的宪法有什么特点呢？一般来讲，它有三个特点：

　　第一，它最早是在近代西方开始出现的，因此人们又把它叫作"近代意义上的宪法"，这是我们需要注意的。毛泽东曾经说过："讲到宪法，资产阶级是先行的。英国也好，法国也好，美国也好，资产阶级都有过革命时期，宪法就是他们在那个时候开始搞起来的。"毛泽东读书很厉害，有时候他也读宪法，特别是在制定

1954年宪法之前，他读了很多宪法的书，最后得出这个结论。应该说上面这段话里面用的"宪法"概念，主要指立宪意义上的宪法，并明确地承认是在西方国家首先出现宪法的。当然，他也是基于阶级分析论的方法，不说西方国家，而是说"资产阶级"先搞出宪法来的，但总体上是与立宪主义宪法的第一个特征相吻合的。

延伸阅读：应该如何看待自由主义

第二，它主要立足于自由主义。前面讲过，立宪意义上的宪法有一个精神，即通过限制专断性权力以广泛保障人的基本权利。那么，这种精神是从哪里来的呢？我认为，它主要来自于自由主义。综观西方各国所谓的立宪主义的宪法，均或多或少地带有此种自由主义精神。自由主义精神跟立宪主义意义上的宪法精神是很一致的，可以说立宪主义意义上的宪法就是将自由主义的精神加以法律化。关于这一点，英国现代最著名的新自由主义旗手哈耶克曾经说过一句非常有意思的话："剥离一切表层之后，自由主义就是立宪主义。"立宪主义的英语原文是constitutionalism，中文有时也翻译成"宪政"，我觉得翻译为"立宪主义"或者"宪政"都是可以的。上面这句话，我认为哈耶克说反了，应该改为："剥离一切表层之后，立宪主义就是自由主义。"你去把西方一些所谓立宪主义的宪法拿过来，再将其中一些表层，比如法律术语等剔除之后，一般来说剩下的精神内核就是自由主义。

第三，立宪主义意义上的宪法被广泛地认为体现了宪法最优异的特质。因此这种立宪主义意义上的宪法总是为许多国家所仿效，许多国家都在学习它、模仿它，是功能最强大、政治最正确的宪法。我国有形式意义的宪法，也有实质意义的宪法，即固有意义的宪法，这个宪法也不绝对排斥立宪主义，更可以适当借鉴其他立宪主义宪法的优异之处，促进国家治理体系和治理能力的现代化。

同时，我们也要对立宪主义的内部问题进行必要的反思。立宪主义的问题在哪里呢？在于自由主义的思想基础。我们提到过，立宪主义的基础是自由主义，而自由主义、民主主义的基础是个人主义。平心而论，自由主义有进步意义，但对共同体的存在意义、对公共利益是否给予足够的重视，则可以反思。另外，当代生命科学技术的发展，对个人主义的基础也可能产生了很大的破坏作用。自由主义或个人主义的基础概念是自由意志，认为每个人都具有自由意志，都具有人格。如投票这个行为，是人自己基于自由意志进行选择的；某个人杀了人，为什么要承担责任，因为杀人的行为也是根据自由意志，自己做出的选择。但据当代生命科学发现，一个行为看似是出自自由意志，实际上可能是由基因决定的，或者具有一定的随机性，又或者是二者的结合。如果这样的结论可以成立，那将导致个人主义的基础被动摇。

以上就是宪法的概念，它具有多义性。概括起来说："宪法"概念在语境上主要分为形式意义上的宪法和实质意义上的宪法，后者又有固有意义上的宪法和立宪主义意义上的宪法这两种不同的指称，它们的含义都各不相同。总之，我们理解宪法的含义，并不是要给宪法下一个独断性的定义，而是通过分析它在不同的语境下所存在的不同的含义来理解宪法，这是一种新的方法，它背后有深厚的方法论基础。

说到这里，我们必须批判一个人的学说。这个人的名字叫作施米特（Carl Schmitt，1888—1985），是德国现代政治学家和宪法学家，曾成为纳粹的"桂冠法学家"，当代美国学者称他为"邪恶的天才"。这个人对宪法有独特的理解，认为宪法实际上可分为 Verfassung 与 Verfassungsgesetz，在我国台湾地区，有学者将其翻译为"宪章"与"宪律"，我觉得可理解为"宪道"（Verfassung）与"宪法律"。在施米特看来，"宪道"是高阶的，也是绝对的，是主权者做出的根本的政治决断，以魏玛宪法为例，民主制、共和政体、联邦制、代议制、国民法治国等原则，就属于这种根本性决断，也是不可修改的，如果将其加以修改，那就是宪法崩解（Verfassungsdruchbruch）；而"宪法律"则是低阶的，也是相对的，是"宪道"的具体规范化，也是可修改的。这是施米特年轻时的照片（图6）。应该承认，这个人是很有思想的，他所提出的两个宪法的概念也非常著名。但是施米特这个思想隐含了一种巨大的危险。危险性在哪里呢？主要在于他所讲的实际上含有"政治权力至上"的思想。也就是说，在他看来，只要在政治上有实力全盘决定一个国家的统治形式与样态，那么不管他是谁，哪怕是纳粹，他都是制宪者，都拥有不受任何限制的制宪权，这就是"决断"。这种思想无疑是有缺陷的，其一个重要的缺陷在于，对宪法的规范性的一种藐视。我们说，最好意义上的宪法是那种力图去约束公共权力以保障人的基本权利的宪法，就是我们前面所讲的"立宪主义"的宪法。可是施米特对这一点不予认同。他不是主张用宪法去约束公共权力，而是相反,认同政治权力去决定宪法的内容。这是他的理论的危险性所在。他所讲的这种宪法,其实就是政治的婢女。

图6 年轻时的施米特

二、一个有争议的概念：宪政

说起宪法,就会涉及"宪政"这个概念,也就是说,"宪政"是宪法学无法回避的一个概念。是的,大致从2013年起,我国主流政治意识形态方面不提倡使用这个概念。但根据我的教学经验,越是对你们年轻学生闭口不提"宪政"这个概念,这个概念就越像是伊甸园里的一颗"禁果",充满了神秘的诱惑力。

既然如此,我们不妨就来坦诚地谈一谈"宪政"这个概念的来龙去脉。

何为宪政?我们首先想到,宪政这个概念从哪里来。有人说,宪政这个概念是从欧洲来的。这是对的,其对应的英语是Constitutionalism这个词。但是这个概念是怎么传输到中国的呢?根据大胆的推测,有可能是通过日本传输进来的,时间是在清末时期。1906年,载泽等大臣曾经赴日本考察,在赴日本考察过程当中,载泽写下了他的日记。日记显示,载泽等人在日本见到了当时日本政界的大人物——伊藤博文。伊藤博文是日本《明治宪法》制定的主导者。《明治宪法》这时已经制定成功,它于1889年颁布。载泽拜访伊藤博文时,伊藤博文也非常重视,根据载泽日记,当时伊藤博文就谈到了"宪政"这个概念。载泽在回国的奏折上也使用了这个概念。这可能是中国高层政治精英较早接触到"宪政"这个概念的情形之一。根据日记记载,载泽当时问:"立宪当法何国为宜?"伊藤博文回答:"各国宪政有两种。有君主立宪国,有民主立宪国。贵国数千年来,为君主之国,主权在君而不在民。是与日本相同,适宜参用日本政体。"很明显,在伊藤博文的这个回答当中,采用了"宪政"这个用语。而从伊藤博文所做的有关宪政类型的分析当中,我们可以推断,他说的"宪政",实际上就是"立宪政体"的简称。

在这之前的 1899 年,刚刚流亡到日本的梁启超写了《各国宪法异同论》一文,在其中也说"宪政"是"立宪君主国政体之省称",即也已把宪政理解为一种立宪政体,只不过限定于立宪君主政体而已。实际上,作为一种政体,宪政应该具体分为两种,一种叫"君主立宪国",另一种叫"民主立宪国"。那么什么叫"立宪政体"呢?答案是:制定出宪法并加以遵行的政体。

而与"宪政"这个政体相对立的政体是什么呢?是"专制"。或者说,"宪政"就是"专制政体"的对称。何谓专制政体呢?简单说,就是整个国家的公共权力或政治权力,基本上不受任何有效的限制,政治权力可以是专断的权力,这种体制就叫作专制政体。当时所讲的专制政体主要指的是君主专制政体,即君主的权力不受任何限制。而立宪政体的精髓则是权力通过受到合理约束而获得正当性,它要求政治权力不论谁来掌握,由君主来掌握也好,由人民来掌握也好,都必须受到宪法法律的约束,不能肆意妄为。这就是近代人们理解的立宪政体。

以上讲的只是宪政概念在近代的原义。但宪政概念的这种原义,在当今已发生了一些变化。在当今,宪政主要指什么呢?主要包含这么几种含义,至少有三种。

第一种指的还是立宪政体,即公共权力受宪法约束的政治体制。

第二种指的是宪法政治,即"宪政"也是"宪法政治"的一种简称。这也可以理解:如前所述,"立宪政体"指的就是制定出宪法并加以遵行的政体,而"制定出宪法并加以遵行"是一个动态过程,可称为"宪法政治",为此可简称"宪政"。如果说立宪政体是静态的话,宪法政治则是动态的。

宪政的第三种含义,往往指的是立宪主义(constitutionalism)。我们曾经讲过,立宪主义是一种主张依据宪法施行政治的原理,它有"近代立宪主义"和"现代立宪主义"之分。

尽管随着时代的变迁，关于对"宪政"这个概念的理解也出现了一些分歧，但在国际宪法学界有一个比较权威的立场是追溯到 1789 年法国《人权宣言》，认为该宣言第 16 条即揭示了"立宪政体"的内涵，该条宣称："但凡权利无保障或分权未确立的社会，即无宪法。"

这个见解影响很大。当 1906 年载泽一行考察日本政治的时候，有关分歧还不那么明显。但是随着日本宪政实践的发展，如何理解宪政的分歧就逐渐浮现了。这个分歧的焦点是：宪政的标志究竟是三权分立还是政党政治？也就是说，看一个国家是否是宪政国家，以什么标准来衡量？是看它是否具有三权分立的机制呢，还是看它是否实行政党政治呢？关于三权分立，大家现在可能都有初步的认识，以后我们还会讲到。政党政治指的是什么呢？简单来说，在西方指的就是两党制或多党制。所以我们在学术上必须承认，从近代开始，"宪政"这个概念确实就包含了一些特定的内涵。到了现代，情况也是如此。比如说在现代中国，存在将西方某个特定国家的政治制度作为宪政模范的主张。也正因为这样，"宪政"在中国成为一个有争议的、被戒备的概念。

如此看来，在宪政应该具有何种标准这个问题上之所以产生分歧，也可能是由于不同的人拥有不同的宪政观。所谓宪政观，指的是人们有关宪政之本质的根本看法或立场。不同的国家，或同一国家不同的人，其宪政观都可能不同。

据我的梳理，当今中国就存在多种不同的宪政观。2013 年春，我应邀去法国巴黎政治大学参加一个学术会议，会上法国人问我："你们中国人是怎么看宪政的呢？"我当时临场发挥，梳理了一下，说中国至少有四种宪政观。法国人可能认为中国人思想真活跃，居然有这么多的宪政观，就请我介绍，我就介绍了一下，其中说到儒家宪政观和反宪政的宪政观，他们对这些名号很感兴趣，但听完它们的具体观点之后，对儒家宪政观感到不以为然，对反宪政观一派的反对宪政的论据也比较失望。回国之后我就进一步总结了一下，总结出当今中国一共有六种宪政观，刚好浙江工业大学法学院邀请我去做讲座，我就定了"当今中国六种宪政观"这个题目。没想到刚讲完不到两个星期，中国人民大学法学院有一位教师就突然发表了一篇反对宪政概念的文章。这当然是巧合。但人家这篇文章引起了一场很大的争论，可谓一石激起千层浪，《求是》《红旗文稿》《人民日报》等，都参与了讨论。总之,以此为契机,全国法政学界在报章以及新媒体上掀起了一场有关宪政概念的大争论。而通过这场争议,六种宪政观也变成五种了,因为,其中有一种宪政观被另外一个宪政观吸收了,或者说出于策略的考虑,主动地加入了另一种宪政观的阵营。

那么,当今中国的宪政观有哪五种呢?大致是这么五种。请注意,我没有说"就这么五种",而是说大致有这么五种:

第一种是民主宪政观,认为宪政就是民主。这是毛泽东提出的,他在 1940 年 2 月所发表的《新民主主义的宪政》一文中指出:"宪政是什么呢?就是民主的政治。"这个观点后来长期成为新中国有关宪政概念的通说。至于什么是民主呢?毛泽东没有予以具体定义,但一般认为民主就是人民当家做主。

第二种我把它叫作西方通识型宪政观,指的是在西方许多国家具有广泛共识的一种宪政观。中国有一部分人认为中国也应当吸收这种西方通识型的宪政观。这种宪政观承认宪政是约束公共权力、保障个人权利的,我们必须承认,这是传统立宪主义的主流。

第三种是社会主义宪政观,这种宪政观最初是认为社会主义也可以有宪政,主张将社会主义所追求的公平价值观跟宪政结合起来,但正如前面也提到的那样,在争论中,一种我称之为"多要素复合型宪政观"的宪政观也加入这个范畴之中,认为宪政应该包含民主、法治、自由、人权、平等、社会保障等,凡是世界上美好的制度我们都要,组成社会主义宪政。

第四种是儒家宪政观,其认为宪政早在儒家学说中就有了,古代中国的一些制度,里面就隐含着宪政的要素,甚至有人认为那就是宪政。作为重要代表人之一的蒋庆先生就主张当今中国应该建立政教合一的儒教国,施行王道政治。尤其值得注意的是,他虽然是法律专业出身的,但不认同依法治国,主张在国家建制上应该实行三院制,即建立由儒士组成的通儒院、按功能选区选举产生的庶民院以及由宗教界人士及圣贤名人后代组成的国体院,作为国家权力机关。那次我去法国访问,当法国人听我介绍到这里,都露出牙齿,不以为然地笑了。

第五种则是宪政概念取消论,或称反宪政观。反宪政观也是一种宪政观,只不过是认为宪政概念本身就应该予以否定,理由是宪政这个概念隐含了资产阶级的国家观,会被别有用心的人利用,把我们引入歧路。

通过上述五种不同宪政观的梳理，我们也可悟到一个道理：基于宪政观念的多样性，我们不能把宪政概念等同于某种特定的宪政观。但是，许多派别恰恰都可能没有做到这一点。而通过近年来各派的争论，尤其是主流政治意识形态力量的作用，第五种宪政观即反宪政观不仅战胜了第二种和第三种宪政观，甚至超越了第一种宪政观，在当下的我国居于主流地位。至于第四种宪政观，虽然一旦涉及制度建构，就暴露出传统儒家学说本身所固有的弱点，牟宗三所谓"理性的自我坎陷"就是针对这一点说的吧，但受到主流意识形态的"加持"，新儒家在当今也算获得一些地位。

这种思想格局的出现，不是偶然的。

要认清这一问题，首先是有必要对民主宪政观的历史背景做语用学的把握。应该认识到，民主宪政观是在特殊的历史背景下提出的，将宪政定义为民主政治，这是当年中国共产党在与国民党复杂的政治斗争中的一种话语策略，这与将其作为一项可以付诸实践的理想，是不同层面上的问题。当今中国的社会主义民主处于初级阶段，民主的内容、形态与程度仍然有待进一步发展。我们的全国人大代表还不是通过直接选举产生的，他更多是由多层级的间接选举产生出来的。这在西方各国乃至全世界范围内是少见的。那么现在能不能搞多党制，甚至在全国范围内搞直接选举呢？在这一点上，我们目前仍迈不出这个步子。在这方面先走一步，台湾地区起初就有点乱了，现在似乎好了很多。但台湾地区只是一个小地方；我们曾经准备让香港特区也先走一步，准备实行香港特首普选，结果还没搞起来，就已经出现乱象了，以致政制改革受挫。为此，人们难免会想，如果在中国这样一个偌大的多民族国家全面搞起西方式的对抗性竞争选举，中国会不会像21世纪初的伊拉克、利比亚、埃及那样出现不可收拾的乱象？这种疑虑，估计已沉淀在当今中国许多政治精英的观念之中，拂拭不去，也难以完全验证。当然，当今中国共产党已创造性地将民主选举、民主协商、民主决策、民主管理和民主监督等民主要素概括为"全过程人民民主"，这是有关民主政治理论的一项重大发展，其中的民主选举、民主协商、民主决策、民主管理和民主监督，也需要进一步的制度化、具体化。

在我国当今主流政治意识形态的角度看来，西方通识型宪政观也是具有明显局限的。这种宪政观主张要限制公共权力，保障个人权利和自由，但具体而言,究竟怎么样的立宪体制才算是宪政,则言人人殊了。前面说到,西方这种思想的观念源流,可以追溯到 1789 年法国《人权宣言》。法国《人权宣言》一共才17 条,但几乎每一条都像是在宣称哲学的命题。其中第 16 条规定:"但凡权利无保障和分权未确立的社会,即无宪法。"这种观念还可以追溯到孟德斯鸠《论法的精神》中有关三权分立的思想,还有洛克和卢梭的有关自然权利的思想、保护自由的思想。法国《人权宣言》的影响非常大,不断被制度化、具体化,出现了一些国家设计。其中有一种国家设计注重三权分立,用三权分立来限制公共权力。还有一些国家进而用联邦制限制权力,特别是限制中央的权力。发展到现在,还出现了以多党制来限制公共权力的格局,一个政党执政了,在野政党可以监督它。大家在选民面前互相竞逐,接受人民的选择和监督。这自然是一整套有效限制公共权力的制度。这套制度精巧的具体设计,难免影响到西方通识型宪政观对宪政体制的想象,不少人就把这些制度的构成,看成是宪政应有的统一标准。

但这样的做法,有成功的也有不成功的,真正成功的,为数不多。有人就指出,在当今世界上,真正稳定的自由民主国家,连冰岛、哥斯达黎加也算了进去,一共才 22 个。其他国家想加入这个"朋友圈",可没那么容易:不是人家不让你加入,是你自己怎么也加入不了;有些国家或地区是很想加入,但在加入的过程中完全乱了阵脚;还有一些国家或地区是好不容易加入了,但不久后还是乱了。

的确,在确定宪政应有的制度构成时,人们往往容易出现某种特定化的倾向,即将宪政等同于某个国家的那种特定的制度模式。如前所述,早在 1899 年梁启超刚刚接触"宪政"概念时,就将其限定于"立宪君主国政体",那实际上是以当时中国人心目中最强大的英国所拥有的政治体制作为模范的;如今说起"宪政",不少人同样会把某一个特定国家的政治体制认定为宪政的标准,这个国家往往就是美国。为此,三权分立、总统制、联邦制、多党制会被看成是宪政的"标配"。为此,当今中国政界担心:一些人打出"宪政牌",是要通过对"宪政"这一概念进行"学术包装",拿"西方宪政"框住中国执政者,或者把中国共产党领导的社会主义国家打入"人治国家"甚至"专制国家"的另类。

除此之外,有许多国家治理问题的思考者也可能认为:当今中国好不容易获得了百年不遇的良好发展机遇,如果像美国那样搞三权分立,甚至搞多党制,互相牵制,互相扯皮,那么在中国这样本来国家规模就很大、各种力量又很难统合的大国,势必会阻碍其迅速的发展,所以容受公共权力相对集中,并通过后者的正确领导,让中国在全面发展的高速路上全速前进。这些思虑同样也沉淀在当今中国许多政治精英的观念之中,为此,宪政的概念受到戒备,势所必然。

如前所述,另外一种观点认为,社会主义也可以或应该有自己的宪政,其元素包括民主、法治、人权保障、社会福利等等,这就是社会主义宪政观。我个人也属于这个流派,认为社会主义也可以成立宪政,在具体制度设计层面,可以参考其他国家,但不宜仅限于某一个特定国家的模式,全面走极端。

然而,如何理解"宪政"概念,这既是一个政治立场的问题,也是一个学术问题。而究竟应该如何正确把握这个问题的政治立场,恰恰需要以解决其学术问题为前提。有鉴于此,我们应以慎思明辨的方式,不断继续思考。

通过反思和分析,我们姑且可以得出几点结论,供大家思考:

(1)宪政概念具有多义性,但其中也包含"立宪政体"这样较为中立性的基本含义,在清末开始被我国知识阶层和政界精英所接纳。

(2)宪政观也具有多样性,其中确实有人将西方特定国家的政体理解为宪政,但并非其他所有宪政观都是错误的,尤其是社会主义宪政观,是否也有一定可取之处。

(3)我们可以这样理解立宪主义:它主要指的是追求立宪政体或宪法政治的立场、精神或思想体系,其中,传统立宪主义较为重要,它旨在保护人的尊严和最起码的权利,为此力图合理地规范公权力。如何理解"规范公权力"呢?主要是依法授权和依法制约两个方面,反对和防止的是权力的肆意滥用,但未必直接反对权力的集中。权力的集中有时也可能导致权力滥用,因此也需要谨慎。但很多国家制定宪法时恰恰在制度化的架构之中实现公共权力的适度集中,如美国宪法制定的时候,其一个重要目的就在于将邦联变为联邦,让联邦掌握更多权力。不过,在传统上,立宪主义的精髓就是合理规限公共权力。

立宪主义相信一个道理:

人类千万年的历史,最为珍贵的不是令人眩目的科技,不是大师们浩瀚的著作,而是实现了对统治者的驯服,实现了把他们关进笼子里的梦想。

据说这是美国前总统小布什说的,但很难考证。不过这句话除了开头之外,其他说法倒是不错的。

罗素在《权力论》一书中也说出了立宪主义的真谛:

世界是没有希望的,除非公共权力受到了有效的制约。

三、宪法的属性:宪法是"公法"吗?

也许诸君都已经知道,不同的法传统上可分为两种类别,一种叫公法,另一种叫私法。这种划分在大陆法系国家尤其盛行,英美法系国家也有采用。那么,我们这里要研究的宪法,究竟是公法还是私法呢?

要了解这个问题,首先我们要了解公法和私法是如何划分的。在法学领域里面这也是一个比较复杂的问题,存在诸多不同的学说。

从法律关系来分析,宪法主要调整两大方面。

一方面,是国家公权力和个人权利之间的关系,即国家和个人之间的关系。国家可能侵犯个人的权利,那么侵犯之后根据什么法来解决呢? 一般来说,最终要找宪法来解决。

另一方面,宪法还处理国家权力内部的关系,主要是处理国家公共权力机关之间的关系。国家设立不同的机关,如立法机关、行政机关、监察机关、司法机关,它们之间的关系以及各种机关内部的关系也是靠宪法来解决的,也就是说最终要靠宪法来调整。

小贴士:划分公法与私法的五种学说

所以,依据前述的法律关系说来说,很显然宪法属于公法。属于公法的法律很多,除了宪法还有行政法、刑法、诉讼法、国际法。

然而,值得我们特别注意的是,宪法作为公法乃是非常特别的。特别在哪里呢? 要回答这个问题,我们就必须学习第四个问题:宪法的地位。

四、宪法的地位：宪法是"母法"吗？

说到宪法的地位，我们就要问一个问题：宪法是母法吗？这是由于"母法"这个概念经常被用来形容宪法的地位。宪法的地位如何呢？简单的答案是四个字，即：宪法至上。但"宪法至上"指的是什么意思呢？指的是在所有的规则体系中，宪法具有最高的地位。宪法拥有这样至高的地位，就相应地有了很多称呼，如"根本法""基本法""最高法""法中之法"等，所谓"母法"也是其中之一。

但前面说过，从宪法的属性看，它是公法。那么，宪法到底是"公"的还是"母"的呢？这个问题，乍听起来很肤浅，实际上却是一个很复杂的问题。人们说宪法是公法，有时又说宪法是母法，其实还是语境不同，是两个问题。讨论宪法是公法还是私法，实际上是研究宪法的属性。而探讨宪法是不是"母法"，却是讲宪法的地位。宪法的属性问题我们前面解决了，接下来需要了解宪法的地位。

我们刚才了解到宪法是公法，但是它又是最为特别的公法，为什么呢？原因在于，它在诸种公法中的地位最高。宪法在一国法律体系中的地位是最高的，学界对此有许多不同表述，有的把宪法称为"国家的根本法"，有的叫"国家的基本法"，还有的称为"最高法"，或者"法律的法律""法中之法"，还有一个更为形象的称法，那就是"母法"。所谓宪法是"母法"，大约就是说宪法就是作为"妈妈"的法，也可以简称"妈法"，或者"法妈"。

这里面有一个观点需要我们去澄清。这种观点认为：宪法和一般法律的关系是"母法"和"子法"的关系，一般法律是由宪法派生出来的。我们应该看到：宪法当然具有最高的法效力，但是能否由此就可以断定"宪法和一般法律是母法和子法的关系，一般法律是由宪法派生出来的"呢？这就需要具体分析。关于此点，鄙人认为，首先必须认识到，所有法律均是由宪法授权的立法机关、根据宪法规定的制定程序制定的。其次，宪法确实处于一国法律体系的顶端，其他所有法律、法规均以其为效力基础，与宪法相抵触的法律、法规是一律无效的。但是，宪法是否就是"母法"？或者说一般法律是否都是从宪法那里派生、或曰"分娩"出来的？那就不一定了。我认为，就法的内容而言，宪法只是部分法律法规、主要是公法的制定依据，而未必是所有私法的制定依据。私法有哪些呢？主要有民法和商法，这些法律是不是依据宪法的内容而制定出来的呢？综观世界各国，一般而言，私法都不是依据宪法直接制定出来。我们甚至可以发现，在许多国家，最早出现的法律恰恰不一定是宪法，而是民法。而且作为私法的民法，它和公法在内容上有着很大差别，一般来说，不会是由宪法派生出来。

当然，这也有例外。我国 2020 年颁布的《民法典》第一条就写入了"根据宪法，制定本法"，但其中大部分条款就不是宪法具体化而来的。此处"根据宪法，制定本法"的主要意思是指《民法典》的内容都是由宪法所授权的立法机关依据宪法规定的程序制定和编纂出来的；同时也指《民法典》的内容不能违背宪法，一旦违背即无效。另一方面，我国《民法典》有意思的地方在于，其中包含了相当数量的公法条款。如物权编第五章"国家所有权和集体所有权、私人所有权"，同编第十一章"土地承包经营权"等。这是其他国家的民法典所没有的，确实是对宪法条款的具体化或承袭。但这仍然不足以证明，整部《民法典》都是由宪法的某些条款所派生出来的。

如果从各国通例来看，私法制定的过程当中一般是可以不直接依据宪法的，也就是说，私法一般不会从宪法中派生出来。当然，由于私法的效力低于宪法，因此私法的条款不能抵触宪法，如果抵触了宪法，就可能构成违宪。比如说民法中有一个部分是婚姻家庭法，如果里面规定了一夫多妻制，这就可能因违反宪法而无效。因为虽然宪法里面没有规定一夫一妻制，但是宪法里存在男女平等的条款，这个条款决定了婚姻法中一般不能规定一夫多妻制，当然一般也不能规定一妻多夫制，否则也违反了宪法。然而，这仍然不能证明，婚姻法就是从宪法里面派生出来。

为此，我们要认识到：从严格的学理上说，宪法是一切其他法律的"母法"这个说法或观点，可能有待斟酌。质言之，宪法是国家的根本法，在法律体系中居于至上的地位，但"宪法至上"的地位未必可以表述为"母法"。

接下来我们要问：宪法凭什么具有至上的地位呢？根据通说，宪法具有至上地位取决于宪法的三个重要特征。

第一个特征是：宪法规定了一个国家最根本的事项。以我国宪法为例，它规定了国家的根本制度、根本任务、指导思想以及基本国策等有关国家生活和社会生活中最根本、最重大的事项，更规定了公民基本权利和义务（我们面对国家，面对公权力可以享有哪些基本权利，这些基本权利乃是关系到国计民生的重大问题），还规定了国家机关的设置及其相互关系，等等。这些内容都被认为是一个国家最根本性的内容，因此规定这些内容的宪法被称为国家的"根本法"或者"基本法"是有道理的。

延伸阅读：美国宪法史上"最大的笑柄"

第二个特征是：宪法有着更为严格的制定和修改程序。这点和普通法律不同，我们以后还会专门讲到。这里我们先初步看一下宪法是怎么制定的。

宪法的制定比较复杂，往往首先需要成立一个专门机构，该机构的名称在各国也有不同。历史上，美国是在 1787 年召开了专门的制宪会议；法国第一部宪法是 1791 年《宪法》，为了制定这部宪法，法国专门成立了一个制宪议会，该组织是由法国三级会议中的第三等级代表组成的。我国制定 1954 年《宪法》，则没有成立专门的制宪会议或者制宪议会，但是也成立了一个名为"宪法起草委员会"的组织。接着，通过宪法的程序也比其他法律复杂。一般来说，是采用绝对多数通过的。这个绝对多数不同于简单多数，即过半数，而是超过三分之二、五分之三等等。还有一些联邦国家，要通过宪法，还要求获得州或邦的承认，比如说《美国宪法》，1787 年开始制定，当时规定在北美 13 个州中至少要有 9 个州的承认才能通过，于是一直到 1788 年才满足了这个条件。

宪法修改的程序也是异常严格的。首先，只有特定的主体才有权提出合法的提案。美国要修改宪法，要求国会两院各三分之二以上议员，或者是三分之二以上州议会的请求，才能够提出修改宪法的议案。这在《美国宪法》第 5 条里面有专门的规定。《日本宪法》第 96 条规定，首先也要求只有两院各三分之二以上的议员提议，才能够提案修改宪法，其次还得通过全体国民公投，总有效票数过半数通过。如果说在这个世界上评选一部最稳定的现代宪法，依我之见，应当首推日本的现行《宪法》，从"二战"后制定以来从来没有修改过。这比美国都稳定，因为美国还有 27 条修正案，《日本宪法》则连一个字都没有动过。原因何在呢？就在于宪法修改程序特别严格。长期以来，日本议会里最大的政党是日本自民党，这个政党主张修宪，修掉《宪法》第 9 条和平条款，但是自民党的议席总数长期很难达到三分之二，一旦快到三分之二，在下一轮选举里，一些日本国民就往往将选票投向少数党，使自民党始终很难达到三分之二。因此不得不承认，当代日本人民在政治上还是比较成熟的。

在我国，谁有资格提出修改宪法的建议呢？理论上，谁都可以提，我可以，你们也可以。但是，提出来之后不一定有人理。然而有资格提出宪法修改议案的主体，则另当别论。根据《宪法》规定，全国人大常委会或者是五分之一以上的全国人大代表联名，可以提出宪法修改议案。在现实中，一般而言是这样操作的：首先，中共中央在征求各方面意见的基础上，提出并在党中央审议和通过《关于修改宪法部分内容的建议（草案）》，并将这个文件送到全国人大常委会，再由全国人大常委会依据这个建议，按照《宪法》第 64 条规定，形成一份《宪法修正案（草案）》，然后将该草案交由全国人大去审议和表决通过。大家不要以为这个修改很简单，要知道也是谨慎的。所以说，要想修改宪法还是有一定难度的。

其次，宪法修改议案的通过也相当严格。美国宪法修正案要经过四分之三州的议会，或者四分之三州的修宪会议的批准，才能通过生效。日本《宪法》规定如果要修宪，关键是需要在两院分别获得"总议员"的三分之二以上赞成，其中"总议员"在主流的解释学上被认为即全体参会议员；除了这样的程序之外，还要经过全体国民投票，获得有效投票总数的过半数赞成才能通过。我国的宪法修改议案也要经过全国人大代表全体的三分之二以上多数通过。

最后，在特定内容的修改上有限定。《意大利宪法》第 139 条规定，宪法当中所规定的共和政体不能成为修改对象。《法国宪法》第 89 条规定："任何有损于领土完整之修改，不得着手进行。"《德国基本法》第 79 条规定得更多：联邦制的有关内容不得修改；《基本法》当中第 1 条"保障人的尊严"的原则不得修改；《基本法》第 20 条规定的德国是一个民主的、社会的联邦国家，不得修改。以上这些都构成了对宪法修改内容上的一种限定，也就是说对特定内容修改的限定。

宪法的第三个特点是：宪法具有最高的法效力。"马工程"教材中叫"法律效力"，我认为称作"法效力"更好一些。宪法具有最高的法效力这一点体现在哪里呢？正如"马工程"教材所指出的那样，主要体现在两点：（1）宪法是普通法律制定的基础和依据；（2）与宪法相抵触的普通法律无效。

基于宪法这三个特点，我们可以说，宪法居于至上的地位。但我不太满意这个通说，认为它说得有道理，但还不完全。在我看来，宪法之所以居于至上地位，有更高的理由，即：宪法内部往往蕴含了所有人类成员都必须尊重的价值原理，此即将人作为人来加以对待，并尊重其最起码的基本权利。也就是说，从宪法内部的内容来说它拥有这样一种品质，所有人类成员都必须尊重。正因如此，它才具有前述的三个特点，从而成为具有至上地位的法律。宪法中的这种精神，其实可视为宪法本身的一种"根本规范"，反映了立宪主义的根本精神。

五、宪法的本质：宪法究竟是什么？

宪法本质的问题和宪法的概念是呼应的。宪法的概念主要讲宪法的含义是什么。宪法的本质则是在追问：宪法究竟是什么？或者说它本质上是什么？

关于宪法的本质，我国宪法学界长期以来存在这样一种正统观点：（1）宪法是民主制度化、法律化的基本形式；（2）宪法是各种政治力量对比关系的集中体现。以我国宪法为例，最大的政治力量是无产阶级，其次是农民阶级。此外，敌人也是一种政治力量，却是专政的对象。这样的观点，同学们可能在高中政治课上就学到过。"马工程"教材里对这两点也做了详细表述。比如，我国《宪法》第2条第1款规定："中华人民共和国的一切权力属于人民。"该条体现了人民主权原则，而人民主权原则在制度上的展开就是民主制度。因此，不同性质的宪法就是不同性质的民主事实的制度化、法律化。再比如，宪法之所以是各种政治力量对比关系的集中体现，是因为：第一，宪法是阶级斗争的产物；第二，宪法规定社会各阶级在国家中的地位及其相互关系；第三，宪法随着阶级力量对比关系的变化而变化。我们要认识到，这种观点作为我国宪法学界长期以来的正统观点，不仅"马工程"教材当中有，过去的教材当中也有。比如，老一辈宪法学家吴家麟教授曾主编了一部高校教材——《宪法学》，于20世纪80年代初出版，是我国宪法学界较早的一本权威的宪法学体系书。这本书最早系统地提出了以上观点，一直被沿承至今，长期作为我国宪法学界在这个问题上的主流观点。

对这个观点，我觉得有必要进行适当的反思。首先，我们要从方法论上进行反思。虽然这种观点是有一定道理的，但是它仅仅是把宪法作为一种实然的社会现象或者政治现象来考察，而忽视了将其作为一种规范现象来加以考察的必要性。它没有解释宪法应该是什么,没有从规范层面来解释宪法。我们所接受的传统马克思主义在方法论上的优异之处就在于很敏锐地洞察"是什么"(to be)的问题,但往往忽略"应该是什么"(ought to be)的问题。它的应然结论时常是从实然描述中直接推导出来的。在这样的视角下,我们当然不会去全面地把握宪法的思想基础,特别是没有把握宪法当中应当具有的立宪主义精神,对宪法的本质是什么的理解,缺乏规范主义、立宪主义的立场。在反思这一点的基础上,我们寻找新的出路,那就是把宪法看成是一种规范现象。而规范主义(normativism)则是力图依据有效的、具有价值秩序的规范系统去调控公共权力的立场、精神、方法或理论体系。这种规范主义与立宪主义基本相通。以此视角看待宪法,宪法不是实然的政治现象,而是一种规范现象,尤其是把实质意义上的宪法看作规范现象来把握。如果把宪法看成是一种规范现象,我们对宪法的本质的认识可能就会更为深刻,就会认识到宪法本质的另一个方面。这个方面包含如下几点内容。

第一点,宪法是赋予国家的存在以基础的基本法。宪法和国家具有密切的联系,正是宪法,规定了国家的根本任务、国家的基本制度和根本制度,国家的机构设置等重大事项。正因如此,2018 年 2 月 24 日习近平在中央政治局集体学习时指出:"宪法是国家根本法,是国家各种制度和法律法规的总依据。"可以说,宪法是给这种国家以基础的一种法律。这是宪法本质的第一点。

第二点,宪法是人的尊严和基本权利的基础法。有关这一点,日本的芦部信喜教授就认为:宪法是自由的基础法。这里的自由其实就包含人的尊严和基本权利。马克思主义经典作家也是承认的,马克思本人就曾说过:宪法是人民自由的宪章。列宁也说:"宪法就是一张写着人民权利的纸。"有人说,列宁说得太对了,宪法只不过是一张纸而已。这可能是因为中国人发明了造纸术,对纸张不太稀罕。但当年美国人是把宪法写在羊皮纸上的,这种纸很珍贵。而且在很多国家,用来写宪法的不仅仅是一张纸,那张纸很神圣。为什么呢?因为宪法主要是用来保障人民的自由权利,是人民"自由的圣经"。这点也是宪法的本质,同时还是国家存在的正当性基础。为什么我们人类需要国家?国家凭什么存在?凭什么我们要给它纳税,支撑它的存在和运作?原因就在于,国家保障我们每个人的尊严和基本权利。

关于国家的正当性,过去的观点说:国家是由人民统治的,因而是正当的。但一部分人民如果迫害另一部分的人民,这个国家有正当性吗? 比如纳粹德国,一部分人民依照法律、依照总统的紧急命令迫害、或曰容忍迫害另一部分人民,行吗? 国家是否正当,还要看国家是如何统治的、是否保护人民基本权利。宪法如果做到这一点,就赋予了国家正当性的基础。

前面我们提到过,有一种理论认为:宪法的修改存在一个界限,即宪法当中的根本规范不能修改。我国当今《宪法》有 143 个条文,序言有 13 段,前 6 段是叙事性的,后面 7 段则也具有一定规范性。一部宪法有好多条文,一个条文里面可能有好多规范。宪法中有少量规范是所有规范中最根本的规范。什么是宪法当中的根本规范呢?"根本规范"这个概念来源于奥地利的一个宪法学者,即凯尔森。他本是犹太人,后来纳粹迫害他,无奈之下逃到美国。他曾指出,一切法律都有它的效力基础,普通法律的效力基础是宪法,这部宪法的效力基础是上一部宪法,上一部宪法的效力基础是再上一部宪法,最终会追溯到一个国家最早的那部宪法,如果再追溯上去,那就是"根本规范"了。后来,凯尔森这个概念被改造了。凯尔森认为宪法当中不存在根本规范,根本规范存在于宪法之外、宪法基础当中。但现代宪法学者主张这个根本规范并非存在于法律世界的外面,而是存在于法律世界的内部。存在于哪里呢? 存在于宪法当中。宪法中有许多的规范,其中有一些规范是最为根本的,相当于宪法当中的脊椎,这些"脊椎规范"就是根本规范。

那么,宪法当中的根本规范是什么呢? 芦部信喜教授的观点具有代表性。他认为:首先就是人的尊严。人必须像人一样地有尊严地活着,说透了,就是:人不能被国家或者他人看成是一种手段。这一点来自德国伟大哲学家康德的"人是目的本身"的原理。其次,由这个"人的尊严"原理又派生出两个原理:一个是主权在民,我们叫"人民主权"原理;第二个是基本权利保障原理。这两个原理再加上它的基础"人的尊严",三者共同构成宪法当中的根本规范。从这里,我们也可以透视到宪法作为人的尊严与基本权利保障的基础法的本质。

宪法还有没有其他"本质"可以表述呢? 如果说有,那么从法的角度来看,尤其是从规范主义的角度来看,宪法的第三点本质就体现在:宪法既是一种授权规范,又是一种限制性规范,是授权规范和限制性规范的统一体。形象地说,宪法就类似于一尊"两面神"。这尊"两面神",在古罗马,被称为"雅努斯"(Janus),下面这幅图片是古罗马神话中的"两面神"的形象。为什么说宪法类似于"两面神"呢?这是因为,面对国家权力,其实宪法存在双重面孔:一方面,它授予国家权力;另一方面,又适当限制国家权力。

图7　古罗马神话中的"两面神"——雅努斯(Janus)的形象之一。宪法在本质上也像是某种"两面神":它既授予国家权力,又适当限制国家权力

宪法作为授权规范的性格,可能会让许多人感兴趣。因为这几年许多人在探索党作为执政党的合法性、考虑国家的合法性问题。这从宪法这个授权规范中就能找到依据。另一方面,我们也需要特别重视宪法作为限制性规范的这一面向。对于这一点,有人指出,宪法就是"限权之法"。这个说法是成立的。当然如今也有人加以发挥,说这个"限权"之法也包括这一层含义,即:宪法也可以限制公民的基本权利。宪法会不会限制公民的基本权利呢?会的,只不过这一点并不是宪法的本质特点。

总之,宪法是授权规范和限权规范的统一。如果能深刻理解这一点,有效运用这一点,我们就离宪法政治不远了。我们诚挚地期望像"雅努斯"这尊两面神那样的宪法,有一天能完全扎根于我们的政治生活秩序之中,护佑我们每一个人。

第二章　宪法的分类与结构

在讲新的内容之前，我们先思考一下以下几个问题：

第一，"当今中国有成文的和不成文的两种宪法"。这个说法对不对？第二，"中国的不成文宪法包括了成文宪章、宪法惯例、宪法学说及宪法性法律"。这个说法对不对呢？第三，有人认为："宪法序言没有效力"。这个观点对吗？第四，宪法条文与宪法规范的关系是怎么样的？

以上诸种问题，都需要我们从学理上予以回答。这就需要我们今天来学习这样一个理论问题：宪法的分类与结构。

一、宪法的分类

许多学问都讲究分类，分类形成人类知识的一个基本要素。对于宪法学也是如此。说起宪法的分类，我们首先复习一下上一次课所学习到的一个内容：即宪法的概念，也就是"宪法是什么"这一个大问题。我们讲到："宪法"这个用语可能有不同的指称，至少有两种指称。一种指的是形式意义上的宪法，另一种指的是实质意义上的宪法；其中实质意义上的宪法又分为两种，第一种是固有意义上的宪法，第二种指的是立宪主义意义上的宪法。总之，关于"宪法是什么"这个问题，实际上涉及了一个概念、两类指称、三种含义。那么这一个概念、两类指称、三种含义，到底讲的是什么呢？似乎是宪法的分类，但其实并非宪法本身的分类，而是宪法含义的分类。今天我们讲宪法的分类，才是宪法本身的分类。

大家都知道，世界上有各种各样的宪法，古今中外出现在历史舞台上的宪法不胜枚举，一部一部地认识这些宪法是不可能的，因此就需要类型化的工作。那么,这么多宪法到底可以分为哪些类型呢? 在理论上,依据不同的标准,宪法会有不同的分类,从而又形成各种各样的学说。我们这里主要讲两大类的学说:一类是传统的分类学说,还有一种是现代出现的新的分类学说。这就属于"宪法分类学说之分类"了。但通过了解这些主要学说,我们也就懂得宪法的分类了。这就是本章要讲授的内容。

我们推荐的"马工程"教材,对宪法分类的学说也进行了分类,它分出两种分类法:一种分类将宪法分为资本主义类型的宪法和社会主义类型的宪法;另一种分类法比较笼统,用"其他分类"来表示,其中又分了四种,分别是:成文宪法和不成文宪法,刚性宪法和柔性宪法,钦定宪法、民定宪法和协定宪法,近代宪法和现代宪法。

我们在吸收"马工程"教材这些内容的基础上,作进一步的探讨,来看一看宪法分类的学说到底是怎么样的。我们讲的是更普遍化的分类法,主要也分两大类:一类是传统的几种经典分类法,但传统经典分类法也有它的弱点,所以我们还要讲第二类:现代几种有代表性的分类法。

(一)传统的分类学说

传统的分类基本上都是形式性的分类,最著名的一个分类就是根据宪法的形式,把宪法分为成文宪法和不成文宪法。成文宪法指的是由一个或几个规定国家根本性事项的宪法性文件所构成的宪法典。世界上最早的成文宪法是1787年制定的美国宪法。不成文宪法是指什么呢? 不成文宪法就是指没有成文宪法典,但它也有宪法,即我们上次所讲的实质意义上的宪法,至少是固有意义上的宪法,可能还是立宪意义上的宪法,只不过没有成文宪法典而已,但也有一些法律法规用来规定属于宪法的内容,涉及国家的根本制度以及人民权利的保障,但是这些法律本身不叫作"宪法"。这种宪法我们把它叫作不成文宪法。

这种分类主要看一个国家是否拥有成文的宪法典。大家一定注意,它并不是看宪法是否被写成文字,而是看是否拥有一部宪法典。可以说,世界上大多数国家的宪法都属于成文宪法,如美国的宪法、德国的基本法、我国宪法,都属于成文宪法。一般认为,当今世界有四个国家是不成文宪法的代表性国家,它们是英国、以色列、新西兰和沙特阿拉伯。

是谁正式提出成文宪法和不成文宪法这两个概念,并把它们作为一种分类方法呢？我国宪法学界一般认为是英国人詹姆斯·布赖斯（James Bryce，1838—1922）。此人曾经是牛津大学钦定教授，获封贵族头衔，还是法兰西学院通讯院士。但根据新近的研究，很难考证布赖斯是最早提出这一对概念的，只能笼统说是英国人最早提出的，而且这种分类法主要也是照顾英国的，因为英国是少有的、最典型的不成文宪法国家。但是请注意，这并不意味着英国没有宪法。何海波教授曾写了一篇文章——《没有宪法的违宪审查》，说的是英国，但他这里所说的"宪法"显然是指成文宪法，即统一的宪法典。这个宪法典英国没有，而且一直没有。但英国也有实质意义上的宪法，主要载体包括三部分：

第一部分是宪法性法律文件，比如说有《权利请愿书》《人身保护令》《王位继承法》《国会法》等，还有 1689 年通过的《权利法案》。后面这个很重要，并且现在越来越发挥着重要的作用。这些宪法性法律文件构成了实质意义上的宪法的重要内容。

第二部分是与宪法问题有关的司法判例，即法院对宪法问题的判例。

第三部分就是宪法惯例。英国存在非常丰富的宪法惯例。英国的宪法惯例实际上就是不成文宪法的典范，它没有写成文字，但是发挥着重大作用。举个例子，有一个非常著名的惯例：国王可以否定议会的立法，但是三百多年以来国王从未否定过议会的立法，这就变成了宪法惯例。英国还有一个著名的惯例，就是内阁是由下议院当中的多数党的领袖来组织的，所以哪个政党赢得了下议院的选举，这个政党就有权组阁，成为执政党，其他党派就是在野党。这些惯例基本上没有被打破，被维持下来。一旦被突然打破，这个国家就可能出现宪政危机。比如说英国国王三百多年来从来没有否决过议会的法案，如果突然行使否决权，那就会出现宪政危机。

英国的不成文宪法就是这样构成的，但是我们可以看到，英语上讲 Unwritten Constitution，它虽然被翻译为"不成文宪法"，实际上并不是完全没有写出来的，而是有一部分没有写出来，但一部分是写出来的。比如英国的宪法惯例是没有写出来的，但其宪法性法律文件是写出来的，宪法判例也是写出来的，只不过这些没有整合成一部统一的法典而已。为此，所谓"不成文宪法"，其实应该称为"不成典宪法"。

说到这里，还要知道：一般而言，我们可以说一个国家的宪法到底是成文宪法还是不成文宪法,只能做一种选择,即不是成文宪法,就是不成文宪法,不能说既是成文宪法,又是不成文宪法,或者说既有成文宪法,又有不成文宪法。所以前面我们章前提问的时候,第一个问题提到,有人认为中国存在成文宪法,又存在不成文宪法,这就可能引起争议了。我们说世界上的各个国家以是否拥有成文宪法为标准,可以分为成文宪法国家和不成文宪法国家这两类,这种分类就涉及对一个国家的宪法所属类型的一种形式意义上的分类。当然,也有一些人,像美国有些人认为成文宪法和不成文宪法是可以并存于一个国家的,但这里所讲的成文宪法是看得见的宪法典,不成文宪法则指的是宪法典以外的宪法性文件、宪法判例、宪法习惯等。而这个问题就涉及宪法渊源的问题了。这个我们等会儿会讲到。

刚性宪法和柔性宪法的划分倒是前面说的那个英国学者詹姆斯·布赖斯首先提出来的。二者的区别主要在于修改程序。修改程序采用特别多数决通过修宪提案的,就是刚性宪法;采用单纯或曰普通多数决方式(过半数)的是柔性宪法。后者的修改程序和普通法律是一样的。这一分类是布赖斯在1901年出版的《历史与法理学研究》这本书中首次正式公开发表的,也被学界广泛接受。

我们可以看到,世界上柔性宪法的国家也是少数,典型的国家也是英国,此外,法国1814年宪法和意大利1848年宪法也被认为是柔性宪法。而由于英国的宪法既是不成文宪法也是柔性宪法,所以,完全可以说,这一分类对英国来说是特别有用的,而对大多数国家而言是不太有用的,起码意义不是很大。

第三种分类,是根据宪法制定主体之不同,把宪法分为三种类型:钦定宪法、民定宪法和协定宪法。钦定宪法是以皇帝或国王的名义制定的宪法,比如1871年德国"俾斯麦宪法"以及之前的1850年的《普鲁士宪法》、1889年颁布的《大日本帝国宪法》(以下简称《明治宪法》)等,就是钦定宪法。我国清末"预备立宪",也想制定一部钦定宪法,连大纲都有了,通常就称"钦定宪法大纲"。钦定宪法虽然都是以皇帝或国王的名义制定的,但实际上可能是由大臣来主持制定的,而担纲制宪的大臣往往是强有力的大臣,比如说"俾斯麦宪法",就是由"铁血宰相"俾斯麦主持制定的;《明治宪法》是由日本宰相伊藤博文主持制定的。中国清末"预备立宪"失败了,原因很多,其中之一就在于当时没有出现一个强有力的政治家。

在当今世界各国，多数的宪法都是民定宪法。顾名思义，它的制宪主体是人民，至少是以人民的名义制定出来的。人类历史上第一部民定宪法是1787年制定的《美国宪法》。当今我们中国现行《宪法》，也是民定宪法。

而协定宪法是指君主和臣民共同协商制定出来的宪法，最典型的代表是英国1215年的《大宪章》，是由当时的英王和贵族们所签订的协议，是一部具有重要历史意义的宪法性文件。此外，法国1830年宪法也属于协定宪法。

以上就是传统分类法。它有优点也有缺点。优点在于，由于它们多是形式意义上的分类，具有很强的形式性，比如成文宪法与不成文宪法就直接看是否有宪法典，所以这种分类法比较客观，一般较少有争议。但它们也有弱点，其中一个弱点是多体现了英国的主体性，即往往从英国人的角度去进行分类的，如果让其他国家去分类，很可能就没有不成文宪法，也没有柔性宪法，因为在世界上数量很少，几乎可以忽略不计。而由英国人来分类，不成文宪法、柔性宪法就分别与成文宪法、刚性宪法成为并驾齐驱的类别。这些分类法的分析功能到了如今更是渐趋式微。为什么呢？因为现在大部分国家都是成文宪法国家，不成文宪法国家数量仍然很少，柔性宪法也是如此。根据制定主体来分析也是一样，现代基本上没有钦定宪法，也没有协定宪法，绝大部分都是民定宪法了。在此情形之下，出现了现代的分类法。

（二）现代的宪法分类

现代的宪法分类法也有很多。第一种是盛行于社会主义国家之中的一种分类，即把宪法分为资本主义类型的宪法和社会主义类型的宪法。大家注意，这不是"资本主义宪法"和"社会主义宪法"，而是讲资本主义类型的宪法和社会主义类型的宪法。为什么这样表达呢？这可以说是以中国为主体的，因为中国1954年制定宪法的时候，当时还不是社会主义国家，只是新民主主义国家，为此"五四宪法"就不能称为"社会主义宪法"，而只能称为"社会主义类型的宪法"。而从这一点也可以看出，这是一种实质性的分类，也存在意识形态的取向。另一个问题是，经过20世纪80年代末90年代初东欧剧变、苏联解体的大变局，社会主义类型的宪法在当今世界数目已经不多了，硕果仅存的是中国、朝鲜、古巴、越南等国家的宪法。

还有一个分类法比较重要，那就是近代宪法与现代宪法的分类。这个分类的功能性很强。它是按历史阶段来划分的,但同时也是从内容上来划分的。二者在时间上区分的主要标志是 1918 年苏俄宪法和 1919 年魏玛宪法,前者是社会主义类型宪法,后者是资本主义类型宪法。但凡这两部宪法之前的宪法,一般都是近代宪法,这两部本身及其以后制定或修订出来的宪法,大都属于现代宪法。当然,这倾向于形式意义上的区分,就实质意义而言,近代宪法立足传统的自由主义,比较倾向于保护传统的自由,尤其是经济自由。在国家组织方面,它比较注重严格意义的分权,实行权力的分立,其中有横向的分权,如三权分立,此外还有纵向的分权,比如采取联邦制。而现代宪法则在此基础上对此有所发展,具有新的内涵。这些新的内涵也比较丰富,简单地说,一般是更加重视平等,重视社会权利的保障,因此出现了一些社会政策、福利政策,有些国家被称为福利国家,或者也叫作"社会国家"。它吸收了社会主义的一些政策,但没有把这些社会主义政策上升为社会主义制度,或者说没有像我国宪法第 1 条第 2 款的规定这样,把社会主义制度作为国家的根本制度。还有,就是出现了现代型的多党制,这是一个非常重要的现代分权方式,不同政党之间相互竞争、相互监督、相互制约,实现新的横向分权。这就是现代宪法。从实质意义上来看,虽然有些宪法是在近代诞生的,但随着时代也有所发展,具有了现代内涵,那就相应地演变为现代宪法。比如美国宪法,是 1787 年制定的,本来属于近代宪法,但在现代时期,通过修正案尤其是大量的判例,其内涵不断地变迁,已演变为现代宪法了。

第三种分类是实在论的分类。此一分类在西方各国很著名,但在我国以前不太知名。提出这一分类学说的人是罗文斯坦(Karl Loewenstein, 1891—1973),他是美国的一位比较政治学和比较宪法理论的研究者,1951 年他在一个国际学术会议上提交了一篇题为《对当代革命时期宪法价值的思考》的论文,当中提出了这一分类。他所提出的这个分类又叫功能意义上的分类,是把宪法分为三类。第一类叫"规范宪法"(normative constitution),指的是为政治权力所能适应并能服从的立宪主义意义上的宪法。罗文斯坦给出一个比喻:它是"一件合身的衣服,并且经常被穿着的衣服"。罗文斯坦认为这种宪法最典型的是存在于西方成熟的法治国家。第二类叫"名义宪法"(nominal constitution),指的是只是在名义上存在,但在现实中不能发挥其规范性的宪法。罗文斯坦也给出一个比喻:这是一件"过于宽大而不合身,需要等待'国民的身体'成长的衣服"。罗文斯坦认为这样的宪法主要存在于当时的拉美、亚非等新兴国家。最后一类叫"语义宪法"（semantic constitution），指的是即使被使用，也是掌握权力者的宣言手段或点缀品的那种宪法。罗文斯坦的文学修养不错，总是用形象的比喻来说明较为抽象的理论。针对语义宪法，他就说：这"绝不是真正的衣服，而只是一种化妆"。用今天的话说，这种宪法就像人体彩绘一般，很好看，但不是真正的衣服。罗文斯坦认为，此种宪法主要出现在专制主义国家或者发展中国家。

　　说到这里，我们很难回避一个问题：那么，我们新中国的宪法应该属于哪一类呢？这个问题就比较麻烦了，不过我也可以直说：罗文斯坦当年提出这个"三分法"学说的时候，中华人民共和国的第一部宪法尚未诞生呢。但是，有一点很明确，即在罗文斯坦看来：苏联宪法就是语义宪法。那么，到底中国现行宪法属于哪一类，我觉得很难轻断，因为这涉及高度复杂的价值判断问题，在科学上难以证明。但凭良心说，中国宪法现在还不是典型的规范宪法，不过也很难说只是语义宪法。依我看来，在当下急剧转型的时代背景之下，中国宪法也在变化发展，上述三类宪法的性质，它都部分地具有，既具有规范宪法的部分，也有语义宪法的部分，又有可能被认为有名义宪法的部分；有些条款制定得很好，执行得很好，约束力很强，而有些条款则一时难以被落实。但可以期望的是，中国宪法有可能会逐步发展成为一部具有特色的规范宪法。鄙人所主张的"规范宪法学"，最终也正是为了推动这一目标的早日实现。

　　以上我们讲的是比较重要的现代分类。它的特点是：第一，功能强大，很好用；第二，实质性分类居多，不同于形式性的传统分类，它主要看内容和实质。这是它的优点。它的缺点也在这一点上，因为涉及内容，涉及实质性判断，就难免带有价值判断，因而就比较容易引起争议。比如社会主义类型宪法好还是资本主义类型宪法好，争议很大。中国的宪法到底属于规范宪法还是名义宪法，还是属于语义宪法，这个也可能有争议。有些争议甚至是不可调和的，因为涉及了意识形态的斗争。而一旦涉及不可调和的意识形态的斗争，那就超出了学术的范畴，在这个领域，所谓真理主要是靠政治实力决定的，而未必属于真正的真理。

　　接下来我们还要讲第四点，即现代中国具有本土性质的分类。这完全是从中国角度出发的，而且跟现实有密切关系的分类。有人把宪法分为三种类型，一种叫革命宪法,一种叫改革宪法,一种叫宪政宪法。原中国社科院法学研究所研究员夏勇先生,提出了这种分类。其中革命宪法指革命时期制定的,或者反映革命时期目标的宪法;改革宪法是改革时期制定或修订的,反映了改革时期内容和要求的宪法;宪政宪法那就比较稳定了,就相当于罗文斯坦所说规范宪法。根据他的说法,当今中国的宪法很显然属于改革宪法,它变动不居,且行且修改;它为改革服务,但有时被改革所冲击,甚至所吞没,而这一切又是正当的,因为正是改革赋予了这种宪法的正当性。这是国内非常著名的分类,也非常好用。但我不同意其中的一个观点,就是认为"改革宪法"的合法性基础既是现有法统,又是改革本身。这决定了无论实体方面,还是程序方面,都在一定程度上允许违宪改革、违法改革。在我看来,在当今中国,现行宪法与改革结下不解之缘,的确可谓属于一种"改革宪法",但与其说是改革赋予现行宪法的"合法性基础",倒不如说,事实上,正是现行宪法赋予了改革的合法性,现行宪法序言第 7 段本身就宣明"坚持改革开放"。正因如此,要正确处理好改革与宪法的关系,改革措施必须于法有据,不能让改革以违法违宪的方式进行。

关于宪法的分类,晚近还有学者提出了一种颇有启发意义的新二分法,即把宪法分为分权宪法与监督宪法两种类型。这个学者就是我所熟悉的刘练军教授。他认为,以美国联邦宪法为代表的资本主义性质的宪法,是旨在保障人权的分权宪法,而以我国宪法为典型的社会主义性质宪法,则是旨在改造社会的监督宪法。

以上我们所讲的就是宪法的分类,包括传统的分类和现代出现的分类,内容比较复杂,提纲挈领地梳理起来还算简单,我们就讲到这里为止。接下来我们讲第二大点:宪法的结构。

二、宪法的结构

这部分涉及三点:一是宪法存在形式的结构——宪法渊源;二是宪法典的一般结构;三是宪法结构中非常重要的一个构成单元——宪法规范及其结构。这样安排比较符合法律逻辑的思维习惯,一步一步地深入下去。

（一）宪法存在形式的结构：宪法渊源

所谓宪法渊源，指的是宪法的"法源"（source of law），实际上就是一个国家实质意义上的宪法的存在形式。那么，宪法的存在形式是什么呢？我们首先想到的是宪法典，但是宪法除了宪法典之外还有其他存在形式，对此，前面也有所论涉。这里要专门讲解。

首先要知道的是："法源"一词是法学领域中很重要的一个概念，比较复杂，至少有如下三种含义：

一是指法哲学上法的终极性的妥当依据。这种意义上的法源有多种说法：有人认为神是这种法源，有些人认为主权者才是这种法源，或者民意就是法源，等等。

二是指法史学上认识过去的法的素材（source of law），其实指的就是法史料。

三是指法的存在形式或者表现形式，即某种法在解释与适用时可援引的规范。

毋庸多言，这里所讲的"宪法的法源"或曰"宪法渊源"，主要指的是第三种含义，即宪法在解释与适用时可援引的规范的整体。当然，这里所说的宪法的"适用"，并不限于宪法的司法适用，甚至不限于合宪性审查机关对宪法的运用，而是广义的宪法适用，即任何主体将宪法的规范内容运用于某个具体地域、具体场合、具体个案等一切活动。这一点今后还会专门讲到。

当然，如果综观世界各国，那么可以看到，迄今被认为属于宪法渊源的，至少有以下六种：

第一种当然是宪法典。讲到宪法典，我们首推1787年诞生的《美国宪法》，它是人类历史上第一部宪法典。欧洲大陆第一部完整的宪法典是1791年的《法国宪法》。新中国第一部宪法典是1954年宪法。

说到宪法典，请诸君注意：学习宪法，大家每个人手里最好要有一部宪法典。有些人说美国人"搞宪法"不怎么看宪法条文，主要看宪法判例，但在目前的中国，情况不一样，宪法典中的条文是很重要的。即使是美国也是如此。如耶鲁大学法学院有位非常有水平的教授，也比较著名，名叫阿玛（Akhil Reed Amar），他也教授宪法，而且教得很有特色，以至于法学院学生都编出一首歌，歌词大意是说：美国有两种宪法，一种是参加司法考试要考的宪法；另一种是阿玛给我们讲的宪法。这是因为这个阿玛上课时所教的法律，是他自己所理解的那一套，跟司法考试无关，如果你听完他的课，去参加司法考试，按照他给出的答案去回答司法考试题目，那就离题了。但是这样一位仁兄现在还在耶鲁大学法学院生存，而且生存得很好。话说阿玛这位宪法学家，他出差时就经常随身携带一本美国宪法典。

第二种是宪法性法律，指的是除了宪法典之外，其他含有调整宪法关系之内容的法律，具体类型上又有两种：一是不成文宪法国家的实质宪法，如英国，它没有宪法典，但是有宪法性法律，比如《国会法》《王位继承法》《人身保护令》《人权法》等。二是按照宪法学界通说观点，指的是成文宪法国家里存在的确认基本权利的法律、政府的组织法、选举法等。但是从严格的意义上说，这些法，基本上都属于法律，有的甚至是代议机关内部的议事规则，如我国也有《全国人大议事规则》，它们都不具有与宪法同等的效力。当然，这些法律在内容上的确具有与宪法相关的内容，为此在我国也被称为"宪法相关法"，立法机关的一些公文也是这样称的。但是从学理上说，在法律体系中，很多法律法规都跟宪法相关，像我国这样，甚至连《民法典》都与宪法相关，你能说它也是"宪法相关法"吗？为此，我觉得：用"宪法性法律"已可，如果还要用一个概念，那么与其采用"宪法相关法"的说法，倒不如采用"宪法附属法"这个概念比较妥当，日本宪法学者就是这样称谓类似的这些法律法规的。

小贴士：目前我国的宪法性法律有多少？

第三种宪法的法源是宪法判例，指的是在具有宪法诉讼机制或类似体制的国家中，宪法审查机关，或说是"合宪性审查机关"，所作出的有关宪法问题的判例。如果没有宪法诉讼机制或类似机制，宪法判例也就不会出现，我国目前就是如此。但是在西方许多成熟法治国家，大都存在宪法判例。该种宪法判例也构成宪法的一种法源，即成为宪法的一个重要组成部分。有一种重要的学说认为：宪法判例只存在于普通法国家。这是一个比较严重的误解，我们需要澄清一下：除了普通法国家之外，许多大陆法国家也存在宪法判例。我们知道，大陆法国家以前是没有判例制度的，但是在现代，也不断地引进判例制度，只不过未必形成典型的判例法制度而已。请注意:判例制度与判例法制度是有一些差别的。在宪法方面,情况也是如此,许多大陆法国家都存在宪法判例。像德国,就有宪法判例,日本也有,连法国现在也慢慢吸收了宪法诉讼机制的一些要素,出现了一些宪法判例性质的文件。这些宪法判例也属于以上各国宪法的存在形式。

那么,宪法判例通常有什么内容?它的载体为何?我们要说明,宪法判例和有关宪法的判决书是不同的概念。判决书,香港人称作"判词",还不等于判例。判例往往是具有典范意义的、具有拘束力的判决。而一份判决书按照标准来看,一般由三个部分组成,即判决主文、判决理由和附论。判决主文写判决结论,如是否驳回起诉,某部法律是否违宪,或者判决谁胜诉、谁败诉等;判决理由就比较复杂,它主要是论证判决结论的理由,比如某一个法律法规违宪的理由何在。许多国家经常把宪法判决书写得类似于一篇论文,有的比一般论文还要长,超过一万字是很平常的,好几万字的判决书也是俯拾皆是的。如果我们把判决书看作一篇论文,那么判决主文就是论点,判决理由就相当于支撑论点的论证要点。至于判决书中的附论,那指的是案件所涉及的一些附带推论,也可能阐述一些规则。我们所谓的"判例",主要就是存在于判决书的判决理由部分当中,有时也可能存在于附论之中。

宪法判例具有很重要的地位,尤其在成熟的法治国家。要说明这一点,有一个非常恰当的例子。美国的休斯大法官(Charles Evens Hughes,1910—1916 年任大法官,1930—1941 年任首席大法官),在联邦最高法院任职前,曾任纽约州州长,在一次演讲中他曾说过一句名言:"我们生活在宪法之下,但这部宪法是什么意思却是法官们说了算。"后来他出任美国联邦最高法院大法官,而且还担任过首席大法官。他这句话说明在美国,宪法判例是何等的重要。正因为他深切地认识到这一点,所以他在做了联邦最高法院大法官之后,据说每逢写作判决书时都会发怵,迟迟不敢动笔,写得很慎重。诸君以后如果有幸成为大法官,要向人家学习两点:第一,判决书必须自己亲自写,写出经典来,看看能否成为判例;第二,写作判决书之前,一定要谨慎,千万不要喝太多酒,以防胆大妄为、胡说乱侃。

还有一个知识点也在这里顺便说说。在美国,在联邦最高法院任职的法官,可以称为"大法官",共有 9 人;日本最高裁判所则有 15 名大法官;德国联邦宪法法院共有 16 名大法官(分设两个法庭,每庭 8 名法官)。美国、日本都是奇数,唯独德国是偶数,为什么呢? 人家也有人家的道理。因为如果奇数的话,有些案件就很容易形成微弱多数,比如 5∶4,或者 8∶7,在此基础上作出判决,容易导致败诉的一方不服,甚至引起全国性的争议。而如果是偶数的话,上面这种情况就容易排除了,因为假如出现 4∶4(德国联邦宪法法院分设两个法庭,每个庭 8 位法官),就会无效,还要继续讨论。由此可以看出,德国人重视"商谈",相信在通过慎重的研究讨论之后往往能形成更为妥当的结论。

第四种宪法法源是法定有权机关的宪法解释。这里我们先解释一个概念,什么是宪法解释? 简单说,即对宪法规范的具体阐明。宪法解释本来与宪法判例的关系是很密切的,一般来说,在有宪法判例的国家,宪法解释就存在于宪法判例之中,宪法判例中的判决理由自然会涉及宪法解释,甚至可以说,宪法判例主要也是由宪法解释构成的。但是有些国家没有宪法判例,只好单独发布宪法解释,为此宪法解释自身就可能成为一个法源。我国在制度上便是如此。

那么,在现行制度上,我国的哪个机关可以作出具有宪法渊源地位的宪法解释呢? 根据《宪法》第 67 条的明文规定,是全国人大常委会。毋庸讳言,这个做法在当今世界非常少见的。当今世界,一般来说是由宪法审查机关(合宪性审查机关)来解释的。有些国家是法院来行使宪法解释权的,比如美国;有些国家是由专门设立的宪法法院来行使宪法解释权的,如德国。我国索性由参与宪法制定或修改的相关机关,即全国人大的常设机关——全国人大常委会来解释的。这个做法有没有历史先例呢? 我明确告诉大家,有! 其中一个重要的历史先例就是 1875 年法国第三共和国宪法,但现在已经很少见了,连法国也不是采用这种方式了,而是将宪法解释权交给专门设立的宪法委员会来行使。

宪法解释需要符合要式主义的要求。什么叫"要式主义"? 这一点今后我们还会讲到,简单说,就是要有格式,而且格式要合理。按照这个标准,迄今为止,我国宪法解释的案例几乎没有。但是全国人大常委会曾经先后对香港基本法作过五次解释,分别是在 1999 年、2004 年、2005 年、2011 年、2016 年作出的,它们都有明确的格式。但从严格意义上说,这些只是属于对宪法性法律的解释,而非宪法解释,宪法解释应该是对宪法典作出解释。但有趣的是,在 2011 年全国人大常委会对香港基本法的那次解释,即在刚果(金)案的有关解释中,则隐含了宪法解释。这部分的表述是这样说的:依照《中华人民共和国宪法》第 89 条第 9

项规定,国务院即中央人民政府行使管理国家对外事务的职权,而国家豁免规则和政策属于国家对外事务中的外交事务范畴。通过这种解释,相当于说:中央人民政府有权决定中华人民共和国的豁免规则和政策,在中华人民共和国领域内统一实施。这可以说就是发生在我国的一次极为罕见的宪法解释的实践,其以隐含在对宪法附属法所进行的解释之中的形态,同样也是极其罕见的。有关这一点,我们今后在讲到宪法解释时还将论述。

至于这种宪法解释的效力,有观点认为:它与宪法典具有同等的效力。这个观点可能是有问题的,我不同意。我的意见可以总结为两点:

第一点,在美国等有宪法判例的国家,这也许是可能的。因为它的宪法解释是在判例当中作出的,往往具有和宪法同等的效力。但就我国而言,从通常由立法主体决定规范性文件的效力位阶这一法理来说,宪法解释最多仅仅与宪法性法律具有同等效力,因为作出这种宪法解释的主体一般是全国人大常委会,怎么可能与宪法具有同等效力呢?

第二点,基于新法优于旧法的原则,宪法性法律也可变更之。一个宪法解释出台之后,新的宪法性法律可以推翻它。我国法律的效力位阶,主要看制定机关,制定机关决定了其所制定的法文件在宪政框架中的地位。我国的宪法是谁制定的? 不要以为是全国人大制定的。应该说是宪法制定者制定的。接着追问:宪法制定者是谁? 这个问题就比较复杂了。理论上说,是人民制定的。从政治正确的角度而言,至少也是"中国共产党领导人民制定了宪法"。在这个过程中,最重要的一个机关是宪法起草委员会,最后由第一届全国人民代表大会通过宪法。基于上述情况,虽然宪法赋予了全国人大修改宪法的权力,但是也绝不能把全国人大和宪法制定者的地位相提并论。所以,由全国人大的常设机关全国人大常务委员会所作出的宪法解释的效力自然也只能等同于宪法性法律。这样理解也就是承认:这种宪法解释也有可能违反宪法本身,如果违反了宪法,可以通过修改或制定一部宪法性法律来修改或者废止它。

第五种宪法法源是宪法惯例。宪法惯例也是存在于某些国家当中的一种宪法法源,指的是在长期的宪法实践中形成的、被反复沿用并被普遍认可的惯行或先例。也就是说,它的成立有三个要件:一是在长期的宪法实践中形成,而不是出自个人的意志或决断;二是被反复沿用;三是被普遍认可,仅仅是部分机关、部分民众认可还是不行的。许多国家都有宪法惯例,如英国的宪法习律(Conventions of the Constitution)、法国的宪法习惯(Coutume Constitutionnelle)等均属此范畴。

关于我国的宪法惯例,学术上有讨论。一般来说,认为宪法修改一般均由党中央先向全国人大提出建议,然后依照宪法规定的程序进行修改,这就是一个宪法惯例。确实,迄今为止,宪法修改主要是由中国共产党中央委员会,首先向全国人大常委会提出的。怎样提出呢?一般是中国共产党先广泛征求全国各地区、各部门、各方面的意见,形成一个书面材料,叫作《关于修改宪法部分内容的建议(草案)》,在中共中央全会上审议和通过后,再向全国人大常委会提出正式的《关于修改宪法部分内容的建议》,由后者形成《宪法修正案(草案)》,最后向全国人大正式提出,并由全国人大审议和通过。在实践中,全国人大及其常委会一般都会全面接受中共中央的宪法修改建议草案,比如2004年宪法修改时,全国人大经过审议讨论,只删掉了中共中央有关宪法修改草案中的一个标点符号和两个文字。今后我们会专门讲到,这可理解为是长期以来形成的一个宪法修改的惯行性前置加接程序,并且为执政党的文件所确认。2014年10月中国共产党十八届四中全会《关于全面推进依法治国若干重大问题的决定》中提出:"中共中央向全国人大提出宪法修改建议,依照宪法规定的程序进行宪法修改。"

根据学者的观点,还有一个宪法惯例就是"三位一体"机制,即中共中央总书记、国家主席、中央军委主席的职位均由同一人担任。这个惯例是从江泽民担任中共中央总书记期间形成的。这个"三位一体"的用语很形象,2018年修宪之际,官方也采用了这个说法。

宪法惯例的作用是很大的,因此才被看成是宪法的一个重要法源。它一般有三个作用:

第一,它实际上可以改变宪法中的规范。比如,我们曾经介绍过,在英国的宪政体系中,英王依宪法有权否决议会通过的法案,但是长期以来,英王没有一次否决过议会通过的法案,因此就在这里形成了一个宪法惯例。如果某一天,英王推翻了议会通过的法案,那么在英国这就会被看成是:英王违反了英国的宪法惯例。这就是一件很重大的事情,甚至可能导致宪政危机。所以说,宪法惯例实际上改变了宪法中的规范。第二,宪法惯例使宪法规定更容易实施,更具有生命力。第三,它还可以弥补宪法规定的不足。

那么,宪法惯例的效力又是如何呢? 我们也总结几点:

第一,一般认为有效力,但不具有宪法的形式效力。这是因为宪法惯例并不是立宪机关或立法机关制定的,甚至也不是法院等具有正当权威的机关通过判例确定的,一般都没有法文书的表现形式,所以从理论上说,它就不具有宪法的形式效力,但是却不排除它具有实效性,即事实上得到人们的遵守。

第二,在成文法国家,存在成文法优于习惯法的原则,为此,宪法惯例也是可以为国家立法机关的法律所变更的。宪法惯例是如何变更的呢? 主要有两种途径:第一种是被新的政治实践所打破;第二种途径是通过法律的制定或修改。当然,更不用说通过宪法的修改,可以将宪法惯例变成宪法的规定。有一个例子分别说明了这两点:美国宪法原本对总统连任制没有规定,第一任总统华盛顿连任两届后,人民呼吁他继续连任下去,但华盛顿坚决不干,非要回老家的种植园里去。此后,其他后任总统就都不敢连任超过两届,这样,就形成了一个宪法惯例。但到了20世纪,出现了一个例外,那就是富兰克林·罗斯福总统,他1932年当上总统,当时西方各国陷入历史上最严重的经济危机,他为此推行新政,很受人民爱戴,1936年获得连任,按惯例到了1940年就不应再连任了,但当时又恰逢第二次世界大战,形势非常危急,罗斯福又参选总统,虽然这一行为遭到政敌的强烈反对,但高票获得第三届连任,就这样,美国开国一百多年形成的总统连任不超过两届的宪法惯例就开始被打破了。到了1944年,"二战"即将进入最后决战,罗斯福又参加总统选举,而且还是当选上了,这是他第四届连任总统,当然这次只当了73天总统,到1945年就去世了。罗斯福总统去世后,美国人民悲痛不已。但是到了1951年,美国人还是通过了宪法第22条修正案,明确规定总统连任以两届为限。就这样,先前被打破的宪法惯例,终于通过宪法修改,被宪法明文确定下来了,罗斯福总统也成为美国历史上唯一一位蝉联四届的总统,以后的总统即使再伟大也不可能连任三届以上了,所以在这一点上,我们可以给罗斯福总统四个字的评语:空前绝后。

以上说的是宪法惯例。

第六种,即我们要讲的最后一种宪法法源,就是国际条约。国际条约指国际法主体之间所缔结的书面协议,主要包括宪章、公约、规约等。通常被作为宪法

图 8 罗斯福总统雕像。本书作者摄于
美国华盛顿罗斯福纪念公园

法源的国际条约有《联合国宪章》《经济、社会及文化权利国际公约》《公民权利和政治权利国际公约》,在欧洲有《欧洲人权公约》《欧盟宪法条约》(未生效)等。这些都是可以作为一个国家宪法法源的国际条约。对此,有些国家的宪法就有明确规定,如 1787 年制定的《美国宪法》第 6 条第 2 款就规定,合众国已经缔结或未来将缔结的条约,与宪法以及以宪法为准据制定的法律一道,也是"国家最高的法",各州的法官均受其拘束;《德国基本法》第 25 条规定,国际法的一般原则,也是联邦法律的组成部分,其地位优于法律,对联邦领域的居民,直接产生权利和义务。我国现行宪法没有类似的明确规定,但在序言第 12 自然段中规定了"和平共处五项原则",2018 年修宪时还进而宣明了"推动构建人类命运共同体",表明我国充分重视自己所签订的国际条约中的义务。

那么,国际条约是不是我国的宪法渊源之一呢? 宪法学界过去曾存在肯定说,但"马工程"《宪法学》否定了这个见解,其主要理由是:在目前的我国,虽然像现行的民事诉讼法、行政诉讼法那样,部分法律明确规定我国缔结或参加的国际条约与本法有不同规定的,优先适用该国际条约的规定,但通常情况下,我国是将国际条约中所承担的义务转化为国内立法而予以适用的,国际条约的适用仍属于法律适用的范围。

但另一方面,我们要看到:我国参加的国际条约已经比较多了,迄今参加的有关人权保障的国际公约就有《消除一切形式种族歧视国际公约》《消除对妇女一切形式歧视公约》《禁止酷刑和其他残忍、不人道或有辱人格的待遇或处罚公约》《儿童权利公约》,等等。不过,作为许多国家宪法之法源的国际公约,最重要的是两个：一个是《经济、社会及文化权利国际公约》，我国政府方面在 1997 年 10 月签署了这个条约，全国人大常委会于 2001 年 3 月 27 日加以批准，同年 6 月 27 日对中国生效。另一个则是《公民权利和政治权利国际公约》，这比前一个公约内容更实在，更难履行。我国政府在 1998 年签署了该公约，由于各种原因，全国人大常委会至今还没有批准。

以上说的是世界各国宪法法源的基本情况。那么，返回中国，我国究竟有几种宪法渊源呢？根据"马工程"《宪法学》的分析，只有三种：第一种当然是宪法典，第二种是宪法惯例，第三种则是法定有权机关的宪法解释；而在它看来，由于我国是成文宪法和刚性宪法国家，宪法性法律不具有最高法律效力，为此不是宪法渊源。至于宪法判例，我国是没有的，因为宪法判例是指通过宪法诉讼制度产生的一种判例，我国本来就没有这种制度，为此从严格意义上说没有宪法判例。另外，国际条约也不能作为我国宪法的渊源，因为在我国，国际条约中的义务一般要转化为本国的法律才能予以适用，这就决定了国际条约不是我国的宪法渊源。

在这里我们必须指出："马工程"教材基于宪法性法律不具有宪法典的那种最高法律效力，从而将其排除在宪法渊源的范围之外，这是值得斟酌的。其实，如前面我们分析的那样，宪法惯例也不具有宪法典那般的最高法律效力，即使在英国也是如此。至于宪法解释在我国，同样没有宪法典那般的最高法律效力。也就是说，在探讨宪法渊源之时，我们有必要从"结构"的视角出发，即从前面所说的"宪法存在形式的结构"出发，认识到作为"宪法存在形式"，宪法渊源很可能是复数的存在，而且它们之间的效力不一定相同，为此形成以宪法典为顶点的位阶结构。总之，我认为我国的宪法渊源有四种，即：除了"马工程"教材所说的三种之外，另加宪法性法律。

当然，关于"宪法渊源"这个概念，当今我国学界争议比较大，其中出现了一种新学说，认为应严格认定宪法渊源，倾向于只将宪法典认定为我国宪法的渊源。

当今我国学术界之所以出现这种学说，是对迄今学界存在的某些宽泛地认定宪法渊源的学术倾向的一种反拨，为此很严格，而后者则实在太不严格了——我们等下再来分析它们的观点。

但是，如果我们仅仅将宪法典认为宪法渊源的话，那么，这实际上也是没有看到"宪法存在形式的结构"的，那就等于说：所谓宪法的存在形式就是宪法典。这样一来，不仅实质意义上的宪法这个概念没有多大意义，连"宪法渊源"的概念似乎也可以取消。

说到宪法渊源，在我国还有另外一种看法，即我们刚才说的那种"不太严格"的学说，它认为："当今中国存在成文宪法和不成文宪法这两种宪法。其中不成文宪法包括成文宪章、宪法惯例、宪法学说及宪法性法律。"在这次课的章前导引问题当中，我们提到了相关的问题。这个学说到底对不对啊？这值得我们分析。我们前面也讲过，这里讲的成文的和不成文的两种宪法，和前面讲到的英国人所说的成文宪法、不成文宪法是不太一样的。英国人所讲的成文宪法和不成文宪法，主要是对宪法分类时采用的概念。它意味着，一个国家的宪法，如果不是属于成文宪法，那就是属于不成文宪法。反之亦然。而上述这个学说则认为，中国同时存在这两种宪法。也就说，这里讲的成文宪法、不成文宪法，不是宪法的分类的概念，而是宪法的存在形式的概念。那么这个说法到底对不对呢？如果把这两种宪法当作宪法的存在形式来看，也就是当作法源意义上的宪法，从形式意义上姑且可以接受。当然，如果从宪法分类学说的角度来看，这个说法是错误的。也就是它们只能理解为宪法的两种存在形式。但是后面所说的，"不成文宪法包括成文宪章、宪法惯例、宪法学说及宪法性法律"，这个说法对不对呢？这句话的争议性就更大了。如果说"不成文宪法包括成文宪章"，那"成文宪章"指什么呢？不就是宪法典嘛。还有，宪法学说能不能看成是不成文宪法呢？在当今中国，如果宪法学说都能看作宪法，那不得了，我们学者的地位就陡然升高到了令人眩晕的地步。应该说，这个说法是有争议性的。那么理论上能否认定，中国共产党的章程也是宪法呢？有些人认为是。还有一些人认为，其他有关的重大的党规、国策，也可以看成是宪法的构成部分。这些说法难免有争议性，但的确值得好好思考。

另外一种二分法，与"中国同时存在成文宪法和不成文宪法"这个说法有些类似，即把宪法的存在形式看作两种：一种是显性的宪法，另一种是隐性的宪法。这个显性宪法、隐性宪法，也不是宪法分类的概念，它是用来表述宪法渊源的概念。同一个国家里面，有一部分实质意义上的宪法是显性的、看得见的，因为它具有文本形态;但另外一部分宪法的内容是隐性的、看不见的。当然,看不见并不是完全看不见,如果完全看不见,那我们就无法研究了,宪法学有一部分要成为玄学了。只不过它不太容易看得见。可是有个美国宪法学家很权威,他的名字叫却伯(L.H.Tribe),是哈佛大学的宪法学教授,他把宪法分为 Visible Constitution 和 Invisible Constitution,即"看得见的宪法"和"看不见的宪法"。他有本书就叫 *Invisible Constitution*。在这本书里,他就把宪法分成这两种部分。看得见的,就是写在文本上的;看不见的,包括宪法惯例、宪法判例等。却伯这个分类实际上是很有趣的,类似于我们中国宪法学术界提出的"中国宪法既包含成文的宪法,也包含不成文的宪法"。

但是,把宪法分为显性宪法和隐性宪法也好,分为看得见的和看不见的也好,或者分为成文的和不成文的也好,问题的关键在于二者的关系如何。它们二者应该是什么样的关系呢? 以显性宪法和隐性宪法的关系来看,我们应该认识到,应该以显性宪法为核心,隐性宪法的确认应该受到显性宪法的约束和引导。如果我们采用"中国同时存在成文宪法和不成文宪法"这一说法,其关系也是这样,要以成文宪法为核心。不成文宪法怎么辨认呢? 这个就要谨慎,不是随意拿来就可以塞到不成文宪法的范畴当中去。比如简单地把宪法学说都塞到不成文宪法的范畴里面,那宪法的存在形式就要出现膨胀,宪法的运用就可能存在随意性。这不利于树立宪法的权威,也不利于依宪治国。所以这个我们一定要把握好,应以显性宪法为核心,隐性宪法的确认要以显性宪法中的基本原理作为标准和指引,而并不是把那些只要涉及国家制度运作的规则都一股脑儿地当作隐性宪法加以确认。

(二) 宪法典的一般结构

以上我们讲的宪法法源,那是属于宪法存在形式的结构,在这个结构中,宪法典应是宪法最重要的法源,尤其是在有成文宪法的国家,情况便是如此。而宪法典本身也有它的内部结构,那么一般来说,它的结构如何呢? 这是我们接下去要分析的内容。

我们知道,各国的宪法典不同,所以各国宪法典的结构也不尽相同。但一种很有影响力的观点认为,宪法典由三个部分组成:第一个部分是序言;第二个部分过去往往叫"正文",其实更确切的应该叫"本文",当今日本就是这么称呼的;

第三个部分是附则。这种说法很流行,但我倒是认为它也有问题。为什么呢?因为大部分国家的宪法并没有附则,我国现行宪法也没有。有宪法附则的国家,最典型的是比利时。1831 年《比利时宪法》没有序言,但却有附则。另外,《意大利宪法》也有附则,不过称为"补则"。因此,这个三部分构成说是不太妥的,尤其是附则,大部分国家的宪法都没有。

认识宪法典的结构,我们还要知道,宪法典的一种特殊组成部分,是宪法修正案。宪法修正案是什么呢? 根据"马工程"教材,它指的是宪法修正机关不直接修改宪法文本的规定,而是按照修改时间将对宪法修改的内容另起序号顺序排列附在宪法典之后,以新修改的内容代替或补充原文本内容的修改方式。但有些国家有宪法修正案,有些国家没有,为此它只是宪法的"或然"的组成部分。

美国是采用这种方式修改宪法的代表性国家。美国现行宪法原本只有一个极为简短的序言和 7 个条文,但迄今有 27 条修正案。其中,仅 1791 年,也就是其宪法制定后的第四年,美国人就一口气制定了 10 条修正案,这 10 条修正案在美国宪法中被称作《权利法案》(*Bill of Rights*)。我国现行《宪法》从 1982 年开始也采用宪法修正案的方式修改宪法,宪法文本原来是由序言和 138 个条款组成,现在则由序言和 143 条构成,但从严格意义上说,我国现行《宪法》还是由序言和 138 条以及五个宪法修正案构成,其中修正案总共有 52 条。

以上谈的是宪法典的体裁结构,主要侧重于形式意义上的,如果探究宪法的内容结构,一般而言,宪法典主要由两个部分组成:一部分叫"组织规范"(Plan or Frame of Government),另一部分叫"权利规范"(Bill of Rights)。组织规范就是关于国家机构如何组织的规范,权利规范则是关于人权保障的规范。世界各国的宪法,内容结构各不相同,但举其最大公约数,便是由这两个部分构成。

说到宪法典的结构,需要特别谈到的就是宪法序言。有人认为,中国现行宪法序言的地位特别重要。政治宪法学的学者往往持有这个观点,北大的陈端洪教授就是一个主要代表人物。他认为,宪法中最为重要的,就是宪法序言。因为宪法序言隐含了超越宪法地位的党的领导等重要原则,他称为"五大根本法",也就是五个最重要的宪法原则。这个观点到底对不对呢? 当然蕴含了振聋发聩的见解,但也有争议。主流的观点不这样认为。主流的观点认为,宪法中的哪一部分最重要呢？权利规范最重要。基本权利的保障是整部宪法的价值核心之所在。序言重要不重要？当然重要，但是如果说只有序言最重要，那总纲不重要吗？现行《宪法》第 1 条就在总纲之中，其第 1 款就规定："中华人民共和国是工人阶级领导的、以工农联盟为基础的人民民主专政的社会主义国家。"难道这一条不重要吗？通过 2018 年宪法修改，第 1 条第 2 款中更是明确地写上"中国共产党领导是中国特色社会主义最本质的特征"，这不重要吗？还有，总纲里的第 2 条第 1 款规定："中华人民共和国的一切权力属于人民。"难道这一条不重要吗？为此，只说序言最重要，这是有问题的。这当然是一种非典型的法学见解，仅仅着重看到"宪法"作为"政治法"的面向却不打算将它理解为"规范宪法"或者一份可以发展为"规范宪法"的政治文件。

延伸阅读：有关我国宪法序言的四个特别问题

（三）宪法规范及其结构

在宪法结构中，可以说其基本单元就是宪法规范。为此分析宪法的结构，最终要剖析一下宪法规范，包括宪法规范的结构。但是，到底何谓宪法规范？则首先需要理解。

1. 宪法规范的多义性

"宪法规范"具有多义性，至少有三种意涵。

根据我国宪法学界的通说，它首先指的是调整宪法关系的各种规范的总和。按照这种说法的话，宪法规范就相当于实质意义上的宪法。

宪法规范的第二种含义是指宪法中的某一个条款，它相当于宪法结构的基本构成单元。当然，宪法中的某一个规范也可能通过复数的宪法条文来组成，甚至这些条文在宪法典的结构中的位置并不一定是紧密衔接的，完全可能分别出现在宪法典的不同位置，但在脉络关联以及逻辑意义上说，它们共同构成了一个具有完整意义的规范。

宪法规范还有第三种含义。这是国际上比较新的一种学说，即认为存在语义学的"宪法规范"概念。其代表性学者，是德国当今著名的法理学家兼宪法学家阿列克西（Robert Alexy）教授。这种学说认为：宪法规范有别于宪法的规范性语句（即宪法条文），是指宪法规范性语句的意义，即宪法条文本身所蕴含的含义。这里有一个很重要的概念，"规范性语句"。法律条文一般就是规范性语句，而规范性语句一般又包括两种，即应然语句和直述句。应然语句指含有应然助词的语句，应然助词主要指"应该""允许""不得""禁止"等词汇。直述句则是不含有应然助词的，比如"中华人民共和国的一切权力属于人民"；但作为规范性语句的直述句在语言形式上也可以转化为应然语句，比如"中华人民共和国的一切权力属于人民"，可表述为"中华人民共和国的一切权力应当属于人民"。

但如前所述，这种见解认为，宪法文本中的规范性语句不等于就是一个宪法规范，而只是宪法规范的载体；真正的宪法规范是指规范性语句的意义，而这意义是隐藏在规范性语句当中的，需要我们去发掘出来，这也就是宪法解释。

我们举一个例子来说明。我国现行《宪法》第38条前段规定："中华人民共和国公民的人格尊严不受侵犯。"这句话不包含应然助词，所以明显属于直述句。这个直述句仿佛在描述一个事实，好像是事实叙述语句，但实际上，这是一个规范性语句。因为这句话的意义中隐含着应该、禁止等含义。这一规范性语句所承载的规范应当是："国家应该保障公民的人格尊严不受侵犯。"而在宪法规范性原理的指导下，这一规范又可以进一步推演为如下两条具体规范：

（1）国家不得侵犯公民的人格尊严。这是建立在"防御权理论"基础上的一条规范，以后我们在基本权利总论中会讲到，它主要是针对公权力的侵害而保护人的基本权利，包括人格尊严。

（2）国家应该保障公民的人格尊严不受他人的侵犯。当然，能不能演绎出这一条规范，不同学者见解不同。其中认为可以演绎出这一规范的，可能是"国家保护义务理论"。根据传统防御权理论，则不会作出这样的演绎。比如，2008年香港发生一起艳照门事件，一批明星的私人照片流布到网络空间，引起轩然大波。那么，这时政府是否可以声称："由于这事不是政府干的，所以我们也是打酱油的，管不了这事。"当然不行，因为国家有义务保护艳照门的受害者的人格尊严不受社会上其他公民的侵犯。传统防御权理论可能不太接受这一点，但是"国家保护义务理论"则倾向于主张国家应该更为积极主动地保护公民的基本权利不受其他公民的侵害。当然，这也是这个理论有争议的地方，因为它也可能导致公共权力侵犯了其他公民的基本权利。比如可以想见，艳照门事件之后，有人会整天泡在网上，瞪大眼睛找啊找啊，那么根据国家保护义务理论，国家就可能有义务禁止大家浏览相关一切网页,甚至出现了大批的网络警察在互联网上围追堵截,这就涉及许多复杂的宪法学问题,如那些艳照是全部不该看,还是部分不该看? 如果我浏览了其中几张,是否就构成违法? 在网络上发布有点"颜色"的照片,是否属于宪法所保护的表达自由? 这些都是宪法问题,以后我们会慢慢讲到。大家不要急。

以上所讲的宪法规范的三种含义都是可以成立的,但平时最多讲到的宪法规范是第二种和第三种,其中第三种"语义学上的宪法规范"这一个含义也是很重要的,我们需要掌握。

论及宪法规范,还应该把握它的类型。关于这一点,有一种颇为流行的说法值得注意,那就是"宪法的规定、原则和精神"。其实,这个说法涉及宪法规范的类型了。其中"宪法的规定",多指宪法的条文,即前述第二种含义上的宪法规范,而"宪法的原则和精神"则指什么呢? 可以说,"宪法的原则"主要是宪法中的概括性条款,但它也体现在宪法的规定之中;而"宪法的精神"同样也体现在宪法的规定之上,只不过概括性程度比普通的宪法原则更高而已。质而言之,所谓"宪法的精神",应可理解为贯穿于宪法规范体系或其主要结构之中的核心价值取向,是整部宪法的根本价值目标,一般由数个依托于宪法中概括性条款的基本原则构成。这就引出了宪法学的一个比颇为重要的问题,即宪法的基本原则。根据"马工程"教材的观点,我国现行宪法有六个基本原则,包括:坚持中国共产党的领导、人民主权、社会主义法治、尊重和保障人权、权力监督和制约、民中集中制。对此,鄙人的陋见略有不同。有兴趣的同学可读一读拙文《八二宪法的精神》。

2. 宪法规范的逻辑结构

一直以来,我国法学界的通说认为,法律规范都由三个要素组成,即:假定条件、行为模式、法律后果。

从学术上来说,平心而论,法律规范三要素说本身比较古老了,是已然过时的一种理论,仅以民法、刑法的典型规则为范本。如果法律规范都要求具备这三个要素的话,则会有很多规范根本不成其为规范。现代法规范逐渐多样化,德沃金(Ronald Dworkin)就认为,法主要由规则、原则和政策构成。而根据当今比较权威的说法,法律规范包括宪法规范,主要是由这两个要素构成的,即构成要件和法效果。对此,"马工程"宪法学教材大致也是同意的,只是说法有点儿不同,认为"应当将宪法规范的构成分为两个方面:一方面在于行为模式的确定,另一方面在于法律后果的证成。"这个说法可能还需要斟酌。因为相当一部分宪法规范是没有含有行为模式的,其调整或规范的是状态。比如我国现行《宪法》第1条第1款规定:"中华人民共和国是工人阶级领导的、以工农联盟为基础的人民民主专政的社会主义国家。"这规定所调整的就是一种状态,而不是行为模式。所以,我们认为:宪法规范主要还是由构成要件和法效果这两个要素构成。

凡是同时具备这两个要素的,就可以肯定是法律规范。如果只具备一个的,也有可能是法律规范,但称作"不完全法条"。这个理论你可以去阅读德国著名民法学家卡尔·拉伦茨《法学方法论》一书中的《法条的逻辑结构》那一节,其中专门写到这个问题。在拉伦茨那个时代,法条和规范这两个概念还没有区别开来,因此他所谓的"法条的逻辑结构",其实就是"规范的逻辑结构"。

我举个例子来说明,如"国家应该保障公民的人格尊严不受侵犯"这一规范,它的构成要件和法效果体现为什么呢?可以这样分解:构成要件是国家(公共权力)、公民(私主体)、公民的人格尊严;法效果就是"应予保障"或"有义务保障"。

问题在于,宪法规范的法效果,是否可能含有制裁要素呢?这是传统上的一个学理问题。应该说,很多宪法规范、比如"公民的人格尊严不受侵犯"这个法条就没有包含制裁要素。但是也不能说,宪法规范都不含有强制要素。一般而言,法规范逻辑结构中的法效果,可以包含对违反或背离法规范的行为赋予一定的强制效果。这种强制效果表现为对于强制对象的不利效果,如民事上的赔偿损失,刑事上的监禁、徒刑等。

回到宪法规范的法效果是否可能包含强制效果这个问题,日本著名宪法学家小林直树的观点值得重视。这位宪法学家的姓氏与我比较接近,只是前面加了一个"小"字,其实学问做得非常大。他是东京大学法学部教授,也是和芦部信喜齐名的宪法学权威。他曾经指出:宪法一般不具有"直属性的强制规范",有直属性强制规范的只是例外,他举了个例子,原西德《基本法》第143条规定:以暴力或暴力威胁变更联邦或邦的宪法秩序的,处以无期徒刑或10年以上有期徒刑。但是在世界各国宪法中,类似这样的规定很少,西德基本法中的这一条规定本身也在 1951 年被删除了。从这个例子中我们也可以看出,小林直树先生所说的"强制规范",实际上指的是刑事罚则规范。

那么,要认识前述问题,鄙人认为,我们应当看宪法的违宪责任是如何追究的。在弄清楚这个问题之后,再推断出我们的结论。

我们说,一般有两种情形会违反宪法:

第一种情形是法律文件,即立法可能违反宪法。其实,这个情形占主要部分。立法一旦违宪,强制后果就是该立法无效。许多国家的宪法都规定:违反宪法的法律法规是无效的。

第二种情形是个人违宪。这里的个人一般不是普通老百姓,而是行使公权的官员。比如,日本前内阁总理小泉纯一郎,经常去参拜靖国神社,这个行为就可能违反了日本宪法的政教分离原则。那么,这种个人行为的违宪,应当怎么承担责任呢?主要承担政治责任,最终委之于人民的政治判断,如通过言论自由的行使来批评他,通过选举让他下台,通过民主程序对他进行罢免,等等。这一点也体现出,宪法最终依赖于民主政治。

那么,宪法中究竟是否存在强制规范呢?

鄙人认为,宪法规范确实没有直接含有明确的制裁要素,尤其是刑事罚则规范,但在宪法的总体结构上,还是含有强制规范的,如我国《宪法》序言第 13 段,本文第 5 条、第 41 条、第 62 条、第 67 条等,都属于我国宪法结构中总体适用的强制规范;它们对违宪的现象和行为会产生强制的法效果;不过,这些强制规范的执行,则有赖于合宪性审查制度,最终也有赖于民主政治的机制。

3. 宪法规范的基本特点

宪法学界通说认为,宪法规范拥有一系列的基本特点:政治性和最高性、原则性、组织性和限制性。而我们必须特别关注宪法规范的根本性和最高性。我国现行《宪法》序言第 13 段中明确指出:"本宪法以法律的形式……规定了国家的根本制度和根本任务,是国家的根本法,具有最高的法律效力。全国各族人民、一切国家机关和武装力量、各政党和各社会团体、各企业事业组织,都必须以宪法为根本的活动准则。"《宪法》本文第 5 条第 3 款也规定:"一切法律、行政法规和地方性法规都不得同宪法相抵触。"这些都明示了宪法作为根本法规范和最高法规范的旨趣。

然而,需要说明的是,宪法规范之所以具有根本性,虽然有其规定了国家的根本制度和根本任务的原因,但更重要的是其中包含着构成宪法之核心的人权规范,而正是这些人权规范才真正是宪法,乃至我国整体法秩序的"根本规范"或称"基础规范"。也正是因为宪法的内容主要是以保障人的权利不受国家权力任意侵犯的基本权利规范为中心而组成的,即宪法作为"人权保障的根本法"的性质,才使宪法作为最高法规范在一国的现行实在法秩序中具有最高的形式上的法效力,甚至衍生出宪法规范的稳定性(修改程序难于法律、法规等的修改程序等)以及其他特征。

4. 宪法规范调整的社会关系的特点

这个问题也相对简单些。宪法关系的问题,在国外宪法学教材或者著作中很少出现。这种现象的原因可能有很多,但最主要的一个原因可能是,在国外,尤其是成熟的民主宪制国家,这个问题已经不成为其问题了。但是,在中国宪法学界,这却是一个较为重要的理论问题,甚至可能被有些学者认为是我国宪法学理论体系中的一个"焦点"问题。宪法关系的问题在我国之所以受到学界如此的关注,也是有其自身的理论背景的。长期以来,我们一直对宪法的属性和宪法的地位等问题没有正确的认识,以至于根据"宪法是母法"的观念,似乎有将全部的社会关系都纳入宪法规范调整范围的"气势",从而导致对宪法和其他部门法——尤其是私法,如民法——的关系的把握走入了错误的境地。也正是在对此种背景的反思的基础上,中国宪法学界近年来较为重视宪法关系问题的梳理与讨论,并取得了若干重要的研究成果。

然而,对于初涉法科的学生来讲,则不必说得太过复杂。说得太过复杂,反而会使你们产生混淆。所以,我会单刀直入,很直接地把知识点告诉你们。

宪法关系主要是指宪法规范所调整的社会关系,对此,我曾经在"宪法的属性"这一问题中说过,宪法主要调整两大方面;但如果详细地说,则主要包括四个方面的关系:

(1) 国家与公民之间的关系;

(2) 国家与各民族、各团体之间的关系;

(3) 国家机关之间的关系;

（4）各个国家机关内部的关系。

我们迅速扫描这四种关系，会发现一个非常显著的特点，那就是：所有这些关系的主体双方之中，肯定至少有一方是国家。这将成为大家辨识宪法关系的重要标志之一。总之，宪法规范就调整宪法关系，它不调整没有国家参与的社会关系。假如我们之中有一位同学，跟我抱怨："老师啊，宪法里面都规定了：公民在法律面前一律平等。为什么，我和另一个男孩一起追求某个女生，她选他不选我。这是不是侵害了我的平等权，损害了我的人格尊严呢？"这个说法有道理吗？这就涉及这种恋爱关系是不是宪法关系的问题？答案是：肯定不是，因为主体之中没有国家。再如，一家民营企业招聘一名员工，你和我去应聘，最后招了你，没有招我，原因是我个子太矮。这其中肯定是有歧视的，但这种雇佣关系是否属于宪法关系？应不应该由宪法规范来调整呢？一般不是宪法关系，不应该由宪法规范来调整。但如果我参加某地政府公务员招聘，通过了笔试，参加了面试，最终没有录用我，理由是我个子太矮。那么，由于我和该地政府的关系就属于宪法关系，最终将接受宪法平等权规范的调整。

我们总结一下，宪法关系有以下两个特点：（1）主体的一方是国家，或曰公权力；（2）内容具有广泛性。有国家参与的社会领域是如此的宽阔，宪法关系的内容想不广泛都难。而且，时至现代社会，随着行政权的扩张，国家全面地干预社会生活，几乎一个人生老病死的过程中，无时不晃荡着公权力的身影，在这种背景下，宪法关系在内容上的广泛性，为我们切身感受。

第三章　宪法的制定与修改

本章我们讲述的内容主要有两点：第一，宪法的制定；第二，宪法的修改。我会把马工程《宪法学》的第一章"宪法总论"的第三节"宪法的制定、解释和修改"、第二章"宪法的历史发展"相关的主要内容也纳入本章之中。

在进入正题之前，我照例先提出一些章前导引问题：第一，在一个国家，谁有权制定宪法？第二，宪法又是怎么制定的？第三，宪法制定后是否可以修改？如果可以修改，应该怎么进行修改？第四，宪法修改是否也有界限？比如有些内容改不得？如果是这样的话，那么，究竟哪些内容改不得？

诸如此类的问题，都值得我们去深思；对这些问题的尝试性解答，构成本章的主要课题。

一、宪法的制定

宪法的制定主要面临两个问题：第一，谁有权制定宪法？第二，宪法是怎么制定的？相应于这两个问题，我们在这一节主要讲两点。

（一）有关宪法制定的理论：宪法制定权力论

关于"谁有权制定宪法"的问题，在宪法学上，存在一种理论，此理论被称为"宪法制定权力论"。它是不同时代的许多学者共同思考的，用以解决有关宪法制定的法学问题，是很成熟的一个理论。这一理论又被简称为"制宪权"理论，在宪法学的学说史上非常重要，但"马工程"《宪法学》对此语焉不详，所以我们要较为详尽地给大家介绍。

这个理论既涉及宪法制定问题，也涉及宪法修改的问题，理论的覆盖面比较广。它主要阐述制宪权的性质、主体、行使方式,以及制宪权与修宪权的关系等重大理论问题。为什么要提出这一理论呢?因为人类有时候要面临制定宪法的课题。人类一旦需要制定宪法,那么,到底应该由谁来制定、怎么制定,就成为一个重大问题。乱世出英雄,但英雄也要讲底线规则。而谁了解制宪权理论,谁就掌握了制定宪法的规则。这种历史曾经出现,而且反复出现过。因此这个理论可以说是给野心家们提供的理论,也是为人类的政治领袖提供的一种理论。

就制宪权理论而言,在学说史上,共有两种思考进路:一种是事实论;另一种是规范论。事实论和规范论是法学领域中的两种思考模式,二者"味道"不同。事实论主要研究事实是什么,就是研究"to be"的问题。具体到本节,主要就是研究宪法实际上是谁制定的,怎么制定的。而规范论则主要研究应该是什么,即"ought to be"的问题。具体到本节,主要就是探讨宪法应该由谁来制定,以及应该如何制定。对于这样两类问题,答案肯定是不同的。我一直认为,在法学领域中,事实论当然不可忽视,但规范论则更为重要;而事实论在其他的学科领域——比如政治学、社会学等——中占据主要位置。但在法学的历史中,这两种思考进路都经常出现,人们会自觉或不自觉地采用事实论的立场来分析法律问题。所以,在接下来的分析中,我会同时提及它们在制宪权问题上的观点,并按照历史演变的顺序来展开讲述,但更为重视规范论的立场。

1. 理论的提出

一般认为,制宪权理论是在法国第一次被系统提出来的。在此之前,英国的洛克在《政府论》(下篇)中也提出类似于制宪权的观点,但是他并没有明确提出"制宪权"这个概念。第一位正式明确提出"制宪权"概念的人物,是法国大革命期间的一位思想领袖和政治家,名叫 E.J.Sieyès,中文翻译作西耶斯,也有人翻译为西哀士。关于这位仁兄,有一件逸事流传。大家知道,想当年在法国大革命期间,曾经有一段革命恐怖时期,即罗伯斯庇尔控制下的时期,革命法庭让断头台在法国各地疯狂地运转,只要被罗伯斯庇尔认为是敌人的人,不论他是普通百姓,还是政治家,都可能莫名其妙地被送上了断头台。即便是国民公会里的国民代表们,也都是朝不保夕。但是,西耶斯在整个恐怖年代里都一直稳坐在国民公会里,安然无恙。他是如何做到这一点的呢?很简单,那就是基本上不开口说话,既不发言提问、参加辩论,也不进行演说、提出议案。恐怖时期结束之后,有人就调侃他：你老兄在这整个时期内都干了些什么呀？他非常平静地做了一个天才的回答，说："我一直活着。"

图9　在法国大革命爆发之际，提出了"制宪权"概念的西耶斯

这个西耶斯曾经写过一本小册子，叫《第三等级是什么？》，如今还被列为经典，其中第一次明确提出了"制宪权"概念。总结起来，他的制宪权理论主要包括以下内容：

（1）制宪权主体应该是人民（国民），但是人民（国民）不可能、也没有必要一个人一个人分别行使制宪权，而是可委托不同于通常立法机关代表的特别代表来行使。然而，国民代表在制定宪法时，是应该不断听取国民意见，还是相对地独立出来自己决定呢？西耶斯认为，国民代表可以相对独立出来，自己决定和表达意志，但他们所表达的意志就应该拟制为国民意志，即国民代表的意志也是独立的。这就是一种近代最典型的代表观念。值得注意的是，他所谓的"国民"，与"人民"的用语交互使用，主要指第三等级。第三等级又指的是哪些人呢？大家在中学历史课本中应该学过，法国当时有三个等级：第一等级是僧侣，第二等级是贵族，第三等级是市民，其中包括资产阶级，也包括贫苦的劳动人民。而前两个等级的人都拥有特权，第三等级则是平民。西耶斯认为只有这第三等级才是人民（国民）的主要构成部分，才享有制宪权。这个观点在历史上是石破天惊的。

另一个创新之处在于,西耶斯主张国民没有必要分别行使制宪权,这在法国也是具有一定的开拓性意义的。其实,在这之前,卢梭是曾经反对代表制的,他主张直接民主制,即公民必须亲自出场行使国家权力,像古代的雅典城邦那样。但是这种直接民主制在现代国家中是很不现实的,基本属于空想,它只能适用于"小国寡民"的社会里。西耶斯也深切地认识到这一点,他本人也参与过1791年法国宪法的制定过程,制宪实践让他认识到:所有法国人都来一起制定宪法是很不切实际的,所以他认为国民应该委任代表去参加制宪,而且这种代表应该不同于议会里的普通代表,而应该是特别代表。

(2)制宪权没有界限。制宪权最高,是至高无上的一种权力。因为宪法是国民意志的体现,而国民意志本身就是一种法,它只服从自然法。自然法在哪里?在我们的心中。所以国民意志没有界限。那些参加制宪会议的国民代表的意志也是独立的,所谓"独立"也就是指不受任何约束,包括来自国民的约束。因此,参加制宪会议的国民代表的意志也是最高的,或者说更高了。这样,他得出结论说,制宪权是没有界限的。在这里,西耶斯形成并回答了一个很重要的问题,即"制宪权有没有界限"这个问题,此后历史上有关制宪权的许多重大理论分歧,几乎就围绕这个问题而形成的,但主要分为两种,即有的人认为有界限,有的人认为没有。然而西耶斯的答案实际上非常微妙,大家一定要记住,西耶斯说它不受任何约束,仅仅是不受任何实定规则的约束,但最终还是受到约束的,即受到自然法的约束。

(3)宪法制定权力与宪法所确定的权力不同。这是西耶斯思想伟大的地方,他敏锐地区分了"宪法制定权力"和"宪法所确定的权力"。前者是至高无上的,没有界限的;后者是由宪法来确定的,受宪法约束,主要是指由国家权力分立出来的三种权力,包括立法权、行政权和司法权,现在中国还有第四种权力——监察权。值得注意的是,立法权就属于宪法所确定的一种权力,是根据宪法产生出来的权力,它不是"制定宪法的权力",因此,一般不认为立法机关拥有制定宪法的权力。

(4)宪法修正权是制宪权的作用。也就是说,制宪权在起作用的时候就产生出修宪权,修宪权其实就是制宪权的一个部分,或者说两者可以视同一物。这个观点有问题,后来被推翻了。

西耶斯提出的观点,内容很丰富,但可以概括为以上四个要点。这个制宪权理论对后世影响甚巨,因此我们可以认为制宪权理论是由法国思想家首先提出来的,是他们对人类立宪主义的发展作出的重要贡献。

图 10　德国近代国法学巨擘拉班德

图 11　被认为是德国近代一般国家学集大成者的耶利内克

2. 理论的发展

法国是一个在思想上非常具有原创性的国家,但是他们提出的理论往往被其他国家接受并加以精致化,这个"其他国家",主要是德国。制宪权的理论也是如此。然而值得注意的是,在近代宪法时期,德国公法学界曾经在法律实证主义的影响下强烈地排斥"制宪权"概念及理论。法律实证主义往往是不"玩虚"的,只认可可实证的法,即现实当中由有权机关制定出来的法。它还有一个特点,即在法的思考中排除一切道德、伦理的、哲学的考量。大家在学到法理学或法学导论的时候就会学到这一点。法律实证主义认为,没有一个法律规定制宪权,即使宪法上也没有这样的规定,所以他们倾向于将制宪权等同于宪法修正权,进而等同于普通立法权,认为拥有立法权的立法机关就可以制定宪法、修改宪法。这实际上就排斥了制宪权理论。在近代德国,这一思想的代表人物是拉班德(Paul Laband,1838—1918)和耶利内克(Georg Jellinek,1851—1911)。这两位都是当年德国国法学的巨擘。

可是后来,德国学术界又出了施米特,我们曾经介绍他的对宪法的独特理解。施米特的宪法理论被称为"政治宪法学",其特点是抓住宪法所不可避免的政治性这一点，并将其过度放大，为此倾向于把宪法现象仅仅看成是政治现象；他重视追究法规范现象背后的根源，但认为规范的例外状态就是规范现象的总根源；他倾向于直接承认政治实力的正当性，为此不太认同政治实力应该受到规范的约束，最终背离了他早期所信奉的规范主义，走上决断主义的路子。他所说的"决断"，现在中国学界有些人喜欢频繁引用，其实指的并非一般性的政治决定，而是例外状态下不受任何约束的政治决定。

应该说，施米特的宪法学说在许多具体细部的理论建构上是精彩的，但在总体思路和方法上是有害的，甚至是危险的。他在纳粹时期就曾经成为第三帝国的"桂冠法学家"，为此在西方也长期受到激烈的批评。但是，施米特又是一个非常有魔力的学者，长得也好看，文笔也很好，笔端有波澜，思想体系也异常庞大，横跨法学与政治学等领域，所以吸引了一大批学者。当今他在中国也很著名，一些政治学者、法律学者关注他，觉得他的思想很能说明中国的宪法与政治现象，于是纷纷拜倒在他的脚下，好像他穿裙子似的。我则一直呼吁要警惕施米特，并且告诫年轻学者不要轻易去触碰施米特的思想，尤其是当你们还没有奠定一定基础理论，形成自己在理论上的定力之前。

在制宪权问题上，施米特的观点如下。

首先，他认为，制宪权是一种有能力对政治统一体的体制作出全盘决断的实力或权威的政治意志。换句话说，谁有能力对政治统一体的体制做出全盘决断，谁就可以成为制宪权的主体。前面也讲到，施米特区分了"宪道"与"宪法律"这两个概念，其中，"宪道"是基于制宪权的一次性行为而成立的，是关于政治统一体的总体决断；而"宪法律"则是以"宪道"为前提，并将其具体规范化的存在，它要发生效力，需要基于政治上实存的力量或权威作出政治上的决断。很显然，他的这种观点属于承认全凭实力说话的立场。这种立场，和当今我国政法理论界中的一种宪法法律观在一定程度上具有相通之处，这种理论也认为，宪法、法律这些东西都是一个国家内部的统治阶级意志的体现，即谁能够掌握统治权，谁就有权制定宪法法律。这种观点往往也被说成马克思主义法学的观点，实际上只是过去我国法学界受到苏联斯大林时期的一种法律观——维辛斯基法律观的影响下所形成的一种见解，其主要问题在于：重视法的强制性，而忽视法的正当性。

其次，施米特认为，制宪权是一种"原生性权力"，总是处于"自然状态"之中，不受任何规范性的约束。"自然状态"指的是在人类还未形成人类社会之前所处的一种状态，那里面没有法律，只有丛林规则。根据施米特的学说，制宪权就处于这种状态之中，不受任何规范的约束。在这一点上，他和西耶斯差不多是一致的，都认为制宪权不受约束，没有界限。稍有不同的是，西耶斯认为制宪权还受自然法的约束，而施米特则根本排除了任何约束。

再次，国民和君主都只是这种权力的担当者而已。也就是说，制宪权的主体并不是君主或者国民，这种权力实际上把握于一种政治实体的手中，这个政治实体有实力全盘决断政治统一体的体制。这种权力拥有者完全是一种抽象的实力者，类似于政治国家里面的神。其主要的担当者，在民定宪法下是国民，在钦定宪法下是君主，在协定宪法下二者同时出现。在这里可以看到，施米特将这种制宪权主体的概念抽象化，抽象成一种模糊的神的形象。这种神的能力附着在谁的身上，谁就成为制宪权的主体。

最后，修宪权是制宪权所确定的一种权力，具有界限。在这里，施米特推翻了西耶斯的观点。如前所述，西耶斯把制宪权和修宪权基本上等同起来。施米特倒是敏锐地看到：二者是不同的，修宪权只是宪法所规定的，是由制宪权创造出来的权力，因此必须服膺于制宪权，即具有界限。在这个具体问题上，施米特是对的。他的这一观点后来也被维持了下来，但是其他观点，则绝大部分被推翻。

3. 理论的完善

在我看来，制宪权理论是在现代日本得到完善的。但日本的宪法学在明治时期曾经受德国影响，尤其受拉班德、耶利内克学说的影响。当时，有一位宪法学者很厉害，叫美浓部达吉，他是日本非常重要的一位宪法学家。大家看看他后来年老时的照片，他个子不高，非常瘦小，体重可能都不到 90 斤。但是你可不要小看他，他的学术思想可是极有分量的，一生出版过大约一百本的书，好像基本上不用睡觉似的。

然而，在制宪权问题上，美浓部达吉认为，立法权是最高国家权力，其中包含了制宪权。美浓部达吉当年是在德国留学的，这一思想显然是受到德国耶利内克等人的影响。此说在民国初期就曾对中国产生了影响，迄今仍影响着中国，我

图 12　美浓部达吉（みのべたつきち），日本战前立宪派宪
法学的代表人之一

国现在仍有人主张：制宪权归全国人大所有。而 1954 年我国制定宪法时，中国共产党就决定要召开第一届全国人民代表大会，其主要任务就是审议通过宪法草案。

美浓部达吉之后，日本出了一个叫芦部信喜的宪法学者，我们第一次上课就曾提及他。芦部属于美浓部的弟子的弟子，生前也是日本宪法学界的"执牛耳者"，他有一部书，就叫《宪法制定权力》，顾名思义，是专门研究制宪权理论的，已被译为中文，书名为《制宪权》。芦部信喜在这部著作中细致地梳理了前面许多人的思想，最后得出自己的结论。其中的主要观点，可归纳为以下几点。

（1）制宪权是一种超实定法秩序的权力，处于政治与法的交叉点，但并非绝对无限制的权力，其受制宪权自己主张自己存在的前提，即"根本规范"的限制。制宪权实际上是一种自我授权。人类许多终极性的行为都是自我授权的，比如西耶斯认为第三等级有制定宪法权力，那么凭什么第三等级有制定宪法的权力，这就是第三等级自己认为自己有权制定宪法，那么它"自己主张自己存在"的理由是什么？当时说的是自由、平等、博爱，它就必须受到这个前提的约束。但说到制宪权"自己主张自己存在"的理由，芦部信喜则认为是"根本规范"，这个概念很明显是来自凯尔森的，不过凯尔森认为"根本规范"存在于宪法之外，芦部信喜则把这个理论借用过来，认为"根本规范"是存在宪法之内的。在芦部信喜看来，根本规范有哪些内容呢？第一是人民主权原理，第二是人权保障原理；而在这两个价值规范之上，还有一个更高的根本规范，即人的尊严。在他看来，为什么人民要当家做主呢？为什么人的权利要加以保护呢？这都是因为人拥有尊严，而不能被当作手段、工具或其他客体来看待，因此"人的尊严"当然也是根本规范。可以想见，制宪权为什么要存在呢？是为了制定宪法。为什么要制定宪法呢？为了保障人权，保障人民当家做主。而这一切最终又为什么呢？是为了保障人作为人而得到应有的尊重。自近代以来，这些价值命题都是宣称拥有制宪权的人们所主张的，为此成为制宪权的立身之本，即制宪权自己主张自己应该存在的前提，为此不应被制宪权自己所推翻，否则制宪权也就等于自杀。由此可见，制宪权是有界限的，它受到自己主张自己应该存在的前提的约束。

（2）制宪权的主体是国民，但是发动方式可通过特别代表，比如国民会议、制宪会议、国民议会等。

（3）修宪权是"制度化了的制宪权"，是制宪权的"卫兵"。具体而言，制宪权是一种原生性的权力，行使之后产生出实定宪法，同时也会把自身转化为修宪权，并规定到宪法当中。在这个意义上，修宪权就是制宪权法定化后的样态，因此它必须维护制宪权及其成果。这本身也说明：修宪权具有界限。

芦部信喜的制宪权理论是博大精深的，以上是其几个要点。但从这几点中可以看出，制宪权理论在他这里得到了完善。平心而论，以上诸种学说中何者最为妥当，应当得到我们的赞成呢？鄙人私见，当推芦部信喜的学说莫属。当然，它实际上是一种权力自我约束理论，但它主张：纵然实力者拥有说了算的权力，其他任何力量都无法抗衡，但他的实力还是要受到最起码的价值规范的约束。如果没有，那么这种权力则会成为纯粹野性的力量，而不是人类文明政治社会里的权力。

这种思想与东方的道统思想也是契合的。儒家学说虽然支持统治者的权力，甚至力图通过"治国平天下"投向了公共政治的怀抱，但另一方面还是向统治者建议，要约束自己的权力以保护老百姓，此即重民、贵民、保民或曰民本主义的思想。这样的一种思想,实际上也承认公共权力再强大也必须有约束的。因此,中国古代的思想是把"节制"作为政治美德的,这点大家要记住。当你们成为一个政治家的时候,你们一定要记住,你们对手中权力的节制是最大的政治美德。否则,你纵然拥有再强大的政治力量,都是不正当的,都可能遭受覆灭。这一点,历史上早已不乏先例。诸君谨记! 谨记!

不过,在当今中国,虽然有一部分学者正确认识了制宪权理论,但依然有一些学者存在误读。对此,我们必须加以认真地反思。以下,我们举出我国政治宪法学有关制宪权的一些观点,并予以澄清:

(1)这种观点认为:"制宪权"这个概念及理论,完全应纳入宪法学研究的范畴,作为其"理论界碑"。这种说法铿锵有力,但殊不知,如前所述,在国内外宪法学界,制宪权理论早已被纳入宪法学的研究范围了,即使在当今中国,韩大元等一些学者也已经对此有着一系列的研究;早在多年前,我本人也在本科宪法课上就开始讲授制宪权理论了。

(2)这种观点认为:制宪权的主体是人民,但人民不能亲自出场,须由代表行使,中共中央即是人民行使制宪权的主权意义上的常在代表。对此观点,我们提出如下问题:第一,人民真的都不能出场吗? 人民是不能亲自行使制宪权的,但这不意味着人民不能表达自己的意见。尤其是在中国,制定宪法时征求并吸收了人民意见,人民实际已经出场了。第二,政治宪法学一方面认为中国共产党是人民行使制宪权的常在代表,另一方面又强调宪法是"中国人民在共产党的领导下制定"的"第一根本法",这就等于说制宪权的代表可以"领导"制宪权的主体,这如何与人民代表大会理论契合起来,是需要进一步研究的。有关这一点今后我们在讲到代表制理论时将具体讲到。而政治宪法学就这一点问题的学理逻辑究竟是怎样的,应进一步说明。

(3)这种观点认为:不仅制宪权不受任何约束,作为制宪权特别代表的执政党,也可"以发布政策的形式"调整宪法规范。此观点存在如下理论上的问题:第一,制宪权无约束论的局限;第二,代表权限为什么没有界限。这种不受拘束的理论是有问题的,我们发现制宪权理论发展的最终结局是认为制宪权要受到一定的约束,不受约束是非常可怕的,可能将中国推向民粹主义甚至是无政府主义。"文化大革命"其实就是一种民粹主义,如果人民拥有一切不受拘束的权力,整个国家照样也可能陷入混乱。

对上述观点，我们精练地总结并予以回应如上几点。同时，我们确认和重申以下几个观点：

第一，制宪权是政治与法的界碑，一方面超越实定法，但另一方面也应受其自己主张自己存在的前提——"根本规范"的约束。

第二，制宪权的主体应该是人民，特别代表是制宪机关。但与西方以制宪会议、制宪议会作为制宪机关不同，在中国，制宪机关为复合型代表，它包括了中共中央、宪法起草委员会以及全国人大等组织。

第三，革命就是党领导人民出场，成功后通过制宪确立人民的主人公地位以及党在国家各方面的领导地位，并承诺受宪法、法律约束。现行宪法本身就宣明：全国各族人民、一切国家机关和武装力量、各政党和各社会团体、各企业事业组织，都必须以宪法为根本的活动准则，都必须受宪法的约束。

（二）宪法制定的历史掠影

接下来，让我们浏览一下若干重要国家的制宪历史，以便看看宪法实际上是怎样被制定出来的。当然，限于时间，我们不可能全面地详细介绍，而是选出若干国家具有代表性的历史镜头，所以称为"历史掠影"。

1. 第一部正式的成文宪法的制定

人类历史上第一部成文宪法典是美国人制定的。当然，这里所谓的"宪法"同时也是立宪意义的宪法。

这里，我们需要简单地回顾一下美国的建国史。

美国是一个历史还非常短暂的国家，有些拥有悠久历史的国家偶尔也会嗤一下美国，部分原因也在此。听说许多欧洲人就嘲笑美国人没文化。但实际上历史越单薄的国家，历史包袱也就越轻，发展也可能越好越快。

回头看一下美国的历史：1775 年北美发生独立战争，1776 年签订《独立宣言》以及《邦联条款》（*Articles of Confederation*），1783 年独立战争胜利了，但是13 州内部却出现了各种问题。因为在《邦联条款》之下，13 州内部的关系非常松散，缺乏一个有力且有效的中央政府来调整各州之间的关系，并处理对外事务。于是，在华盛顿等人的倡议下，1787 年 5 月在费城召开了宪法会议（The Constitutional Convention）。这一宪法会议不可能由全体美国人参加，事实上是

图 13　在今日美国费城旧市政厅的这个不足 50 平方
米的房间之内，还保留着 1787 年制宪会议时
的空间布局。图为本书著者所摄

只有 55 个来自各州的代表先后参加。大家挤在费城旧市政厅的一个不大的小
房间里，把这个会议开成一个秘密会议。其中的参加者多为种植园主、商人、银
行家等，但据统计，其中有 34 人是法律人（lawyer），包括 8 位各州的法官
（judge），还有立宪理论专家 1 人。这个会议的本来目的只是要修改《邦联条款》，
但经过了大约三个多月的热烈讨论，最终起草了一部宪法草案，并表决通过了。

当时，会议的主席还是那位独立战争的领导者华盛顿。华盛顿是一位种植
园主，在理论上并没有形成什么思想，但因为他成功地领导了美国革命的胜利，
所以威望很高，大家都服他，所以他理所当然地成为会议主席。

参加会议的代表平均年龄 44 岁，其中年纪最大的是大家都很熟悉的富兰克
林，发明避雷针的那个人物，当时他已经 81 岁了。你们要明白，在这样的会议
上，老人家是很重要的，中国古人所谓"老成谋国"在世界上其实是通用的。那时
的富兰克林可谓德高望重，人称"美国的苏格拉底"，威望在国人心中仅次于华盛
顿。据记载，老人家在制宪会议上发言不算很多，但一般都产生了重要的影响。
他往往在年轻人针锋相对、争论不休的时候出来讲话，讲的话双方都觉得有道
理，进而化解矛盾，接受他的观点。这种人很厉害，很希望你们中间将来能出现
一两位富兰克林式的人物。

另一位重要人物是风流倜傥的汉密尔顿，当年很年轻，30 岁出头，是一名律

师,在会议期间异常活跃。他令人印象深刻的地方在于,他是参加会议的所有代表中个子最小的,但同时却是才干最杰出者之一。他之所以名声很大、受人尊敬,也是因为曾参加过独立战争,并担任过华盛顿将军的军事秘书。他又是一位理论家,有理论修养,酷爱学习,讲起理论来滔滔不绝,据说在这次会议上,有一次他一个人一口气讲了 5 个小时。不得不说,这样的人确实是人中蛟龙。唯一遗憾的是,他不是我们法学院毕业的。

再介绍一位,也是非常重要的人物,他叫麦迪逊,36 岁。很清秀,个子也不高,据说外表不太引人注目,但学问高深,典型的学者型政治家,有口才不说,还是有说服力的口才,这很难得。他在制宪会议上之所以重要,乃是因为他担任会议的书记员。大家记住,会议的书记员是非常重要的。当时本来找了一个人来记录,但那个人干了一段时间发现自己记不下来,这时,麦迪逊主动请缨,要求担任书记员。为什么他要做书记员呢? 因为书记员坐的位置比较好,离主席很近,被其他代表都围着,并不时发表重要讲话。就这样,他把制宪会议的全部过程都详细地忠实地记录了下来,后来被整理出版,书名叫《辩论:美国制宪会议记录》,成为后世研究制宪会议的主要参考文献。这本书已经有了中文译本,大家可以买来阅读,看看美国历史的重要一页,至少也来看看这些伟大的人物是怎么辩论的。正因为麦迪逊在会议中的重要作用,所以后来的美国人把他称为"美国宪法的制定者",也就是说,如果在那么多国父中只选一个制定人的话,那就是麦迪逊。受到这么高评价的人,美国人民绝不会忽视他的才能,后来他被选举为美国的第四任总统。

詹姆斯·威尔逊便是我们前面提到的那位立宪理论专家,当时 45 岁,被人认为是美国最能干的律师之一,也曾经在独立宣言上签字。他在会议期间表现突出,被华盛顿认为是最为强有力者之一。

这个宪法会议经过长达 3 个多月的讨论、争议、妥协与让步,最终于 1787 年 9 月 17 日表决通过了宪法草案。但 55 名代表中,只有 39 人在宪法草案上签名,对它表示接受和支持,其他人或有事不能赶来,或如梅森等三人那样,由于不满现有方案而拒绝签字。不过,这些签名的 39 人后来都被美国人亲切地称为"Founding Fathers"(国父),而在人们看来那些拒绝签字的人也同样的伟大。

宪法草案完成之后,还有待三分之二,即 9 个以上州的批准才能生效。事实上，9 个州批准之后，弗吉尼亚、纽约两大州才给予批准的。1789 年 1 月开始总统选举，同年 2 月华盛顿当选第一任美国总统。

以上就是美国宪法的大致的制定历史。

2. 我国百年立宪史

当我们把目光转回到中国的立宪历史之时，感觉就没那么痛快了。我国的立宪史，可以说是一部令人嘘唏不已的历史。自 1908 年古老的中国正式准备选择立宪政体到今日，已有一百多年。这一百多年历经了许多坎坷，充满了许多悲情，让人扼腕叹息。但是，回顾这段历史，一方面有助于大家在一个历史时空的轴线上了解目前我国宪法政治所处的位置，另一方面则是希望人们在对自己民族历史经验反思的基础上，推进中国的宪制建设。下面，我们以宪法文件为点，按照时间先后，以介绍宪法文件的形式将这段历史连接成一条历史轴线，向大家展现近现代中国的立宪过程。

1908 年清政府颁布《钦定宪法大纲》，它不是正式的宪法，只是一个大纲。即便如此，这也是中国几千年来第一部具有近代宪法意义上的法律文件。《钦定宪法大纲》的内容上基本抄袭日本 1889 年的《明治宪法》，但删去了限制君主权力的有关条款。整个文件分为两部分：本文部分规定君上大权，共 14 条；本文后面附"臣民权利义务"，计 9 条。可以说，这虽是一部近代立宪主义性质的宪法性文件，但还带有比较浓厚的君主专制色彩。在一个大国里，一个时代向另一个时代的转型并不容易。不论如何，《钦定宪法大纲》的公布，意味着中国这艘古老的大船开始调整方向，朝着立宪主义的彼岸缓慢驶出。这一点意义重大。

然而，《钦定宪法大纲》等一系列立宪规划并没有阻断激进革命的步伐。1911 年辛亥革命爆发，清政府在匆忙间颁布《重大信条十九条》，又称"十九信条"。这份文件倒是具有宪法效力，它吸收了权力制衡原则，君主的权力缩小了，国会的地位得到提高。相较于《钦定宪法大纲》，这些都是进步之处。但是，"十九信条"中对于臣民的权利义务只字未提。当然，不管其中是否规定臣民的权利义务，清政府都难逃覆灭的命运。晚清君主立宪运动的背景，其实就是立宪与革命在赛跑，最终，革命跑到了立宪前头。

武昌起义催生了中华民国。但新生的革命政权内外交困，于是就出现了南北议和。在袁世凯的压力下，清帝逊位，于是根据政治博弈的结果，袁世凯被公举为中华民国临时大总统。而为了从法律上限制袁世凯的权力,南京临时政府于 1912 年 3 月制定并公布了《中华民国临时约法》,将原先的总统制改为责任内阁制。将《中华民国临时约法》作为保卫民国的宪法武器,孙中山可谓用心良苦,但历史并不是按照一个人的良好意愿展开的,即便他是一个伟人。

权力受到严格约束的袁世凯当然不会善罢甘休,他也想有所作为呢,于是他逐步地走上了撕毁临时约法、实行强权政治的不归路。1914 年在他控制下的中央政治会议正式废除了《中华民国临时约法》,通过了《中华民国约法》,史称"袁记约法"。这部约法取消了对于大总统权力的许多束缚,总统垄断了立法、行政、司法等各项大权,甚至可以终身连任。但这仍然没有阻止袁世凯的政治雄心,他最终迈向了金銮殿,居然复辟帝制。过了 83 天的皇帝瘾之后,在众叛亲离、内外交困的境地中,这个在政治上并没有伟大情怀的一代枭雄一命呜呼了。袁世凯死之后,梁启超早前警告过革命党的话终于应验了:中国马上陷入了军阀混战,这就是所谓的北洋政府时期。各路军阀势力围绕北京政府统治权进行角逐,政府更迭频繁,正所谓"闹哄哄,你方唱罢我登场"。

在这一时期,比较重要的是 1923 年诞生《中华民国宪法》,即"曹锟宪法"。这是中国第一部正式的有效的宪法,但由于主导这部宪法制定的曹锟名声不太好,连累了这部宪法。原因是在当时,选总统和制定宪法是连在一起的,而曹锟主要是为了当选总统,所以讨好议员,每个人一般发 5000 块大洋,个别特别有影响的发得更多,于是被称"贿选总统",连那部宪法也有了"贿选宪法"的恶名。

历史上真实的曹锟,性格颇为憨直。据说,大选当日,他就亲自到场,走来走去偷偷看别人是否投自己的票。他当时还公然对议员们说:"谁又有名又有钱,谁就可以当总统。"某议员反应很快,立刻站起来高声说:"大帅,梅兰芳既有名又有钱,我看可以当总统。"会场里的人大笑不已。其实,曹锟也不简单,他本来是可以用枪夺取政权的,但还是选择了用钱贿选,这一点有待后人评说。至于 1923 年《中华民国宪法》,从内容看,应是一部相当激进的宪法,其中规定了两院制国会、联省自治、多党制、新闻自由、司法独立等内容。而因为有了曹锟贿选的事,大家都唾弃它,于是这部中华民国第一部正式有效的宪法很快就被丢到故纸堆里去了。

"曹锟宪法"之后,中国历史上相继出现了:1925 年《中华民国宪法草案》

（"段祺瑞宪法"）、1931 年《中华民国训政时期约法》以及 1946 年蒋介石制定的《中华民国宪法》。最后这部宪法是中国第二部正式的有效的宪法，但它是在共产党以及一些民主党派没有参加的情况下通过的，因此中国共产党一直否认其合法性，并在新中国建立之前废除"六法"的时候将其废除掉了，迄今该部宪法在台湾地区仍然被实施。

　　1949 年新中国成立，可谓"雄鸡一唱天下白"，中国人民在中国共产党领导下开始了制定新宪法的历程。最先出现的是 1949 年制定的、起到临时宪法作用的《中国人民政治协商会议共同纲领》。其后，在 1954 年诞生了新中国的正式有效的宪法——《中华人民共和国宪法》。这部宪法也经过了一些曲折，有过三次重大修改：先是在"文革"期间的 1975 年大修了一次，产生了"1975 年宪法"；"文革"之后拨乱反正，又产生了"1978 年宪法"；但由于这部宪法还是存在一些较大问题，为此在改革开放之初的 1982 年，在邓小平主持下又产生了 1982 年宪法，这就是现行宪法了。

　　在这段历史中，1954 年宪法是新中国第一部正式宪法，由于此后 1975 年宪法、1978 年宪法以及 1982 年宪法，都只是对前部宪法的修改，所以，从严格意义上说，新中国只制定过 1954 年宪法这么一部宪法。下面，我们近距离地看看它的制定过程。

　　制定 1954 年宪法的目的是什么呢？我个人认为从客观的历史事实来看，主要是为了赋予新生革命政权的合法性。之前我们曾经讲过的一段历史秘辛就说明了这一点：1952 年 10 月，中共中央书记处书记刘少奇率团参加苏共十九大，给斯大林去信希望能见一面。后来斯大林接见了他，并向中共代表团提出三个建议，这三点建议此后都对中国共产党产生了重要影响。三点建议中有一个就是，中国共产党必须马上制定一部宪法，因为如果你们不制定宪法，不进行选举，你们的敌人可以用两种说法向工农群众进行宣传反对你们：一是说你们的政府不是人民选举的；二是说你们国家没有宪法。这也是因为政协不是经人民选举产生的，人家就可以说你们的政权是自封的，甚至说是"建立在刺刀上"的。总之，斯大林认为，当时的新中国的政权非常有必要"通过选举和制宪解决自身合法性问题"。

　　这个建议所涉及的问题无疑具有重要的战略意义。其实在此之前，刘少奇在写信给斯大林的时候还曾流露出一个想法：我们已经有了《共同纲领》，用到将来社会主义改造完成、国家进入社会主义阶段之后，再制定宪法。但斯大林的立马制宪的建议触动了刘少奇，他当即写信给毛泽东，中共中央随即开会讨论，决定接受斯大林同志的建议，尽快召开全国人大，制定宪法。

后来制定宪法的过程是怎样的呢？我概括了一下，将整个制定流程归纳为以下几个步骤：（1）中共中央宪法起草小组提出宪法草案初稿；（2）中共中央政治局讨论并初步通过；（3）向宪法起草委员会提出草案初稿；（4）宪草委员会审议和讨论通过；（5）中央人民政府委员会通过并交由全国人民讨论（约三个月）；（6）第一届全国人民代表大会通过。

这六个步骤基本上是按照合理的宪法制定权理论进行的。当时的制宪机关是何者呢？是一种复合型制宪机关，即由不同的机关联合发挥作用的，包括三个机关在内，第一是中共中央；第二是宪法起草委员会，包括毛泽东为首的33位国家领导人以及民主党派的一些代表；第三是全国人民代表大会。这是我的观点。有人认为制宪机关只有一个，是全国人大，我觉得这个说法不够完美。全国人大确实发挥了作用，但是作用没有其他机关大，特别是中共中央和宪法起草委员会，二者在宪法制定过程中发挥了很大的作用。

以上整个过程历时约一年。最早成立的机构是宪法起草委员会，毛泽东担任主席，成员包括33位国家领导人及民主党派代表。应该说，这个机构相当于制宪会议，即西耶斯所说作为制宪权主体的人民所委托的"特别代表"。其时，毛主席又组织一个专门的、更为精干的组织，叫作"中共中央宪法起草小组"，毛泽东亲任组长，组员则是他当时的几个秘书，主要有三个秘书，即陈伯达、胡乔木和田家英，参与宪法最早草案的起草，毛主席初步定稿，再交由中共中央政治局讨论并初步通过，然后再提交到宪法起草委员会开会讨论，接着就进入后面的流程，最终在1954年9月20日，由第一届全国人大全体代表以无记名投票进行了表决，一致通过了《中华人民共和国宪法》。中国历史上第一部社会主义类型的宪法就此正式诞生。

我们概括一下，现实当中的立宪者有：宪法起草委员会、中共中央宪法起草小组、中共中央政治局、中央人民政府委员会、全国人民、全国人民代表大会。由此看出，制宪权主体是全国人民，但现实中行使制宪权的特别代表则是多样的，并非仅是第一届全国人民代表大会,而是有复数的主体。当然发挥最重要作用的是中国共产党,其中最核心的人物是毛泽东,因此1954年宪法后来又称为"毛泽东宪法"。据说,当时傅作义先生曾提议将这部宪法直接命名为"毛泽东宪法",但被毛主席拒绝了,他认为这样"不科学"。

除毛泽东以外,在起草过程中发挥过重要作用的人物还包括毛泽东的三个秘书和一些专家学者。毛泽东的秘书陈伯达是我的老乡,理论文章写得很大气,才华也到了"横溢"的地步,但普通话讲得一塌糊涂,可是毛主席能听懂。他提出了1954年宪法草案的第一稿,那是来杭州之前就写好了,不过在杭州的讨论会上被否定了,现在也找不到底稿了。需要额外提一句的是,这位人物后来在"文革"期间达到权力的顶峰,担任过中央文革小组组长。"文革"结束后,作为林彪、江青反革命集团主犯之一,1976年9月被捕,1981年被最高人民法院特别法庭判处有期徒18年,不久保外就医,于北京去世。这是后话。

毛泽东的第二个秘书是胡乔木,是清华大学的校友,早年因搞革命活动被清华开除,后来经朱自清教授介绍到浙大读书,又因搞革命活动被浙大开除,后来成了职业革命家。他自1941年起就担任了毛泽东的秘书,时间长达25年,号称中共党内"四大笔杆子"的头号人物,在文字上的造诣很深。新中国时期在起草《宪法》的时候,他曾参与撰写序言部分,写得大气磅礴。胡乔木还是有书生情怀的,晚年他还写过一首歌的歌词,那就是著名的《律师之歌》,如今细读之下,还觉得意味深长,由此可以看出此人的才华和情怀:

> 你戴着荆棘的王冠而来,
> 你握着正义的宝剑而来,
> 律师,
> 神圣之门又是地狱之门,
> 但你视一切险阻诱惑为无物。
> 你的格言:
> 在法律面前人人平等,
> 唯有客观事实,
> 才是最高的权威。

　　我们这里要提到的毛主席的第三个秘书田家英。他虽然同样也是毛泽东的秘书,但和前面两个的地位是不能比的。据说,陈伯达骂起田家英来,田家英一点脾气都没有。但在起草五四宪法的过程中,他起的作用比较大,陈伯达起草的原稿没用上,胡乔木只负责起草宪法序言,田家英则起草本文部分的重要内容。田家英为人正派,颇具书生情怀,在庐山会议上同情彭德怀,后来在1966年"文革"开始那年就自杀了,其原因很复杂。

　　1954年3月17日,宪法起草小组拟好宪法草案回到北京。之后,中共中央请周鲠生、钱端升为法律顾问,请叶圣陶、吕叔湘为语文顾问,对宪法草案进行了专门研究。周鲠生是著名国际法专家,17岁就东渡日本,先后拿过日本早稻田大学、英国爱丁堡大学、法国巴黎大学等名校的博士学位,新中国成立以后身居要职。钱端升教授是著名的政治学家和宪法学家,民国时期就已经很著名了。据说他在担任中华民国国民参政会的参政员期间,经常在参政会会议上起立质询,成为蒋介石最害怕的参政员之一。他熟悉西方政治法律知识,其和王世杰先生合著的《比较宪法》一书至今还是宪法学研究生的必读书目之一。新中国成立后钱端升教授也受到重用,但1957年被错划为右派,"文革"期间也受到批斗。

　　经过法律专家和语文专家的研究和打磨之后,我们人民开始参与讨论。"我们人民"这是美国宪法第一句出现的,也是美国当代著名宪法学家阿克曼一套著作丛书的书名。而当时我们人民讨论的规模还是比较大的,首先是政协全体会议、各大行政区、各省市的领导机关和各民主党派、各人民团体等,开始了对草案初稿的讨论。据统计,总计有8000多人参加了大讨论,共提出5900多条意见。接着,1954年6月16日,中央人民政府委员会向社会公布了宪法草案,开始了宪法草案的全民讨论。自此时到9月11日,经过近三个月的讨论,全国人民对宪法草案共提出了100多万条意见。这个全民讨论意义重大,是我国现行宪法民主性的重要保证。

　　1954年9月15日,一届全国人大一次会议在北京中南海怀仁堂开幕,当时共有1197名代表参加。

　　刘少奇作《关于中华人民共和国宪法草案的报告》,然后全体代表投票通过宪法,无一张反对票。公布投票结果后,全体代表起立,热烈鼓掌。

图14　1954年9月20日,一届全国人大一次会议全
体代表一致通过了新中国宪法。图为在表决
通过后,全体代表起立鼓掌的情景

　　宪法颁布之后,全国人民也都欢呼雀跃,庆祝新中国第一部宪法诞生。

　　1954年宪法的制定过程比较顺利,但其诞生之后的命运却并非一帆风顺。在宪法通过的8个月后,就发生了"胡风事件"。胡风是一名文人,因言获罪,这个事件甚至被扩大化,先后共有两千多名学者受到牵连。这是新宪法颁布之后出现的第一起大规模侵犯人权的违宪事件。其后,1956年年底,三大改造完成,中国宣布进入社会主义阶段,这使得原本作为"过渡时期"宪法的1954年宪法在某种法理意义上失去了时间效力。接着,在1957年,反右斗争开始扩大化,违宪事件接二连三地发生。据考,1958年8月毛泽东在北戴河召开的政治局扩大会议上发言说:"民法、刑法那样的条文谁记得住?宪法是我参加制定的,我也记不得。我们每个决议都是法,开会也是法,治安条例也养成了习惯才能遵守。主要靠决议、开会,不靠民法、刑法来维持秩序。"此言一出,众皆愕然。其后,1966年,"文化大革命"爆发,宪法被全面废置,全国人大会议也基本不再举行,刘少奇本人也被批斗,最终被迫害致死。刘少奇有次被批斗完之后,回到他的办公室,举起一本红皮的《中华人民共和国宪法》,对他的机要秘书说:"我是中华人民共和国的主席,你们怎样对待我,这无关紧要,但我要捍卫国家主席的尊严。谁罢免了我的国家主席?要审判,也要通过人民代表大会。你们这样做,是在侮辱我们的国家。我个人也是一个公民,为什么不让我讲话?《宪法》保障每一个公民

107

的人身权利不受侵犯,破坏《宪法》的人是要受到法律的严厉制裁的。"

如前所述,1954 年宪法制定出来之后,经过三次的全面修改,我国又先后出现了三部宪法,即 1975 年宪法、1978 年宪法和 1982 年宪法。1975 年宪法只有 30 条,因为毛泽东曾经说 1954 年宪法太长了,他都记不住,全国人民也肯定记不住,所以以后宪法 30 条足够了。按照周恩来转述的话说就是:使宪法简明扼要,通俗易懂,工农兵能背诵。这说明毛泽东仍有类似于约法三章的传统思维,尚未形成法律体系应该主要交由法律专业人员来运作的现代法治观念。1975 年宪法的 30 条就是这么来的。平心而论,这 30 条内容也不少,只是把原来很多条文的内容都凑在一起,硬塞在一个条文里,压缩成 30 条。到了 1978 年宪法,条文数就翻了一番,变成 60 条。到 1982 年宪法就成了 138 条,经过 2018 年修改,现在增加为 143 条。在学理上,这三部宪法都是对前一部宪法的全面修改。因此,我们有必要在接下来的时间里讨论一番宪法修改的问题。

二、宪法的修改

有关宪法修改的学理内容也是非常丰富的,我们在课上只是把要点和难点拎出来,给大家讲解。

关于宪法修改,现实中涉及的问题,用通常的语言来说,主要有:(1)什么叫宪法修改?(2)要不要宪法修改?(3)宪法修改受不受限制?(4)怎么进行宪法修改?

但在宪法的理论上,我们需要将这些问题的表述加以学理化。所谓学理化,就是把政治问题或者现实生活中的问题转化为法律问题时,法学上就会有专门的术语来表达、阐述和处理这些问题。这样,我们把上述问题转化为四个宪法教义学上的学理问题:首先,把上述"(1)什么叫宪法修改?"和"(2)要不要宪法修改?"这两个问题转化为(1)概述,即有关宪法修改的基本理论;其次,将前述"(3)宪法修改受不受限制?"转化为(2)宪法修改的界限;最后,将前述"(4)怎么进行宪法修改?"转化为两个问题,即(3)宪法修改的方式 和(4)宪法修改的程序。

（一）概述

1. "宪法修改"的含义

"宪法修改"又称"宪法修正"。"马工程"教材给出的解释是：宪法修改指宪法修改机关认为宪法的部分内容不适应社会实际，而根据宪法规定的特定修改程序对宪法进行删除、增加、变更的活动。这个定义姑且可用，但也存在一些问题，比如，"根据宪法规定的特定修改程序"而修改宪法的说法则未必准确。"马工程"《宪法学》教材也举出例子，承认有些宪法修改是没有按照前一部宪法所规定的修改程序来完成的。前面提到的德国著名宪法学家施米特便是这样认为的，他对宪法修改所进行的分类中，甚至以是否依据前一部宪法规定的修改程序来进行，将宪法修改分为"无视宪法的宪法修改"和"尊重宪法的宪法修改"。

在实质上，宪法修改是宪法变动的一种主要形式。这是通说观点所忽略的。我们说，随着时代的发展、政治形势的变化，宪法也是有可能发生变动的，但其变动有各种各样形式，修改只是其中一种形式。施米特曾提出宪法变动有五种形式，即宪法的废弃、宪法的废止、宪法的修改、宪法的打破、宪法的临时停止。宪法的废弃是指宪法被废除而且制宪权的主体也被改变。宪法的废止是指宪法被废除但制宪权主体没有改变。这二者都是属于宪法的全盘变动。举个例子，新中国成立之前中国共产党废除了六法全书，其中包括国民党的1946年宪法，这就属于宪法的废弃。宪法的修改、宪法的打破、宪法的临时停止都是宪法的部分变动。宪法修改是对宪法部分内容进行改变。宪法的打破指统治者或者部分的宪法关系主体有意识地违背宪法当中的某些条文，公开违宪。比如我国1955年的胡风事件、1957年反右派斗争扩大化都可以看作宪法的打破。宪法明文规定了言论自由，但有人却因为政治上的言论被公权力剥夺了人身自由，宪法被公然地违反，这就是宪法的打破。宪法的临时停止主要发生在国家处于紧急状态之时，宪法当中的一部分条文被暂时停止。比如，一般情况下公民有人身自由、言论自由，但在紧急状态下面实行宵禁，言论也受到控制，这都属于宪法的临时停止。

施米特这五种宪法变动形式有很多是不正常的，或说是非常态的，其中常态的只有一种，就是宪法修改。但在今日的理论上，常态的宪法变动一般包括三种，即宪法修改、具有宪法渊源地位的宪法解释（有的国家通常是通过宪法判例来实现)、宪法变迁(这是耶利内克提出的观点)。这样我们可以看到,宪法修改属于宪法部分变动的一种形式。当然,也有人说,在目前我国,宪法修改成了宪法变动的"独木桥"。也就是说,在我国宪法要想发展、变化,好像只有一条道路,那就是修改宪法。这种说法是否正确呢? 这个说法有一定道理,因为除了宪法修改,宪法解释在我国迄今几乎处于不毛状态,但值得注意的是,我国还存在宪法变迁现象。

什么是宪法变迁呢? 宪法变迁是指宪法条文不变,但宪法条文的内容实际上在发生变化。在学术上,有人认为这其实也是一种宪法修改的特别形式,即"无形修改"。所以我们等下讲到宪法修改的形式时具体讲这个。这种宪法变迁,在我国也有出现,但作为宪法变动的方式,并不典型,宪法解释更不典型,只有宪法修改是最活跃的。可以说,如果没有宪法修改,我国宪法就可能成为一部静止的宪法,就无法适应在急剧转型的时代变化了的社会实际的需要。从这点意义上讲,说宪法修改是我国宪法变动的"独木桥"也未尝不可。

2. 宪法修改的必要性

有一种关于宪法的理想认为,宪法可以是"永久宪法"(也门 1970 年宪法、苏丹 1973 年宪法均自我标榜是"永久宪法")或"万世不磨之大典"(日本 1889 年《明治宪法》,在"二战"后即被废止),这些都是空想。要知道,时代的变化使得宪法必须跟着变,否则就会束缚时代发展的脚步,因此宪法的修改就十分必要。

宪法修改的必要性表现在:(1)为了使宪法的规定更符合社会实际的发展和变化;(2)弥补宪法规范在实施过程中出现的漏洞,因为有些宪法制定当时没有发现什么问题,但在实践中一用,却发现问题多多。通说认为社会实际总是处于发展变化之中的,因此宪法规范需要通过修改与社会实际相适应。并且制宪者或修宪者对社会实际的认知和判断存在局限性,使得宪法存在缺漏,这也使得修改宪法变得必要。

(二)宪法修改的界限

宪法修改有没有界限呢? 这是一个重要且理论性很强的问题。为了回答这个问题,我们就必须学习有关限制宪法修改的理论。

1. 限制宪法修改的理论

世界上有一些宪法,它自己就规定某些条文不得修改,这就是所谓的"禁止修正规定"。例如,《意大利宪法》第 139 条规定:"共和政体不能成为修改对象。"又如,法国现行《宪法》第 89 条也规定:"任何有损于领土完整之修改,不得着手进行。"再如,《德国基本法》第 79 条规定禁止修改"联邦制以及人的尊严"(第 1 条)、"民主的社会的联邦国家"(第 20 条)等基本原则。为什么会出现这些条文呢?

主观方面的原因就在于:存在宪法修改具有界限的观念或学说。

其实,关于宪法修改是否有界限的问题,存在两种对立的学说:

一是修正无界限说。该说认为只要按照宪法修改的程序,任何条款均可修改,即使有禁止修正规定,但其本身就可修改,最终等于均可修改。具体理由包括三点:(1)宪法服务于人类的社会生活;(2)修宪权为最高的法定权力,制宪权只是一种理念,修宪权才是国家最高的法定权力,为此不可能为其之行使设定界限;(3)宪法规范之间地位平等,理论上,同一部宪法中不存在可修改的规范和不可修改的规范的效力差别。

二是修正有界限说。该说的主要理由是:修宪权有别于制宪权,是制宪权所设定的一种权力,为此不能变更制宪权之所在以及作为制宪权之根基的价值原理(宪法的基本原理),否则,就超越了宪法修改,而等于革命或重新制定宪法。该说的主要代表人物是施米特,其后被确定为通说。

2. 限制宪法修改的表现

综观各国立法例,限制宪法修改的表现主要有:

(1) 内容上的限制。前面我们也讲到,比如意大利、法国和德国宪法中的"禁止修正规定"。

(2) 时间上的限制。a.消极限制,不得修改的时间;b.积极限制,应当定期修改。

(3) 形式上的限制。比如有些国家宪法明文规定要修改宪法必须通过决议的形式或者宪法修正案的形式。

需要思考的是:我国宪法并未规定哪些内容不得修改,那么,我国宪法是否有不可修改的内容? 如有,是什么?

从理论上说,宪法修改是有界限的,有些东西可以改,有些不可以改。所谓不可以改,是指这些内容不能在宪法修改的框架中修改。从根上说,其实任何东西都可以改变,即便是民主制、共和制这样的体制也是可以改变的。假如有一天,美国人民决定把社会主义作为国家性质写进他们的宪法之中,是否可以呢?当然是可以的,那时美国的各个政党必须尊重人民的选择。但问题在于,这样的变动还是宪法修改吗?这就可能不是了,而属于施米特所说的宪法废弃了,即需要重新制定宪法。

而我们讨论的要点正是,宪法能改什么,不能改什么。在这个意义上,我们问:我国的宪法修改有没有界限呢?回答是:当然有。

首先,我国宪法中的根本规范不能改,如人的尊严、人权保障原理、人民主权原理,这三项内容不能改。一旦改掉,就属于"变天"了。其次,也有人会认为,四项基本原则以及坚持改革开放的原则不能改。也就是说,宪法序言第七段里面的这些内容不能改变,否则也就不叫宪法修改了,而可能需要重新制定宪法了。尤其是国体不能修改。那政体能不能修改呢?我们的政体是人民代表大会制度。有人认为国体不可以修改,但是政体可以修改。这是清末民国时期的学说。时至今日,政体的修改也是很谨慎的,所以我们经常强调坚持和发展人民代表大会制度。

以上我们讲的宪法的制定与宪法的修改,它们之间的界限是什么样的?宪法制定和宪法修改之间的界限,在一些例外的情况下是模糊的。其实我们刚才讲哪些部分不能修改的时候也涉及这个问题。比如,有些宪法的制定采取了宪法修改的名称与形式;但是反过来,有些宪法的修改,却被称为是宪法的制定。在前面的情况下,明明是宪法制定,宪法中的根本性原理都发生变化了,本应该公开重新制定一部宪法,但是为了维护政治局面的稳定,宣称还是宪法的修改,而且也采用了宪法修改的程序。日本现行宪法就是如此。"二战"后制定日本宪法的时候,那是变天了,从天皇主权原理切换为国民主权原理,这意味着发生了革命。日本学术界就有一种"八月革命说",就是说当年日本宪法制定意味着一场革命。因为主权归属于天皇这个原理改为主权归属于国民了,所以它等于废弃了"明治宪法",重新制定出一部日本国宪法。但有趣的是,当时盟军司令部主导修宪,居然让这次宪法制定按照"明治宪法"的宪法修改程序来完成。这看上去就好像是宪法修改,实际上是宪法制定。而反过来,有些宪法修改却被称为宪法制定。有哪些例子呢?中国就是这样的。1982年宪法明明是宪法修改,但很多人说这是宪法制定。实际上从学理来讲，那只是宪法修改，因为采用了一种宪法修改的形式。那么宪法修改有哪些形式呢？这就是接下来我们讲的第三大点：宪法修改的形式。

（三）宪法修改的形式

这个问题比较简单了。通说认为宪法修改主要有全面修改和部分修改两种方式。其中，全面修改，又称"整体修改"，指的是在制宪权归属主体及国体不变的前提下，宪法修正机关依据宪法修正程序对宪法的大部分内容进行变动、并重新颁布的活动。我国1975年宪法、1978年宪法以及1982年宪法，就属于对前一部宪法实行了全面修改的结果。而宪法的部分修改则指的是宪法修正机关依据宪法修正程序对整部宪法中的部分内容进行变动的活动。我国自1978年宪法颁布后，就先后于1979年和1980年做过两次部分修改，不久后干脆作了一次全面修改，由此诞生了1982年宪法，而1982年宪法又先后经历了1988年、1993年、1999年、2004年以及2018年的五次部分修改。

2018年的宪法修改，虽然属于部分修改，但也算比较重大。因为这次修宪确立了习近平新时代中国特色社会主义思想在国家政治和社会生活中的指导地位，将"中国共产党领导是中国特色社会主义最本质的特征"写入《宪法》第1条第2款，调整了国家主席、副主席任职规定，也就是删除了其原有的有关连任限制规定，并赋予监察委员会宪法地位，还将全国人大法律委员会更名为"宪法和法律委员会"，等等。由此可见其变动内容之重大，而且修正案的数量也不少，多达21条，为我国宪法历次部分修改之最。

前面说了，宪法的部分修改是宪法修改的一种形式，但它本身也有两种不同的具体形式：一种是修宪机关以通过修宪决议的形式对宪法内容进行的修改，如前面说的我国1978年宪法的两次修改，就采用了这种具体形式；第二种则是修宪机关以修正案的方式对宪法内容进行的修改。具体而言，就是在形式上对宪法典的原文不加任何变动，而将宪法修改的内容按照其通过时间以及在原有宪法典中的先后顺序以条文的形式附加于宪法典之后，使之成为宪法的有机构成部分。美国宪法的修改一直采取这种方式。我国现行宪法自1988年第一次部分修改起就引进了这种方式，用到如今，已共修改了五次，产生出五个修正案，共52条。

那么,上述这两种具体方式何种更好呢?一般认为是各有利弊。以决议方式修宪,所修改的内容一目了然,但修改时需要重新颁布宪法;而修正案方式则能在形式上保持宪法的稳定性和延续性,缺点是需要将宪法典后面的各条修正案与宪法典原文相对照才能知道实际上有效的宪法规定是什么,一旦修正案数量多起来,就比较麻烦。目前,这种具体方式的局限性在我国现行宪法修改中已经开始呈现了。应对的方式是:索性根据修正案的内容,将宪法典的原文改写了一遍,重新整理出宪法典文本,以供人们在学习或实务中使用。

讲到宪法修改的形式,除了将宪法修改分为全面修改与部分修改之外,还有一种分类方式,是将宪法修改分为有形修改和无形修改。有形修改即正式的宪法修改,包括前面说的全面修改和部分修改;而无形修改则比较独特,在德国、日本宪法学上称为"宪法变迁"。

"宪法变迁"这个词在当今的中国学术界已被用滥了,人们几乎把所有的宪法变化都称为"宪法变迁"。美国也讲宪法变迁,指的也是宪法变动。反正宪法必然随着时代的变动而变动。但我们这里讲的"宪法变迁",是有特定内涵的,其理论来源于德国,日本人也在使用这个概念,其含义与我们通常讲的不同,一般指的是:宪法明文规定没有修改,但出现了不符合宪法条文的实例,使宪法在没有正式修改的情况下其部分条文的规范意涵发生变更。但其中更重要的问题是,如果已出现了从正面违反了宪法规范的现实,并经过了一定阶段,此时,是否可以将其理解为已产生了与修改规范具有同样的法律效果,这种意义上的"宪法变迁"是否可以认同。

换言之,宪法变迁指的是由于不符合宪法条文的宪法实例的出现,导致在没有明文修改的情况下,宪法规范发生变更的情形。在国外,也可能通过宪法解释、宪法惯例出现而产生宪法变迁。那么这种宪法变迁的现象应该怎么看呢?具体而言,理论上有如下几种不同的看法:第一种是事实说,即认为宪法变迁现象仅仅是一种事实,它无规范力;第二种是惯例说,认为这种宪法变迁会形成一种惯例,具有一定规范力,但不具有改废宪法的效力;第三种是规范说,认为宪法变迁在一定要件下会引起宪法规范的变更,这些要件主要包括:(1)不违反宪法的根本规范;(2)长期反复

延伸阅读:宪法变迁的一个典型例子

出现；(3)为国民法意识所广泛认可。

我国也存在类似这样的宪法变迁的违宪争议，其中有关土地转让的规定较为典型。1982年《宪法》第10条第4款原来规定："任何组织或者个人不得侵占、买卖、出租或者以其他形式非法转让土地。"可是，随着1980年初改革开放形势的发展，外资被纷纷引进来了，于是出现了一个问题，外资需要土地来盖工厂，那怎么办？我们领导脑袋一拍，"给地啊，租给它。"当时真的就这样做了，算是很务实了，而没有考虑或讨论先修改宪法第10条第4款，改革开放初期制定的《中外合资企业法》《土地管理法》等一系列法律，其中就明确规定了土地有偿使用。1987年，国家土地管理局决定在上海、天津、深圳、广州、福州、厦门和海南岛进行国有土地有偿使用的试点。其中深圳、福州当即付诸实施，引起争议。为此到了1988年通过的《宪法修正案》第2条，将《宪法》原第10条第4款修改为："任何组织或者个人不得侵占、买卖或者以其他形式非法转让土地。土地的使用权可以依照法律的规定转让。"

类似的情况另外还有一些，为此，我国学术界就曾经发生了一场争论，其中存在两种具有代表性的观点。一种观点认为，这些违宪现象虽然不是完全正确的，但毕竟是良性的，属于可以接受的"良性违宪"。而与此相反，以童之伟教授为代表，另一种观点认为，良性违宪也是违宪，这就像良性肿瘤也是肿瘤一样。

基于规范宪法学的立场，我们提出如下观点：第一，"良性违宪"说的争论涉及政治性的价值判断，主观性太强；第二，良性违宪有效说不利于维护宪法秩序；第三，应从宪法变迁理论来分析，其中，我个人认同这样的主张，即由于我国正处于改革与转型的时期，所以类似的宪法现象不可避免，但这种宪法现象只有满足前述的一定要件，才能引起宪法规范的变更，即才算相当于有效的、可确认的宪法变迁。

(四) 宪法修改的程序

这个问题"马工程"教材里面写得很详细，我们就简略地介绍一下。

"马工程"教材介绍了一种较复杂的宪法修改程序，包括五个步骤：提案、先决投票、公告、议决、公布。通说认为提案的主体主要有代议机关、国家元首或行政机关、混合主体三种形式。先决投票是指有些国家规定在提议之后，送交决议机关议决之前，就宪法修正案进行先决投票程序。公告是指在动议成立后，议决机关议决前,要将宪法修正案草案予以公告。宪法修正案草案的议决机关主要有立法机关、特设机关、混合机关和行政机关四种。通常要求议决机关以高于通过其他普通法案的出席及同意人数表决通过。公布即宪法修改草案通过之后,须由法定主体以一定的方式予以公布。

至于我国宪法修改程序,主要包括如下三道程序:

第一道程序是:如前所述,中共中央向全国人大常委会提出《关于修改宪法部分内容的建议》。当然中共中央在提出这个建议之前和之后,都会在相当广泛的范围上征求各部门、各地区、各方面的意见,其中也包括各民主党派、人民团体以及专家学者的意见,先形成《关于修改宪法部分内容的建议(草案)》,并经过中共中央全体会议审议和通过,再将正式的《关于修改宪法部分内容的建议》向全国人大常委会提出。大家知道,这第一道程序,宪法和法律没有规定,所以我把它称为"惯行性的前置加接程序"。

第二道程序是:全国人大常委会在讨论中共中央《关于修改宪法部分内容的建议》的基础上,正式进入《宪法》第64条所规定的修宪程序,由此形成《宪法修正案(草案)》,审议和通过后再向全国人大提出。当然,这个草案主要也是根据中共中央的建议的内容而形成的。根据现行《宪法》第64条的规定,宪法修正案的提案权主体还包括五分之一以上的全国人大代表,但迄今为止很少行使过这种提案方式。

第三道程序是:根据我国现行《宪法》第62条第(1)项的规定,全国人大是修宪权主体,或曰修宪机关,为此最后一道法定程序就是全国人大审议并通过全国人大常委会提请审议的宪法修正案(草案)或者五分之一以上的全国人大代表有关修宪的提议。按现行《宪法》第64条规定,全国人大需要以其全体代表的三分之二以上的多数通过宪法修正案。有人问,全国人大是否真正审议宪法修改草案?答案是肯定的。比如现行《宪法》第13条第3款规定:"国家为了公共利益的需要,可以依照法律规定对公民的私有财产实行征收或者征用并给予补偿。"在2004年中共中央所提的修改建议中,原先的表述是:"……可以依照法律规定对公民的私有财产实行征收或者征用,并给予补偿。"全国人大审议之后,删除了中间的那个逗号。别看这个改动只是一个逗号,其实很重要,因为删除那个逗号之后,补偿就同样必须"依照法律规定"而进行。

第四章　宪法的解释与运用

学到现在，许多同学感觉已经渐入宪法学的"佳境"了。

今天的内容也非常重要，它涉及宪法学的方法论问题，这就是"宪法的解释与运用"。我们会在讲授理论的同时，列举一些相关事例案例，包括外国的一些著名案例，来帮助大家理解。

另外需要说明的是：有关这一章，"马工程"教材只涉及宪法的解释，我增加了"宪法的运用"这个内容。为什么这么做呢？原因在于：宪法解释不仅和宪法运用密切相关，而且宪法运用这个问题本身也十分重要，因此将其补充进去。这样，我们要学习的内容就多了。按照"马工程"《宪法学》原有的体系，它主要包括以下要点：第一是宪法解释的概念；第二是宪法解释机关和宪法解释体制；第三是宪法解释的种类；第四是宪法解释的原则；第五是我国的宪法解释。我们在尊重该体系的基础上对讲授要点作了一些变动，列为六点：第一是宪法解释的含义；第二是宪法解释的功能；第三是宪法解释的分类（同时涉及宪法解释的方法）；第四是宪法解释的原则；第五是宪法解释与运用；第六是我国的宪法解释与宪法运用。

在进入今天的主体内容前，我们提出如下五个章前导引问题：第一，2014年10月底党的十八届四中全会提出要"健全宪法解释程序机制"，请问，什么人或什么机关可以作宪法解释？第二，如何进行宪法解释？第三，什么是宪法运用？它与宪法适用有何区别？第四，宪法解释与宪法运用有什么关系？第五，宪法运用、宪法适用与宪法实施，是否是同一个意思？三者之间的关系如何？

希望大家带着这些问题，接下去听讲。

一、宪法解释的含义

前面我们曾经讲说了，宪法学最重要的方法是法教义学，而法教义学最重要的方法则是解释，从这个意义上讲，宪法解释无比重要。法律这门学科，无论是民法、刑法抑或其他部门法，其最重要的方法无疑就是解释。这也是宪法学有别于其他学科的最重要的方法，比如宪法学与政治学的区别主要就在于：宪法学重在解释，政治学重在解明。

那么，何谓宪法解释？"马工程"《宪法学》是这样定义的：宪法解释是指宪法解释机关根据宪法的理念、基本精神和基本原则对宪法规范的含义、界限及其相互关系所作的具有法律效力的说明。对这个定义鄙人便不太赞同。疑问在于以下两点：其一，宪法解释是否仅限于宪法解释机关才能作出？其二，是否任何宪法解释均具有法律效力？这两个疑问值得我们认真考虑。我曾经说过，一般而言，下定义是有风险的。在维特根斯坦等人的语言分析哲学兴起之后，人们就注意尽量不直接给某一事物下定义，特别是具有终极性的定义，则更为慎重。法律里面当然要注重定义。比如故意杀人，其中的"故意"指什么？过失致人死亡，其中的"过失"又指什么？这样的定义当然很重要，而且必须给出一个定义。但是终极意义上的定义，带有哲学意味的定义，则必须谨慎小心。像"何谓法律解释"的问题，实际上就超越了法教义学的内容，属于哲学问题，或涉及哲学问题。在哲学上，有对于解释的研究，一般称为"哲学解释学"，是比宪法解释、法律解释更高层次的解释学，更为一般性的解释理论。于是，给"宪法解释"这样的概念下定义就必须小心翼翼，否则就容易出现漏洞。适才所提到的"马工程"教材中的定义就存在这样的问题，其无法解答那两点疑问。

那为什么说"马工程"教材里的这个定义存在问题？原因在于，事实上还可能存在另外一种解释，即无权解释。根据该教材的说法，无权解释指法学上的学理解释，或称"非正式解释"，它是宪法解释机关之外的组织或个人对宪法所作的解释，其不具有法律效力。这一说法基本上是正确的。但是，我们却可以由此看出"马工程"教材的矛盾：一方面说宪法解释是宪法解释机关作出的有法律效力的解释；另一方面又说还存在一种无权解释。

因此，我们必须首先澄清究竟何谓宪法解释，即要对宪法解释再进行解释。当然，此处的解释是一种说明，不下定义，只进行说明，尽管这样做也是有风险的。我们姑且认定，宪法解释属于一种法律解释，或者说法解释。对法解释的定义过去是存在的，但不同时代有不同的定义。

最传统的一种说法，即近代的定义，认为法解释是立法者原意的再现或者复原。提出该观点的是德国著名民法学家萨维尼，他认为解释者要受法律文本里所蕴含的立法者的原意的限制。所以，萨维尼才说：法官是法律的嘴巴，是立法者的传声筒。这可能是最传统的对法解释的理解。按照这种说法，宪法解释其实就是立宪者原意的再现或者复原，所以解释宪法时很重视查阅历史文献，比如解释美国宪法要查阅《联邦党人文集》。

到了现代之后，情形就不一样了。同样是德国的法解释理论，到了现代就有了新的发展。因为解释学在德国是非常发达的，比如其中的哲学解释学，德国哲学家开展了精深的研究。在法学领域，法解释学的发展也同样令人瞩目。德国著名民法学家同时也是一位法理学家的拉伦茨，就曾经指出，法解释实际上是一种"媒介行为"，是对法条之意义的阐明与精确化。而宪法解释就是通过对宪法条文之意义的理解和说明，把握蕴含在其中的宪法规范。此处所讲的意义，简单说指的就是"内涵"或"含义"。但这种"意义"是动态的、活的，是具有主体间性的一种含义。主体间性是指什么呢？简单说就是不同主体之间相互影响的一种关系。例如现在我们对宪法解释概念的理解便存在主体间性，不同的主体，都对宪法解释下定义，甚至都在进行宪法解释，那么不同主体之间就会发生互相影响，共同作用于定义的内容。比如最明显的是宪法主要由宪法解释机关进行解释，但是他们的解释往往会受到学者对宪法解释的影响。法官也会看书，看到精彩之处，他会运用到裁判之中。在美国，如果哪位学者的著作能够被联邦最高法院判决援引，那就很厉害，一般可以挺着胸脯在路上走几天。这在我国也差不多这样，但我国宪法解释机关发挥的作用比较小，我们等下再说。上述是我们对"意义"的理解，这种意义是活的，具有主体间性的。那么宪法解释就是把握蕴含在宪法条文中的规范，把宪法规范从宪法条文中引申出来。如何引申？这就类似从洞中抓泥鳅，宪法条文只是"洞"，规范是藏在"洞"中的"泥鳅"，我们通过宪法解释把"泥鳅"抓出来。也就是说，我们借助于解释来理解文本，而且解释者还可能参与文本的塑造。这是拉伦茨在其名著《法学方法论》中所谈到的观点。该书中专设一章讲"法律的解释"，其中也谈到宪法的解释。

拉伦茨是现代的学者，但他又秉承了传统的许多思想。后来，又出现了后现代主义的解释学思想。在哲学解释学上有一个重要观点，形象地概括为一句话就是"文本一诞生，作者就死亡"。文艺作品或者法律等一切应当解释的对象都称为"文本"，这些文本一旦诞生，那么它的作者就死掉了。大家别误解，所谓的"死了"绝不是指作者在肉体上消亡了，而是指对于文本的解释和理解而言，作者的意志不再重要了。那这下谁的意志重要呢？解释者的意志！解释者可以对文本里的意义进行"随心所欲"的重构。持有这种观点的是巴尔特、福柯等西方理论家。该观点对法学界也产生了影响，导致了后现代法学甚至批判法学的某些分支的出现。它们基本上认同上述解释立场，认为法律文本一诞生，立法者到底是什么意思就不用去考虑了，我们自行按照我们自己的要求或者时代的要求来解释就行了。无疑，这是一种较为激进的学术立场。

面对许多不同观点，我们应该何去何从呢？应该选择哪一种观点呢？这确实是值得我们深思的。年轻人讨论问题或者写论文，喜欢引用外国人的观点，看外国人在这个问题上是怎么说的。其实你找的只是某一个外国人所持的观点，或者是外国人的诸多观点中的一种，其他不同的观点多的是，于是你就经常需要回答：为什么选择这一种？鄙人以为，真正的学问或许就在此处：你在众多的观点中选择了何种观点，并且告诉读者，你为什么作出这样的选择。这就要求同时具备梳理资料的能力和论证观点的能力。

回到我们的问题：何谓"宪法解释"？何谓"法解释"？要对它们作出解答，并解决上述的理论选择问题，对我们而言，就必须考虑中国宪法所面临的问题以及中国宪法自身所存在的问题。正是在这样的背景下，鄙人认为，我们应采用现代解释理论为宜，但是又应适当参考近代和后现代法解释学的观点。

由此，我认为，法解释就是法规范的探求，是一种有约束的重构。前面讲过，法规范存在于规范性语句之中。规范性语句是什么呢？简单地说就是法条。也就是可以说，法规范就在法条里。重构什么呢？重构法规范的内涵。当然这种重构并不是像后现代法解释学所认为的那样是没有约束的，爱怎么折腾就怎么折腾，而是必须受到约束：首先受规范性语句的约束，同时还要受到规范原理的约束。但是必须承认，"重构"的立场实际上受到了后现代法解释学的影响，较为强调法解释针对立法者意志的独立性，但是它又是有约束的。此种有约束的重构，我曾经在《从宪法规范到规范宪法——规范宪法学的一种前言》一书里用"戴着规范的镣铐跳舞"来形象地描述，以突出规范宪法学的一个特色。闻一多曾经在他的诗论中主张，中国的新诗仍然应该"戴着镣铐跳舞"。其所谓的"镣铐"实际上指诗歌的韵律。我借用来说明：法解释绝非随意地进行。如果不戴"镣铐"，我相信这个"舞"谁都可以跳。一名舞者的高明之处就在于他能够"戴着镣铐跳舞"，而且跳得好，这就是学问。所以，在规范宪法学的视野中，宪法解释就是"戴着宪法规范的镣铐跳舞"，受到宪法规范的约束：一方面受到宪法中的规范性语句（条文）约束，另一方面受到宪法规范原理约束。这是我对宪法解释的理解，其立场是比较中庸的，接近于采纳现代解释论，但是又吸收了一些后现代法解释学的思考。

为什么采用这样的立场？原因有三。

第一个原因，在我们看来，立法原意是拟制的，是模拟创造出来的，立法者也是如此。比如说立宪者，在理论上应该是人民，但实际上，综观各国宪法，即使是最成熟的立宪主义国家的宪法，其实都不是人民直接制定出来的。以美国为例，美国宪法受到许多人的推崇，但上次我们讲了，它也主要是由 55 个精英分子制定出来的，其中 34 名是律师，8 名是法官，其他包括种植园主、将军、银行家，都是有身份的人，制定出来之后再通过各种会议让人民承认它，或者让人民代表承认。美国宪法开头即用"我们人民，为了……制定本宪法"，这种表述实际上也是借用了人民的名义。文辞如此表达，说明在理论上人民是立法者，是立宪者，但事实上这里的人民也是模拟出来的。或者说宪法、法律由一部分人制定出来，而这部分人被视为人民的代表。也可以说，宪法、法律体现了人民的意志，但实际上首先直接体现的还是现实当中立法者的意志，而立法者的意志又被模拟为人民的意志。所以从终极意义上来说，立法者的意志都是拟制的，既然如此，我们又何必要受立法者意志的严格约束呢？因此我们可以"跳舞"，当然是"戴着规范的镣铐跳舞"，适当地尊重立法者的意志。

第二个原因，是立法者的意志往往落后于时代。如果我们要尊重立法原意，严格按立法原意解释宪法，也会出现问题。尤其是在急剧转型的时代，更是如此。而当下中国正处于这样一个急剧转型的时代,在此时代,如果我们严格接受立法者意志的约束,那么我们将无法推动社会向前发展,宪法也是如此。比如,我们现行的 1982 年宪法,1982 年和今天的社会情况,包括政治、经济、文化等社会情况已发生了全方位的变化。我 20 世纪 80 年代第一次到国外,那种感觉简直就是"刘姥姥进大观园"。到了大街上,一看,电话机怎么随便就挂在外面,弄了一个小亭子罩着,但却不上锁,心里就有疑问:这东西晚上会不会被人抱回家里去?去买东西,进店后随便拿,没有人看着,拿完了到出口算钱,于是总是想:这肯定会被人偷偷塞到口袋里不付钱带出去吧。当时,还真的着实为商店的老板担心。而到了现在,这些新鲜的事物,我们中国都有了,这样的变化是我当年出国时所无法想象的。当时和我一起出去的青年人,有的还捶胸顿足,说我们搞了几十年的社会主义,还不如人家,说不定在我们有生之年,中国都根本没有办法达到这样的程度。可是谁都没有想到,在短短的几十年,中国就发生了翻天覆地的变化,像万花筒一般让你眼花缭乱、心惊肉跳。为什么心惊肉跳?因为我们老是担心中国的政治体制、法律体制是否能够承受得住如此巨大的变化。总之,这就是典型的急剧转型的时代。如果在这样的一个时代,我们仍然受 1980 年代初的立宪者原意的严格约束,那自然是不完全妥当的。因此就需要宪法修改。但是宪法修改也受到很多约束,许多东西来不及改,或者根本改不了。因此,我们要尊重宪法文本,可是也要适当地进行宪法规范的意义重构,根据时代发展的要求来解读、解释宪法。

第三个原因,我国现行宪法文本本身也可能隐含着一些问题。宪法文本我们当然要重视,因为它是现在中国人民"权利的保障书",但我们也要看到其本身并不是非常完美的。我这样说,很多热爱宪法文本的人会感到痛心疾首,他们一向主张:宪法文本已经够完美的了。面对这样的主张,我们可以问他们:既然已经够完美了,为什么我们还需要那么多修正案呢?而且将来或许还会出现更多的修正案呢?所以必须承认,我们的宪法文本本身还是存在一些问题的。在这个意义上,我们不能完全受宪法文本约束。于是,既受宪法约束,又不完全受宪法的约束,这二者之间就存在一定的矛盾,要拿捏清楚。一方面我们要有意义的重构,另一方面要接受约束,借用马克思主义的术语来说就是,二者要达到辩证的统一。

现在我们回过头来谈谈宪法解释的受限性。刚才的三点理由都是侧重论证我们可以进行意义的重构，可以适当摆脱立法者的原意进行意义重构。可是，我们也要注意，宪法解释必须受到一定的限制。这就使得宪法解释区别于一般意义上的文字解释。

宪法解释与民间"测字"不同，它受法条文字的约束，但绝非文字游戏。宪法解释对规范意义的重构还要受规范原理的约束。关于宪法解释如何在受法条文字的约束的同时又不是文字游戏，在受规范原理拘束的同时还能进行规范意义的重构，我们也通过曾经提过的一个例子来说明。

我国现行《宪法》第39条规定："中华人民共和国公民的住宅不受侵犯，禁止非法搜查或者非法侵入公民的住宅。"我们曾经讲过，这个条文放在那里，就需要解释。有的人会说，这有什么可解释的，不是很明白吗？这就是外行话，事实上仔细推敲起来这里面需要解释的问题多得很。我梳理几个出来给你们看：

第一，这句话是事实命题还是规范命题？它说出的是一种事实，还是一种应该怎样或者不应该怎么样的规范？

第二，如果是规范性命题，那么谁不能侵犯公民的住宅？是公民不能侵犯公民的住宅，还是指国家不能侵犯公民的住宅？又或是二者皆不能侵犯？这一解释受制于相应的宪法规范原理。

第三，中华人民共和国公民的住宅不受侵犯，那么，外国人在中国境内拥有住宅，是不是就可以侵犯呢？外国人的住宅是否也受宪法保护？

第四，住宅是指什么？是否专指买来的房子？自己买不起房子，租借他人的房子是否属于住宅的范畴？你到外地出差，在宾馆下榻的房间是否属于住宅？还有，你们目前在学校里所居住的学生宿舍，是否也属于住宅？这样的问题好像是多余的，但是在法解释学上是有意义的。

第五，"侵犯"是什么意思？肆意踢开你家的门闯进去任意妄为，是对你的住宅的侵犯。但如果不这么做，而是在你房子前面用望远镜监视，甚至安装窃听器、摄像头记录屋内动态，这算不算对住宅的侵犯？比如，我们某个男生，为了一刻不停地看到自己心爱的人，他用自制的望远镜24小时全天候观察他所追求的那个女生的宿舍生活,你是否可以基于宪法这个条文制止他? 而如果一个警察这样做,也采用这种方法监督某一个公民,又怎么样呢?

第六,"禁止非法搜查或者非法侵入公民的住宅",这意味着存在合法的搜查或侵入住宅的情形。那么,什么情况下搜查和侵入住宅是合法的? 合法与非法的界限在哪里?

这些都是问题,都需要解释。但是这么多问题今天是讲不完的,等待今后讲到基本权利各论时会专门讲。今天我们只是着重选择其中的部分问题进行讲解,以帮助大家理解什么是宪法解释。

第一个问题,"中华人民共和国公民的住宅不受侵犯",这是事实命题还是规范命题? 事实命题和规范命题的区分,在前面课堂上我们已经讲过,这是学法律的基本功,从这里可以看出法学与其他学科的不同,也可以看到法学的魅力。前面学过,规范性语句包括应然语句和直述句。何谓直述句? 比如"国家一切权力属于人民",这就属于直述句。应然语句,往往含有应然助词,比如"应当""允许""禁止"等,这三个词也是最典型的应然助词。含有这三个词或者类似词语的一句话往往就是应然语句。直述句或者应然语句都可能属于规范性语句。应然语句一般都是规范性语句,而直述句中的一部分也属于规范性语句。作为规范性语句的这部分直述句必然可以转换为应然语句,而且也必须转换。比如"中华人民共和国的一切权力属于人民",这并不是在表达中华人民共和国的一切权力事实上属于人民,而应被转换为应然语句"中华人民共和国的一切权力应当属于人民"来理解。但新中国成立时,毛泽东在天安门城楼上所宣告的"中国人民从此站起来了",这就是一个事实命题了,它是力图描述中国人民翻身做主人的一个事实。再说"中华人民共和国公民的住宅不受侵犯"这个条款,其本身并没有含有应然助词,但这绝不是一个陈述事实的事实命题,而是一个规范命题,只不过是一个直述句,但可以被转换为一个应然语句而已,比如可以转换为"中华人民共和国公民的住宅不应当受到侵犯"。

第二个问题,到底谁不能侵犯? 当我们说"任何人都不得侵犯任何人的住宅",这可能是民法甚至刑法中的规定。一般而言,宪法不会如此规定。宪法只会规定国家不得侵犯公民的基本权利,也就是说,其主要被用来防御国家对公民权利的侵犯。而公民对公民权利的侵犯可以由民法、刑法等部门法来调整。宪

125

法是近代才产生的，国家在近代以来作为唯一垄断合法暴力的机器异常强大，人民就认识到必须制定宪法来约束国家权力，避免国家以强大的力量来侵犯个人。因此宪法所规定的基本人权实质上乃是为了防御国家权力，这一规范原理便是防御权理论，这一规范原理会影响到宪法解释。对于上述条文的解释，就要受到这一规范原理的约束，在解释过程中接受这一规范原理的引导。因此，可以说，上述条文的含义应当是：国家不应当侵犯公民的住宅。这种解释的规范原理基础就在于：宪法所规定的"公民住宅不受侵犯"是一种防御国家的权利。近代以来，主流的宪法学对人权的解释就到此为止，也就是说，主流的宪法学均采防御权理论。但是发展到现代，就出现了新的理论，比如在德国就出现了国家保护义务理论。根据该理论，对该条文就会有新的解释，规范的内涵也增加了新的内容。按照该理论，除了国家不应当侵犯公民住宅之外，国家还有一种积极的义务，应努力去实现包括去保护公民的住宅不受他人侵犯这类权利；而对于个人来说，公民住宅不受侵犯既是一种防御权，同时也是一种保护请求权，即可以向国家提出请求予以保护的权利。

由此我们可以认识到，宪法解释绝非一件简单的事情，而是受到规范原理约束的。我们需要学习宪法学的理论方可进行宪法解释。而古代测字一般不需要理论支持，不需要学习规范性原理，只要掌握一些技巧，同时具备临场应变的能力即可。当然，必须承认，好的测字先生都很有天分，比如像宋献策这样的人物，特别有想象力，或许非常适合招收到我们法学院来学习宪法学。但是这种能力和宪法解释所需要的能力不同。宪法解释需要理论知识，因为它不仅仅是一种技术，而更是一门学问。宪法解释者必须在宪法学理论的背景下，把规范原理融贯到宪法解释当中去，才能提出有说服力的解释方案。在当代中国很多人看不起法解释，根子在于他们误解了法解释，以为它就像测字一样，或者只是像中学语文那样，是对法律条文的含义进行语文式的解读。事实上并非如此。法解释不是对条文字词句的含义的单纯的解释，而是需要运用法律原理、规范原理来做成的。那么，规范原理从何处来呢？从法律理论中来的。因此，学习并把握这些理论显得分外重要，有时还需要在诸多理论中就某具体个案而言何者最为适当进行选择。就像刚才那个条文的解释，许多国家就只承认前面一点，即国家不应当侵犯公民的住宅，而对国家保护义务理论则存在争议，我也持谨慎态度。就这

一条文而言,根据我的理解,把它解释到这个程度也是可以的,然而有几点必须注意:

第一点:上述两点中第一点最重要,这是宪法规定的基本权利的最核心的要点。因为任何宪法上的权利主要都是针对国家权力,而不是针对私人。

第二点:"国家保护公民的住宅不受他人侵犯"确实也应当是该宪法条文的一部分含义,但应具体化为:国家确实应该保护公民的住宅不受其他私人侵犯,然其保护方式则主要是通过制定和执行法律如民法、刑法来保护。

再说第三个问题:什么是住宅?是否包含下榻的宾馆和入住的宿舍?这些问题涉及价值判断。此时要解释"住宅",首先就必须理解:为什么宪法要保护公民的住宅不受侵犯?这一规范里面蕴涵着什么样的价值取向?通过仔细的分析,我们会发现,它主要是为了强调:公权力不能肆意地介入私自治的领域。"私自治"有很多含义,有时指私人个人自治,有时指市民社会自治,还有时指私人组织自治,这些自治都需要国家法律的保护,其中的法律原理便是"私法自治"。民法就是体现私法自治精神的最重要的法律,用以保护私自治。为什么要保护私自治?因为私自治的领域是一个国家兴旺发达的根基,是民主法治的基础。当一个社会当中的大部分成员都能够自立、自主、自律的时候,这个社会才可能确立法治,实现民主。为此,我们应该从私自治原理的视角,来分析为什么宪法要保护住宅。其原因在于,住宅是个人自治的一个重要空间,或者说最后的堡垒,乃为一个人私生活展开的最终基地。住宅也是一个人自我感觉最为安全的空间,而且一般来说,对国家社会而言,一个人在其住宅里是最不具有攻击性和最脆弱的,因此国家必须保护。大家通过艳照门事件可以看到,那些当事人在其住宅里解除掉了所有的"盔甲"和"面具",去除了明星的光环,人性的弱点也会展露无遗,他们的防备心理也降到了最低点,这时人是最脆弱的,这些都建立在对自己住宅的安全信赖的基础之上,所以宪法需要格外保护公民的住宅。

在这样的背景下,我们应当如何理解上述条文中的"住宅"概念呢?这涉及解释的技法。解释的技法有很多,其中最典型的有扩大解释和限制解释。如前所述,国家保护住宅是为了保护私自治领域,那么宪法中的"住宅"概念就不应该被理解为建筑学意义上的住宅。在这里,大家要注意,法律上的概念和日常生活中的用语是不同的,法律概念的背后一般都蕴涵着价值观念。于是,这里的"住宅"就涉及了"住宅"的法的性质的判断。在这一点上，我认为，"住宅"不仅是权利主体的私生活空间，而且是公权力不能肆意介入的私自治的领域。这可以上升为一种规范原理，也就是说宪法第 39 条所说的"住宅"就不得被理解为单纯的由建筑材料组合而成的物理空间，而应当扩展为终极意义上的私自治空间。这里就运用了扩大解释。因此，当我们进一步追问"你所下榻的宾馆和入住的宿舍是否属于宪法上的住宅"的时候，答案就比较明晰了。世界上大多数国家也都作如是解释。

我们费了这么多口舌来讲什么是"住宅不受侵犯"，是因为这个问题在中国真的很重要，也是有争议的，曾经就有一个很轰动的案件：

那就是 2002 年在陕西省发生的"延安黄碟案"。具体的案情是这样的：本案当事人 Z 租了一个房子，作为私人医疗诊所，每天都开放，即便是晚上有人敲门就诊，也会开放营业。同时，该诊所又是 Z 夫妇二人新婚的住所。年轻人小本经营，为了节约成本，一屋二用，既作诊所，又作住所。这种情况大家将来毕业后就可能遇到。Z 将房子隔开，前半间作诊所，后半部作卧室。有一天晚上，两个人爱"学习"，就播放黄色录像来看，也许电视里的声音放得太大了，而两人又比较投入，没有觉察到，被某个邻居听到了，竟然去报案。警方接到报案，非常重视，紧急出动，一口气派出 4 名民警赶往现场。到了现场之后，也没有表明身份，而是直接破门而入，强行进入该房间后部作为卧室的地带。而本案的当事人 Z 在不明就里的情况下实施反击，双方发生搏斗，最终寡不敌众，Z 被制服，并遭受殴打。之后民警搜出黄碟若干张，还带走了"犯罪"工具——影碟机，并将 Z 抓走。几天后情况升级了，警方以"涉嫌妨害公务"为由，对 Z 进行了刑拘。大家知道，这是典型的法治未发达状态的一种状况，面对这一状况，任何人都没有理由感到轻松，因为每个生活在法治未发达状态中的人都随时有可能遭遇到这种情况。幸运的是，后来陕西的一家媒体报道了此案，全国各地传媒纷纷转载，引起了法学界的广泛关注，后来在大家积极呼吁下，延安警方受到了压力，最后释放了当事人 Z。

在此过程中，此案也引发了一些有关学理问题的争议，其中一个问题就是：在该案中，警察是否侵犯了公民的住宅？派出所的所长认为，他们进入的建筑物不是"住宅"，而是当事人开办的诊所，本来就随时开放。法学界也有非常大牌的教授持有类似的观点,认为当事人当时所在的诊所不能看作"住宅",比如北大的朱苏力教授在一次演讲中就公开表明了这个看法。但大多数对法解释学有些认识的学者还是认为,警察当时侵犯了当事人受《宪法》第 39 条所保障的"住宅不受侵犯"的基本权利。

鄙人也认为那属于住宅。当年,为了这个案件,我接受了《法学家》杂志的约稿,就写了一篇文章,题为《卧室里的宪法权利》,其中核心部分的分析如下:

> 即使警察所进入的场所是以诊所的功能为主的,而且即使作为诊所具有随时开放的性能,但当他们进入的那一刻,Z 夫妇是将其作为私生活的空间加以使用的,更何况警方长驱直入其中的,是不具有诊所功能的后屋地带,即这对新婚夫妇的卧室。

顺便说一下,因为标题的缘故,这篇文章在网络上的点击率很高,可见不少国人或许跟延安群众一样,都对人家的"卧室"感兴趣。如果你对相关问题也有兴趣,包括学术上的兴趣,那么也可以读一读全文,它的最后一句说的是:卧室里布满了立宪主义的敏感神经。

延伸阅读:卧室里的宪法权利

下面让我们再看看美国宪法上关于住宅是怎么解释的。

我们在课堂上会经常讲到一些外国的法律制度和案例,虽然外国的法律不一定可以照抄照搬到中国来,但是它们对我们理解和完善中国的法律制度具有一定的启发意义。请大家理解这一点。

接下来让我们看看美国宪法。美国宪法所列举的基本权利类型比较少,归纳起来大致有五个:一是表达自由;二是信教自由;三是财产权;四是平等保护;五是正当程序(或称正当法律程序)。其他权利宪法并未列举,没有列举怎么办呢?不要紧,美国人不傻,他们在《宪法》第 9 条修正案中特别规定:"不得以本宪法中列举了特定权利的事实,作出否定或轻视人民所保有的其他各种权利的解释。"也就是说,其他权利虽然未被宪法所列举,但是仍然受到宪法的保护,在理论上这可称为"非完全列举主义"。而那些权利在美国则被称为"宪法未列举权利"。那么未列举权利有哪些?在哪里?这就需要通过宪法解释去推断,当

然具有最终效力的推断应当属于联邦最高法院。

美国宪法没有直接规定"住宅不受侵犯"，只是规定了"军队不得随便进入平民的住宅"。后来就发生了一个案件，与住宅有关，那就是1965年的"格里斯沃尔德诉康涅狄格州"案（Griswold v.Connecticut）。案情如下：

当时康州有一部反避孕的法律，1879年制定施行，其中明文禁止夫妻使用避孕工具，违者罚金50美元以上或处60天至1年监禁；而提供帮助或建议的，也将作为主犯论处。大家不要对这部法律感到很惊讶，其实这反映了当时美国社会主流的意志，因为美国的主流观念是基督教价值观。而基督教认为：生命的诞生或死亡都是上帝的安排，不应该由人力加以改变。所以你看西方历史，基督教一直以来反对避孕，也反对自杀。这部法律颁布七八十年之后，一名医生和一名耶鲁大学的医学教授因提供避孕的建议和帮助而被判处罚金100美元，他们不服上诉，但州上诉法院维持原判，最后本案一直上诉到联邦最高法院，上诉理由是：该部州法侵犯了人民在宪法上的一种权利，即避孕自由，为此违反宪法，应属无效，当事人无罪。但是问题在于，美国宪法没有明文规定避孕自由。不过，联邦最高法院最后还是判定康州该部法律违宪，理由是：如果执行这部法律，那政府就得干涉人家夫妻在卧室里的事，这就侵犯了宪法所保障的隐私权。其实，美国人所说的"隐私权"是一个比较大的概念，也可翻译为"私生活的自由"，包含了自我决定权。但是问题在于，美国宪法也没有明文规定隐私权。怎么办呢？这就需要解释宪法了。为此，联邦最高法院提出这样一个理论，叫"伴影理论"（the Penumbra Theory）。在判决书中，联邦最高法院论述道：宪法中明文规定的权利体系拥有一种"伴影"（penumbra），这种伴影是由那些被保障的部分"放射"（emanate）出来的，而一些重要的但没有被明示规定的权利类型，就处在这个伴影圈之中，为此也必须予以保障。道格拉斯大法官还在判决书中对这个理论作了如下描述，"权利法案所开列的保证书有自己的伴影圈，它的形成来自支撑权利法案存在与主旨的保证条款的放射，而在那种'伴影'之中，则存在'隐私环带'（zone of privacy）"。至于所谓的"伴影"和"隐私环带"究竟体现在哪些宪法条款中呢？为了从实证的意义上证明这一点，他就列举出了宪法修正案第9条以及第14条。

那我们将目光转到《美国宪法》第14条修正案。这是一条很重要的修正案，

图 15 道格拉斯(William O. Douglas),美国历史上著名的大法官之一

其中包括平等保护条款和正当法律程序条款。正当法律程序的规定是:"任何州,未经正当法律程序(due process of law),不得剥夺任何人的生命、自由或财产(life,liberty,or property)"。这里面涉及三个概念:生命、自由和财产。生命、财产都比较明确,而自由这个概念则比较抽象,解释空间很大。美国人就认为"自由"的概念里面就包含了隐私权,于是推论出:警察如果没有经过正当法律程序,就不能去侵犯夫妻的隐私权,而是否避孕则明显属于个人隐私的范畴,所以政府不能侵入住宅去检查是否避孕。

在本案之后,对于"自由"的解释还进一步扩大了。除了上述案例中所说的避孕权之外,还被解释为包括堕胎权、同性恋者的自由(以上并称隐私权),许多人主张,其中还应该包含安乐死和尊严死等宪法上未列举的权利。

通过以上分析,我们可以看到宪法解释是怎么样的,以及它有多么重要。

二、宪法解释的功能

那么究竟宪法解释有哪些作用呢?我根据书本重新组合成五点:第一,使宪法条文的意义更加明确化,实现宪法规范之析出;第二,可以补充宪法中的漏洞。其实，任何立法都可能存在漏洞，或随着时代的推移可能出现漏洞，但漏洞是可以填补的，最通常的填补方式是重新修订立法，但此种做法成本较高，而通过解释的方式去填补乃是最为经济的方法。宪法解释也是如此；第三，宪法解释往往是宪法运用的必要条件；第四，宪法解释可以推动宪法发展，是宪法规范继续形成的重要途径。随着时代的发展，制定之初的宪法需要不断进行发展，宪法解释可使得这种发展稳步进行，由此促进宪法的继续形成，宪法的内涵不断丰富；第五，可以促进宪法解释学的发展。

这就涉及宪法解释对宪法学的作用了。这一点应该如何理解呢？主要看宪法解释与宪法学的关系。我们说过，宪法学包括理论宪法学和实用宪法学，实用宪法学又包括了宪法教义学（又称宪法解释学）和宪法政策学，而其中最重要的就是宪法教义学。宪法解释实际上会促进宪法解释学的发展，进而促进实用宪法学发展，最终促进宪法学发展。其中，宪法解释学（宪法教义学）是最为重要的，也是最实用的。我们解决实际的宪法问题，往往需要宪法教义学的资源。即使宪法政策学，也需要以宪法解释学为基础。理论宪法学与政治学类似，在宪法实践中有指导意义，但是它一般不能直接用来解决实践问题。宪法解释与宪法学可以形成一种良性循环。这种循环的情形是这样的：宪法解释的发展推动宪法学发展，宪法学的发展反过来有助于宪法解释的进一步发展，而宪法解释发展又会推动宪法在社会生活中发挥重要作用。

三、宪法解释的类型与方法

法解释的分类很重要。宪法解释有多种分类方法，根据"马工程"教材的说法，主要有以下几种：

第一种是以宪法解释的效力为标准分为有权解释和学理解释。

有权解释又称法定解释、正式解释。"马工程"教材上说，有权解释指宪法规定的解释机关对宪法所作的具有宪法效力的解释。这个定义还是存在一定问题，因为很多国家的宪法都没有规定哪个机关可以解释宪法。实际上，有权解释一般可以理解为公权机关对宪法的解释，既包括法定宪法解释机关的解释，也包括其他公权机关对宪法的解释。而这里所谓的公权机关不仅可能包括立法机关,也可能包括司法机关和行政机关。比如在实践中,日本内阁长期以来都对其宪法进行解释,被称为"公定解释",最典型的例子就是前面所讲到的对《日本宪法》第9条的解释。当然,并非所有公权机关,尤其是行政机关的宪法解释,都具有终局性,并为此具有宪法效力。根据宪法规定或精神,在这些公权机关中,有一个机关属于对宪法拥有法定最终解释权的机关,一般是该国家最高的合宪性审查机关,其所做的宪法解释是法定最终宪法解释。

从严格的意义上说,与有权解释相对应的,不是"马工程"教材所说的学理解释,而是无权解释,它指的是公权机关之外的其他组织或个人对宪法所作的解释。比如某公民有一天灵感来了,对宪法的某一条作出解释,这就属于无权解释。而"马工程"教材第一版中曾说"无权解释又称为学理解释",到了第二版,则不采用"无权解释"这一概念,只承认"学理解释"。这些说法都是值得商榷的。应该说,学理解释只是无权解释中的一种,是最典型、最具影响力的无权解释,它具有学理性强,体系化的特点。但不应该将无权解释和学理解释二者等同。学理解释往往由学者作出,但不能排除一般老百姓也可以作出。总之,无权解释的特点是没有效力,但是其中的学理解释则也有一定影响力,而且这种解释可以被体系化。有权解释往往是为了解决一个一个的现实问题而一条一条地解释宪法。学者的学理解释则可能体系化地全面解释宪法,消除矛盾,促进解释命题的融贯。

按照"马工程"教材的说法,以宪法解释的目的为标准,宪法解释还可以分为合宪解释和补充解释;其中,合宪解释是"指合宪性审查机关在审查法律等规范性文件,既可以作出合宪也可以作出违宪的解释时,作出其符合宪法的解释。"而补充解释,则指的是"宪法解释机关在宪法规定存在缺漏的情况下所作的补充性说明,以使宪法更适应社会实际的需要"。

但"马工程"教材对"合宪解释"的定位还需要推敲一下。我认为:首先,合宪解释实际上主要指的不是宪法解释的类型,换言之,它虽然也可能涉及宪法解释,但主要涉及的是法律解释主体(如法官)对普通法律等规范性文件所进行的符合宪法的解释;其次,合宪解释具体又可分为两种:一种是一般意义上的合宪解释,即法律解释主体按照宪法的精神与规范对法律等规范性文件所进行的解释,如法官对民法某个条文所作的符合宪法精神的解释;另一种则是合宪性限定解释,具体是指当普通法律等规范性文件的违宪性发生争议时,合宪性审查机关从狭广两义的解释中选择狭义的解释，从而使法律免予被认定为违宪的一种解释方法。"马工程"教材所说的"合宪解释"，只属于后面这一种。

这个合宪性限定解释，可能有些难以理解。我们可以举个例子来说明。1985年，日本发生了一起案件，被称为"少年淫行案"。这个案件的来龙去脉是这样的：

福冈县的县议会制定了一个《青少年保护培养条例》。请注意，由于日本是实行地方自治的，所以县议会有权制定条例规定罚则，甚至规定刑事罚则，这在中国是不可的。在当时的日本，20周岁以上是成年人——现在改为18周岁了，受法律保护，但不受法律特别保护，而14周岁以下则是幼年，就需要特别保护，比如一旦与14周岁以下女性发生性关系，不管对方同意与否，都可能构成强奸幼女罪；而14周岁以上20周岁以下这个年龄段，虽然属于"青少年"，但不上不下的，也需要一定程度的特别保护，《福冈县青少年保护培养条例》这类立法的立法目的就在这里，其实各地都有。该条例在第10条第1款规定：对14到20周岁的青少年实施"淫行"，就构成刑事犯罪，判两年以下有期徒刑，或罚金十万日元以下。

后来发生了一个案件。有一名被告，男，26岁，跟一个16岁的女孩谈恋爱，两个人进入情人旅馆，做了那种"可爱的"事情。结果案发，警方介入，将男的逮捕，送上法庭，一审判决有罪，罚金5万日元。5万日元不是很多，大致相当于人民币三四千元的样子。有人可能会说："这么点钱，小菜一碟，我出，我不够就我爸出。"但要注意，在法治国家里，一旦被判有罪，哪怕只交一千块钱，案底留在那里，是终身的，且声誉将受到重大的影响。不像在我国，被关进去几年，在里面还自学法律，出来以后又是一条好汉。为此，那个日本男青年就不服，一级一级地上诉，一直上诉到日本的最高裁判所。其上诉理由立足于宪法学上的一个理论，称作"不明确、宽泛理论"，其具体内涵是：如果刑事法则的含义不明确或者宽泛的话，就会违反宪法上的罪刑法定原则，属于违宪无效。据此，上诉方就认为，虽然这个男青年的行为违反了《福冈县青少年保护培养条例》所规定的那一条，但该条例所规定的"淫行"就是不明确且宽泛的，具有"该当性"，因此该条文违宪无效。

但是从法院角度来看，如果判决这一条文违宪无效，就会出现两个后果：一个是：非选民的法官，要将代表大多数人的民意机关所制定的一个法律条文加以废除。这在现代宪制国家是有风险的,容易陷入一个问题之中,美国人把这个问题叫作"反多数难题";另一个问题是,如果判定该条文违宪无效,那么这个多次以恋爱为名欺骗未成年少女的被告人,现在又利用宪法上的一个原理来为自己洗脱罪名,这是不公平的。

日本最高裁判所还是很厉害的,它通过审理,最后作出一个比较经典的判决。这个判决典型地体现了法律人的思维,它的语言也是法律人的语言。这个判决的核心部分这么写道:

> 此"淫行",不应被广泛理解为是对青少年所实施的一般性行为,而应该理解为是通过采用诱惑、胁迫、蒙骗等乘其未成熟的不正当之手段所实行的性交或与性交类似行为,或此外将青少年"单纯作为满足自己性欲望之手段加以对待"而实行的性交或与性交类似行为。(最大判昭和 60、10、23)

该解释就属于典型的"合宪性限定解释"。大家可以看,它主要不是对宪法条文进行解释,而是对普通法律文件中的"淫行"这个词进行解释。它也没有直接认为上述"淫行"是违宪的,而是对"淫行"的内涵进行限定解释,认为其不是指所有的性行为,而是仅指两种情形的性行为。通过该解释,使得"淫行"这一概念也被明确化了,为此不再属于"不明确且宽泛",从而使上述条例合宪。这就是"合宪性限定解释"。它是一种非常高明的宪法解释方法,其中也体现了最典型的法律人思维。

这个案例中我们还可以看出几点:第一,本案的合宪性争诉具有典型性,体现在:案中当事人提出在本案所适用的条例违宪了,由此产生了合宪性争议。进而言之,我们说的违宪,往往不是某个人的行为违宪了,而是某部法律违宪了。第二,采用了合宪性限定解释的方法,对"淫行"概念进行了合宪性限定解释。第三,本案虽然含有宪法解释,但实际上主要是以宪法作为标准的法律解释。所以我们说,合宪性限定解释,甚至是合宪性解释,往往不一定是宪法解释,而可能是在宪法的指引下对普通法律进行解释。至此,我们可以得出一个结论,合宪解释不适宜作为宪法解释的分类。

"马工程"教材又以宪法解释的方法为标准,将宪法解释分为语法解释、逻辑解释、历史解释、系统解释和目的解释。其实，这里有几种解释属于传统的宪法解释方法：第一个一般称"语义解释"，这是最基本的，是以修辞学意义上的解释为基础的解释方式；第二是逻辑解释，即从逻辑的角度开展的解释；第三是体系解释，从整个法规范体系的脉络出发来解释某个规范；第四是历史解释，从历史的角度，同时考虑立法的历史材料、立法者的意志等方面的解释。以上这四种是由德国著名法学家萨维尼总结出来的普遍适用于各种部门法的解释方法。此外，还有目的论意义上的解释和社会学意义上的解释，则是新的解释方法。

但是，上述六种并非宪法解释所独有，其他部门法的解释中也存在，因此，它们作为宪法解释分类的意义并不大，其意义仅在于它们作为宪法解释方法的各种类型。其中，前四种传统的解释方法我们应该很熟悉，在法理学课堂上都可能学到。下面我们着重谈谈后面两种新的解释方法。

目的论意义上的解释是由德国著名法学家耶林提出来的，其指的是：解释法律的时候要从法律的目的出发来进行解释。在现代法律解释中，目的论解释方法很重要。日本的芦部信喜教授就很推崇对宪法做目的论解释，认为使用严格语义解释会阻碍宪法的发展。目的论解释应该如何进行呢？重要的是，我们解释宪法规范时，就需要牢记宪法最重要的价值目标，那就是保障人的尊严和基本权利。比如说，有公园规定机动车不得入内，但公园里如果有人突发急病，救护车能不能进入呢？机械的执法者可能断然否定这种可能。但通过目的解释，可以得出这样结论：禁止机动车不得入内的目的是为了保护人的安全，而救护车入内救人也是为了救治人的生命，所以与规定并不冲突，可以作为合理的例外。

社会学意义上的解释则将社会学的方法引入法律解释当中，重视立法事实和社会效果。举个例子，美国 1937 年的"西岸宾馆诉帕里什"案（West Coast Hotel Co.v.Parrish）。这在美国是一个具有里程碑意义的判例。案情大致如下：罗斯福新政时期，华盛顿州制定了一部《妇女最低工资法》，其中规定：以不足维持生计的低工资雇用妇女从事劳动的行为违法。本案的当事人帕里什（Parrish）是一家名为西岸宾馆（West Coast Hotel）的旅店的一名妇女雇员，因为实际所得的工资低于上述法律所规定的有关标准，向法院提起诉讼，要求雇主补回差额。起初法院判决雇主败诉，老板不服，也提起上诉，认为这部法律违反宪法中所规定的"合同自由",应为无效。于是,这个案件经过层层诉讼,最终打到联邦最高法院。

联邦最高法院在 1937 年作出判决,判决指出:上述州法合宪,因为美国宪法虽然保护自由,但没有明言是否保护合同自由,即使保护,合同自由也有界限。

那么合同自由怎么会有界限呢? 判决书中提供了如下的一种论证:

从晚近的经验中所明白的另一个无论如何均必须加以考虑的事实是:榨取那些在交涉能力上处于不平等的地位,而且连仅够维持生计的工资也相对无力抗拒其诱惑的劳工阶层,不但有害于他们的健康和福利,而且还因为要扶助他们而对社会造成直接的负担,导致纳税人必须补偿这些劳工在工资上的亏损。

这段论述,实际上就是对社会事实进行描述,然后用这种事实描述反过来对宪法中的合同自由进行解释,得出"合同自由有界限"的结论。这就是社会学意义上的解释。

说了这么多,我们给一个小结:

(1) 在各种宪法解释的类型中,有权解释和无权解释的分类是最重要的。

(2) 合宪解释、补充解释的分类法,难以作为宪法解释的分类。因为合宪解释实际上主要不是对宪法进行解释,而是对其他普通法律等规范性文件进行的解释。

(3) 宪法的解释方法与普通法律的解释方法,在类型上无多差别,故以解释方法为标准对宪法解释进行分类意义不大。但宪法的解释方法本身倒是具有独立的意义。

四、宪法解释的原则

"马工程"《宪法学》教材归纳了宪法解释的四项基本原则:第一,符合宪法的基本原则和基本精神;第二,符合宪法规定的国家根本任务和目的;第三,协调宪法的基本原则和内容;第四,协调宪法规范与社会实际的关系。

其实，在谈到宪法解释应该遵循什么原则时，我们要看到一个重要问题，即宪法解释比其他的法律解释更具有一定的主观性，更容易涉及价值判断的纠纷。从上述"西岸宾馆诉帕里什"案件中我们就可以看得出来：宪法解释就有主观性，蕴涵一定的价值观。美国联邦最高法院所秉持的价值观是主张对弱势群体进行特殊保护，这是现代社会福利国家的一种价值观。而西岸宾馆老板的价值观是传统的自由主义的价值观，传统自由主义主张合同自由。两种不同解释的冲突实际上体现了不同价值观的冲突。所以宪法解释具有主观性，此种主观性受到人的价值观和情感的影响。《日本宪法》第 9 条也是如此，学术界主流和政府对其的解释全然不同，也是价值观不同引起的。因此我们在解释宪法的时候就必须确立一些基本原则，只有坚持这些基本原则，才能尽可能克服宪法解释的主观性和随意性。

进一步说明一下，为什么宪法解释会更具有一定的主观性，会受到价值观的影响呢？主要有几点原因：

第一，宪法条文及其用语往往是高度抽象的，语义空间较大，因此可以填补进一些主观的价值情感等意向。

第二，宪法解释显著存在哈特所说的语义的"空缺结构"，或拉伦茨所谓的"语义脉络的波段宽度"。所谓的"语义的空缺结构"指的是，某个语言的中心部分的含义是明确的，但是边缘部分的含义却是不明确的，这个不明确的部分就是该语言的空缺结构。以"住宅"这个概念为例，其中心部分的含义我们都理解，但是边缘地带则比较模糊，这就要靠价值观来判断。而拉伦茨所谓的"语义脉络的波段宽度"指的是，语言的含义并不是平稳的，而是像波涛一样，其波段宽度越大，说明该语言的含义越不稳定，对其理解会因人而异。宪法条文用语中特别显著地存在这两种情况。

第三，容易受到解释者的价值观、政治意识形态、政治动机以及一国政策的影响。

因此宪法解释会存在主观性的侧面。

同时，我们也要承认宪法解释还具有超科学性的特征。这是由其主观性延伸出来的。宪法解释并非一种完全的科学，起码不像自然科学那样只有一种必然的结论。宪法解释可能有多种结论，这也是由其主观性和受价值观影响所决定的。而人类的价值问题则是无法完全用科学来解决的,科学往往无法判断某个价值观是对是错。比如美国攻打伊拉克,美国发达的科学技术能够支撑它强大的军事力量在数天之内攻占伊拉克,却无法告诉我们:美国攻打伊拉克的行为到底是不是正义的? 持有不同价值观的人对这个问题有不同回答,这种价值观的分歧,科学无法解决。这种状况宪法解释也会遇到,同一个宪法条文存在不同解释,我们无法在终极意义上判断其中何种是绝对正确的,何种是绝对错误的。因此我们说宪法解释不完全是科学的问题,而是具有超科学性。对此,日本著名法社会学家川岛武宜在《作为科学的法律学》中指出:法解释学与神学一样只是一种"学问"(教义学),而非"科学"。

那么,如何解决宪法解释的主观性和超科学性的问题呢? 我认为首先要坚持宪法解释的基本原则,除此之外,还必须在理论高度上认识到以下几点:

第一,认识并承认宪法解释的主观性和超科学性,防止以客观性和科学性之名实行解释的专断。

第二,不应当放任这种主观性,而应当力求克服或者超越这种主观性。

第三,要努力追求解释的公正性、合理性和可被接受性。

总之,宪法解释应该怎么做? 我认为也可以总结为这样一句话:"改变不能接受的,接受不能改变的。"

五、宪法解释与宪法运用

(一)何谓宪法运用?

宪法运用指的是什么? 顾名思义,指的是公权力担当者或私主体,将宪法运用于现实的具体实践中的一切活动。

还有一个概念叫宪法适用。一般来说,宪法运用包括宪法适用,但宪法适用也有狭广两义。

狭义的宪法适用主要指的是合宪性审查机关将宪法适用于个案之中并作出判断的活动,而且这种判断主要是宪法判断,即涉及宪法问题的判断。为此简单地说,狭义的宪法适用也就是用宪法断案。

狭义的宪法适用有一些特征。在形式上,它存在引用宪法条款并解释宪法条款的现象。但这只是形式性特征，而非实质性特征。其实质性特征在于：将系争案件（即发生争议的案件）中所适用的下位法规范或者其他行为与宪法条款的解释命题相比照，作出是否违宪的判断。

中国的实务界和学术界都曾用过一个概念，叫"宪法司法化"，它指的是宪法进入司法程序，被司法机构所运用。但我对"宪法的司法化"这个概念保持疑问。为什么呢？从语文角度来讲，"宪法司法化"这个构词法就有些不通顺，宪法怎么会"司法化"呢？宪法怎么变成"司法"了呢？"宪法审查的司法化"倒是可以成立，至少应该说是"宪法的司法适用"。然而，这种"宪法的司法适用"，很接近于我们所说的"狭义的宪法适用"了，只不过有两点仍值得澄清：一是它将合宪性审查机关限定于司法机关，即法院，这个是以美国的合宪性审查制度为模式的。二是，说是"宪法的司法适用"，但很多时候只是法院引用了宪法的某些条文，而未必根据宪法对什么法律法规作出是否违宪的判断。关于"宪法的司法适用"，我们这里不多谈了，等下再专门分析它的条件。

广义的宪法适用则几乎就等于宪法实施的所有具体形态，为此几乎接近于宪法运用，指的是任何主体将宪法的规范内容运用于某个具体地域、具体场合、具体个案等一切活动，如问我国现行宪法是否可以适用于港澳特区，在这种语境中所使用的就是广义的宪法适用这个概念。此外，它还包括：（1）将宪法适用于个人的权利救济，比如公民为了捍卫自己的权利，援引宪法相关条款去和国家机关交涉，就是一种广义的宪法适用；（2）将宪法适用于国家机构的组织与运作，比如政府要设立某个机构，就必须研究宪法，看谁有权设立、怎么运作，等等；（3）将宪法适用于国家和社会基本制度的运作；（4）将宪法适用于作为立法和政策制定的依据，等等。

广义的宪法适用虽然接近于宪法运用，但因为宪法适用主要是限于宪法内容的适用，为此，其范围不如宪法运用广。比如举行宪法宣誓时，根据有关规定，也要用到宪法，其中，单独宣誓时，宣誓人应用左手抚按宪法；集体宣誓时，领誓人左手抚按宪法，这也是属于宪法运用。

这几个概念在现实中常常会搞混，所以我们来讨论一下以下几种行为是宪法运用、宪法适用还是宪法实施。

第一，根据宪法规定，建立各级法院。

第二，法院根据宪法规定对某个案件作出判决。

第三，法官就职时，左手抚按宪法，进行宪法宣誓。

我们来讨论一下答案，第一个，根据宪法规定建立各级法院，属于宪法运用、广义的宪法适用，也是宪法实施。第二个，法院根据宪法规定对某个案件作出判决，这个是宪法运用，也是宪法实施，同时又是宪法的司法适用，或者说狭义的宪法适用。第三个，法官左手抚按宪法进行宪法宣誓，其中，法官左手抚按宪法的行为，是宪法运用；而法官进行宪法宣誓的行为，同时也是宪法实施。因为2018年修宪后，我国现行《宪法》第27条第3款规定，国家工作人员就职时应该进行宪法宣誓，所以也算宪法实施。

这几个概念容易搞混，需要好好理解。

（二）宪法解释和宪法运用的关系

宪法解释和宪法运用存在密不可分的关系。宪法运用一般都需要宪法解释，宪法解释是宪法运用的前提。宪法运用的过程中就包含宪法解释，离不开宪法解释。此种密不可分的关系尤其典型体现在宪法适用过程当中。拉伦茨老先生曾经指出：法的适用就是事实与法条之间对向交流、相互穿透的"一种思想过程"，这个过程一方面是通过应照法条，将原始的案件事实加工转化为法律意义上的案件事实；另一方面是通过解释法条，将其转化为具体的、适宜对当下个案的案件事实作出判断的规范形式。这就是"诠释学意义上的循环"。由此可以看到法的适用和法的解释的密切关系。这里所说的是狭义的法的适用，但广义的宪法适用也需要宪法解释。

那么狭义的宪法适用的一般方式是什么样的？这个问题如果不说清楚往往会引起认识上的混乱。狭义的宪法适用主要是通过对特定宪法条文的解释，判断适用于个案中的某部立法是否违反了宪法的该项规范。比如在刑事案件中，主要通过对宪法条文的解释，然后去判断适用于这个案件的刑事立法是否违反了宪法。它往往需要两头进行解释：一方面解释宪法上可能被违反的相关条款，另一方面解释普通法律里被主张违宪的条款。然后合宪性审查机关作出判断，这个判断往往不是一般的法律判断，而是宪法判断。这个方式，叫作狭义的宪法适用的方式。它的特点在于有内在的动力机制，因为有个案带动它运作，为此比较活泼，从而可以促进宪法解释甚至合宪性审查的活性化。

前述"格里斯沃尔德诉康涅狄格州"案,就是通过对宪法第 14 条修正案的解释来判断适用于争议案件的康州反避孕法是否违反宪法。另外在少量案件中,可以解释并引用宪法条文对个案中的行为进行司法判断,如在部分行政诉讼或者民事案件中,并非判断某部立法是否违宪,而是判断某一个行为是否违宪。比如日本前首相小泉纯一郎曾多次参拜靖国神社,刺激了亚洲各国人民的神经,甚至招致日本左派人士、进步人士包括我的导师的强烈反对。于是就有日本进步人士对小泉的参拜行为提起控告,控告他的行为违反了日本宪法上的政教分离条款。小泉作为公职人员明确以公职身份参拜靖国神社,是违宪的。大家要注意,参拜只是一个行为,不是一部立法,但也可以根据宪法来判断该行为是否违反宪法规范。不过,在成熟的法治国家,由于大多数公权行为都是于法有据的,为此类似这样的只是少数情况,更为多见的情况则是判断某部立法是否违宪。

(三)宪法司法适用的条件

宪法的司法适用,是狭义的宪法适用的一种,其方式就是将合宪性审查交给普通法院去做。在过去出现的"宪法司法化"动态中,有人受到美国合宪性审查制度模式的启发,很推崇这个模式,但实际上,宪法的司法适用在制度上要得以确立,需要两个条件:

第一,相关的宪法规范可以作为裁判规范。所谓"裁判规范",就是能够在司法审判中作为判决准据的规范。比如,宪法序言开头的"中国是世界上历史最悠久的国家之一",就很难作为裁判规范,因为它是事实命题。但是,宪法本文第 37 条第 1 款"中华人民共和国公民的人身自由不受侵犯"就有这个能力,能够作为裁判规范。这种能力在英文中叫作"justiciability",很多人把它翻译为宪法的"可诉性",我觉得这个翻译是失败的,应该翻译为宪法的"司法上的可适用性",这样似乎更为妥当。应该说,宪法的许多条文太概括、太抽象,而且还具有高度的政治性,所以很难像刑法、民法那样作为裁判规范。但是,经过应用宪法解释,大多数国家的宪法中的大多数条款,还是可以作为裁判规范适用于争议个案的。因此,关键就看宪法解释学是否发达,是否有能力完成对宪法条文的解释任务。

第二,还必须存在相应的特定制度,允许司法机关或类似司法机关的机关将宪法规范适用于个案。这种特定的制度在相当部分的国家中是存在的,这就是合宪性司法审查制度,或者叫宪法诉讼。要注意的是,宪法审查并非必然是由法院来进行的,只有一些国家是这样,比如美国、日本。我国当下主要是由全国人大常委会来审查的。所以,我国不存在宪法诉讼。所谓宪法诉讼,实际上便是宪法审查的司法化。也就是说,在理论上,狭义的宪法适用在我国是不存在的。在现实中曾经出现过一两起,但总体上批评意见比较多。

我国宪法与司法适用关系怎么样呢?应该说我国宪法司法适用的条件不足。第一个条件尚可具备,也就是说,将宪法通过解释后作为司法裁判的规范,这个没问题。但第二个条件明显缺少,而且很难补上,因为目前宪法上不存在合宪性司法审查制度,法律层面上也没有这个制度。有人说,那修改一下宪法或法律,引进这个制度不就行了吗?答案是没那么简单。在我国现行宪法体制下,将合宪性审查权交给法院系统,几乎是不可能的。

六、我国的宪法解释与宪法运用

(一)我国的宪法解释

在我国,有权解释方面采用了法定解释机关的体制:《宪法》第 67 条第(1)项明定全国人大常委会有权解释宪法。除全国人大常委会之外,其他机关是否有权解释宪法?宪法当中没有规定,不过学术界认为,在逻辑上,全国人大也应属于有权解释机关。我认为这是对的。如果全国人大也有权解释宪法,那么终局性的宪法解释权应该属于全国人大。

除全国人大及其常委会之外,其他的国家机关,比如政府、法院,能不能解释宪法呢?我认为,理论上它们也具有解释权,但它们并非法定解释机关,因此其解释之效力低于全国人大及其常委会之解释。

我们曾经说过,在许多国家,政府和司法机关都有权解释宪法。最典型的案例就是日本内阁对日本现行《宪法》第 9 条的解释。日本现行《宪法》第 9 条被认为是具有高度政治性,司法机关最好不要随便加以解释,而是要让人民或者人民选出来的政治机关来做主,所以日本最高裁判所很少对这个条款进行解释,甚至刻意回避对这个条款作出解释。但是,日本政府也就是日本的内阁则多次对第 9 条作出了解释,如果撇开内容不论,其解释还是有一点儿专业水平的。

我国这一宪法解释机制的特点以及现况如何呢?对此,可概括为以下六点:

第一，我国的宪法解释体制在当今世界上是相当少见的，当今，只有极少数国家规定由立法机关进行宪法解释。

第二，该制度在近代欧陆国家倒存在先例，我们曾经说过，1875 年法国的第三共和国宪法虽然没有明确规定，但在学者学说上被认为就采用了这种体制；

第三，理念上，以人民代表机关的意志拟制人民的公意，如萨维尼所言的"立法者意志的再现"。但是萨维尼本身又反对立法解释，认为立法机关对于法律进行解释，在学理上是不成立的。

第四，目前，全国人大常委会的有权解释尚未得到具体的制度化：解释的方式、程序、效力等不明。虽然 2014 年十八届四中全会提出要"健全宪法解释程序机制"，但是全国人大还是没有轻易做过正式的宪法解释。有学者认为其实已经做过了解释，例如人大的胡锦光教授等学者认为有些法律制定其实就体现了宪法解释。我个人认为这个观点有待斟酌。诚然，从实质意义上讲，有些立法可能体现了宪法规范内容的具体化，体现了宪法解释，但为了维护宪法解释的权威性，宪法解释需要采用要式主义，简单说，它至少必须采取一定的格式，这种格式不但要明确，而且要严格。迄今为止，全国人大常委会对《香港基本法的》五次解释就做到了这一点，基本上符合要式主义的要求。

第五，现实中尚未做出明确的专门的宪法解释。

第六，仅存在有关宪法性法律的解释例。前面曾经讲到，香港基本法 158 条明确规定，其解释权归全国人大常委会，而到目前为止，全国人大常委会对香港基本法进行了五次解释，分别是：1999 年，经香港特区政府请求，对港人内地所生子女居港权问题进行解释；2004 年，对 2007—2008 年行政长官及立法会产生办法问题，全国人大常委会自行释法；2005 年，经香港特区政府请求，对行政长官呈辞后继任人任期问题进行解释；2011 年，经香港特区终审法院请求，对香港绝对外交豁免权问题进行解释；2016 年：全国人大常委会自行对基本法第 104 条有关香港特定公务员宣誓效忠条款进行解释。其中只有 2011 年那次解释包含了宪法解释。

小贴士：香港基本法解释中的宪法解释

香港基本法解释比较多的原因在于，香港存在以司法审查为制度框架的基本法诉讼制度,有活泼化的个案在推动基本法解释,而中国内地则不存在同样的制度及推动力。

那么,无权解释方面情况如何呢? 也不是很乐观。过去是有一些解说性的学理解释,但倾向于对宪法条文的文字、含义、立法原意的解说,学理性程度不高。这样的宪法解释学,我们给它一个概念,叫作"政治教义宪法学",它主要是为政治服务,带有意识形态宣传的特点,比如在解释人民代表大会制度的时候,往往会说人民代表大会制度具有无比的优越性。"无比的优越性",便可能不是学术表述。所以我们把它叫作政治教义宪法学,它的教义未必是宪法的文本,而是宪法文本背后的政治。总体来看,宪法解释学在我国还不发达,其重要性也未被充分认识。最近又兴起了社会学意义上的宪法学,即社会宪法学。这是因为一批年轻学者看中了德国社会学家卢曼的社会系统理论,试图引到中国,用社会系统理论认识宪法现象。当然,有一部分学者开始重视宪法解释学,包括韩大元教授及其弟子都很重视宪法解释。但我国学界也存在对宪法解释学的质疑,其中政治宪法学就认为当今中国不存在司法合宪性审查制度,所以宪法解释学根本无用。对此,规范宪法学持如下态度:(1)承认宪法解释学的重要性及其在方法上的核心地位;(2)在中国宪法问题的思考中,不排斥哲学、政治学、社会学等其他方法的应用。

(二) 我国的宪法运用

前面讲过,我国存在宪法运用,大部分的国家机构条款都在用,大部分的总纲部分内容也在用,国旗、国歌、国徽、首都也都在用,比如说宪法规定"中华人民共和国一切权力属于人民",为此立法机关叫"全国人民代表大会",政府叫"人民政府",司法机关叫"人民法院或人民检察院",这些国家机关全部是按照宪法产生的,即依据宪法建立的,这就是一种宪法运用。但是宪法条文中的有一部分没有用,或用得不明显,比如有关基本权利保障条款就是这样。我国宪法运用的不显在,还由于在司法方面不存在制度化的宪法司法适用。我国存在将宪法作为部分立法的依据以及全国人大及其常委会进行合宪性审查的依据,也存在少量个别性的狭义的宪法适用的实例,号称"宪法司法化",但这种做法没有被制度化,而且争议很大。

这里有一个重要的问题,即: 即使反对"宪法司法化",也不能认为宪法与法

院是无关的。也就是说,我国法院与宪法还是有关的,主要是这样的:

(1) 法院是根据宪法进行建制的,也是根据宪法进行运作的,包括根据宪法来组织各级法院、产生法官、独立行使审判权,等等;

(2) 法院与其他国家机关以及公民的关系,也应当适用宪法加以调整;

(3) 那么,法院可否适用或引用宪法对普通案件作出司法判断呢? 我觉得这里有两种情况:在目前的制度下,如果在民法、刑法或行政法上有其他直接依据,而再将宪法作为主要直接依据,那制度上是不允许的;如果是将宪法作为辅助性依据,补强其他规范依据,则是允许的。

总体而言,我国司法机关目前不能够直接适用宪法对案件作出判决,尤其不得适用宪法对普通案件中所适用的法律法规作出是否违宪的判断。

在实践中,情况是这样的。1955 年,最高人民法院在给当时的新疆省高级人民法院《关于在刑事判决中不宜援引宪法作论罪科刑的依据的复函》中这样写道:

……中华人民共和国宪法是我国国家的根本法,也是一切法律的"母法"……对刑事方面,它并不规定如何论罪科刑的问题,据此……在刑事判决中,宪法不宜引为论罪科刑的依据。

这种说法对不对呢? 当然是对的,宪法当然不宜直接被引用作为论处刑事罪刑的裁判规范。这个解释也没有完全排除宪法的司法适用,但却被广泛理解为宪法不能适用于司法裁判中,这就有偏差了。

1986 年,最高人民法院在给江苏省高级人民法院《关于人民法院制作法律文书如何引用法律规范性文件的批复》中表明了如下态度:

人民法院在依法审理民事和经济纠纷案件制作法律文书时,对于全国人民代表大会及其常务委员会制定的法律,国务院制订的行政法规,均可引用。各省、直辖市人民代表大会及其常务委员会制定的与宪法、法律和行政法规不相抵触的地方性法规,民族自治地方的人民代表大会依照当地政治、经济和文化特点制定的自治条例和单行条例,人民法院在依法审理当事人双方属于本行政区域内的民事和经济纠纷案件制作法律文书时,也可引用。国务院各部委发布的命令、指示和规章,各县、市人民代表大会通过和发布的决定、决议,地方各级人民政府发布的决定、命令和规章，凡与宪法、法律、行政法规不相抵触的，可在办案时参照执行，但不要引用。最高人民法院提出的贯彻执行各种法律的意见以及批复等，应当贯彻执行，但也不宜直接引用。

　　这个批复很重要，因为它的实务性很强。但值得注意的是：它列明了人民法院在制作法律文书时可以引用哪些规范性法律文件作为裁判依据，其中唯独没有列举宪法。这从理论上，也没有完全排除在司法审判中引用宪法的可能性，但在详细列举法院可以直接援引的各种规范性法律文件中，唯独没有宪法，而这一点又被广泛理解为司法实务中不能引用宪法，并进而被理解为不能适用宪法。

　　这个巧妙的做法进一步被沿袭了下来。2009 年，最高人民法院颁布了一项新的有关规定，即《关于裁判文书引用法律、法规等规范性法律文件的规定》（以下简称《规定》），一共 8 条，其中增加了"可直接引用"的规范性文件，它的范围包括：司法解释、行政法规解释、部门规章。在这里所扩大列举的范围中，照样唯独没有宪法。

　　当然，该《规定》写道：其他规范性文件"经审查认定为合法有效的，可以作为裁判说理的依据"。这里的"其他规范性文件"是否包含宪法呢？

　　非也！因为该《规定》第 7 条就明确规定："需引用的规范性法律文件之间存在冲突，根据立法法等有关法律规定无法选择适用的，应当依法提请有决定权的机关做出裁决。"这实际上就排除了法院可以独立对规范性法律文件之间的冲突，其中包括下位法与宪法之间的冲突作出独立判断，一句话，它排除了宪法司法审查。

　　所以，在目前的中国，宪法审查和司法机关没有缘分。不过，有时似乎也有例外。

　　在 2001 年，发生了著名的齐玉苓案。因该案中开始引用宪法，由此被称为"中国宪法（司法化）第一案"。我给大家介绍一下案件情况：

　　山东省一个女孩子叫齐玉苓，她于 17 岁时（1990 年）通过了中专预选考试，取得了报考统招及委培的资格，但其录取通知书则被一个名叫陈晓琪的人领走。此后，陈晓琪以齐玉苓的名义到山东济宁市商业学校报到就读，而齐玉苓则长期没有正式工作，靠卖早点、快餐维持生计，而冒用其姓名的陈晓琪毕业后却在中国银行有一份固定的工作。1999 年，齐玉苓得知真相后，以自己的姓名权、受教育权受到侵害为由，将陈晓琪、山东济宁市商业学校、山东省滕州市教育委员会及山东省滕州市第八中学等当事人诉至法院，要求被告停止侵害、赔偿经济和精神损失。

由于案情复杂，下级法院经省高级法院向最高人民法院提出请示，2001年最高人民法院作出了批复（最高院法释〔2001〕25号），内容如下：

山东省高级人民法院：你院1999鲁民终字第258号《关于齐玉苓与陈晓琪、陈克政、山东省济宁市商业学校、山东省滕州市第八中学、山东省滕州市教育委员会姓名权纠纷一案的请示》收悉。经研究，我们认为，根据本案事实，陈晓琪等以侵犯姓名权的手段，侵犯了齐玉苓依据宪法规定所享有的受教育的基本权利，并造成了具体的损害后果，应承担相应的民事责任。

我们看到，这个批复引用了宪法，但却不是引用宪法对某部法律是否违宪作出判断，而是适用（引用）宪法作为直接依据，对普通案件作出司法判断，而没有典型的合宪性审查之实质。同时，该批复适用宪法来调整公民与公民之间的民事侵权关系，而不主要是审查公权力对公民基本权利的侵犯。然而，它在延伸的意义上，涉及法院是否有权解释宪法以及是否可以行使合宪性审查权的问题，为此备受争议。

后来，最高人民法院下达文件，要求下级法院不要再审理类似案件了。2008年12月，最高人民法院发布公告废止27项司法解释，其中就包含了2001年齐玉苓案的司法解释。由此，"宪法司法化"的路也就基本上行不通了。

这里顺便交代一下：在中国，类似"齐玉苓案"的案件过去还不少，2020年6月，山东就又曝光了一起，被称为"陈春秀被冒名顶替上大学案"。同年12月，十三届全国人大常委会二十四次会议表决通过的《刑法修正案（十一）》，将冒名顶替他人高等教育入学资格、公务员录用资格和就业安置待遇认定为刑事犯罪。

然而，宪法的解释和适用，在我国还有很多值得探讨、值得研究的问题，有待我们今后继续思考。

至此为止，我们把"宪法总论"这一编讲完了。

第二编　国家组织

今天开始讲第二编：国家组织。

"国家组织"这个概念，突出了 constitution 这个词的原初含义。大家都知道，我们现在将 constitution 翻译成"宪法"。但是从西语词源来说，它最初含有"组织、构成、建构"的含义，"国家组织"就反映了这种原初含义。

当今，政治宪法学的学者就抓住这一点，提出 constitution 着重讲的就是"构成"，言下之意，宪法中的人权保障等其他内容不重要。对这点，我也不敢苟同。我们应该看到，如果真的要从西文的语源学说事，那也应该看到，constitution 一词虽然其原初含义指的是构成、建构、组织，但在其概念史的发展过程中，则慢慢演变出一种新的内涵，即含有限制专断性权力、保障人的起码的尊严及基本权利这一层含义。这一点，政治宪法学没有看到，可谓知其一而不知其二。只不过我们不否认，"国家组织"是 constitution 的题中应有之义。

那么，"国家组织"是什么意思呢？

国家组织不等同于宪法条文上的国家机构，国家机构的范围显然小于国家组织。国家组织在政治学上讲就叫"国家建构"，简单来说，它指的是将国家组织成为一个在公法（包括国际法）上可被认定为主体的统一整体。我们组织一个沙龙比较容易，组织一个家庭也不难，大家可能都有这个准备，甚至也有这个期待。但是，组织一个国家，这事可大了，这属于野心家的事业，但更多地属于人民的伟业。

从世界各国看，宪法往往包含国家组织法和人权保障法两块重要内容。这两个块都很重要，而从规范宪法学的立场来看，人权保障法是更加重要的。国家组织法为人权保障法服务，但也正因如此，我们也有必要好好研究它。

150

　　宪法学中涉及国家组织的内容很多。以我国现行宪法为例：序言部分就开始涉及国家组织的内容；第一章"总纲"部分中许多条款涉及国家组织；第二章"公民的基本权利和义务"部分直接与国家组织相关的条款较少,但也涉及国家的价值目标与目的；第三章"国家机构",这是主要规定国家组织的；第四章"国旗、国歌、国徽、首都",这也是有关国家组织的。由此看来,在我国现行宪法中,包括第二章在内,各章都与国家组织相关。

　　我对这一部分的讲授内容有比较大的调整,定为讲授如下四章,即：

　　第五章　国家的诸观念
　　第六章　国家类型学：国体与政体
　　第七章　国家机构原理
　　第八章　国家机构体系

第五章　国家的诸观念

在讲解本章之前，我们先举出三个章前导引问题：第一，综观古今中外，所谓国家，究竟是什么？或者说，国家的本质是什么？这个问题涉及国家组织或国家建构的重要前提。第二，我们中国人对国家的认识有什么倾向？这个问题也很重要。今天我们就会分析中国人的国家观，并反思我们对国家的认识，在此基础上去解决一个问题，即第三，什么样的国家治理制度才是有正当性的？

应当承认，这些问题当中，很多是涉及政治学，尤其是政治哲学的问题，但是，我们宪法学也不可回避这样的思考，因为这些问题本身对人类历史上的宪法规范的形成与理解也具有一定意义。这就体现了规范宪法学研究方法的特点，即：我们是以规范分析为核心的，但在研究对象上并不排除政治现象，甚至也并不拒绝其他研究方法，当有必要运用其他研究方法时，我们就应该运用其他研究方法，与规范分析方法结合起来，对宪法现象进行分析与把握。

今天的讲授内容就比较明显体现了规范宪法学的这种研究取向。

一、关于国家的本质

这个问题，其实就涉及国家观，或者说国家本质观，即对国家的本质到底是什么的思考。然而，在这里，我们与其要直接回答"国家究竟是什么"，倒不如先来看一看到底人类历史上最聪明、最有思想的那批人是怎么看国家的。看完之后，如果你还能得出自己的结论，那你厉害了。

马克思主义往往把国家的本质看作 to be 的问题，看作客观的问题，这个很重要。另外，我们需要进一步了解，人们是怎么看国家的本质这个问题的。这就涉及国家观了。关于国家观，古今中外有很多学问在研究它，其中包括政治（哲）学、社会学、经济学、法学等。在近代欧洲，德、法等国还兴起一种学问，叫一般国家学。既然有一般国家学，就有特殊国家学，前者研究的是历史上所有国家的本质是什么、形态怎样、国家机构是怎么建立的，是对国家的一种综合性的、一般性的研究；而特殊国家学则具体研究某个国家的本质是什么、形态怎样、国家机构是怎么建立的，由此发展出宪法学，即教义学意义上的宪法学。因此，每个国家的宪法学都研究自己的国家体制，就是从这里来的，这是特殊国家学的使命。但是，特殊国家学又有赖于一般国家学的发展；而国家的本质是什么，恰恰是一般国家学最初研究的问题之一。

有关国家观，在人类思想的历史长河中曾出现过很多思想的洪峰。我们这里只选取其中最为经典的几种学说，提示给大家。

二、几种经典的国家观

（一）政治学的国家观

政治学的国家学说有很多，具有代表性的理论之一就是近代英国的霍布斯的思想。如果你是学人文社会科学的，这个人的名字一定要记住。千万不要出现这样的情况：当别人和你聊起霍布斯的时候，你想了半天，挠挠头说，我们大学好像没有这个姓霍的教授，甚至反问人家：他是霍元甲的后人吧？

霍布斯生于 1588 年，是 17 世纪英国著名的政治学者，被认为是自由主义的开山鼻祖，其代表性著作是《利维坦》一书。他的国家观概括起来说就是：国家是人民之间为摆脱野蛮的自然状态通过契约建立起来的，国家就是"利维坦"。何为"利维坦"呢？其英文为"Leviathan"，字意为"裂缝"，是《圣经》中一个力大无比的怪兽。也就是说，在霍布斯看来，国家是一个力大无比的、多少带有邪恶力量的怪兽，即一种巨大的强制力，一种具有震慑力量的绝对权威，否则就不足以有效约束人们的野心、贪婪、易怒和其他类似的激情，不能避免人们由于其恶的本性重返前国家的"战争状态"。

在这里我们可以看出，霍布斯所讲的国家和中国人心目中的国家不太一样：中国人往往是从"人性善"的角度出发来建构国家想象的，为此我们心目中的国家往往比较美好，由此我们产生了对于国家的信赖与期待。其实，西方人在这之前,差不多也是这样设想人类政治共同体的,只不过到了霍布斯,才发生了重大转折,霍布斯是将他的国家观建立在人性恶观念的基础之上的,而且在他看来,人性恶是正常的,为此国家就应该是一种"以恶制恶"的强大装置。这对此后西方人的国家观产生了极大的影响。

西方有关国家形象的古典画像,可见下图。

图16　早期西方人所描绘的国家形象图,类似于 Leviathan(利维坦)

这幅图源于霍布斯1651年出版的《利维坦》一书的封面,据说出自霍布斯的手笔,它展现了近代西方人对国家形象的一种想象。从中,我们可以看出许多要素来:首先,我们看到的是一个"巨人",他手中握有剑与权杖。这些都是国家的要素:这个"巨人"象征着主权者,他是一个自然人的形象,意味着人们最初所认识的国家多为君主制国家;他手中的剑象征暴力,权杖象征权力及其合法性。这说明,这幅图的作者已经认识到:所谓国家,就是拥有合法性的暴力组织。那么主权者是如何构成的呢?细看就知道,它身上穿的不是毛衣,而是由密密麻麻的人构成其身体,即国家由人构成。国家建立在什么基础之上呢?这幅图展现了,它是建立在一片有山河的领土之上,古代中国人称为"江山"。所以,正如后面我们将讲到的那样,主权、人民和土地,就是现代社会学所认识的国家三要素。但是,霍布斯在此强调的是国家的巨大威力,而且带有一种恶,后来的政治学认为,这是一种"必要的恶"——这是西方政治学家对国家的一种深刻洞见。

霍布斯的国家观有很深刻的内涵。我们说,人类作为一种有灵性的高级动物,自诞生以来,形成了人与人关系,而人与人构成各种关系,其中最重要的关系是什么呢?那就是支配关系,即人支配人的一种关系。这种支配是具有强制性的，表现在政治上，用马克思的话来说，那就是统治关系、压迫关系。当然，有些支配也可能含有温情的一面，正当的一面，如父母对子女的关爱、老师对学生的关心、统治者对臣民的保护，但其中无法排除强制性的要素。人类贵为万物之灵长，但仍然无法克服人对人的支配，无法扬弃这种强制性的支配关系，正如卢梭在《社会契约论》开篇中所言："人生而自由，但却无不在枷锁之中。"而国家就是将一种强制性的支配关系加以制度化和正当化的一种人间组织。

（二）哲学的国家观

接下来，我们看看哲学家如何考虑国家的本质问题。在这个领域，也有很多有关国家的学说，从古希腊柏拉图、亚里士多德开始，就不断有人做这样的研究。我们举一个最有代表性的人物，那就是黑格尔。

黑格尔的学说是比较晦涩的，其所提供的国家观却是非常美好的。他认为国家是"伦理理念的最高现实体"，认为国家不仅会维护人的权利与生命，还以追求至善和正义为目标。具体而言，黑格尔认为自由在法中才能实现，这种法的发展分为抽象法、道德、伦理三个环节，其中伦理的发展又经历了家庭、市民社会和国家三个阶段。国家，则是伦理理念的最终实现，国家高于个人，个人在国家中才是自由的。黑格尔倾向于把国家描述为一种理想国，一种善的统一体，为此具有国家主义的思想倾向。这种思想，或多或少反映了他所处时代的德国人对国家统一的渴望，因为当时的德国是分裂的，并因此给人们带来了深重的苦难，为此当时的人们都或多或少把国家看成是一个美好的东西，而黑格尔将其升华为一种理论了。他的哲学意义上的国家观，显然与霍布斯的观点相去甚远。

（三）近代政治哲学的国家观

到近代后，政治哲学对国家观也有新的认识，而且产生了重要影响。其中一种重要的立场认为，国家是人们之间基于一种契约而产生的政治社会组织体。这就是所谓契约论的国家观。它不仅涉及国家的本质，还涉及国家的起源以及合理依据或正当性的学说，可以说是近代之后西方最有影响力的国家观。

1. 发展历程

契约论的国家观有一个漫长的发展过程。有人追溯，它起源于古希腊（伊壁鸠鲁），复兴于15—16世纪部分国家的反专制的贵族思想家之间，盛行于17—

18 世纪，代表性的思想家有前面的霍布斯，此外还有英国的洛克与法国的卢梭等人；19 世纪，实证主义在西方兴起，契约论国家观受到了批评，曾一度趋于式微；但到 20 世纪它又再度复兴，美国哈佛大学著名政治哲学家罗尔斯在 20 世纪六七十年代重构政治正义理论，推动了契约论国家观的再度复兴，迄今仍在发挥重要影响。

当然，我们在这里着重介绍的是近代三位思想家的契约论国家观，因为他们对近代国家组织、宪法建构产生了重大影响。

2. 三个具体概念

近代的契约论国家观一般都包含三个基本概念：

第一，自然状态（state of nature），指国家成立之前人类所生活的一种无政府、无法律的状态。三位思想家都提到这个概念并作出不同的描述。

第二，社会契约（social contract），这种契约的当事人是复数的，很多人参与签订契约，但对于双方缔约者为谁，不同思想家有不同观点。

第三，对国家的授权。为了缔约，并成立国家，人们把自己权利的一部分或者全部授予或出让给国家。但到底是出让一部分还是全部呢？出让的后果如何呢？对此，不同的思想家也有不同的认识，这些也影响到此后近代国家的建构。下面我们具体来看。

3. 三位思想家的比较

我制作了一个简明的表格，大家可以通过如下这个表格来看。

表 1　三位思想家有关社会契约论的不同见解的比较

思想家	自然状态	缔约者	授权情形
霍布斯	野蛮残酷	人民与人民	出让一切权利
洛克	自由，但不安全	人民与统治者	出让部分权利
卢梭	自由幸福，难以为继	人民与人民	出让一切权利

首先是霍布斯的观点：在他看来，自然状态是野蛮残酷的，他有一句话，有人将其翻译成"人对人是豺狼"，说的就是这种境况。因此人们在这个状态里无

法保护自己的自由、生命和财产。人类注定是"贫穷、孤独、肮脏、残忍和短命的"。所以到了最后,自然状态中的人民与人民决定签署契约,成立一个国家;所有人把一切权利都出让给国家,由国家统一掌控,但也正是因为如此,人民须要无条件服从国家,以保护自己的生命和安全。他在这里提出了利维坦的观点,认为国家在获得人民出让的所有的权利后成为强大的统一体,具有至高无上的地位与权威。为了实现这一点,霍布斯所讲的国家采取了君主制的形态,可以对人民进行强权性的支配。这也是由于霍布斯看到人类的弱点,为此倾向于主张实行君主制。当然,霍布斯开启了一种国家正当性的论证模式,即:经过人民的缔约与授权,国家对人的支配也被正当化了。

洛克的社会契约论,与霍布斯的有所不同。洛克是近代英国最伟大的思想家之一。他所描述的自然状态是自由、快乐但不安全的,这比霍布斯的要美好多了。但因为不安全,人民与统治者缔结一个契约。洛克对契约签订双方的这种想象有可能受到 1215 年《大宪章》的影响。人民向统治者出让部分权利,但有一部分仍适度留在人民手中,其中最重要的是三种不可或缺的权利,此即生命、自由和财产,这就成为后来的近代宪法所必须保护的人的最基本的权利。他的思想对后来英国、美国乃至其他国家的政治发展产生了重要影响。

到卢梭的社会契约论,内容又不同了。卢梭看到的自然状态更为阳光,简直就是一幅田园牧歌式的情景。他认为自然状态是自由幸福的、快乐的,但问题在于人类繁衍太快,导致幸福状态难以为继,因此,人民与人民不得不签订一个契约,主要内容也是出让一切的权利。但卢梭与霍布斯不同的是,他认为缔约的后果是很好的。霍布斯认为人民出让一切权利之后,只得完全服从国家的支配,而卢梭则认为,出让一切权利之后,国家会更有效地保护人民的权利,会成倍地将权利回报给人民,由此人民成为更大的受益者。质言之,人民出让一切权利给国家后,人民就成为国家的主人;国家则成为为人民服务的主体。人民可以随时出场更换统治者,国家完全为人民所掌控。这种国家观像抹了一点蜜糖似的,很接近我们中国人的以人性善为基础的国家想象,为此很容易被中国人所接受,但在西方,则是一种石破天惊的观念。当然它此后对西方社会也产生了重大影响,并通过影响马克思,进而使我国也深受其影响。因此,2013 年初我访问法国时,特地参拜了巴黎的先贤祠,而且在同一天之内两次参拜那个地方——上午去了一次，意犹未尽，下午又去了一次，在卢梭的灵柩前流连忘返，感慨万千。

图17　法国先贤祠地宫下卢梭的灵柩。本书作者所摄

但应该承认，在这三个人中，对西方影响最大的，既不是霍布斯，也不是卢梭，而是洛克。洛克的思想被西方学界认为是契约论的正统。卢梭的思想对18世纪的法国产生了重大影响，但在法国大革命爆发后，人们要建构国家之时，发现卢梭的思想无法为其所用，因为其思想太激进而无法操作。卢梭曾经认为不需要代议制，人民直接出场，而且可以随时出场，随时建构宪法秩序，相当于不断"继续革命"，这就让任何一个国家都受不了。更重要的是，卢梭所说的"人民"是一个一个现实的人构成的一群大规模的有意志能力和行为能力的人，本身就很难自组织化，也很难安顿在广场之上或国家的架构之内。正是在卢梭思想的影响下，当时的法国动荡不已：1789年大革命开始，一直到1875年第三共和国为止，法国可谓是"伏尸百万，流血漂橹"，社会持续动荡不安。所以，无论在当时，还是在现代西方，卢梭的思想都受到很大的批判。

当年我了解到西方思想这一动向之后，真是感慨不已！应该冷静地认识到，卢梭对中国影响太大了，其中一些是不利的影响，特别是不利于国家的长治久安。所以当年我在巴黎参拜先贤祠时，就在卢梭的灵柩前默念道：你很伟大，但你也害苦了我们。

（四）社会学的国家观

社会学的国家观也比较丰富，其中有一个非常具有代表性的经典学说，影响力非常大，那就是前面所提及的国家三要素理论。这个理论的影响不仅在社会学内部，而且对政治学、法学都有深刻的影响，影响大到许多人都误认为国家三要素论是政治学或法学的理论。这一理论认为，国家由三个要素构成，即：领土、人民和主权。其中，"领土"这个概念有点不够用了，现实中还包括领海、领空，这些合称"领域"，当然，现在还讲网络主权。这个三要素理论是社会学的贡献。当今，国际法就是按照这三个要素来认定一个国家的。例如，有些地区因为拥有一片土地和一批人民，就声称自己是国家，怎么办呢？就看有多少国家与你建交，承认你的主权。

（五）政治经济学的国家观

经济学的国家观往往出现在政治经济学领域，而在西方思想史中最主要的，而且影响力最大的学说是马克思主义的国家理论。马克思考虑国家的本质问题是和阶级放在一起考虑的，于是就提出了"阶级国家论"。大家注意，经济学一个特点，就是试图把人类社会的一切现象，包括政治现象，都还原为经济现象来认识和把握，追究它的经济原因。为什么男人和女人会谈恋爱、会结婚？经济学家会说：出于经济原因的考虑，因为两个人合作，这样效益最大化。但实际上，我们计算一下，相对于单身，可能恋爱结婚的成本更高，特别是男性。但是，经济学家又敏锐地抓住这一点，来分析都市里面出现的剩女现象。为什么会出现剩女呢？经济学家说，因为在婚姻当中男性付出的成本太高了，所以很多男性不愿意结婚，女性就被剩下来了。这是经济学的一种解释，我对它的可靠程度有点儿怀疑。

马克思的阶级国家论也采取了经济分析。国家是什么呢？马克思认为，国家就是剥削阶级的暴力工具。这种理论认为，人类社会里面必然出现经济上强大的阶级和经济上弱小的阶级，强大的阶级因为掌握了生产资料，在生产关系中占据了有利地位，成了剥削阶级，而弱小的阶级成了被剥削阶级，因为它几乎没有生产资料；进而，掌握了生产资料的剥削阶级往往成为统治阶级，这是因为他们为了维持有利于自己剥削地位的生产关系，就会建立一种强制的暴力机构，这个强制的暴力机构就是国家机器。应该说，这个理论很尖锐，也是很深刻的。但这么尖锐的理论竟然没有被资产阶级国家完全禁止，这似乎也是一件奇怪的事。其实是因为马克思生活的时代已经有了宪法，言论自由多少有了保障，所以他才有可能发表自己的观点。

图18　英国伦敦北郊海格特墓园里的马克思墓。本书作者摄

这就是卡尔·马克思，大家都很熟悉。这是一位在世时并不得志的学者。可是后来他的学说对人类社会进程产生了重大的影响，被奉为许多国家的精神领袖。

马克思思想的一个难得的地方在于，他同情弱者。这与传统的中国人的思想或士大夫的心灵结构是完全相通的，因此它一下子就为中国人所接受；尤其是近代受到西方国家欺凌的时候，中国人非常快就接受了马克思主义。所以，至少在学说史上，它是一个伟大的学说，这点是毫无疑问的。但是，此后它曾经被部分国家作为正统的政治意识形态加以固化，在这点上可能出现问题。如果不去发展它，把它看成是金科玉律，看成是真理的终结，看成是可以统治人们思想的工具，这就会有问题的。然而，作为一个学说、一个经典的理论，那是非常伟大的，在这一点上，我也深受马克思主义学说的影响。

（六）法学的国家观

法学有没有自己独立的国家观呢？肯定有，只不过很多中国知识人不知道而已。独立意义上的法学国家观是近代才产生的，当然是在同其他学科的相互交流和相互借鉴中产生并确立起来的。法学国家观的巨大的独特性是由法学思维的独特性决定的。但是，有关法学的国家观，中国介绍甚少，更没有自主产生，几乎形成了一块不毛之地，因为连法理学家都不关注，所以只好由我们宪法学来填补这个空白。接下来，我们逐一介绍四种经典的法学的国家观。这些理论都盛行于近现代德国等大陆法系国家。

1. 国家有机体说

近代很多思想受到生物学（达尔文的进化论）的影响，这里说的国家有机体说也是受到生物学影响的。这种学说对契约论国家观的拟制性抱有怀疑，但同样也是一种将国家作为保障公民自由的合理统一体加以建构的学说。它认为国家是一个有机体，像生物学所讲的有机体一样，是一种自主发生、发展、消亡的有机体，独立于人类的意志，而非人类可以建构的。

国家有机体说的最主要代表人物之一就是伯伦知理，现在又翻译成布伦奇利，我们前面曾提到。他是一个瑞士人，后来在德国教书。这位看起来像是个胖大叔的学者，曾经在近代对中国影响很大。他眼中的国家有七个特点，体现了他的国家观。我通过日文版资料把它翻译过来了，这七点包括：（1）国家是统一的多数人；（2）国家里面有领土、国民与大地之间的永久关系；（3）国家还是由机关组成的单一整体——请注意："机关"这个概念在这个学说里已经出现了；（4）国家里存在统治与被统治之别，其实也就是说分为统治者与被统治者；（5）国家具有有机性，会自然地发生、发展、消亡，人类干预不了；（6）国家具有人格性，也就是可以作为法律主体；（7）国家还具有男性特征，国家是 male。

2. 国家权利客体说

国家权利客体说与国家权利主体说相对立，但都是从西方近代法学中最基本的概念、即从权利关系概念出发去理解国家的。其中，前者认为国家是一种权利客体，是某种主体所拥有的对象，反之，后者认为国家即是权利主体本身。

国家权利客体说主张，国家是特定权利主体所拥有的对象，即一种权利客体。那谁是国家的权利主体呢？君主，如德国威廉大帝即是一种，国民也是一种。所以，这种理论产生的逻辑后果是，将管理国家的人（君主或国民）作为权利主体，国家则成为被拥有的对象。而如果君主成为主体，就是君主制国家，它也有可能出现绝对主义，出现马克斯·韦伯所说的家产制国家，即把国家看成是君主个人的私产，并且用支配家庭的原理与方式来支配国家，即国家治理方式是家长式的；而如果国民成为主体，就会产生共和国，排除了个人的专制。

但耶利内克对此持批判态度。他认为国民成为国家的权利主体，在逻辑上是不可能的，因为这样的话，就等于是权利客体（国家）将权利主体（国民）承认为权利主体，这在逻辑上是说不通的。根据他的法律实证主义观点，国家是先于国民存在的，国家本身就是一个实体，有国家才有国民；如果我们说国家是客体、国民是主体，那就反过来了，等于说客体承认主体为主体。因此，耶利内克主张的是国家权利主体说。

3. 国家权利主体说

国家权利主体说包含了多种学说，其中最具有代表性学说是国家法人说。以耶利内克为代表的众多西方公法学家主张国家法人说。这是一种承认国家的法人格，从而将统治权归属于国家法人格的学说。

国家法人说的其他重要观点还包括：第一，统治权虽属国家，但行使统治权的意志表示（如法律的制定、行政处分、判决、宣战等），则由国家的机关实行。第二，所谓机关，本指的是表示法人格之意志的地位，但何者如何获得这种地位，由宪法规定。在法学中，法人是法律所认定的具有独立意志的拟制的人。因此，说国家是法人，也就是说国家拥有独立的意志和行为能力；作为一个法人的国家有许多组成部分，设置许多的机关，各机关里面还有许多官员，但作为国家法人的一个组成部分的机关和官员的行为虽然很多，然而他们的每一个行为都视为是这个国家、即作为法人的国家的行为，由国家统一来承担责任。打个比方说，你的右手打了人家，你不能主张说这是我的右手干的，与我没有关系。为什么不能这么主张呢？因为就打人这个行为而言只有一个意志主体，那就是你，你的右手没有独立的意志，它是受你控制的。国家法人说的一个道理就在于，某行政机关的行为侵犯了你的权利，这时就不应单单看作是这个行政机关侵犯了你的权利，而要看成是国家在侵犯。那么你提起诉讼，好像是针对行政机关提起的，但其实是针对国家提起诉讼，要求它赔偿，所以把这种赔偿称为"国家赔偿"。国家的公务员在履行职务的时候侵犯了你的权利,就是这个国家侵犯了你的权利。国家不能主张:这是公务员个人的行为,与我无关。国家必须承担责任,然后可能再追究这个公务员的内部责任。

这就是国家法人说。其核心是思想是,国家本身成为一个法人,成为权利的主体。

也就是说,国家是属于谁的? 在国家权利主体说看来,国家不属于任何人,它就属于它自己的。这其实是有深意的。为什么法学上出现这样一个学说呢? 因为它便于回避一个问题,即:国家究竟属于具体的谁的问题。人类很聪明,当有些问题解决不了,或没有必要解决时,就可能发明一个理论来回避这个问题。中国人也学会了这点,但我们说得直白了一些,所谓姓"资"姓"社"我们"不争论",就是一个显例,但凭什么不争论,这本需要说清楚却没有说清楚。国家法人说则不然,它有一个内在的逻辑结构,为此回避了问题的锋芒,即回避了国家到底属于谁的问题,因为有些国家在特定时期是没有能力,也没有必要解决国家属于谁这个重大问题的,即没有能力,也没有必要发动一场革命,来解决国家是属于君主的,还是属于人民的。近代德国实际上就是这样,为此这个理论在近代德国产生。由此可见,国家法人说是一个伟大的理论,是一种能够"化干戈为玉帛"的理论。它产生于近代德国,由此"节约"了一场无谓的革命。在这一点上,我国有观点认为德国近代资产阶级革命是不成功的,但实际上,人家是成功回避了一场内战,转而大力发展市民经济,使德国从近代初期西方的一个后进国家迅速成为一个先进国家。

当然,在国家法人说中,我们也要认清国民的地位。一般认为,共和国中国民是权利的主体,即国家主权的归属主体,而在国家法人说里,权利主体、主权主体变成国家自己,国家既不属于君主也不属于国民。那么,君主好说,可以下台,可国民或人民摆在什么位置呢? 国家法人说必须给出一个说法。对此,耶利内克很高明地指出,国民具有双重功能(地位),既是国家社团的一个要素,即主体性的国民;又是国家行为的对象,即作为客体、服从国家管理的国民。

4. 国家法秩序自同说

国家并不是一个实体,而是一种看不见摸不着的秩序,这个秩序是由不同位阶的法律构成的:最高有宪法,下面有法律,还有行政法规、地方性法规等,这样就构成了一个整体。质言之，国家作为一种秩序，是法秩序及其统一体的体现而已。提出这种主张的学说被称为"国家法秩序自同说"。

图19　提出了"国家法秩序自同说"的现代著名公法学家凯尔森

凯尔森是这个学说的代表人。学过法理学的人都知道，凯尔森是纯粹法学的代表人。他是奥地利人，纳粹时期逃亡到美国。在凯尔森看来，耶利内克是非常伟大的，但还是提出与其不同的国家观。他认为，国家形态是法秩序确定出来的，主要理由有两点：第一，在国家的概念中所成立的特殊的统一体，即所谓国家这个东西，并不存在于自然现象界。第二，国家的存在领域是法的通用，谈不上因果意义上的实效性，而是一种应然关系。

国家法秩序自同说，对于中国人势必很难理解，因为我们首先就习惯于把国家理解成有边界、有实体的地域，比如山河、江山。可在凯尔森看来，国家是由法律来确定的，不是因果关系支配下的自然现象。这是法学里面另外一种著名的国家观。

通过以上介绍，大家可以很明显地看到，法律人考虑问题的时候和其他学科都很不相同，法学的思考特别抽象，而且显得有些别扭。但是，这对法学本身异常重要。我当年学到这里的时候就感到特别震撼，只不过有一点不及你们幸福：

我不是在本科阶段学到的，而是在读硕士期间才看到法学的国家观。看到这个以后感到特别震撼：法学这么有创意，太有创意了！不过说实话，当时有点儿不理解。为什么不理解？因为在读硕士以前，不谦虚地说，我对马克思主义的理解把握还是有点深刻的，认识到国家就是剥削阶级的暴力工具，这一理论深入骨髓，自己觉得这才是伟大的理论，伟大不说，还深刻！后来，学到法学的国家观，就震撼了，但也冷静了。

言归正传。以上是我们讲述的人类历史上各种经典的国家观。但是，中国的国家观没有登场，这不是因为中国的国家观不经典，而是我们的国家观有特别之处。作为中国宪法学的课程，我们应当专门加以讲授。且听下回分解。

三、中国的国家观

谈中国人的国家观，其实也殊不容易，因为很多时候我们并没有认真对待我国的国家观。这个问题是有待于进一步研究的，今天我在这里只是抛砖引玉而已。

（一）中国古代的国家观

首先谈古代中国的国家观，它对当今仍然有很大影响。古代中国的国家观是什么呢，或曰古代中国人把国家看成什么样子的呢？我们可以说，中国古代实际上没有典型意义上的国家观，而有天下观。这个观点是值得我们注意的：虽然中国古代没有国家的观念，但是，我们有非常伟大的天下思想。在这一点上，其实中国比欧洲人或西方人更早认识到国家这个东西，称为"天下"。关于天下的概念，日本人有专门研究，其中一名学者叫渡边信一郎，他通过专门研究指出：中国人所讲的"天下"指"以州、郡、县、乡、里、户、个人为具体结合体，以中国＝九州＝禹迹为核心，为天子的实际支配领域，是区别于夷狄未开化社会的文明社会"。在这里，其实成立了类似于国家的观念。中国人是非常早熟的，当然早熟也会引发身体的异常变化。我们需要认识到，天下思想是西方人还没有形成国家观时就产生的一种伟大思想。

天下观念中有两个重要观念：天下为公和天下为家。所谓天下为公，《礼记》曰："大道之行也,天下为公。选贤与能,讲信修睦"。在天下为公的时代,国家是大家的,当时选择天子采用禅让、公推的形式,选择贤人担此大任,共同治理天下,尧、舜、禹都是这样产生的。然而,到了禹传位给他的儿子启,"今大道既隐,天下为家",就出现"天下为家"的观念,天下变成个人的私产,并且按照治理家庭的方式治理国家。所以韦伯讲,中国古代社会就是一种家产制国家,说的就是这种意思。"天下为家"就派生出"江山、社稷"这样的观念,这相当于天下为家时期中国人的国家形象了,实际上国家是皇帝个人的家国,与老百姓无关。老百姓不认为"江山、社稷"是他们个人的,充其量只认为它与他们个人的生命、财产密切相关而已,也就是一旦"江山、社稷"不保,小民性命也可能不保,可谓是一种城门失火、殃及池鱼的关系。

或许有人会认为,似乎中国在近代早期就已经开始认识国家了,比如林则徐即曾经写到"苟利国家生死以,岂因祸福避趋之",其中就不仅有"国家"的用语,而且有"国家至上"的观念。中学老师在爱国主义教育时可能就采用了这个说法。其实非也!因为,实际上,这句话只是林则徐的一个对子,在这里很难说林则徐已经有了近代意义上的国家观,他或许只是为了押韵,将当时一般人所言的"家国"改为"国家",而在林则徐所处的时代,类似于西方近代意义上的国家观并没有在中国确立,还是家产制国家里的"江山、社稷"。

当然,天下与家国、或曰江山社稷之间,是有区别的。早在清初,中国著名思想家顾炎武在《日知录》中指出:"有亡国,有亡天下。亡国与亡天下奚以辨?曰:易姓改号,谓之亡国;仁义充塞,而至于率兽食人,人之相食,谓之亡天下"。这就是说,易姓改号,灭亡的只是江山、社稷;但一旦沦落到人像禽兽一样生活着,文明规则一概被推翻,区别于狄夷未开发社会的文明社会被灭掉了,这就是"亡天下"。即便天下为家,仍然有圣人道德存在,这时人类还是有规则、礼义、纲纪存在,还是文明社会;如果天下为家的根本伦理规范也被毁灭掉了,那就是亡天下。顾炎武把"亡国"与"亡天下"区别开来,显示明清时期中国最有思想的人物实际上讲的"国"仍然是"江山、社稷",而"天下"则具有更大的辐射性,是一个文明体系。

这样一种思想观念一直延续到清末,人们都没有树立起类似于西方近代的国家观。在近代的时候,尤其在威斯特伐利亚体系成立之后,西方的国家观发达起来了,中国还没有。中国人要么把国家看成天下,要么把国家看成江山社稷。

一个案例是:1907年,62名中国留学生在日本早稻田大学填写《鸿迹帖》,这相当于毕业纪念题名册,在其中的"国籍"一栏中:填"支那"的,有18人,支那来自西语,相当于CHINA,原为中性词,到甲午战争之后,在日本逐渐变成贬义词,为此有人填"清国",填清国的有12人;填"中华""中国"的,有7人;其余25人未填,或许是因为不知国籍为何意,或许不知自己国家的名称。当时中国人尚未树立国家观,由此可见一斑。

当然,中国人不乏江山、社稷、天下的观念,只是没有西方近代国家观念而已。"而已"一词有轻描淡写之嫌,但确实如此。当时的中国已经需要国家观,世界上许多先进国家都已经开始确立国家观;当大多数国家逐渐确立近代国家观之时,一旦落伍,后果极为严重。英法联军火烧圆明园之时,有个很重要的历史细节:英法联军进入圆明园抢东西时,有些拿不动,就雇圆明园周围的老百姓用牛车运走。老百姓非常高兴提供这种服务。为什么会这样呢?他们不感觉圆明园是我们国家的,觉得是皇家的,你抢皇家的东西,关我什么事,给我钱,就帮你用牛车拉走。

还有一例:甲午战争时期,中国人实际上还未确立国家观。甲午战争时,中国海军力量在国际上排名第八位,而日本排名仅在第十一位,但中国还是战败了。时至今日,一百多年过去了,现在看来失败还是必然的。当今有人说,最重要的原因是我们当时没有立宪,没有实行宪政。但也有人认为这个说法很扯,相当于宪政万能论。我认为,日本之所以胜利,原因是多样的,但立宪确实是一个关键因素,正是当时日本成功实行了君主立宪,就将国家有力地统合起来,国家被组织成为一种近代国家,民心归一,民族精神为之大振。而中国人当时仍然是一盘散沙。甲午战争失败一个重要的直接原因就在于很多人把这场战争理解为李鸿章的北洋军队与日本人之间的一场战争,很多人还等待李鸿章失败、倒台,以腾出许多位子让他们的人上去,甚至许多人还在等待大清国失败,以便让江山易帜。你说这场战争能不败吗?打败后,南洋军队甚至还对日本说:"你们与北洋军打,为什么把我的船也拖去呢?请求你还给我吧。"居然有这样的想法!可见当时中国人完全没有近代国家观,而当时所有先进国家都有了。我们主要就是败在这里!并不在于我们古代没有伟大的思想。中国古代的天下观比同时代的西方国家的类似观念更加伟大，比如我们强调用文明去统合一个组织体，而不是主要靠西方近代的暴力来统合，但这个伟大的思想在近代行不通了，而我们又没有及时形成一个足以对抗西方的国家观，或像日本那样，索性直接及时地吸收西方的国家观。

（二）中国近代的国家观

自 19 世纪末开始，中国人也逐渐接触到西方的近代国家观，并受到其影响。这里我们可以举梁启超这个例子。梁启超是那时代中国人当中最早接受包括法学国家观在内的诸种西方国家观的思想家之一。他在戊戌变法之后流亡日本，在此期间就接触各种翻译过来的西方书籍、西方思想，其中包括国家的思想。他当时先后受到三种国家观的影响。首先受到卢梭的契约论国家观的影响，但很快他就抛弃了卢梭。他看了一本书，是吾妻兵治译的《国家论》，这本书实际上是国家有机体说代表人物伯伦知理《一般国家学》的翻译，而且这本书是汉译的。梁启超看了之后对伯伦知理的学说大为赞赏，就抛弃了卢梭的大部分学说，他马上写了一篇文章叫《政治学大家伯伦知理之学说》，在这里接受了国家有机体说。后来梁启超又改变了，他受到了日本宪法学家美浓部达吉思想的影响，又接受了国家法人说。他自己也承认，自己的思想"流质多变"。

这三种有关国家的思想，哪一个对梁启超的影响最深呢？还是国家有机体说的影响最深，而且对中国影响很大。中国人正是在类似国家有机体说的国家观念影响下，接受了马克思主义学说的。因为国家有机体说与天演论、马克思主义都有较大的相通性。马克思主义也强调国家是客观存在的，会自己产生、发展和消亡，为什么会消亡呢？因为有客观规律在起作用，这种想法与国家有机体说很类似。天演论也是，移到社会领域就是社会进化论。严复翻译天演论时，实际上把自己所认同的社会达尔文主义思想也糅合了进去，强调国家之间的弱肉强食，是近代中国人在面临民族危机、国家危机的一种强烈反应，是极为重要的，但是这个思想的特点是从生物学的角度理解国家，把国家看作有机体。

总之，反思中国人在近代的国家观很重要。我们发现，中国人在那时候迟迟没有确立起近代国家观，后来开始吸收西方的近代国家观，准备通过君主立宪建立国家了，但是这里面也存在着先天的缺陷。

（三）当今中国人的国家观及其窘境

那么，当今中国的国家观如何呢？这很复杂。百年来，随着我们先后建立了民国与中华人民共和国，中国人慢慢形成了国家观，但这一过程非常痛苦。一方面，古代的天下观受到严峻挑战，但它又以各种形式残留下来，影响着当今的中国人；另一方面，又受到西方国家观的影响，逐渐有选择地形成了中国主流意识形态领域的国家观。

在诸多选择中，应该说，上述黑格尔的那种国家观是很动人的，至少对中国人很有吸引力，因为自古以来，中国人就对国家寄托了美好的期望，而自近代以来，中国人更是遍尝了因国家的百年积弱所产生的种种苦难。但中国人最终没有完全接受黑格尔的国家观，而是接受了马克思的国家观。有趣的是，马克思也是德国人，这说明，中国人似乎注定是要接受德国人的国家观的。为什么呢？因为从近代开始，德国人就积极思考国家理论，乃至形成了一般国家学，与此不同，中国人对国家的理论思考很不足，而且还往往受到国家本身的控制，所以最终没有形成完全自主性的近现代国家观念。

那么，当今中国的国家观是什么样的呢？

如前所述，首先，最主流的国家观就是马克思主义的国家观，即阶级国家观。它是具有强烈抗议性质的，也是我们中国人在对剥削阶级，乃至对西方列强的一种抗议情绪中选择的一种国家观，充满了抗议的性质、甚至斗争的性质。从这种意义上来说，它是一种激进的国家观。其次，在当今中国，国家三要素说还处于比较重要的地位，对宪法学有重要影响。可是，我们没有形成中国人独特的国家观，一种类似于天下观、能够与西方的国家观（包括阶级国家论）相抗衡的国家观。

所以，我们中国人期待一个强大的国家，而且我们的国家也确实正在崛起，但仍没有自己独立的国家观。

当今中国人国家观所出现的情况是，主流意识形态的国家主义与民间存在的国家观念淡薄倾向构成了两个极端，构成当今中国人有关国家观念的窘境。国家主义倾向，往往是将国家看成比个人更重要的价值载体，在其看来，国家可以超越个人的理想，甚至可以正当地压迫个人；民族主义则往往与国家主义相伴而行，是国家主义的一个情绪化的"红颜知己"，对民间也有一定的渗透。可是另一方面，民间也存在国家观念淡薄的倾向。

2014 年年底香港发生"占中"运动，他们主张香港独立，而且举英国的旗帜。这个行为注定会深深地伤害内地人民的感情。但是，这就是真实的事情——即使香港回归到中国，仍然存在这样的"港独"思想，部分香港人居然喊"中国人滚回去"，虽然在当今香港，这种主张及运动的支持者已经很少，但它的存在代表了一种现象。

为什么普通民众国家观念淡薄？其原因是复杂的。

首先，是传统的天下观在起作用。如前所述，我们传统的共同体具有重文化统合的国家观传统，文化认同被认为是天下的一个精髓；由此组成的共同体是松散的，没有足够的由强制力保障的凝聚力。

其次，现代国民国家的建设课题尚未充分完成。近代开始受到西方列强冲击时，我们面对一个课题，要把古代由文化统合凝聚起来的松散的天下，转变为近代式的国民国家。但是，从严格意义上说，直到当下，国民国家建设的课题仍然没有完成。比如，我们承认，我们有很多民族，但这些民族还没有形成具有整体意义的"国民"。"国民国家"的英文是 national state，其实也可以翻译成"民族国家"；当翻译成"民族国家"时，主要指的就是由一个民族组成的国家，这体现了西方近代一种国家观念。那么，由多民族组织的国家时怎么办呢？那就把多民族都变成一个民族，即把所有人全部培养成为"国民"，最终转变成为"国民"。为此，national state 就也可以翻译成"国民国家"。这个过程我们显然还没有彻底完成。

再次，国家规模巨大，民族众多，离心力强大。在许多思想家看来，国家规模多大为好呢？亚里士多德认为，大致一万人为好；卢梭认为，两到三万人，相当于我国古代所说的小国寡民的状态。相较之下，现今中国内地就有 14 亿人，这当然也超大了。

最后，我们甚至还存在农耕社会的"生民"的传统观念。先秦《击壤歌》唱道："日出而作。日入而息。凿井而饮。耕田而食。帝力于我何有哉？"这种"帝力于我何有哉"的观念与"江山、社稷"的观念是遥相呼应的。许多老百姓感觉，如果国家不来找我，我就高兴了，因为可以不要纳税。这就是一种"生民"的观念，在当今中国仍然有很大影响。

这样一种普通民众国家观念淡薄的倾向,也产生了一些反弹性的后果,即刺激了精英与主流意识形态中的国家主义观念的产生与强化,尤其是主流意识形态里就需要建立一种国家主义倾向的国家观。自近代以来一贯如此。如梁启超认识到,建立国民国家必须先造出"新民",即将人民改造成"新民"。孙中山痛呼中国人是"一盘散沙",过于"自由"了——那种游离于国家之外的处于生民状态的自由,让如此柔弱的民众对抗西方是不可能的,因此他提出要建立强有力的国家,所以孙中山实际上也是一个集权主义者。到如今,我们所秉持的阶级国家论实际上也是具有国家主义倾向的。

四、当今中国人国家观之反思:宪法学的立场

首先,我们要反思的是当今中国人自己的国家观,其次,再以此间接反思西方的国家观。

(一)法学国家观极为不足

我们可以看到,在当今中国,由政治精英所支撑的主流意识形态领域里,法学国家观非常不足。而政治学意义上的国家观,尤其是阶级国家论的国家观非常发达,它主要把国家看成是政治现象,而把国家看成是法学现象并加以把握的理论却严重匮乏。这也是政治宪法学兴起的原因,他们借助政治学的国家观来确立自己的国家观,甚至直接作为法学的国家观。

法学国家观的严重缺位,也可能是目前中国全面推进依法治国过程中将会遇到的一个重大问题。因为依法治国,本身就内在地需要从法学的角度对国家进行认识与把握,从而将治理规则法律化、法理化。

(二)阶级国家论忽视了正当性要素

我们持有的阶级国家论发展到现在,也存在一些问题。由于受到维辛斯基主义的影响,其中最大问题就在于忽视(但不是无视)国家的正当性的要素。韦伯是继马克思之后德国出现的另一个最有体系性的思想家。他曾经说过一个观点,弥补了阶级国家观的一个缺陷,这个观点认为:国家是正统的暴力手段所支撑的人对人的支配关系。在他看来,所谓政治,就是人对人的支配关系;但支配

要靠两种条件,或者说,国家的成立要靠两个条件:一是具有强制力;二是具有正当性。关于第一点,马克思主义认识得十分透彻,甚至认为国家就是由暴力机构组成的;但是作为马克思主义者,维辛斯基没有看到或没有完全看到第二点,即国家还需要正当性要素。什么是正当性呢?简单说就是获得人们的同意、获得人们的认同。是的,人类无法摆脱人与人之间的支配关系,但是,关键在于,这种支配关系是否得到人们的广泛同意,如果得到了广泛同意,那么这种支配就有正当性;如果没有得到广泛同意,那么这样的支配就是不正当的,就像黑社会收取保护费,我是不同意的,我只是一时没办法,所以只得向你交保护费而已,一旦我有能力把你放倒,那我会伺机放倒你小样的。韦伯认识到,正当性是现代国家成立的两个条件之一。而当今我们中国人所持有的阶级国家论只看到国家暴力性,不重视正当性要求。

1. 与契约国家论的比较

我们将阶级国家论与契约论国家观比较,发现契约论国家观的优点就在于意识到"同意"的重大意义:人民签订契约,同意将一部分或全部权利授予国家,从而国家获得了正当性。当然,契约论国家观也受到批判,尤其是在 19 世纪实证主义兴起之后。批判的观点主要有如下几种:第一,契约论国家是虚构的,历史上不存在这样的事实,即人们聚集在一起签订契约,建立国家。第二,契约论国家观的描述是有问题的,因为出没于"自然状态"的人们毫无政治经验,怎么签订社会契约呢?总之,认为人类历史上不存在契约缔结的场景。

这些批判有一定道理,但不完全有道理。因为它忘记了,契约论国家观并不是提供"to be"的理论,而是提供"ought to be"的理论。再说,即使要寻求历史事实,也不是完全没有有关"社会契约论"的故事。

小贴士:"五月花号"的故事

当然,契约论国家观主要提供的是一种"ought to be"的理论,即"应当是什么"的理论,具体讲就是一种国家何以建立才算是正当的理论。在这一点上,它根据人的理性、理念、精神以及人类道义上的约束力等要素,得出必须得到人民同意才具有正当性的结论,用我们的话来说,只有这样的国家才会得到人民的真心拥护,才可能长治久安。而阶级国家论显然没有认识到这一点,至少是没有深刻认识到这一点,它倾向于只用暴力搞定国家。

2. 对阶级国家观的全面审视

当然,阶级国家论也非一无是处,它在一定程度上也含有"同意"的要素。例如,它也强调对人民实行民主,实际上就含有对支配的同意。当然,阶级国家论所理解的支配,主要不是指国家对人民的支配,因为这个国家观最终把人民看成国家主人,无法理解国家对人民的支配,它没有解决这样一个问题。这个问题变成法的技术,需要法律上解决:为什么人民成为国家主人之时,法律还要管束人民、把人民当成治理对象呢?

更有甚者,阶级国家论所讲的支配,主要是用暴力手段处理与敌人的关系。这种暴力手段必然遭到敌人抵抗。那么,这里是否存在正当性观念呢?我认为,它也具有一种正当性观念,此即一种报应正义的观念。简单地说,就是以牙还牙、以眼还眼,最简单的就是同态复仇,体现在国家中的支配关系上,那就是:因为资产阶级、剥削阶级曾经统治过、压迫过我们,那好!等到我们无产阶级掌握政权后,也要反过来去统治、压迫你资产阶级,这就是正当的。

报应正义的观念,本来应当体现在刑法当中,而我们将它体现在宪法中,因为它已渗透到国家观中,这就可能影响国家的建构,成为我们立国的基础。它的问题在于,形成了一种注定无法完全克服动荡焦虑的国家观,质言之,这种国家观充满了危机意识,而且很容易被一些野心家所利用。野心家总是需要敌人的,他们需要寻找敌人,甚至树立敌人,来确立他们自己的政治地位和政治任务。也就是说,在政治上,敌人或许是存在的,但其实,敌人也往往出于人们的需要,尤其是出于野心家的需要。阶级国家论往往就需要树立敌人,没有敌人,其观念秩序就很难维持下去了。它时常让人们提防着敌人,而在这里,对敌人的定义手段是非常落后的,往往采用政治上的斗争来定义,只要在政治斗争中失败的,都有可能被划入敌人阵营。

以上就是阶级国家论所存在的主要问题。

3. 中国国家观的转型

中国共产党在 2014 年召开了十八届四中全会,在历史上第一次将全面推进依法治国作为党的中央全会的议题,其意义之重大,可视为中国共产党或中国人在国家观发展史上的一个里程碑。

为何这样说呢?原因是这样的:根据阶级国家论确定的国体内涵,包括了对人民实行民主和对敌人实行专政。其中的专政指的是什么呢?对此,列宁曾有过明确的界说:专政就是不受一切法律的约束,无论是夺取政权还是维护政权,都是如此。但时至当代,正如有的研究者指出的那样,这个观念实际上已在科学社会主义发展史中被扬弃了,至少已经在中国的社会主义实践中被扬弃了,因为1999年现行宪法修改时,就把"中华人民共和国实行依法治国,建设社会主义法治国家"写进了《宪法》第5条第1款。这说明法治与专政可以并立,专政的内涵因宪法上的法治国家条款而发生变化和发展,认识到对敌人实行专政依然要根据法律来进行。而中国共产党强调全面推进依法治国,其意义就在于更进一步明确告别了列宁式的传统专政国家理论;更重要的是,这个转变,意味着中国共产党人进一步重视国家的正当性要素,意味着其国家观的升级转型。

为何这样说呢?我们也可以从韦伯的一个理论谈起。

关于国家支配的正当性,韦伯作过经典分析。在《以政治为业》一书中,他指出人类历史上至少有三种正当性支配模式的理论:第一种是传统支配型,主要是通过习俗不断沿袭来确立国家支配的正当性,比如世袭的王位继承就是如此。第二种是卡里斯玛支配型,即统治者靠自己的人格魅力、政治信念等来支配,并且被人民所认可。第三种则是合法性支配型,这是最为完美的支配模式,即"立足于对明定的法律规范之妥当性的信念,以及依据由合理地被制定出来的规则而确立的客观性的权限所实行的支配,质言之,那里的服从是以履行法定义务的形式作出的"。简单地说,合法性支配模式就是依法治国、依法执政。

中国共产党现在强调依法治国,实际上就将支配模式提升到第三点了。过去我们不太重视合法性,当然有时也用到了一些传统型和卡里斯玛型的支配模式,但现在,中国共产党力图全面推进依法治国,说明已经高度意识到应该确立执政的正当性,并将其正当性模式升级转型为合法性模式。倘若这一点能够得以落实,无疑将是一个巨大的历史进步。

(三)国家统合的原理:国家三要素说的盲点

接下来,我们讲第三点,即侧重于反思"国家三要素说"。

"国家三要素说"在当今中国是一种比较重要的国家观,它看到了人民、主权和领土这三要素。但是如何把这三个静态的要素整合起来成为一个动态的国家,则没有深究。也就是说,"国家三要素说"忽视了一个重要的问题,此即国家统合的问题。

1. 国家统合原理的含义

什么叫"国家统合"呢?简单说,所谓国家统合,其实就是将国家组织起来,使之作为一个整体得以存立和运行的过程。德国学者斯门德也曾提出一个类似的理论,叫"国家整合"。在他看来,国家不是静态的,而是动态的,国家就是一种过程,其核心本体即为一种整合(Integration);国家存在于各种政治生活(法律、判决、行政管理、外交活动等)的不断更新和重新体验之中。

国家统合是人类最为艰辛的事业之一,有时需要经过残酷的斗争过程才能实现,"伏尸百万、流血漂橹"都不只是传说。中华民族在整合成一个国家的历程中也是如此。自盘古开天地一直到近现代,整个历程都非常艰辛,甚至可以说也有许多血腥的片段。所以,如何将国家有效统合起来,并且最低限度地减少其中的代价,是一个非常重大的宪法课题。

与国家三要素说一样,上面论及的阶级国家论也忽视了国家统合的原理。传统的阶级国家论重视国家的阶级斗争,把国家看成阶级矛盾不可调和的产物。它把不能统合的社会成员看成是敌人,然后对它进行专政,或者加以镇压,而没有预备把敌人化为自己的朋友,或与敌人共享最低限度的政治共识,然后一起在一个国家里生存发展。这是否是传统阶级国家论的一种局限性,值得我们思考。

国家统合的要素虽然被忽视,但其实仍然在国家运行过程中长期存在,并或多或少地体现出来。体现得越完备,国家统合就做得越好;体现得不完备的、没有抓住要点的,这个国家往往就会出问题。

2. 国家统合原理的体现

国家统合原理体现在哪里呢?我们要看到国家统合原理具有历史性,即在不同的历史时期,国家统合原理体现的方式各不相同。

(1)传统上的国家统合原理

首先,我们讲君主制。君主制在当今中国名声不好,我们将废除了帝制作为辛亥革命的一项功劳,现行宪法序言就是采用了这种历史叙事方式的。但为什么当年梁启超的政治立场虽然翻来覆去,却还是要坚持君主立宪呢?其原因很复杂,其中一个原因就是他很睿智地看到了一点:如果推翻了帝制,当时的中国就可能分裂,陷入"武人政治"。也就是说,君主制至少也具有一定的国家统合的功能。尤其是英明有为的君主,产生的国家统合的力量就非常强大。在传统中国,人们期待明君贤相,原因之一就在于此。所以,各国历史上大都存在君主制。当今英国依然舍不得废除君主制,部分原因是这个君主制存在国家统合的功能,是国家统合的象征。在现代日本,天皇制也难以废除,日本现行宪法第一条就明确规定:"天皇是日本国的象征,是日本国民统合的象征"。

其次,在西方,基督教也具有国家统合的功能。在中世纪,西方几乎是没有国家的,它只有社会,而这个社会是靠基督教统合起来的。西方出现近代国家之后,基督教依然存在,并仍然发挥着国家统合的功能。日本著名的政治学家丸山真男认为,欧洲三千年文化的基轴,就是基督教文明。

有关此点的影响,我们以日本明治立宪为例,予以说明。我第一次去参观日本国会的时候,发现其国会大厦旁边矗立着日本著名政治家伊藤博文的巨型雕像。这个巨型雕像比真人高好多倍,也比其他历史上的政治人物的雕像高出很多。说明伊藤博文在日本的影响也太大了!他对日本非常重要的历史贡献之一就是:他是明治宪法的主要设计者。在立宪之前,他曾经去欧洲考察宪政。考察期间,他曾经求教于当时德国的公法学权威斯坦因(Lorenz von Stein,1815—1890)。斯坦因曾写过一本书,阐述国家怎么组织起来的理论,叫《国家组织理论》。这也是为有雄心或野心的人提供的理论,绝对是煌煌正论。当伊藤博文移樽就教时,斯坦因见其英气逼人,很是欣赏,因此有意倾囊相授。于是,他问伊藤博文:我们西方人推行宪政的时候,首先有一个条件,使得立宪之后不会出现乱象,那就是我们有基督教;请问,你们日本人想要推行宪政,有类似的条件吗?据说伊藤博文听罢此言,猛然惊醒,诚所谓"一语惊醒梦中人"。他想了想,能与西方基督教文明相当的,日本基本上没有;如果有的话,那就是天皇的皇统。伊藤博文回到日本后,力主日本的皇统应成为"国家之基轴",然后再实行立宪。因此,这个立宪注定是一个君主立宪,而且是比西方君主立宪更加保守的、具有国家主义倾向的立宪。在这里,西方式的宪政与传统东方式的君主制结合了起来。

以上主要讲的是国外古代的国家统合原理的体现,那么我们古代中国的情况如何呢?

178

我们说,其实古代中国也存在国家统合的原理。

首先,是儒教。当然,在这个过程中,中国也采取了"罢黜百家,独尊儒术"的方式。这是因为"百家"的存在,虽然思想活跃了,但是对于国家统合不利。所以,在汉代大一统国家秩序稳定之后,董仲舒所提出的"罢黜百家,独尊儒术"的主张就为统治者所接受。当然,我们不得不说"罢黜百家"是不好的,因为它限制了中国人的思考能力,中国的思想此后基本上一落千丈,到了宋代才恢复一次高峰。而历史上百家争鸣时代的思想洪峰,此后所有时代都无法再次超越,这是中国人精神史上的极大悲哀。

其次,靠中华文明体系,即一种体系化的文明观念来实现国家统合。我们之前讲过,古代中国有"亡国"和"亡天下"的不同。"天下"就是靠文化力量统合起来的。这个是何等伟大! 许多西方国家做不到,它们虽然靠基督教,但更多的时候要靠武力统合。最后,士大夫集团与乡绅也有统合国家的力量。中国古代士大夫集团是一个统治阶层。但它不是由一般人组成的统治阶层,而主要是由有一定政治理念的、有道统精神的、有民本主义思想倾向的、以天下为己任的精英组成的阶层。这也是非常独特的。在民间,乡绅也起到统合社会底层的作用。

以上这些要素都在辛亥革命之后受到严峻的挑战,为此国家迅速陷入混乱。到袁世凯去世的时候,中国马上陷入军阀混战,国家统合的各种要素在这里基本上灰飞烟灭了。

(2) 近现代各国的国家统合原理

第一个是宪法本身。纵观世界各国,宪法本身就是国家统合的一种法宝。所以要建立国家,就要先制定一部宪法。这成为各国的通例。

第二个就是国民国家或者君主制。有些国家通过君主制实现国家统合,如英国、日本。近代许多国家都是如此。中国在晚清也曾努力要成为一个立宪君主国家,但失败了。像我们这样用君主制统合国家却不幸失败了的国家最好应该怎么办呢? 那就只能按照国民国家这个原理来统合国家了。可是国民国家的统合是非常艰难的,如前所述,中国迄今为止还没有彻底完成国民国家的历史课题。

第三个是政党政治和代表制度。用政党制度来实现国家的统合,各国在这个过程中有不同的做法。一些国家因为拥有成熟的市民社会,所以用多党制来全面地汲取国民的意志，促进国家统合；一些国家的统合状态比较脆弱，则只能倾向于用一党制来统合，或者用一党领导的多党合作制来进行国家统合，比如当今中国就是这样的。在代表制度方面，人民必须感觉到被代表了，才有利于国家统合。

第四个是单一制或者联邦制。有些国家用单一制来统合国家，例如英国、日本、中国等国家。这些国家不适合用联邦制来统合，用联邦制就可能四分五裂。可是，有些国家只能用联邦制来统合。一旦用单一制，它的人民就感觉非常不舒服。比如，美国人就是如此，德国人也是如此。德国人甚至把联邦制看作宪法的根本秩序，即使用宪法修改，也不能改变它。

第五个是国旗、国歌、国徽。这些东西都挺重要的，都是国家统合的象征。千万不要轻易侮辱自己国家的国旗、国歌、国徽或者其他国家的国旗、国歌、国徽。你侮辱了它，就相当于侵害了那个国家的国家统合。

3. 中国的国家统合原理及其特点

当今我国国家统合做得怎么样呢？在理论上，国家统合原理的研究极为不足，但在实际操作当中，则做得较为切实。

第一，我们也以宪法作为国家统合的象征。第二，国体制度方面强调中国共产党的领导。中国共产党的领导，是对各个方面、各项事业的全面领导，用现在的话讲，是"统领全局、协调各方"，发挥着国家统合的功能。第三，实行民主集中制，排除三权分立制度。有关这个方面，我们下一次课会专门分析。第四，实行人民代表大会制。第五，实行党领导的军队国家化。你很难说我们军队没有国家化，因为根据我们宪法规定，中央军事委员会作为一个国家机关，统领军事力量。当然，实际上，党的中央军事委员会和国家的中央军事委员会是"两块牌子，一套人马"。但这种体制是否有利于国家统合，无须多言。第六，实行共产党领导的多党合作制。请大家注意，它不是典型的一党制。中国共产党确立的政党制度，既不是西方的多党制，也不是权威国家的一党制，而是"共产党领导的多党合作制"，其他党服膺于中国共产党的领导。这样一个制度确实有利于国家的统合。第七，秉承"大一统"的传统，实行单一制的国家结构。第八，采取主导性的国家意识形态。中国社会从汉代"独尊儒术"以来，基本上就采用这样的做法，即确立一个主流的意识形态体系，目前还专门设置一种意识形态管理机关来建构、维护、宣传、推行这样一套意识形态,规制和克服其他对立的意识形态。第九,确立国旗、国歌、国徽。这些都是中国国家统合原理的体现。

以上国家统合原理在下图当中得到映现。图片反映了全国人大会议前的准备工作情况。我们可以看到,第一,所有服务员的服饰都是统一的;第二,所有代表们用的杯子,也是统一的;第三,更有甚者,杯子摆放的位置,都是由服务员拉线来安放的。我把它所追求的精神叫作"大规模一致性美学"。它之所以能够成立,就在于国家统合原理在起作用。

图 20 体现了"大规模一致性美学"的细节安排

那么,我国在运用国家统合原理的过程中有什么特点呢?特点如下:

第一,国家统合的优先性。这个非常明显。国家统合在实践当中具有明显的优先性。

第二,以执政党为主导力量实现国家统合。中国共产党起到的重要作用就是国家统合。从某种意义上而言,中国共产党把国家像木桶一样箍住。

第三,强调权力的适度集中。这本身往往被理解为也是大规模国家的一种内在要求。而且由于国家幅员辽阔,疆域极大,难免这里出现问题、那里出现问题,甚至出现灾害,有时甚至是应急性的大规模救灾需求。这都需要权力的适度集中。

以上这些国家统合的特点已经在国家的建制当中存在，但缺乏在国家论当中得到有力的阐述和论证。也就是说，实践中有了，但我们的国家论没有跟上，研究国家统合的学说非常少，基本上不存在。这是值得我们反思的地方。

最后想说的是：国家统合是国家组织过程中的一种重要因素，但其作用方式往往是很吊诡的，比如，有些国家通过民主化实现了国家统合，而有些国家则因为引进了西方式的民主制度，导致国家政治的剧烈动荡，即导致国家统合的失败，曾几何时，伊拉克、利比亚、埃及等国家就是如此。不过，国家统合原理的作用本身则是必要的，为此也是客观的，生活在国家之中的人们，其命运也很难摆脱其影响，可以说，当今中国的很多问题，均起因于国家统合原理的作用。但国家统合本身也是一把"双刃剑"，最为典型的例子就是像中国这样确立主导性的国家意识形态，这种方式具有悠久的传统，但如果意识形态管理机关主要是旨在控制人民的思想，那么这也有可能导致民族精神的委顿、国民创造力的萎缩。这就涉及国家统合应该采取何种方式，以及其界限何在的问题，确实需要深入研究。进而言之，如何在立宪主义的框架之内确立与运用国家统合的原理，更是值得深入探讨的重大课题。

五、国家的目的

最后我们要讲一下国家的目的这个问题。这也是一种有关国家的重要观念，主要认识国家的目的是什么。国家的目的是什么，从宪法学的角度讲，其实讲的是国家的目的应该是什么。这个问题很重要，因为确立什么样的国家目的，决定了我们赋予国家什么样的职能。

传统学说认为，国家有两种目的。

第一种是社会秩序的维持。这也是最低必要限度的国家目的，但非常重要，国家最基本的职能就从这里产生的。我们说有社会即可能有争斗；有争斗，如果没有国家，那么人们就会处于"自然状态"中，用霍布斯的说法，那就是"人对人是豺狼"了。当然，自然状态究竟是否如此，也有不同看法，我们说过，洛克和卢梭的描述就好了很多。但如果没有国家，大家肯定有很多不便，被人欺负只能靠私力救济，即使被杀，也告诉无门，只能靠亲人去跟凶手搏斗，实施复仇。如果凶手去了东海上的桃花岛，那么你的亲人只好千里追凶。但是追到了桃花岛，发现那凶手是武功盖世的黄药师，那只好干瞪眼了，或者上去打不到一回合，自己又饮恨而死了。而有了国家之后，情况就大为不同了。被害人的亲人可以去报警，然后警察负责寻找犯罪嫌疑人，检察院起诉，法院审判，监狱关押罪犯，更重要的是这一套法律制度预先存在，如果健全的话，其本身就具有强大的社会防御功能，连黄药师也不敢随便杀人。

而从理论上说，上述这第一种国家目的和国家职能又具体包括两个方面，一个方面是对内建立和平公正秩序；另一个方面是对外防止外敌侵略。而国家为了履行这方面的职能，可以采用暴力手段，而且暴力手段是必不可少的，但是如前所述，暴力手段必须被正当化、必须被认可，而且要依照宪法法律来才能实行。

国家的第二种目的，则是人民福祉的增进，主要是大力提供公共服务，其发展形态是建立给付型的福利国家。与此相应，也形成了国家的第二种职能。尤其是到了现代，国家职能不断地扩大，在公共服务、社会保障、社会事务管理各方面都发挥着更为强大的职能，特别是在基础教育、医疗卫生、社会福利、生存照顾、生态建设、环境保护等方面，国家的职能得到了发展。

那么国家的两种目的和职能之间的关系如何呢？这方面是有争议的。总体上看，彼此因时代、制度、历史的不同而消长。

一般来说，近现代国家主要以第一种目的和职能为基本，第二种目的和职能只是副次性目的，这就是近代西方的"夜警国家"、自由放任国家。

这里要记住一点：夜警国家是一个重要的公法概念，但和"警察国家"不同。夜警国家指的是国家好像夜晚的警察一样，白天不管，夜晚出来管，即主要管治安，维持公共秩序。这是西方近代最早出现的国家，又叫自由放任国家，国家只维持秩序，不提供其他公共服务。警察国家则是国家里布满了警察，什么事情都由警察来管，什么事情国家都干预，一般是专制国家。

然而，发展中国家，比如从殖民统治独立之后的印度，则比较重视上述第二种国家目的，社会主义国家一般也如此，主要是认为要保护人民的生存权，为人民提供服务。还有西方现代福利国家也是如此，认为国家除了维持公共秩序之外，还要提供公共服务，尤其是人民的生存照顾。

值得注意的是：中国是个灾害多发型的大国，民间社会的自组织化程度又一向较低，由此，国家职能的履行具有重要性，真正所谓的"小政府"模式并不适合中国。但另一方面也要看到：毕竟"羊毛出在羊身上"，从终极意义上而言，国家目的的实现，国家职能的发挥，对于社会成员来说都不是"免费"的。如果国家职能过大，也可能侵害社会和个体的生机，甚至压制社会和个体的健全发展。

第六章　国家类型学：国体与政体

　　国家类型学涉及国体、政体等概念和理论,非常重要。历史学家钱穆曾经指出,中国古代思想家黄宗羲、顾炎武等只研究治道,不研究政道,终究跳不出"封建·郡县","公天下·私天下"等固有概念的缺陷,不像欧美先贤拿出了明晰的国家蓝图。他所说的"政道""国家蓝图",其实就是政体。这或许是中国人思维的一个缺陷吧。像黄宗羲已经很厉害了,提出了诸如将学校作为代议机关等许多思想,但是依然无法从政体方面对国家进行进一步设计。这正是我们中国思想与近代西方思想的差距所在。所以今天我们尝试一下如何跳出中国传统治道思考的历史局限,学一学国家类型学的理论。

　　我们今天讲的第一个内容是国家类型学的源流,第二个内容是从国体到国家性质,第三个内容则是从政体到国家形态。这一章的名称就是"国家类型学:国体与政体"。顾名思义,我们主要就是从国体和政体的视角出发,去探究到底国家有哪些类型,或者说国家政治体制应该是怎么样的。显然,今天我们所讲的内容将大幅度地超过"马工程"教材的范围。

　　在讲授本章之前,我们照例提出几个章前导引问题:第一,古今中外有各种各样的国家,这些国家该如何分类? 第二,民国时期,有人称"共和"是国体,但也有"共和政体"一说。请问:共和到底属于"国体",还是属于"政体"呢? 第三,辛亥革命后,孙中山主张采用总统制,但他的战友,即另外一个著名政治家宋教仁,则主张采用内阁制。你认为应该采用何者才适合于当时的中国呢? 第四,有人说当今中国已经形成了"党国体制"。如何从宪法学的角度正确认识中国特色的政体? 第五,当今中国国体是什么呢? 是共和,是人民民主专政,还是社会主义国家? 第六,根据研究,中国共产党执政的合法性已经巧妙地体现在宪法的许多地方。你知道体现在哪里吗？有人认为主要是序言，真是如此吗？如果是，那是序言的哪些部分呢？以上问题，在学习完本次课程之前，不可能得到完满的回答。且听我们下面的讲解。

一、国家类型学的源流

我认为，要认识国体、政体这些重要概念，必须从国家类型学这个角度去认识。如果不从这个角度去认识，就很难说清楚这些概念。很多学者差不多也认识到了这一点。比如英国著名政治学家海伍德（Andrew Heywood）就认为，要认识"政体"这个概念，必须进行比较研究。我非常赞同这个观点。其实，从亚里士多德开始，就对政体进行比较分析，国家类型学就是这样发展起来的。也就是说，对政体的研究自古以来就有了。而"国体""政体"正是国家类型学当中的重要概念，或者说，"国体""政体"就是国家类型学上对国家分类的两个标准。今日看来，"国体"的概念更加重要，但从其发展脉络来看，最早出现的是类似于"政体"这样的一种概念，而"国体"的概念是后来出现的，是从政体概念中分化并衍生出来的，而这个过程正是在东方人的学说中完成的。

以下，我们来看国家类型学历史上有关国家类型的几种经典分类学说。

（一）政治哲学的经典分类

1. 亚里士多德的分类

首先，不得不说亚里士多德。虽然亚里士多德的老师柏拉图也有国家类型学上的分类，但很多人从亚里士多德的学说讲起，因为后者更为经典。

当我们说亚里士多德有关 constitution 的分类时，其中 constitution 是古代希腊文里面 πολιτεία 的英文翻译，意译成中文就是"政治体制"，简称"政体"。大家都知道，亚里士多德对当时希腊很多城邦都进行了分类，其中，有著名的雅典与斯巴达。你知道他分析了多少个城邦吗？158 个城邦。最后归纳出六种政治体制。至于这是实际上存在的，还是应该存在的六种政体，在亚里士多德那里是混合的，因为在那个时代，应然和实然基本上是没有分开的。

对他的归纳，我们借助一个表格来表示。

表 2 亚里士多德对政治体制的分类

统治目的 ＼ 统治者	一人	少数人	多数人
为所有人（正体）	君主政体	贵族政体	共和政体
为统治者（变体）	僭主政体	寡头政体	democracy

　　亚里士多德根据两个标准对城邦的政治体制进行区分。首先，根据统治者多寡，可以分为三个类型，即：君主政体、贵族政体、共和政体。这三个都是"正体"，其共同点是为所有人服务。但是，这三种体制会产生"变体"，用亚里士多德的话来讲就是"堕落形态"，变成为统治者本身服务的政体，其中，一个人统治的君主政体变成僭主政体，少数人统治的贵族政体变成寡头政体，多数人统治的共和政体则变成 Democracy，其现代英文翻译是"民主政体"，但是由于在当时 Democracy 还是贬义词，在这里应该翻译成"暴民政治"或"众愚政治"。

　　亚里士多德自己推崇哪种政体呢？他没有明确表示，有人说他比较推崇共和政体，也有人说他推崇混合政体。应该说，后面这三种变体肯定不是他所推崇的。而在前面三种中，他认为君主政体和贵族政体基本上不可能稳定存在，因为这两种政体中的统治者太有良心了，就像神一样，居然还能为所有人服务，在这个意义上他寄希望于共和政体。亚里士多德特别睿智地反对 Democracy 政体。Democracy 虽然是多数人统治，但它有很大的弊端。他认为：如果多数人统治是为自己服务的话，大多数人就会嫉恨那些有钱人，因此这个政体注定是不安定的。在亚里士多德看来，国家权力既不能交给最有钱的那部分人，但也不能交给最贫穷的那部分人，否则都注定是不安定的。国家的权力应该交给谁呢？交给中产阶级是最好的，这就是共和政体。我认识到这一点时，非常振奋。亚里士多德不愧是人类的先知！他的这个学说至今仍然是振聋发聩的。只要你理解其真髓，就知道这一点。这里顺便说一个观点，我认为：如果学法学的人适合参与国家治理的话，那么道理也是一样的：太穷的人不宜学法学，因为他容易偏激；太富的人也不宜学法学，因为他可能缺少对人类苦难的理解。

　　诸君请记住，好好去读亚里士多德的《政治学》！

2. 马基雅维利的分类

在亚里士多德之后，马基雅维利（Niccolò Machiavelli，1469—1527）提出了国家类型学的又一个经典分类学说。他不用 constitution，而采用 government。当然，这是意大利语翻译过来的。1513 年，马基雅维利在《君主论》中提出一个很简明的政体分类，即分为君主制和共和制两种。其中，君主制就是一人统治，共和制就是多人统治。马基雅维利处于意大利分裂的时代，他认为在当时分裂的意大利，共和制不可能实现——因此只能实行君主制，通过君主制实现国家的统一。所以，他用的是"一元二分法"。"一元"，指的就是"统治者是谁"的标准；"二分"就是分为两种形态。按照这个道理，刚才我们所讲的亚里士多德的分类是几元几分法呢？是"二元三分法"。

3. 博丹的分类

在马基雅维利之后，法国学者博丹（Jean Bodin，1530—1596）提出了有关国家形态的分类。博丹提出了国家形态这一概念，法语是 formes de la République，我们大致可以从英语中推测出其含义，只不过词序与英语有些不同罢了。博丹还同时提出了主权概念。他认为，主权是至高无上的、不可分割的、不受限制的权力。正是根据主权之所在，博丹将国家形态分为三种，即：君主制、贵族制、民主制，而他本人力主君主制，理由是君主制最为稳定。博丹另外根据国家权力来源和行使方式，将国家分为：合法国家、僭主国家和叛乱国家。博丹的分类方法有点类似于亚里士多德，也是属于二元三分法。

4. 孟德斯鸠的分类

博丹之后，我们所熟悉的法国思想家孟德斯鸠（Charles de Secondat，Baron de Montesquieu，1689－1755）也提出了一种政体分类学说。他将政体分为三种：首先是共和政体，指的是全民或部分人民的统治，这里面又分为民主政治和贵族政治。第二种是君主政体，是一个人统治，但和亚里士多德不同，孟德斯鸠不讲这个统治是为谁服务的，而是将这个统治理解为是依法而治的，即君主权力受到法律约束，君主本身也依法治国的，这种体制就叫君主制。如果君主不按照法律，而是按照人治的方式来治理国家的话，那在孟德斯鸠看来就属于是第三种的政体，叫专制政体。这个分类学说将政体分类的形式标准与实质标准混合起来，应该说在逻辑上有点不够周延，但也很著名，为此也进入了国家类型学的学说史。

（二）一般国家学的经典分类

应该说，以上都是政治哲学对国家的分类。但如前所述，到了近代，德国出现了一种学问，叫作一般国家学。其实，在法国等其他大陆法国家也都存在。一般国家学当中有一个理论，可叫作"国家形态理论"。国家形态，用德语讲就是Staatsform。在德国的一般国家学的国家形态理论当中，亚里士多德的constitution、马基雅维利的 government 和博丹的 formes de la République 一律统称为 Staatsform。也就是说，在那个时代，国家形态的概念确立了。

当时最著名的国家形态论，可举近代德国一般国家学的集大成者耶利内克的分类学说。这个分类你看完之后，会叹为观止。为什么呢？因为它太精细了！耶利内克采用的也是一元二分法，标准就是国家意志构成的种类的可能性。他认为，根据这一标准，国家可以分为君主国和共和国。分到这里还是很粗疏的，但是耶利内克学说的特点在于，接下去是极为细致的下级分类。有关这点，我们后面会讲到，这里姑且先按下不表。

以耶利内克为代表的一般国家学对国家形态的分类，有什么特点呢？它具有高度的形式性，不再进行价值判断，不像亚里士多德那样做类似于"正体""变体"的价值判断。总之，它具有高度形式性，也具有可操作性。而这也是法学的特征。

（三）法学的经典分类

1. 穗积八束的国家形态论

传统的国家类型学中其实曾存在好坏的价值判断，但发展到近代的国家形态论时，就只看国家形态，不看国家实质了。因此，当时 Staatsform 这个词被翻译到明治时期的日本的时候，就翻译成"国家之体裁"或"国家形体"，有人索性把它简称为"国体"。宪法学上的国体概念，就是这样来的。

采用这个概念的最有代表性的宪法学者是东京大学的穗积八束。他是中国人所熟悉的日本近代著名法学家穗积陈重的胞弟，"中华法系"这个概念就是穗积陈重提出的，而穗积八束确立了"国体"的概念，他的学说被概括为"国体宪法学"。穗积八束可谓是国体宪法学的代表，并为此成为明治时期日本官宪宪法学的权威。他原本是留德出身的,曾师从拉班德。拉班德是当时德国公法学的巨擘。穗积八束虽然师从他,其实也没有好好学习。根据研究,他也就学了一些而已。但他发展出了有日本特色的理论体系,形成了国体宪法学。他回日本那年是 1889 年,当年就要公布《明治宪法》了。因此,穗积八束一回到日本,就被称为"宪法学王子"。确实,他还比较年轻,当时才 28 岁,回到东大,他马上就当正教授了。过了几年,他就变成官宪宪法学的权威了。据说,由于研究宪法学,这个人在校园里也把脸板得像宪法一样严肃。

穗积八束最早将国体概念作为宪法学基础概念,或者说,他是最早将 Staatsform 翻译成日文"国体"、并且作了精细论证的人。当一个学者具有他自己的理论体系的时候,他才能够成为一个重要的学者。体系对于一个学者来说是非常重要的,而穗积八束是有理论体系的。穗积八束的国家形态论是什么样的呢？他将 Staatsform 翻译成了东方式的"国体",但区分了国体和政体的概念。这就出现了二元的分析方法。什么是国体呢？他认为国体"因主权之所在而异",这基本上是吸收了博丹的国家形态学说。他把国体分为君主国体和民主(共和)国体,这与德国一般国家学的主流也比较一致。大家注意,我国清末民初许多人把共和看成是国体,就来自于穗积八束的这一分类。那么,政体是什么呢？这是国家分类的另一个标准,即"由统治权行使之形式而分"。穗积八束把它分为专制政体和立宪政体。专制政体,指的就是统治者的权力不受任何法律约束;而立宪政体,就是统治者的权力受到约束。立宪政体简称"宪政"。大家注意,中文"宪政"的概念,其源流就在这里。我们曾经说过,它最初就是"立宪政体"的简称而已。这是一个抽象的、形式意义上的说法,表明这个政治体制并非是无法无天、不受任何法律约束的。

穗积八束整个体系当中,国体的概念最有特色,且最为重要。国体概念是怎么建构起来的呢？他主要是用二元二分法。也可以说是：用东方的酒瓶,装上西方的酒,再卖给东方。东方的酒瓶是什么呢？就是"国体"的概念。因为从语源学上讲,"国体"这个用语是来自东方的,是日本在古代从中国引进过去的。中国古代许多经典都出现过"国体"的概念,比如《管子》《汉书》上面都反复出现过"国体"的用语,指的是"构成国家的最重要的要素",或"国家的体面"这些含义。到了日本之后,"国体"一语起先也是采用这些含义的,但慢慢地出现了含义的变迁，尤其是江户时代（1603—1868年），"国体"一词就成为国家观念当中的一种概念。到了明治初期，它被看成是某种源自于日本自身无与伦比的历史、传统与习俗的一种结晶，集中体现在天皇制之上。因为据说延至明治天皇，日本天皇的皇统一共延承了122世。这在世界上是极为罕见的，所以日本人从中获得一种骄傲。我2014年去日本开会时，顺便参观了东京的皇居，仍然感觉到日本对待天皇的一种态度，即他们把其看作一种文化的结晶。在日本，伦理、文化意义上的"国体"概念，指的就是这种结晶。

延伸阅读：穗积八束的贡献

穗积八束就利用已经在日本形成的那种伦理、文化意义上的国体概念，去转译西方的Staatsform，为此把它建构为一种合二而一的概念，既有法政的含义，也有伦理文化的内涵。

2. 美浓部达吉的国体概念无用论

美浓部达吉是与穗积八束差不多同时代的一位新锐学者，也是其最主要的一个论敌，他针对穗积八束的国体学说，提出另外一种学说，可称为"国体概念无用说"。但美浓部达吉也承认历史文化意义上的国体以及它对宪法解释的意义，只是反对把它作为法学概念，理由是从国家法人说看来，无论任何国家，其主权之所在都在国家那边，因此，穗积八束所说的国体概念就没有意义。那么国家形态应该怎么分类呢？美浓部达吉采用一元二分法，他只承认"政体"的概念，政体就分为两种，一种是君主政体，另一种是共和政体。这个学说在民国时期也被引进到中国。所以我们民国时期会出现有人说共和是国体，比如说"拥护共和国体"；有人则说共和是政体。这是因为前者受穗积八束的影响，后者是受美浓部达吉的影响。

穗积八束的国体论，其命运很曲折。它被提出来之后不久，就成为主流学说。但是到了1911年，发生了国体争论，美浓部达吉突然在《宪法讲话》一书当中对穗积八束的国体学说提出猛烈批判，主要观点就是上面讲的。这个批判确实非常有力。那些年穗积八束正在生病，老先生也爱面子，没有亲自出场，就叫他的弟子上杉慎吉出场领战，因为上杉慎吉和美浓部达吉是同年龄段的，穗积八束在后边不断写信给他援战。但是，上杉慎吉的理论水平略逊，几个回合就败阵下来了，这使得穗积的国体论受到严重的挫折。此后，明治天皇1912年去世，穗积老先生抱病参加了葬礼，受了风寒，不久之后也去世了。穗积八束去世之后，上杉慎吉就在学术界陷入了孤立，国体宪法学派一度受到重大挫折。在接下去的整个大正时期，美浓部达吉的学说就成为主流学说。但是，从三十年代起，由于日本法西斯主义抬头，国体学说又居于通说地位，因为它被日本法西斯主义所利用，作为国家主义的一个学说，重新雄踞主流地位。然而到了战后，日本新宪法确立了国民主权和象征天皇制，国体概念终成"死语"，穗积的学说遭到了蔑弃。这就是它曲折的命运。

以上是本堂课的第一部分——国家类型学的源流。

二、从国体到国家性质

（一）国家性质与国家本质

在当今中国，我们把国体概念叫作国家性质，指的是国家的阶级性质，它体现为社会各阶级在国家当中的地位。这里所讲的国家性质与国家本质又是不同的。上一次课我们讲国家及其正当性，里面讲到国家的本质。对国家本质的不同认识，形成不同的国家观。那里所讲的国家本质指的是什么？指的是古今中外所有国家的性质。而我们这里所讲的国体意义上的国家性质，指的则是特定国家的性质，比如当今中国，它的国家性质是什么呢？它是工人阶级领导的、以工农联盟为基础的人民民主专政的社会主义国家。这是我们国家的性质。当今我国的通说认为，国家的性质就是国体。

（二）国体概念的源流

那么，我国这个通说的源流是怎样的呢？之前我们讲到，国体这个概念在我国古代经典里面就存在了，后来被古代日本引入，最后又从日本传入进来。这个叫作"字侨"或"词侨"现象。在当今中国，法学、社会学、政治学领域大量的词汇都是这么来的。当从古代中国出去又回到中国时，字或词的含义已经发生了变迁。国体概念就非常典型。

1. 晚清时期的移植

晚清的高官达寿把国体概念从日本引进来。他是第二批被派到日本考察宪政的大臣，在日本当面听过穗积八束的课，受到穗积氏的影响，把穗积的国体政体二元论这个学说整体引进来了。虽然穗积学说在日本曾居主流，但他培养的弟子很少。上杉慎吉因理论水平有限，后来在学术争论中被批倒，最终郁郁而终。但可以说，中国人达寿则延续了穗积学说的坠绪，使得国体概念史在此后的中国得以续写。而达寿是怎么延续的呢？第一，他承认并引进了"国体"这个用词；第二，他吸收了国体、政体二元论。

另外一个源流是由梁启超引领的。梁启超的国体说有一个不断发展变化的过程，但主要是受到美浓部达吉的影响。不过，美浓部达吉在法学上不采用国体的概念，但梁启超并没有照抄照搬这一点，而是承认国体的概念，只不过他把国体概念理解为美浓部达吉所说的政体，认为国体就是国家最高机关之所在。也就是说，这本来是美浓部达吉对于政体的分类标准，梁启超把它作为国体概念的内涵而保留下来了。还有一些著名的人物，比如张知本，他更加直接地受到美浓部达吉的影响，比梁启超更甚，曾经不承认国体概念。

2. 新中国时期的通说

20世纪40年代，毛泽东对国体、政体提出了一个颠覆性的论断。1940年1月，他在延安发表《新民主主义论》，指出："这个国体问题，从前清末年起，闹了几十年还没有闹清楚。其实，它只是指的一个问题，就是社会各阶级在国家中的地位"。这是一个非常重要的论断。其意义就在于，国家类型学得到了实质化。过去的国家类型学发展为形式化的，国家类型学变成国家形态论。可是到了毛泽东这里，这个就被颠覆了，国体概念被重用，且把国体概念称为国家的性质。国家类型学在这里重新回到实质性的判断。这成为新中国法政学界的通说，后来体现在宪法当中。

（三）我国现行宪法中的国体条款

当今我国的国家性质是什么呢？根据主流学说，答案很明快，那就是我国现行《宪法》第1条第1款所规定的："中华人民共和国是工人阶级领导的、以工农联盟为基础的人民民主专政的社会主义国家。"同条第2款规定："社会主义制度是中华人民共和国的根本制度。中国共产党领导是中国特色社会主义最本质的特征。禁止任何组织或者个人破坏社会主义制度。"

1. 迄今的主流学说

根据这个条文，有学者将其具体化地解读为如下五点内容。

第一，人民民主专政。从国体概念来看，我国的国体是人民民主专政。

第二，社会主义。从国家性质来看，我国属于社会主义国家，社会主义制度被认定为是我们"国家的根本制度"。

第三，新型政党制度。主流学说认为我国的政党制度既非一党制，也不是两党制或多党制，而是中国共产党领导的多党合作和政治协商制度。2021 年 6 月国务院白皮书《中国新型政党制度》指出，这是中国的一项基本政治制度，是一种新型政党制度。在这里，我们要注意区分多党制和多党合作制的不同：多党制其实就是多党竞争制，所谓"政党政治"，一般指的主要就是这种制度的运作机制；而我国新型政党制度则是实现了执政与参政、领导与合作、协商与监督的有机统一。这从哪里解读出来呢？首先可以从宪法序言中解读出来。宪法序言第 7 自然段讲到坚持四项基本原则，其中就有坚持中国共产党的领导；其次，序言第 10 自然段规定了政治协商制度，1993 年修宪时本段最后增加了一个表述，即"中国共产党领导的多党合作和政治协商制度将长期存在和发展"。再次，2018 年修宪，在宪法第 1 条第 2 款中加入了一句，即："中国共产党领导是中国特色社会主义最本质的特征。"为此，中国共产党的领导在宪法上更加明确了。

第四，经济制度。对经济制度加以规定，这在世界上大多数国家的宪法里是较少见的，但欧盟例外。也就是说，多数成熟的立宪国家的宪法都不太规定经济制度，最多只规定私有财产不受侵犯，而这种规定实际也是作为一种基本人权来保障，而不是作为制度来规定的，尽管有些国家的某些宪法学说也将这种私有财产权的保障理解为是一种"制度性保障"。但我国情况不同，因为根据马克思主义的理论，经济基础决定上层建筑，为此它是国家性质的基础，必须加以确定。那我国的经济制度是如何的呢？宪法总纲部分有很多规定，包括从第 6 条到第 18 条，一共 13 条。当然，由于我国这几十年来一直处于经济改革和社会转型之中，这部分内容也是现行宪法中变动最频繁的，经历了多次修改，所以可以把这部分称为我国宪法中的"动感地带"！

就目前而言，我国经济制度的内容很丰富，但最重要的如下：（1）生产资料的社会主义公有制是基础。根据马克思主义的看法，过去在剥削阶级社会里面，生产资料都是私人拥有的，因此拥有生产资料的阶级便成为剥削阶级，而社会主义革命的目标就是要消灭剥削，为此就要消灭生产资料的私有制，建立生产资料的公有制；至于生产资料的社会主义公有制，又有两种形式：一种是全民所有制，另一种是劳动群众集体所有制。（2）非公有制经济，其在理论上被定位为社会主义市场经济的重要组成部分。（3）保护社会主义公有财产和公民合法的私有财产。但根据宪法的明确规定：社会主义公有财产神圣不可侵犯，而公民合法的私有财产只是"不受侵犯"。这里面自然有程度的差别。2018年修宪之际，有人主张应在现行《宪法》第11条中写上非公有制经济依法享有与公有制经济平等的权利，但没有被采纳。

第五，主流学说还认为，作为一个人民民主专政的社会主义国家，我们还需要各种文明协调发展。哪些文明呢？现行《宪法》序言第7自然段原本列举了三大文明，即"物质文明、政治文明和精神文明"，经过2018年修宪之后，修改为五大文明，即："物质文明、政治文明、精神文明、社会文明、生态文明。"

以上是主流学说所认定的我国国家性质的内容。这种说法显然属于一种扩大解释，但也不是空穴来风的，而是有宪法条文依据的，基本上反映了现行宪法总纲部分的有关内容。然而前面我们也提到了，从比较宪法的角度看，这些宪法条文都很有特色。

以上我们所讲述的是，我国宪法学迄今为止的主流学说根据现行宪法的规定对我国的国家性质所作的理解。我们承认，这是很重要的。接下来我们要讨论的是：关于我国的国家性质，在宪法学上是否还可以作出一种新的理解呢？我认为是可以的，而且这种新的理解模式同样也有宪法上的依据。

延伸阅读：国体条款有何特色

2. 有关国体条款的规范分析

这个国体的条款，我们分析起来，会发现里面隐含着许多政治的密码。

（1）国体条款所蕴含的内涵

第一，中国共产党领导。

我国现行宪法上的国体条款本来就隐含了中国共产党领导。这从哪里可以分析出来呢？从《宪法》第1条第1款中的"工人阶级领导"与第1、第2款中的

"社会主义"，这两点都可以分析出"中国共产党领导"。这是因为：中国共产党本身就是工人阶级先锋队，"工人阶级领导"就意味着中国共产党领导；中国共产党又是社会主义政党，所以坚持社会主义，就必须坚持中国共产党领导。而2018 年修宪，在现行《宪法》第 1 条第 2 款中加入了"中国共产党领导是中国特色社会主义最本质的特征"一句，使得这一内涵在宪法文本上明确了起来。

当然，共产党执政的合法性并不仅仅体现在这个国体的条款当中，也体现在其他方面。在本章导引问题中我们曾经问道，关于中国共产党的领导或执政，宪法上有哪些规范依据呢？正确的答案是：至少有四处。第一处：《宪法》序言第四到第六自然段。我们讲过，这里记述了 20 世纪的四件大事。这个历史叙事就隐含了一个推论，即中国共产党的领导地位是历史地形成的。第二处在《宪法》序言第七自然段，其中明确地提出"中国各族人民将继续在中国共产党领导下"这一原则。第三处在《宪法》序言第十自然段，其中宣布"中国共产党领导的多党合作和政治协商制度将长期存在和发展。"第四处就是这里所说的国体条款，其中《宪法》第 1 条第 1 款原先已暗含了中国共产党领导地位的合法性论证。通过2018 年修宪，现在第 1 条第 2 款中明确加入了一句："中国共产党领导是中国特色社会主义最本质的特征。"这里顺便说一下：有人说，我国宪法序言最重要，因为序言蕴含了中国共产党领导。政治宪法学的部分学者就持这种认识。我认为这个说法还不够准确，因为按照其论据，总纲也非常重要。

第二，对人民的民主与对敌人的专政。

国体条款既包括了对待人民的原则，同时也隐含了对待敌人的原则。对待人民的原则就是实行民主，对敌人的原则则是实行专政。二者辩证统一在一起。关于对人民的民主，这一点好理解，问题在于何谓"专政"呢？

"专政"这个概念，英文为 Dictatorship，但 Dictatorship 翻译成中文可有两种含义：一种叫独裁，另一种叫专政。近代乃至 20 世纪 30 年代的时候，"独裁"这个中文用语曾经是中性的，后来才成为贬义的，变为贬义之后，中国共产党和其他民主党派就把"独裁"这个词送给国民党了，而"专政"一词则倾向属于中性词，为此，工人阶级领导的、以工农联盟为基础的人民民主统治形式，就称为"专政"。但实际上，在现代英语中，Dictatorship 没有上述的两义之分，只有一种含义，即相当于"独裁"，具有贬义性质。为此，当今我们将"人民民主专政"翻译成为 the people's democratic dictatorship，西方人就说，你瞧，中国自己也承认自己是一个"独裁国家"。对于这一点，不知道国内的意识形态管理机关是否注意到。当然，不管怎么说，Dictatorship 这个词好歹要比 Despotism 与 Autocracy 好一些，后两者具有更明显的贬义色彩，可直译为"专制"，它们与"专政"(Dictatorship)是有微妙不同的，不同之处就包括，"专制"含有不受任何法律约束的含义，而"专政"基本上已没有这一含义了，至少在我国当今是这样的。

这得从古罗马谈起了。"专政"(Dictatorship)这个用语，应该来源于古罗马的专政官制度。古罗马共和时期实行一种特殊的政治体制，即有两个执政官共同执政，对于一个事项，两个执政官意见一致的就予以实施，如果意见不一致就不予实施。这个制度有一定合理性，但有一个致命缺陷，即一旦遇到紧急状态，比如战争、灾难，两个执政官意见如果有分歧，就会导致无法迅速做出决定，甚至无法做出决定，共和国就会面临巨大危机。那怎么办呢？针对这一点，古罗马共和国又设计一种"专政官"制度，专政官叫 dictatura，民国时期又翻译成"独裁官"，或者音译为"狄克维多"。根据这个制度，如果国家遇到紧急状态，就选出一个人作为专政官，来管理国家，他可以做任何决定，共和国都要执行，而且专政官可以超越法律，不受法律约束。

古罗马时期的这个制度，对后来的专政概念产生了深远的影响。1918年，列宁在论述专政概念时，即曾指出："无产阶级的革命专政是由无产阶级对资产阶级采用暴力手段来获得和维持的政权，是不受任何法律约束的政权。"

但是，应该看到的是，这种传统的专政概念的内涵，在当今社会已经发生了一定变化，尤其是在社会主义制度的实践中已经发生了重要变化。在早期社会主义制度实践中，确实也主张专政不受法律约束，但这在后来斯大林执政时期导致了根本的错误，产生了很大的灾难，因此，专政这个概念的含义已经发生了变化，人们认识到应该抛弃了"不受法律约束"这层内涵。在中国，这一点更加明显。我国现行宪法规定"人民民主专政"，同时，第五条也规定"建设社会主义法治国家"，任何人、任何组织都必须在宪法和法律的范围内活动，没有超越宪法和法律的特权。在这种语境下，我们所讲的"专政"，就已经不再是不受法律约束的那种专断性权力了。

那么，这个"专政"指的是什么呢？在我看来，从规范宪法学的立场说，它指的就是人民对国家权力的排他性占有，即不让敌人成为主权者的构成部分，分享国家的政治权力。其在法律上配套的技术手段就是剥夺这部分人的政治权利，所以，比如现行《宪法》第 34 条在规定了年满 18 周岁的公民普遍享有选举权与被选举权时，就设了一个但书，明确规定"但是依照法律被剥夺政治权利的人除外"。这个规定也显示，这种排他性占有并不意味着可以超越法律。

之所以应该将我国现行《宪法》第 1 条第 1 款中"人民民主专政"中的"专政"理解为人民对国家权力的排他性占有，而非"不受任何法律约束"，这从国体概念史中也可以得到有力的验证。从国体概念史的角度来看，我国历部宪法，但凡有国体条款的，该条款所要确定的内容，都涉及"主权之所在"这一根本问题，而"不受任何法律约束"不能说明这一点，只有前面所说的"人民对政治权力的排他性占有"这一点，才能回应"主权之所在"的根本问题，为此才适合理解为"专政"的内涵。

不仅如此，中国的社会主义实践实际上也已经扬弃了人民民主专政可以"不受任何法律约束"这个观念，也就是说，即使作为"专政"的一种特点，它也已不复存在了。这是因为在这一点上中国有过极为严重的教训，"文化大革命"就是在这种情况下发生的。当时人民对所谓"敌人"的专政不受法律约束，但在这个过程中，人民自己的成员也常常被划分为"敌人"，受到残酷的打击和迫害。有些人曾经批斗过"敌人"，但最后自己反过来受到了批斗，像刘少奇、罗瑞卿等都受到残酷的批斗。所以，"文化大革命"后，大家认识到这一点，强调必须实行法治，专政观念开始发生变迁，即认为即使对敌人实行专政，也必须纳入法律的框架当中，其标志性的历史事件就是对"四人帮"集团的公开审判。

总之，将中国现行宪法国体条款中的"专政"概念理解为不受法律约束是不对的，而应理解为对政治权力的排他性占有。这种理解本身更符合"人民民主专政"这一概念的规范性内涵。

（2）国体条款的特殊性

说起国体，我们也可以看一下我国台湾地区的"宪法"。它是我国历史上的 1946 年宪法延续下去的，其第 1 条里面也有国体条款，规定："中华民国基于三民主义，为民有民治民享之民主共和国。"这里有个特点，被称之为"以主义冠国体"。这在"五五宪草"时期就曾受过批判。有人指出，你用一党之主义放到国体之前，成何体统啊？针对这种批判，后来它改了，虽然也写入了三民主义，但直接代之以林肯的"民有、民治、民享"去冠"民主共和国"这个国体的表述，这个用心良苦的条款终于得到了接纳。

新中国宪法则做得更巧妙了。新中国宪法中的国体和主义也产生了一种关系，比如现行《宪法》第1条第1款规定："中华人民共和国是工人阶级领导的、以工农联盟为基础的人民民主专政的社会主义国家。"在这里，采用的句式不再是"以主义冠国体"了，如果说有何特点，那么则可概括为"以国体冠主义，使主义成国体"了。这本身是因为国体具有了实质性内容，主义也已经被制度化了，即社会主义成为一个根本制度。由此，国体就发展成为"国家性质"。

这里还有一个延伸的问题，即我国现行《宪法》第2条第1款（国家的一切权力属于人民）是否也属于国体条款？据我分析，我国的国体条款有一个"双重倒置结构"。这种结构是有其历史渊源的，可以说是历史地形成的，中华民国的历部宪法都采用了这样的结构。具体而言，这个结构的第一重是传统的国体条款，体现国体、主义、国家性质等复杂要素；而第二重则是人民主权条款。一般的宪法会把人民主权条款放在第1条，我们却把它放在第2条，所以说是规范形式上的倒置结构。对这种倒置结构的合理说明就是："人民"的范围和结构是由国体决定的。

3. "国家性质"新解

这个国家性质到底应该如何理解呢？我们说过，毛泽东的理解非常经典，国体就是"社会各阶级在国家中的地位"。具体而言，在当今中国，工人阶级居于领导地位，农民阶级是同盟军；其他阶级在国家中的地位如何呢？答案是：作为剥削阶级的阶级已经被消灭了，但还存在一些敌人。这是传统的理解。

这个理解当然是毋庸置疑的，但它倾向于是一种政治性的理解，而非规范意义上的理解。如果从规范角度解读国体，即国家性质，我们也可以将其理解为国法秩序的本质特征，其体现于一个国家宪法所确立的国法秩序的根本原理（或曰根本原则）之中，为此构成国法秩序纲领的核心。所以，在我国，这些内容就被写在宪法总纲部分，并以原理或是原则的形式体现出来。而这样一种国家性质的内涵，还是具有历史性的。也就是说，同一个国家的国家性质也可能随着历史的发展而产生微妙的变迁。

如果按照这样一种"国家性质"的概念来理解，并依据我国宪法中的相关条款来分析，就我国的国家性质其实也可以从如下三个方面来把握，这三个方面，可以称为我国国法秩序的根本原理：

首先是"人民民主"。这个性质体现在现行《宪法》第1条第1款以及第2条之中。诚然，第1条第1款中规定的是"人民民主专政"，但在"民主"和"专政"这两个方面中，民主这一方面无疑是更重要的，也就是说，我国主要实行的是人民民主，而非主要实行专政。而且，专政也已经内化于这三个根本原理之中了。这一点在第2条整个条款中也得到了直接的映照和具体化。该条两个条款规定的都是人民民主的制度化。

其次是"社会主义"。这体现在现行宪法的许多条款之中，其中最重要的是第1条第1款，其明确规定我国是一个"社会主义国家"。对此，2014年党的十八届四中全会说得非常明确：中国特色社会主义的最本质特征就是坚持党的领导。这个表述经过2018年修宪被写入了宪法，现行《宪法》第1条第2款如今是这样规定的："社会主义制度是中华人民共和国的根本制度。中国共产党领导是中国特色社会主义最本质的特征。禁止任何组织或个人破坏社会主义制度。"至于上述主流学说所列举的经济制度、政党制度等独特的内容，其实也可纳入这个范畴加以理解。总之，"社会主义"作为我们新中国的国家性质的内容之一，是不能否认的。当然，如果从政治宪法学、宪法社会学的角度来看，同样难以否认的是：随着社会的急剧转型和时代的变迁发展，作为宪法所规定的"社会主义"，其具体的规范性内涵在当下正处于一种继续形成状态之中，为此，究竟应如何把握，以及何去何从，则有赖于主权者人民的意志以及历史发展的结局。而从规范宪法学角度看，现行宪法第1条第2款中有关"中国共产党领导是中国特色社会主义最本质的特征"的表述，实际上已为"社会主义"的定义给出了明晰的、稳定的内涵。

最后则是"法治国家"。这体现在《宪法》文本第5条，包括1999年修宪时增设的该条的第1款："中华人民共和国实行依法治国，建设社会主义法治国家。"党的十八届四中全会进一步强化了这一条内容的意义。

以上三点共同构成了我们新中国的国家性质。质言之，我们新中国的国家性质体现在三条基本原则之中，也就是人民主权原则、社会主义原则和法治国家原则。这三个原则,也可理解为我们国家国法秩序的三大基本原理。而经过这样的界定,我国的国家性质虽然在具体内容上具有中国特色,但在当今世界的立宪主义潮流中也并非是完全孤立的、不可理解的;相反,即使与世界上某些主流的立宪国家也具有一定的可比性,比如较为接近的国家可能是德国,如前所述,根据其《基本法》所规定的国法秩序纲领,德国是一个民主的、社会的法治国家。这是通过《德国基本法》第 20 条、第 28 条体现出来的。首先,这里的"民主"相当于人民民主。其次,这里的"社会"是说这个国家具有一定的社会性,会采纳一些社会主义政策,并将其部分制度化。而我们不仅采纳社会主义政策,更是将社会主义作为"根本制度"。这既有程度的区别,也有性质的区别。最后,德国人强调"法治国"。这个"法治国",德文称为 Rechtsstaat,与英美的"法治"(rule of law)在发展历程以及具体内涵上也有所不同,我们《宪法》第 5 条中所说的"法治国家",与其说较为接近于英美的"法治",倒不如说更接近于德国的"法治国"。

总之,我们的国法秩序的根本原理和西方国家也具有一定的可比性,而且只要我们拥有足够的定力,这种对比也是有益无害的。我们可以强调中国特色,但不必把"中国特色"诠释为西方人无法理解的内容。这是没有必要的。我们应该在世界上推介自己的国家,不要把自己的国家诠释成是根本无法和对方比较的古怪的国家,从而遭到无谓的排斥。而这个关于国体的新说,就有助于我们在国际社会确立自己国家的形象,说清自己国家的类型。

另外,我们这个国体新说和国体条款的关系是什么样的呢?我们这个国体新说超越了国体条款,但是我们也承认国体条款本身也在发展。它在内涵上具有一种自我演进的机理,这与我们这个学说是一致的。比如,之前我们谈到,这个国体内涵中蕴含了共产党的领导。为什么共产党具有领导地位呢?我们可以推断,共产党具有国家统合的重大功能,是国家统合的主导力量,而共产党执政所具有的合法性,就蕴含在国体概念之中。但这在逻辑上可以这样理解:因为中国共产党是国家统合的主导力量,所以中国必须坚持中国共产党的领导;而既然中国共产党是国家统合的重要力量,那就必须听从人民的意志,不断改进自己的执政方式,实行依法治国,推动中国民主法治的发展。只有这样,才能提高自己执政的合法性,才能实现国家的长治久安,乃至实现中华民族的伟大复兴。

以上是我们讲的第二个大点。

三、从政体到国家形态

前面已提到,政体其实是属于国家形态之一种,国家形态的另一种则是上述的国体,所以说国体与政体是相对称的。但国体概念实质化之后,政体的概念就主要用来指称国家形态了,同时,国体与政体的关系也被理解为是内容和形式的关系了。

但是,政体这个概念有狭广两义之分,尤其是在新中国,狭义的政体概念用得较多,但从国家类型学角度来看,要全面深入地理解政体,不如重新返回"国家形态"这个传统的概念中去,因为这个概念具有丰富的内容,可谓广义的政体,包括三个方面:第一方面是国家权力组织形态,在新中国宪法学称之为"国家政权组织形式",这就是狭义的政体概念;第二方面是国家结合形态,新中国宪法学称之为"国家结构形式",但在传统宪法学中,也是作为政体的一个方面来把握的,美浓部达吉就是这样做的;第三方面是国家象征形态,这也是国家形态的一种。

以下,我们逐一讲这三个方面。

(一)国家权力组织形态

如前所述,国家权力组织形态,实际上就是当今我国宪法学界通常所使用的狭义的政体概念,一般称为"政权组织形式",其实主要讲的是国家权力的横向分配及其运用。但使用"政权组织形式"这个概念,就会将司法权也定性为一种政治权力("政权"),这在学理上可能引发争议。为此我们采用更为中性的概念,即"国家权力组织形态"。

那么,国家权力组织形态、或者说狭义的政体可分为几种呢?

1. 狭义政体的分类

(1)耶利内克的分类

有关狭义政体,比较经典、同时也比较精细的分类可见之于耶利内克的学说。这一点前面曾交代过,说耶利内克把狭义的政体分为君主国和共和国,但他又接着细分,把君主国分为两大类:第一类是选举君主国和世袭君主国,这是历史上都真实存在过的;第二类为限制君主国和无限制君主国。根据通过等族会议或立宪来限制君主的不同,他又将限制君主国又分为等族君主国和立宪君主国。而共和国主要分为四类：第一类,由社团支配的共和国,主要指的是政治团体支配的共和国;第二类,寡头性质的共和国,指的是少数人控制住的共和国;第三类,由特定阶级(如贵族)支配的共和国;第四类,民主共和国。其中,民主共和国又进一步细分为两类：古代民主共和国(古希腊雅典为典型)和近代民主共和国。近代民主共和国又分为三类：拥有咨询性质议会的民主共和国、拥有纯粹代表制的民主共和国、拥有直接选举产生的议会的民主共和国。

这是我迄今所接触的最为精细的政体分类学说了,几乎令人叹为观止。而且请注意：这些都是形式化的分类,没有进行好坏的评判。但琢磨一下这一分类的内容,感觉颇有回味,对思考当今许多国家的政治体制,仍不乏启迪意义。

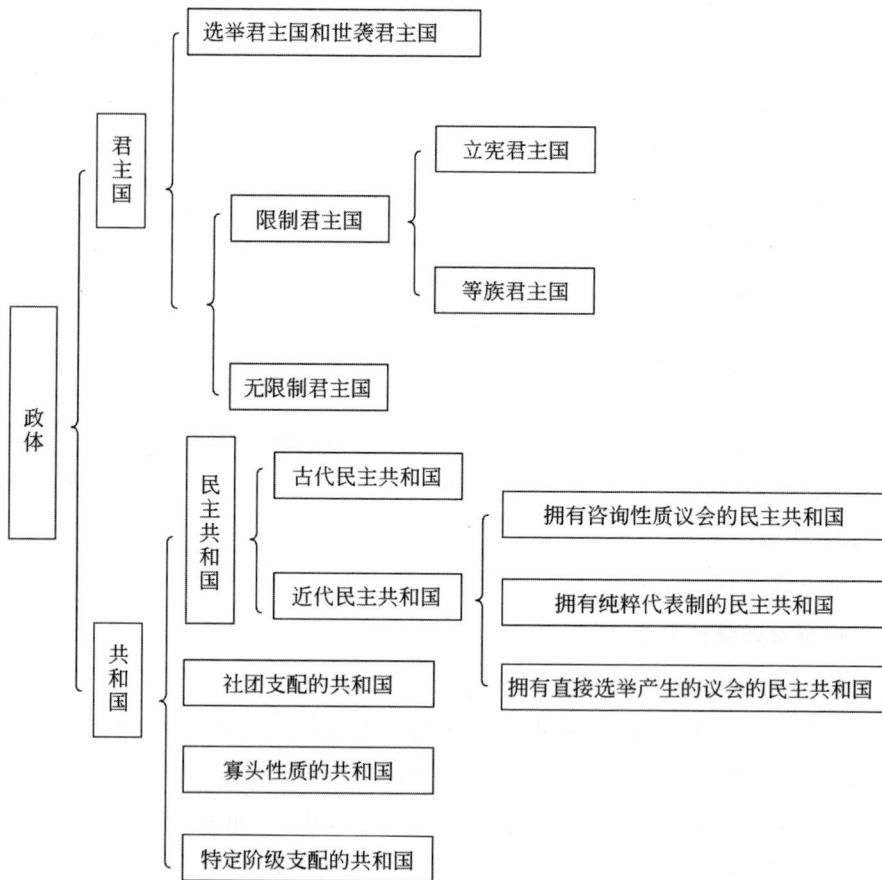

图 21　耶利内克对政体的分类

（2）现代学说的分类

现代学说对狭义政体怎么分类的呢？

第一种类型在宪法制度上可以称为君主立宪制。它主要是以世袭的君主为国家元首，但其权力又根据宪法的规定受到不同程度限制的政体。如果君主的权力不受宪法的限制，那就属于传统的君主专制了，这就根本无法纳入宪政体制来论述。而君主立宪制又有两种不同形式：一种叫二元君主制，另一种叫议会君主制。在二元君主制里，君主的权力很大，他既是行政机关的掌握者，同时又可能对立法产生重大影响，甚至有时他自身就是立法机关的一部分，也就是说他横跨立法权与行政权，往往既是国家元首又是政府的掌控者，所以叫二元君主制。典型的例子就是近代普鲁士宪法、俾斯麦宪法以及日本明治宪法确立的体制。这种体制现在已经比较少了，现代世界上比较常见的君主立宪制是议会君主制。在采用这种议会君主制的国家中，君主和议会实现了分权，其中，君主是国家元首，但只是名义或象征意义上的，对议会影响力极小，而且也不享有实质意义上的行政权。典型的代表是英国，当今的日本亦然。

在我国近代，以梁启超先生为代表的一些人也曾主张我国建立君主立宪制，但众所周知，这种主张受到以孙中山先生为首的革命派的坚决反对。坚决到什么程度呢？据说，当年梁启超流亡到日本，有一次在早稻田大学演讲时，宣扬他的君主立宪主张，他先讲君主立宪的原理，又讲立宪的性质以及国会的好处，正讲得带劲，突然台下有一个中国留学生站起来，大声喊："马屁！""打！"一只草鞋就飞了过来，"啪"的一声打到梁先生的脸上，连他的眼镜都掉到了地上，会场上顿时乱作一团。那个喊打的中国留学生名叫张继，后来成为国民党的元老级人物之一。这个故事也恰好说明了君主立宪主义在当年中国的遭遇。其实，君主立宪制本身也是一个理性的宪政制度，只不过在清末，许多中国人已经难以接受了，而且当时即使要想实行君主立宪制，君主的合适人选也很难找到了。

狭义政体的第二种类型称为共和制。共和制主要指的是国家代表机关和国家元首都由选举产生，依据宪法行使职权，并有一定任期的政体。它具体又可分为多种不同的形态，我们主要介绍四种。

第一种叫总统制。总统制的特点就是总统作为国家元首，是一国的行政首长，其一般是由选民直接或间接选举出来的，并独立于国会，代表性的国家就是美国。德国、意大利也有总统，但是它们的总统是由议会选举出来的，属于广义上的总统制的范畴，不属于狭义上的、严格意义的总统制。

第二种可称为议会内阁制，也称内阁制，甚至又称议会制，主要特点是内阁是从议会里面产生出来的，并向议会负责；至于内阁的组成方式，一般由议会中的最大党组阁，如果最大党实力不够，那就联合几个政党一起组阁。当今德国和意大利所采政体即共和制下的议会内阁制。

第三种是法国的半总统制，又叫半总统半议会制，这种政体比较特殊一点，它保留了议会内阁制的一些形态，但实质上则倾向属于总统制，故被称为半总统制。然而，半总统制下的总统，其在国内法上的权力往往大于总统制下的总统。这种总统，一般也都是由全国直接选举产生的，也掌握最高行政权，但相比总统制下的总统，这种总统拥有议会解散权，还可以提议举行公民投票，甚至可以在国家出现紧急状态时行使一定的非常权力。这些权力，一般都是总统制下的总统所没有的。当今法国、俄罗斯、韩国都采取半总统制。

第四种则是委员会制，即由若干享有大致相等权力的委员组成一个委员会，作为国家的最高权力机关。采用这个体制的比较少，有代表性的国家是瑞士。

政体的选择，关系到建立一个什么样的国家的重大问题，但这个重大的选择究竟是由什么决定的呢？汉密尔顿曾经在《联邦党人文集》中开宗明义地指出："人类是否真正能够通过深思熟虑和自由选择来建立一个良好的政府，还是他们永远注定要靠机遇和强力来决定他们的政治组织。"对此，美国立宪先贤们倾向于认同深思熟虑的自由选择。这当然是一种伟大的理想。但我们也要看到，在现实中，许多国家政体的选择往往是由当时的政治情势决定的，而不取决于人们冷静的合理性判断。即使能让人们冷静地合理选择，一个国家究竟适合采用何种政体，也是一个极为具体的问题，必须放在这个国家当时具体的政治社会经济文化背景中去考量，绝不能抽象地一概而论，比如很难一口断言总统制就比议会内阁制好，反之亦然。因为它们实在是各有利弊。一个国家在面临类似这样的政体选择的关头，往往都是处于政局大变动时期，或者说是政治转型期的关键时候，不少国家在这个时候都会受美国的影响采用总统制。但根据以研究政体问题而著称的当代美国学者林茨（Juan J.Linz）的见解，在这种政治转型期，议会内阁制往往优于总统制，因为总统制有许多缺点，比如在总统制之下，行政机关与立法机关之间的冲突难以解决，而且总统选举往往存在"赢者通吃"的倾向，本身就不利于统合各种政治力量以及不同的种族、宗教势力。

林茨说的只是一个方面。其实，议会内阁制也存在很严重的缺点，其中最大的问题就是由于受多党派政治竞争的影响，如果形不成一个有责任的大党，而存在小党林立的"泡沫政党"现象，那么内阁势必很不稳定，政局往往动荡不安。大家都知道，法国大革命之后就曾长期动荡不安，到了1875年建立第三共和国才相对安定下来。主要原因就是由于当时采用了议会内阁制。有人算了一下，自1879年到1940年期间，法国竟然一共更迭了100个内阁；第四共和国期间也是如此，从1946年到1958年期间，也更迭了25个政府。到了第五共和国期间采用半总统制，政局才总算真正安定下来。

如前所述，中国在辛亥革命之后，曾经发生过总统制和内阁制之争。孙中山因为受美国影响，自己也想当总统，为此主张采行总统制，其实当时他所考虑的总统是由议会选举出来的，并非严格意义上的总统制。而宋教仁则主张采用内阁制，因为他认识到当时的中国，皇帝被推翻了之后，政党就变得非常重要，否则，我们所说的国家统合就成大问题。应该说，宋教仁这个想法也是很有政治敏锐性的。他本人也很有政治才华，甚至传说宋教仁曾经算过命，算命人告诉他可以做太平宰辅。他在日本研究过政党政治。政党政治怎么运作呢？应该在议会里面运作，为此他主张要用议会内阁制。

但是，大家都知道，武昌起义之后，宋教仁的这个主张没有被采纳，孙中山等革命党人选择了总统制，然而到了孙中山不当临时大总统，要让给袁世凯来担任的时候，大家都主张改采内阁制。《临时约法》就采用了内阁制，因为用内阁制可以限制袁世凯的权力。而且，《临时约法》设计的议会内阁制也很特别：临时参议院有权弹劾临时大总统，但是临时大总统没有权力制约临时参议院。而一般来说，议会内阁制中的权力分配是有制衡机制的，议会有权对内阁提出不信任的决议案，一旦通过，可以倒阁，也可以弹劾行政长官，但行政长官也有权反制它，体现在他有议会解散权。然而，当时的《临时约法》所设定的权力制约是单向性的，临时参议院闹得很过分时，临时大总统也无法通过法定程序解散它，除非用武力解散。袁世凯被逼急了，后来就这样做了。这个事情变成一个历史公案。当时就有人评论："因人立法，无可讳言。"但近代以来，中国在设定政治制度的时候，往往是因人立法。

那么，如果可以冷静地进行合理性选择，当时中国是适合内阁制还是总统制呢？对于这个问题我琢磨了很久。平心而论，我认为，在当时的总统制与内阁制这两种选择之间，我认为总统制更适合当时中国，当然，这种总统制实际上属于广义上的总统制，即由议会选举出来的总统任国家元首，而且最好是总统权力得到适当加强。因为百年积弱的中国，亟须完成国家统合的课题，组织强有力的政府引领国家的发展，而且几千年的帝制被废除了，突然没有一个人来担任国家元首，并作为政治权力的核心，老百姓确实会感觉到很不踏实，这本身有违国家统合的原理。从这一意义上说，我个人斗胆认为，其实，1914 年袁世凯的《中华民国约法》所确立的政体，除了立法机关权限太小了之外，在当时的国势之下还是有可取之处的，可惜后来将总统变成变相的终身制，袁世凯进而称帝，最终落得个历史悲剧。

2. 当今我国政体概述

那么，当今我国的政体是什么呢？准确地说：大类是属于共和制，细类则属于人民代表大会制。

人民代表大会制，从理论上说，也是有共和制的正统血统的。它应该属于议会内阁制的转化形态，其源流可以追溯到欧洲历史上的大会政府制（assembly government），最初发源于法国 1793 年宪法的国民大会；后来巴黎公社差不多就采用了这种体制；再后来，苏联继承了这种体制，建立了苏维埃制度，由它产生议行合一的体制；最后为我们新中国以及其他社会主义国家所接受。

这种体制有两个主要特点：第一是大会与政府的密切结合，有的甚至实行"议行合一"，即在意志机关内部设立执行机关，意志机关与执行机关同体合一；第二个特点是一切权力归于大会，曾经有"一切权力归苏维埃"的说法，行政机关、审判机关都由大会产生，并受其监督，而且是大会可以监督别的机关，别的机关不能监督大会。

我国的人民代表大会制已经扬弃了传统的"议行合一"模式，在组织和运行原理上采用民主集中制。具体而言是这样的：由选举产生的代表机关被定立为国家权力机关，拥有至高无上的地位和权力，尤其是成为行政机关、监察机关、司法机关等其他国家机关的母体，其他国家机关都由其产生，对其负责，并受其监督。这是一种单向度的监督，即它可以监督别的国家机关，反过来其他国家机关不能监督人大。当然，在现实中，人大行使监督权往往会涉及一个政治体制的重大问题，即人大与执政党的关系问题，这就使得各级人大行使监督权时十分谨慎。这也是因为各级党委和政府的关系十分密切，政府的决定往往是和党委一起研究的，人大如果行使监督权，那么就好像变成监督党委。这是从国家机关组织体系的横向结构看的。

而从纵向结构来看，国家权力最后集中在全国人民代表大会及其常务委员会，为此说全国人大是最高国家权力机关，全国人大常委会是最高国家权力机关的常设机关。与资本主义国家有所不同的是，后者往往实行权力分立，各种权力之间相互制约，即使是议会制，议会的权力也不能说是至高无上的；而在采用人民代表制的国家，人民代表机关则是独大的，其他国家机关都从属于它。当然，在实际上，人民代表机关接受共产党的领导，但至少在理论上，它被赋予极高的地位以及极高的职权。

以上是宪法规范上所确立的我国政体。但是，从许多国家的经验来看，尤其是从采用议会内阁制的国家的宪法实践来看，由于到了现代，议会中心主义趋于式微，所以议会内阁制往往在实践中会产生一些形态的变迁。我国的人民代表大会制不同于议会内阁制，但如前所述，它与议会中心主义有些渊源，为此也存在这样的一些情况。

那么，我们的政体当下的实践形态是怎么样的呢？有政治宪法学的学者认为：在实践中，宪法所规定的人民代表大会制只是宪法规定的，真正的体制应该可以描述为"党国体制"，并且认为这是规范宪法学没办法说明的。2018年修宪之后，政治学者郑永年教授认为，本次修宪是一次深度的变革，总体上体现了中国政治体制从"党政分开"向"党政一体"的思路转变。另外，清华大学的胡鞍钢教授曾在2013年出版的《中国集体领导体制》一本书中提出了一个见解，认为当今我国实际上形成的政体形态是集体领导体制，这个又被称为"集体总统制"，也就是中国共产党的中央政治局常委这一体制形成的"集体总统制"。

相对于宪法学而言，以上观点大多属于政治学的观点，它们在我国国家权力组织形态的外部现象及其功能的描述上颇为生动，但没有在政体类型学上提供有力的学理分析，也没有为其未来的发展方向提供学理的启示。

　　鄙人坚持认为，如果从宪法学的政体类型学的角度而言，我国应属于共和制，具体而言，即属于人民代表大会制；但作为当今我国政体的实践形态，则是属于一种比较复杂的二元复合型政体，具体地说，就是：人民代表大会制与执政党领导体制相互结合所构成的二元复合型政体。

　　二元复合型政体是一种相当有特色的体制。日本历史上的幕府时期就是天皇制与军事幕府体制相结合的二元复合型政体。不过，也有日本学者对日本历史上的这种体制曾给予较高的评价，认为采用这种体制是当时日本人的幸运。这是由于在这种体制下，幕府虽然实际上控制了国家政权，但由于政治正统性归于天皇，为此毕竟受到了约束，在一定程度上不敢肆意妄为。

　　当今我国的二元复合型政体，本身也有一种自洽的内在机理，即：二元之间相互成为自己的必要。如前所述，人民代表大会制在政体类型学上源自于历史上的大会政府制，大会政府制的优点在于具有广泛的代表性，民主性程度很高，可以说仅次于直接民主制。所以罗文斯坦在《现代宪法论》一书里在给各种体制的民主程度排序时，第一个排的是直接民主制，第二个排的就是大会政府制。但大会政府制在理论上也存在两种潜在风险：第一种是如果意志机关内部没有形成一种强大的主导力量的话，意志机关内部成员的意志就可能趋于高度分散，难以形成统一的国家意志；第二种是按照意志机关本身所拥有的强大职权，一旦它形成了有偏颇的国家意志，或者实行所谓的"议会专制"的话，那么在国家机构内部就没有一种力量可以约束它，中国在民国初年就曾经有过这方面的教训。为了克服这两大潜在风险，加之在国家规模特别巨大，国家统合面临严峻挑战的现实背景下，从政体本身的内在要求来说，中国共产党领导就成为一种必要的选择。

　　时至今日，二元复合型政体至少已有这么几个比较突出的特点：第一，执政党领导体制原先具有一些委员会制的特点，自党的十八大，尤其是十九大之后，虽然保留了委员会制（集体领导）的形式，现已逐步向领袖制的实质发展；第二，在现实中已形成了"三位一体"的国家主席为国家元首的惯行性机制；第三，执政党的领导是全面且强有力的，尤其是直接与行政机关相互结合。而就其功能来说，通过执政党的领导，尤其是在现实中形成了"三位一体"的国家主席为国家元首的惯行性机制，人民代表大会制作为一种大会制所可能存在的内部意志分散的潜在风险,确实得到了有效的克服,国家意志的集中性形成机制得到了补完,甚至有可能由此形成新的倾向。

上述二元复合型政体,是在新中国成立以来长期实践中逐步形成的,其间也有过探索性的试行,20 世纪 80 年代还曾尝试过适度的转向。2018 年修宪后,这个政体的实践形态得到了进一步的强化,并且在它的框架之内出现了"一府一委两院"(政府、监察委、法院和检察院)这样的新的权力组织与权力分配结构。它们之间存在执政党统一领导下的职能分工,有人把它称为"内部三权分工"。而且这里的"三权"也是新的,不是传统的立法权、行政权与司法权,而是决策权、执行权与监察权。其中,决策权是由各级党组织与人大共同承担的,执行权则包括了行政权与两院的司法权,而监察权则由监察委承担。这种说法从功能性角度来说有一定道理,但在宪法规范意义上是否可以成立,则有待于进一步加以综合性的考察与分析。

以上只是对我国现行政体的概述,而要具体了解我国国家权力组织形态,则应接下来了解——

3. 人民代表大会制度的概念和特征

作为社会主义国家,我国的政权组织形式或曰国家权力组织形态自然也采用人民代表制。我国的人民代表制,被具体地称为"人民代表大会制度",现行《宪法》第 2 条第 2 款规定:人民行使国家权力的机关是全国人民代表大会和地方各级人民代表大会。从解释学上来说,这个条文的意涵非常鲜明:我们知道,第 2 条第 1 款是规定国家的一切权力都属于人民,而人民范围那么广,该怎么行使国家权力呢? 第 2 款规定:人民可以通过一种机关去行使国家权力,这种机关就是人民代表大会。在此,这种人民代表大会就称为"国家权力机关",也就是说:它本来就是"人民行使国家权力的机关",也可以理解为"代表人民行使国家权力的机关"。

那么,这个人民代表大会是怎么产生的呢?《宪法》第 3 条规定了民主集中制原则。根据这个原则,由人民选举出代表,组成全国人民代表大会和地方各级人民代表大会,作为国家权力机关,再由人民代表大会产生和监督其他国家机关,实现人民管理国家权力的制度,就是人民代表大会制度。人民代表大会制度是我国的根本政治制度。这里有一个知识点请大家务必记清楚:宪法上有两个根本制度，一个叫根本制度，是社会主义；另一个就是根本政治制度，是人民代表大会制度。也就是说，"社会主义"不仅包括政治上的根本制度，还包括经济、社会等各方面的根本制度，而人民代表大会制度，则是根本的政治制度。

另外，同学们也要注意区分此处所讲的人民代表大会制度和作为一个国家机关的人民代表大会。前者指的是将人民代表大会作为我国的国家权力机关，并且在制度框架内把它置于最高的地位上，以产生并监督其他各种国家机关的制度，为此属于一种政权组织形式。而在整个的人民代表大会制度框架内，存在复数的国家机关，作为国家机关的人民代表大会只是其中的一种。

为了方便，我们经常把人民代表大会制度简称为人大制度。主流学说认为，人大制度主要有这几项特征：第一，以民主集中制为组织与活动的基本原则；第二，由民主选举产生的全国和地方各级人民代表大会构成国家权力机关体系；第三，全国和县以上地方各级人民代表大会设立常务委员会；第四，人民代表大会产生和监督其他国家机关；第五，在人民代表大会统一行使国家权力的基础上，确立权力的分工与监督机制。凡此种种，大家从中学就开始学习了，这里就不多说了。

4. 坚持和完善人民代表大会制度

无论在学术界，还是在实务界，很多人都认为，对于人民代表大会制度，我们应该保持如下态度：一方面应该坚持；另一方面也要不断加以完善。前面曾经说过，过去曾有一个有一定权威的学者认为：国体不可变，政体才可变。这个见解源远流长。梁启超就曾经提出过类似的见解。但值得注意的是，时至今日的我国，我们时常会看到，由政治意识形态主导的理论界有时也会推出许多政论，在强调要坚持人民代表大会制度的时候，认为人民代表大会制度也不可动摇。如果这说的是人民代表大会制度的根本不可动摇，那是可以理解的。但如果认为人民代表大会制度一点也不能改革，那就值得斟酌了。我们说，坚持这个制度的根本是一个方面，进一步完善这个制度的具体方面也势在必行。

晚近，人大制度确实也出现了一些改革新动向，其中，部分地方人大常委会为人大代表设立联系群众的工作站、配备有助于提高履职能力的助理人员等举措，就值得关注。

应该看到，人民代表大会制度是人民行使国家权力的基本形式。当然，除了这个基本形式之外还可以通过其他形式来行使国家权力。《宪法》第 2 条第 3 款就规定：人民还可以依照法律规定，通过其他的途径和形式，去管理国家事务和社会事务，管理经济和文化事业，开展民主生活。但是其中最基本、最重要的形式还是通过人民代表大会制度去行使国家权力。

至于为什么要坚持这样一个制度呢？"马工程"教材从四个方面论述了其优越性：第一，人民代表大会制度使国家一切权力属于人民的原则得到充分落实。这是由于人民代表大会是在民主选举的基础上产生的，具有广泛的代表性，而且选民或选举单位拥有对代表的监督权和罢免权。这些都保证了人民能真正地享有国家权力。第二，由于人民代表大会制度实行民主集中制原则，为此保证了人民权力的统一性；第三，人民代表大会制度是我国历史发展的产物，是在我国的具体历史条件下，从人民革命的实践中产生的，适合我国的国情；第四，人民代表大会制既能保证中央的统一领导，又能发挥地方的主动性和积极性。

（二）国家结合形态

1. 国家结合形态概述

国家结合形态，国内一般称为"国家结构形式"，它被定义为国家所采取的、按一定原则划分国家内部区域、调整国家整体和组成部分、中央和地方之间相互关系的总体形式。实际上，这个定义只说明了一个国家内部不同地区之间的结合形式，而不能说明国家外部之间的结合形式，比如很难涵盖邦联制，这也是由于"国家结构形式"这个用语本身是比较狭窄的，而要完整说明这两个方面的内涵，则应改用"国家结合形态"这一概念。我们在这里就大胆采用这个概念。

其实，民国时期的中国宪法学就曾用过这个概念，甚至早在 1910 年梁启超所写的《宪政浅说》一文中，就曾经借用了当时日本宪法学界的说法，采用过"国家结合形态"这一用语。当然，由于受到当时日本学说的影响，梁启超将"国家结合形态"也作为一种"国体"，因为当时日本学说就是这样说的，也就是说，当时的"国体"概念，除了指国家主权之所在，还指国家的结合形态。而在美浓部达吉的政体学说中，所谓单一制还是联邦制的问题，同样也属于政体的一个方面。

既然"国家结构形式"只能说明国家内部的组成，无法说明国家之间的结合形式，那么，我们还是采用"国家结合形态"这个传统的概念比较好。而根据传统的理论，它分为"单一国"和"复杂国"两种，用我们现代的话来说，就是单一制和复杂制，其中复杂制中又可分为联邦制和邦联制。

所谓单一制，就是统治权集中于中央政府，地方政府的存在与权力均依存于中央政府的国家结合形式，一般而言，典型的单一制国家，是由若干普通行政单位或自治单位组成的单一主权国家；国家内只有一部宪法，由统一的中央立法机关根据宪法制定法律；整个国家只有一个最高立法机关、一个中央政府和一套完整的司法体系；在中央与地方的权力划分方面，地方受中央的统一领导，地方政府的权力往往由中央政府授予；在对外关系上，国家是一个独立的主体，公民具有统一的国籍。法国、日本等国家就是比较典型的单一制国家。中国也属于单一制，但不太典型。为何这样说？这个等下再专门阐述。

与单一制相比，复杂制就复杂多了，涉及国家与国家之间基于共同的政治或经济等方面的利害关系而进行相互的结合，其中，不同的主权国家能完全结合为一个新的主权国家的，称之为"联邦制"，不能完全结合为一个新的主权国家，只是属于不同主权国家之间较为松散的联合的，则是"邦联制"，也就是说，联邦制属于国内法的国家结合形态，邦联制属于国际法上的国家结合形态。

大家都知道，美国这个国家的英文全称叫 The United States of America，译为中文就是"美利坚合众国"，但 State 被我们中国人译成"州"，它原意为国家，至少应该译为"邦国"的邦，所以 United States 听起来有点像是国家联合，即我们说的"邦联"，实际上，独立战争之后北美 13 州之间最初所建立的，就是一种邦联，而 1787 年美国宪法则将各个 State 完全结合为一个新的主权国家了，所以就不是邦联，而是联邦了。

当今英国由英格兰、苏格兰、威尔士和北爱尔兰组成，四个地区都叫 country，而英国的全称叫"大不列颠及北爱尔兰联合王国"，英语为 The United Kingdom of Great Britain and Northern Ireland，简称 United Kingdom 或 UK，中文译为"联合王国"，听上去也像邦联，实际上不是邦联，也不是联邦，而是一个单一制国家，因为它们之间已经组成一个国内法意义上的主权国家了。当然，自 20 世纪后半叶开始，英国向地方下放权力，比如给苏格兰特别大的自治权，也有人认为英国的国家结合形态开始转向"非对称联邦制"，但这只是一种说法。

英国除了"联合王国"之外，还有一个"英联邦国家"，这是怎么回事呢？这个"英联邦国家"，英语叫 Commonwealth of Nations，原称 British Commonwealth of

Nations，其前身就是大英帝国，但自从"一战"之后世界各地民族解放运动高涨，作为日不落帝国的英国也开始衰弱了，最后只好形成一个以英国为主导的五十多个主权国家（含附属国的）联合体，它在中文上号称"英联邦国家"，实际上属于一种邦联。

2. 我国的国家结合形态

那么，我国的国家结合形态是什么样的呢？

关于这一点，我们都说中国国家结构是单一制，其实宪法里面没有明文规定。而有些国家把国家结合形态用宪法明确规定下来，而且规定是宪法修改不能触及的对象。但是从宪法解释当中，我们可以分析出来，我国确实是采用单一制。

其实，新中国成立之初，我们很多制度都学苏联。但在国家结合形态上，苏联采用联邦制，我国却没有采用苏联的这种模式，而是采用了单一制。这里面有很多原因，值得研究。

传统学说认为，这是由我国历史和民族的具体情形来决定的，并具体归纳出四点理由：第一，这是我国历史发展的必然趋势，是全国各族人民长期奋斗的结果；第二，符合我国民族成分和民族分布的具体特点；第三，适应了全国各民族共同发展与繁荣，建设社会主义现代化的需要；第四，反映了维护国家统一和加强各民族团结的客观要求。

此外，还应该注意的是，虽然我们这个国家在历史上存在"分久必合、合久必分"的现象，可是我们中国人的观念当中还是存在根深蒂固的"大一统"观念的。而从历史经验来看，的确，国家的分裂往往伴随着战乱，而国家的统一则带来和平。当然，联邦制并不等于分裂，但人们毕竟会担心联邦制是否拥有足够的缓解多民族社会之间的张力、维持国家稳定等方面的能力，而我们的社会心理、民族心理的承受力到底是否可以胜任采用联邦制，也值得考虑。总之，我们采用单一制，同样与国家统合原理的作用有关。

时至今日，我国也有一些学者，曾倾向于认为中国应该采用联邦制。对此我个人还是持谨慎的态度。这是因为，从某种意义上说，中国是否应该采用联邦制并不只属于宪法学研究的问题，而是政治学、社会学等许多学科研究的共同课题，需要通过大量的实证考察和测算，才能够获得一个可靠的结论。

不过，从现行宪法有关的规范加以分析，我们确实会发现，我国所采用的单一制，不是一种简单的单一制，而是复杂的单一制，几乎介于单一制和复杂制之间的形态，因为我们有少数民族聚居区实行的民族区域自治制度，甚至还有港澳地区的高度自治、"一国两制"。基于此，西方有学者把中国这种形态叫作"非对称联邦制"。

"非对称联邦制"上面提到过，它确切的含义是什么呢？是指在一个国家内部，中央政府单方面向某些地区下放比其他地区更大的自治权，而其他区域和中央政府的关系保持不变的一种新型联邦制。有些国家就属于这种非对称的联邦制，如前所述，英国在20世纪后半期之后，对苏格兰地区下放了大幅度的自治权，就被认为属于非对称联邦制，它还产生了一些后果，包括2014年苏格兰实行公投决定是否独立。为此有人说，当今中国对港澳地区实行特别的高度自治，有点类似"非对称联邦制"。中国政府坚决否认这一点，2014年一国两制白皮书仍然强调这个。我个人认为，当今中国确非"非对称联邦制"，但可以说是属于"非对称单一制"。这是因为，在中央对各个地区授权的关系当中确实存在一种非对称结构，这一点无法否定。而这种"非对称单一制"也是一种"复杂单一制"。

3. 我国的行政区划

行政区划是指国家按照一定的原则和程序，将其领土划分成若干不同层次的区域，并分级建立相应的地方国家机关，以实现国家职能的法律制度。

那么，行政区划是根据什么样的原则来划分的呢？主流学说认为主要有四项：第一，便于人民群众行使国家权力，也就是要发挥人民群众当家做主的作用，以利于人民群众分级管理国家；第二，有利于各民族之间团结，这需要充分考虑各民族成分、聚居情况、民族传统等；第三，有利于经济社会发展和国防建设，即划分行政区域既要考虑各地区的经济社会发展状况，又要考虑自然资源的合理开发和利用，同时有利于巩固国防；第四，尊重历史沿革和文化传统，我们是历史悠久、文化多元的国家，因此划分行政区域就需要尊重历史文化状况。

至于我国现行的行政区域是如何划分的呢？《宪法》第30条和第31条作出了规定。

4. 民族区域自治制度

所谓民族区域自治制度是指在国家的统一领导下，少数民族聚居的地方实行区域自治,设立自治机关行使自治权,管理本自治区域内的事务。这是我国解决民族问题的基本制度。前面已经说过,我国是一个统一的多民族国家,国内存在 56 个民族,这些民族在历史上都共同繁衍生息在中华大地上,从而成为中华民族不可分割的部分,长久的经济文化交流以及相互通婚,已经使得各民族血脉相融、难以分割。但是民族之间的区别还是存在的,于是如何在国家的结构形式当中解决民族问题,就需要政治智慧。

通过总结历史上的经验教训,新中国采用了这样一个制度,就是民族区域自治制度。同学们记住,它不叫"民族自治制度",而是"民族区域自治制度",是民族自治和区域自治的结合。如果是民族自治,各民族各自搞各自的,就会产生一种离心力。但是,少数民族又要尊重,要给他们一定的自治权,于是就加入区域自治的限制条件,在少数民族聚居的地方实行民族区域自治。

民族区域自治制度的主要特征有这么几个。首先,它是以少数民族聚居区为基础建立的;其次,各民族自治地方是国家统一领导下的地方行政区,是不可分离的部分;最后,在自治地方设立自治机关,行使自治权。自治权是指民族自治地方的自治机关依据宪法和法律规定的权限,从本民族地方的实际情况出发,贯彻执行国家的法律和政策,管理本民族地方内部事务的自主权。应该说这种自治权是比较大的。

按照行政地位划分,民族区域自治地方有自治区、自治州、自治县(旗)三级。如果按照自治地方的民族组成,又可分为三种情况。第一种是以一个少数民族聚居区为基础建立的民族自治地方。第二种是以一个人口较多的少数民族聚居区为基础,同时又包括一个或几个人口较少的其他少数民族聚居区所建立的自治地方。第三种是以两个或两个以上的少数民族聚居区为基础联合建立的自治地方。

前面我们也讲到了民族区域自治制度的优越性。主流学说是这样表述的:一是它保障了少数民族当家做主,管理本民族地方内部事务的权利;二是它有利于促进民族地方的繁荣和国家的富强;三是加强了民族的团结和国家的统一。

5. 我国的特别行政区制度

我国虽然是单一制国家,但前面我也说了,它是属于一种非典型性的单一制,可谓"非对称单一制"。也就是说这种单一制并不是那么单纯,主要是由于我们国家目前存在三种不同的行政区域：第一种是一般的行政区域；第二种就是刚才我们所讲的民族区域自治地方；第三种则是特别行政区。所以也可以说，我国是一个具有复合结构的单一制国家。

大家都知道，目前我们已经有了两个特别行政区：香港和澳门。当国者和许多老百姓都期望将来能出现第三个特别行政区，也就是台湾特别行政区。

那么究竟什么是特别行政区呢？一般是这样界定的：它是指在中华人民共和国领域内，根据宪法和法律的规定，专门设立的具有特殊法律地位，实行特别的社会、政治和经济制度的行政区域。确立特别行政区制度的理论依据就是邓小平所提出的"一国两制"方针。在东西方政治意识形态高度对立的历史背景下，这个"一国两制"的构想应该说是很大胆、很高明的，也非常务实，有效地解决了港澳回归祖国的历史课题。

那么，应该如何理解"一国两制"呢？这是一个大问题。我们知道，"一国两制"的英文翻译是"One Country, Two Systems"。这个翻译自然没有错，但如果我们仅仅把"一个国家，两种制度"中的"一国"理解为 One Country，那是不够的。我们还要把它理解为 One Nation、One State，为什么这样？因为"一国"不仅可以理解为一个疆域、故土意义上的国家（One Country），而且还应理解为一个追求主权统一的政治国家（One State），同时也应该理解为一个作为民族命运共同体的国家（One Nation）。香港回归之后，我们正是没有这样完整地理解"一国"，为此出现了很多问题，包括民族认同、国家认同的问题。

特别行政区制度具有重要的意义。主流学说认为：首先，它开创了在一个社会主义国家里，允许局部地区保留资本主义制度，同时又坚持社会主义道路的先例；其次，它突破了传统的单一制国家结构形式的模式，丰富了国家结构形式的内涵；最后，它有助于形成一种带有某些复合制特征的单一制结构形式。

任何一种政治制度都要有宪法依据。那么，设立特别行政区的宪法依据在哪里呢？主要就是现行《宪法》第 31 条。它规定："国家在必要时得设立特别行政区。在特别行政区内实行的制度按照具体情况由全国人民代表大会以法律规定"。这个条款是一个特别条款，相当于宪法中"国法秩序纲领"的但书，它确立了特别行政区在所实行的制度上的特殊性；它同时也是一个授权条款，授权全国人大按照具体情况，通过法律规定特别行政区的制度。这种法律就是后来的港澳两部《基本法》。

特别行政区是实行高度自治的地方行政区域，但也是中华人民共和国不可分离的部分，在国家结构的制度框架内，直辖于中央人民政府。以香港为例，中央对特别行政区拥有十项管治权：第一是防务权；第二是人事权，比如行政长官、主要官员的任免权；第三是向行政长官发出指令权，如香港基本法第48条第(8)项就这样规定；第四是外交权；第五是全国性法律适用于特区的决定权；第六是立法监督权，即特区立法要送全国人大常委会备案；第七是决定对行政长官产生办法和立法会产生办法的修改权；第八是香港进入战争状态或者紧急状态的决定权；第九是基本法的解释权；第十是基本法的修改权。这十项都是基本法明确规定的。因为非常全面，也被称为中央的"全面管治权"。其实，十项中任何一项都是法定的，而且也是有边界的，为此也可理解为中央的"法定管治权"。

但特别行政区在宪法框架内获得了特殊的法律地位。从大的方面说，相对于一般的行政区域，它的特殊性体现在四个方面：第一，依法保持原有的社会、经济制度和生活方式，长期不变；第二，拥有高度自治权，实行高度自治；第三，实行"港人治港"，特别行政区的行政机关和立法机关由当地人组成，但条件是"爱国者治港"；第四，特别行政区可以使用区旗、区徽。

这四方面都是具有实质性内容的，尤其是其中的第二方面，至少包括了以下几项权限：

第一，立法权。特别行政区立法机关有权依据基本法的规定，制定、修改和废止法律。特别行政区立法机关制定的法律，须报全国人大常委会备案，但备案不影响该法律的生效。所以，在特别行政区适用的法律就有四种：基本法、原有法律、少量必要的全国性法律、特别行政区立法机关制定的法律。其实，法官也有造法权，尤其是香港特区法官，在这方面权力很大，但却免于向全国人大常委会报备。

第二，行政管理权。特别行政区政府依照基本法的有关规定，自行处理本行政区的行政事务。除外交、防务以及其他基本法规定由中央政府管理的行政事务外，均由其自行管理，尤其是可以设立海关，发行特区的货币。特别行政区实行的是行政主导体制，如果能按照基本法行使起来的话，行政权是比较强大的。

行政长官既是特区行政机关的首脑,也是特区的首长,被称为"特首",是特区的象征。中国官员讲究行政级别,那么从级别上来看,特区行政长官的行政级别相当于内地的省部级,一般在卸任之后,只要没有意外,都能担任全国政协副主席,相当于副国级,这是内地省部级领导所不可能都享受到的政治安排。

第三,独立的司法权和终审权。特别行政区各级法院行使特别行政区的审判权,法院独立进行审判,不受任何干涉。特别行政区的终审法院还享有终审权,有权对诉讼案件作出最终判决。这个权力很大。当年内地立法者在制定香港基本法时,似乎是基于自身的经验,以为司法权最弱小,不重要,所以比较大度地、几乎全部授予了特别行政区,司法机关的原班人马几乎也全部留下来继续当法官。这一安排不能说是一个失误。然而,应该充分意识到,根据普通法,法院是享有司法复核权的。所谓司法复核权,包含了法官可以判断立法机关所制定的法律和行政机关所作出的行政行为是否违反了基本法,如果认为违反了,就可以加以推翻它。这是一项很大的权力。刚一回归,香港法官就用上了这种权力,其中在居港权案件中也行使了这项权限,甚至宣布香港特区法院有权判决全国人大常委会的法律是否违背了基本法。这下,连内地许多学者都大吃一惊,这个事件形成了风波,几经折腾,最后还是通过全国人大常委会解释香港基本法来解决的。

第四,特别行政区享有的高度自治权,还包括自行处理有关对外事务的权力。

总之,从港澳的特区制度来看,特别行政区的自治权是很大的。它有独立的货币、独立的海关、独立的法律体系,独立的立法、行政、司法机关,独立的警察,仅仅没有独立的军队。凡此种种,都说明,特别行政区所享有的高度自治权,连许多联邦制国家的州或邦都难以望其项背。比如,美国各州也有自己独立的法律体系,但是联邦的法律,尤其是宪法,对各州影响很大,比我国的宪法以及全国性法律对香港、澳门的影响大多了;还有,美国各州也没有自己的货币,也没有自己独立的海关,而我国港澳特区则有。可以说,我国特别行政区的自治程度,是当今世界上有代表性的联邦制国家的成员国所未必能够企及的。

（三）国家象征形态

通过一些象征物，把国家形态表达出来，这就是国家的象征形态。它指的是国家以宪法或专门法律所规定的象征国家主权、代表国家尊严的标志物，主要有国旗、国歌、国徽、首都。

国旗是象征一个主权国家的旗帜。它通过一定的式样、色彩和图案反映一个国家政治特色和历史文化传统。根据我国现行《宪法》第 141 条第 1 款的规定，我国的国旗是五星红旗。

国歌是代表国家的歌曲，也是国家的象征和标志。我国的国歌是 2004 年修宪时才正式确定的，即新民主主义革命时期著名歌曲《义勇军进行曲》，它是由田汉作词，聂耳作曲的。2017 年制定的《国歌法》，进一步明确了我国国歌是《义勇军进行曲》。国歌往往表现着一个国家或民族的精神。世界上著名的国歌有很多，比如英国国歌《天佑吾王》、法国国歌《马赛曲》、美国国歌《星条旗永不落》，其中许多国家国歌的旋律都比较舒缓，而我们的国歌则相当慷慨激昂。

国徽也是国家的象征和标志。它常常表现一国的历史与传统，以及一国的政治体制、民族精神和意识形态。国徽的图案、式样、使用都有特别的严格规定，国徽的图案也具有特殊的象征意义。我国的国徽是现行《宪法》第 142 条规定的："中间是五星照耀下的天安门，周围是谷穗和齿轮。"

首都也称国都，它是一个国家中央国家机关和国家首脑所在地，往往也是一个国家的政治、经济和文化中心。我国的首都是北京。首都也是国家象征，我们经常听到外电说"北京""北京政府"，这里说的"北京"其实就是指中国。当然，据说美国新闻把"北京"叫多了，于是就有一些美国人以为：中国是北京的首都。

第七章　国家机构原理

今天讲第七章：国家机构原理。

围绕今天的内容，我们先推出一些章前导引问题：

第一，一个国家一般要设立哪些国家机关？这些机关应该按照什么样的原理组织起来并加以运行呢？这就是我们要讲的主要内容。要解决这个问题很不简单，因为各国有不同的做法，可能认同不同的道理。

第二，在历史上，三权分立的思想是由谁最早提出来的？如今的西方国家还施行三权分立吗？这个问题也是一个重要的问题，因为这个问题在中国被高度政治化，没有说清楚。今天就让我们从学理的角度，澄清和反思这个原理。

第三，从一个故事讲起：我国民国时期著名外交官顾维钧早年留学美国，就读于哥伦比亚大学，恰好在辛亥革命后不久毕业回国，毕业前参加博士论文答辩。在答辩中，他的老师古德诺教授问：从中华民族的利益和需要看，美国宪法有哪些内容适合于中国？古德诺这个人不一般，是哥伦比亚大学大牌公法教授，而且声望很高，如果后来没有袁世凯连累了他，他可能在美国总统竞选中胜出呢。我想当时古德诺对顾维钧的这个提问是真诚的，与今天我们所说的美国人想搞"和平演变"不一样，因为当时中国已经通过辛亥革命从君主制演变为共和国了。根据顾维钧的回忆，针对古德诺的问题，他回答说：对于一个刚刚踏上民主道路的国家来说，能起好作用的基本原理应该是权力分散，也就是我们今天所说的三权分立原理。顾维钧的博士论文当然通过了，不久后回国，工作找得很好，担任袁世凯的外文秘书，还推荐古德诺来中国担任袁世凯的宪法顾问。古德诺来到中国一看，终于明白了中国到底需要不需要三权分立。古德诺的最终观点我们暂且按下不表，我们且问一个问题：顾维钧当时在博士论文答辩时所说出的见解，你们觉得怎么样呢？

有关这些问题，都是我们今天要解决的。请大家带着这些问题，进入以下内容的学习。

一、国家机构的基础理论

（一）国家机构的定义

"国家机构"是专门写到我们宪法里面的一个用语，现行宪法第三章的章名就叫"国家机构"。什么叫国家机构呢？国家机构指的是为了实现国家职能而建立起来的国家机关的总称。这与日常用法不同。在现实中，"机构"这个词往往指的是某个单位。

那"国家机关"怎么理解？"国家机关"这个概念主要是来源于德国近代国法学当中所出现的"国家法人说"，当然国家有机体说也用过"国家机关"这个概念。

关于国家法人说，我们前面已经讲到过。这里稍微复习一下：在近代德国的国法学当中，有一种关于国家在法上的性质的理论，其观点简单说就是认为国家也是一种法人，而且属于公法人；作为一个法人，国家也有意志，而且只有一个意志，但是国家下面有许多机关，由这些机关组成了国家机构体系；这些国家机关，分别行使国家的各个部分的职能，因此是职权独立的机关，但由于是一个法人，一个意志主体，为此各个机关各自所做出的行为，都被视为是国家这个法人整体的行为，由国家整体来承担责任。

这里谈一下国家机关的分类。

国家机关首先可以分为宪法上的机关与法律上的机关。这个很好理解，宪法上机关就是宪法上直接规定了的机关，法律上机关则是宪法上没有规定，只在普通法律中规定的机关。宪法机关的地位一般高于法律机关。

其次，还可以将国家机关分为直接机关与间接机关，其中，直接机关指的是构成国家组织的根本、其作为机关的地位直接由宪法授予的机关；而间接机关则是指其地位乃基于直接机关个别性的委任的机关。比如说，在当今我国，全国人大就是直接机关，而国务院则是间接机关。

最后，还有一种分类是将国家机关分为政治机关和司法机关，其中，政治机

225

关又称政治部门，指的是具有政治性质、即按照民主原则组织起来并运行的机关，主要包括立法机关和行政机关；而司法机关是政治机关的对称，又称法律原理机关，它在一定程度上独立于政治部门，直接服从于法治原理而不直接适用民主政治原则，主要指法院，在我国，还包括检察院。那么，监察机关属于何种机关呢？在讨论国家监察制度改革的时候，就有人强调说它是政治机关。这对不对呢？有关这一点，我们下次会讲到。

如前所述，"国家法人说"是大陆法系国家公法学里面的一种重要学说，迄今仍占有一定的地位，要完全推翻它，是很不容易的。一般来说，英美国家的公法中不太用"国家法人说"这样一个理论，因此，它们的宪法学里也没有"国家机构""国家机关"这样的概念，而是一般采用 government 这个说法，我们将其翻译为"政府"。

（二）国家机构的原理

国家机构的原理，指的是国家机构的组织原理和组织起来后的运行原理，这两个原理可以是合一的，因此统称为国家机构的原理。

1. 我国国家机构的组织活动原则

关于中国国家机构在组织活动上所适用的原理这一点，"马工程"教材列举得比较多，其中第一个是党的领导原则，第二个是民主集中制原则，第三个是为人民服务原则；第四个是权责统一原则；第五个是精简和效率原则；第六个是法治原则。有些教材对这部分写得更丰富详备，除了上述原则外，还有尊重和保障人权原则以及权力监督和制约原则等。

那么这么多原则中哪一种原则最典型呢？这可能见仁见智。但其中宪法有直接明确规定的，是民主集中制原则。现行宪法第三条明确规定了这个原则。这也是中国国家机构最主要的组织活动原则之一。

说到民主集中制，主流学说上有一个对比：西方发达国家或说成熟的法治国家采用的是什么原则呢？是否也采用民主集中制原则呢？非也！主流观点认为，社会主义立宪国家采用的是民主集中制原则，而西方立宪国家多采用三权分立原则，而且在不同的国家，三权分立原则的表现形式也是不同的，最为典型的采用三权分立原则的国家是美国。

2. 三权分立原理

(1) 发展脉络

三权分立学说最早是由法国近代思想家孟德斯鸠在 18 世纪上半叶提出来的。孟德斯鸠是贵族出身,生活比较富裕,有时间和精力坐在那里思考这样重大的问题。当然,他主要通过考察英国的宪政,才提出了三权分立理论的。不过,也有学者认为最早提出三权分立的是英国自己的政治思想家洛克。我们说,洛克的权力划分学说是更早一些,但实际上主要是划为两权,即立法权和执行权,外加一种外交权。但从今日的角度看,外交权并非独立的,也可以归入执行权。但不管是谁最早提出这一学说,我们都应该承认:到了孟德斯鸠这里,三权分立的思想才比较成熟了。而且,孟德斯鸠的三权分立思想,对后世影响很大,特别是对美国,可谓影响甚巨。

有学者经过研究曾得出这样的结论:对于美国的宪政史,法国人作出了重大贡献。这些法国人主要是谁呢? 一般可以认为:与其说是卢梭,倒不如说是孟德斯鸠,即真正影响美国宪政的法国人应当首推孟德斯鸠。那么英国人对美国宪政史有没有影响呢? 有,洛克的影响就很大。洛克有关"同意"的政治理论,以及有关"生命、自由和财产"的自然权学说等,都对美国宪法产生了重大影响,而孟德斯鸠对美国产生不朽影响的,则是他的三权分立学说。

(2) 对我国认识现状的反思

那么我国的主流观点对三权分立学说的认识现状是怎样的呢? 总结起来,主要有以下四个方面:第一,"三权分立"被不少人误认为是西方所有立宪国家之国家机构的组织以及活动的原则;第二,也有人用三权分立来指称美国的现行政体,比如邓小平就曾经说过中国不能搞"三权分立",现在也有领导在香港问题上讲,香港不搞"三权分立",所指的都是美国式的政体;第三,"三权分立"被高度政治化,使其变成一个非常敏感的政治问题,被纳入国家意识形态之内;第四,"三权分立"在我国意识形态领域中已被完全否定。

我们需要承认,与孟德斯鸠所提的三权分立原则不同,从苏联到我们中国,社会主义国家采用的是民主集中制原则。这是一个非常重要的对比,并且已经在我国意识形态领域稳固化,变成了一种简单的图式。实际上,要想真正完成这个对比是需要进一步分析的。只有对三权分立原则进行深入分析,我们才能明白我们采用的民主集中制原则到底是什么,以及为什么要采用民主集中制原则。

于是,关于三权分立原则,我们在这里有必要作出一点澄清:在西方各国宪法中,其国家机构的基本原理应统称为"权力分立"原理,但未必能说都采用的是"三权分立"原理。因为,从严格的学术角度而言,所谓"三权分立"只是以美国为典型的立宪国家所采用的宪法原理,而这种原理只是"权力分立"模式的一种。

(3)权力分立原理的含义

在近代西方,洛克、孟德斯鸠等人形成了权力分立的思想,而且后来被直接表述为一种宪法性的规范原理,1789年法国《人权宣言》第16条即写道:凡权利无保障和分权未确立的社会,就没有宪法。

小贴士:中国古代的"权力分立"

有关权力分立原理的经典要义,可以归纳为以下两点:

第一,国家权力分为立法权、行政权与司法权,这三权不由一个机关统一行使。这被视为"立宪制"的两大重要标志之一。

孟德斯鸠在那部不朽的著作《论法的精神》中指出:

当立法权和行政权集中于一人之手,或者归属于同一机关,就失却了自由。

如果同一个人或是由重要人物、贵族或平民组成的同一个机关行使这三种权力,即制定法律权、执行公共决议权和裁判私人犯罪或争讼权,则一切便都完了。

第二,分权之后,各权之间彼此存在一定的制约和平衡的关系,但制衡的方式和程度在各国则不同。

(4)权力分立原理的现实范例

如前所述,权力分立的思想对美国建国产生了重要影响。从实践来看,美国的三权分立制度也是最典型的,体现了经典(近代)的要义,即:一方面,立法、行政与司法这三权严格分开,互相制约;另一方面,三权的地位大致平等;这就是"制约与平衡"。对此,我们也许耳熟能详了。

但实际上,美国的这一套做法是比较特别的,很多国家,包括西方其他国家也未必"消受"得起,因为美国之所以会采用这一原理,是有着独特的社会传统历史文化背景支撑的。

第一,美国人传统上就表现出"对权力的不信任",他们总是担忧国家权力过大,威胁到个人利益或自由,这在宪法上就是以"人权"表达出来的内容。所以,为了保障个人的正当利益或自由免遭侵犯,才采用了让三种权力互相制约,并大致取得平衡的组织架构。

麦迪逊在《联邦党人文集》中就曾经明确谈道:

所有的权力,立法、行政和司法权集聚于同一人之手,无论是一个人、一些人还是许多人,无论是世袭的、自己任命的或是选举的,都可正当地断定这就是暴政。

他又谈道:

必须以野心对抗野心。

第二,由于对民主也不信任,美国人没有通过建立一个强大的民选代议机关来作为母体,由此产生行政权和司法权。那么我们也许会这样想:美国人的头脑是不是少根筋呢? 他们与其担心国家权力过大会侵犯他们的权利,倒不如从源头上解决问题,即将国家权力牢牢地控制在人民自己手中,这不就行了吗?

这听起来是很好的一种想法,我们中国目前的人民代表大会制,就是基于这样想法建构的。但是,美国人从立国立宪开始,就不相信这一点。麦迪逊在《联邦党人文集》中曾经明确谈道:

如果人都是神,那么政府就没有必要存在了;如果能够以神来统治人,那么无论外部与内部的政府制约也就没有必要存在了。要形成一个以人管理人的政府,其最大的困难在于你首先必须使政府能够控制被统治者;其次必须迫使政府控制自己,对政府的首要控制乃是依赖人民,但经验早已教导人类辅助防御的必要性。

图 22　麦迪逊,美国国父之一,曾睿智地指出:
"对政府的首要控制乃是依赖人民,但经
验早已教导人类辅助防御的必要性。"

　　这段话对于理解美国的三权分立制度十分重要,尤其是最后一句。从中我们可以知道:美国人当时也明白了依靠人民去控制政府的必要,认为这是首要的,但他们认为,这还远远不够,除此之外还需要某种"辅助防御"的制度,这就是孟德斯鸠所倡导的"三权分立"原理了。

　　麦迪逊当年就认识到民主制度的局限,这是难能可贵的。而且,通过当年美国立宪资料,我们可以看到,不仅麦迪逊,甚至当时很多美国建国者,都存在对于民主的不信任或某种戒备的心理。

　　第三,因为有着深厚的 rule of law 的优良传统。美国人对于法官特别地信任,这一点是与英国相同的,而与欧洲大陆则形成鲜明对照。比如在法国,法官在历史上就曾不怎么被民众信任,原因就在于,在大革命发生前的时期,法国的法官曾经是政治权力中心——封建王权压榨人民的帮凶。但是在英国,譬如以大法官爱德华·柯克为代表,法官则一直相对比较独立,比较有职业精神,在品德上也多有良好的记录,为此受到人民的信赖。正是在这种背景下,司法权在美国才会被赋予那么重要的地位和那么巨大的权力,比如合宪性审查权。

　　与美国不同,欧洲各国的"权力分立"状况则另有一番风景,以至于从严格意义来说,我们很难将其称为"三权分立"。是的,近代以来,欧洲各国也都依据国家权力的不同作用,将其主要区分为立法权、行政权和司法权。但是,这三权被赋予的地位却是不同的,其中最明显的一点就是,各老牌资本主义国家大多存在

"议会中心主义"的传统,比如英国和法国。有人说英国议会除了不能把男人变女人、把女人变男人外,其他无所不能。有人半开玩笑说其实那也行,只要议会通过一个立法把男人规定为"女人",把女人规定为"男人",事情就办成了。这就是议会中心主义。虽然说三权之间存在权力的分工,但是三者之间互相"制约和平衡"的机制却并不明显。而且在传统上,立法与行政的关系,也具有或多或少的从属性,比如德国的内阁制、法国的半内阁制在权力的配置上都体现了这一点。另外,在司法权方面,除了英国之外,德、法等国家的司法机关的地位也明显不如美国那么高。总之,美国式的那种三权分立,在这些欧洲国家照样难以完全成立。

（5）权力分立关系的现代变迁

到了现代,在西方各国,三权的关系也发生了重大的变迁。

首先,立法机关的权力普遍弱化。关于这一点,还是德国的那个施米特,早在其《现代议会主义的精神史地位》一文中,就做了非常经典的分析论证。

其次,行政权则不断扩大化,甚至可以称为肥大化。行政权中心主义的倾向在事实上逐渐呈现,所谓"行政国家"的时代似乎已经来临。说到这里,要插一句:当今我国香港特别行政区索性就直接采用所谓"以行政权为主导"的体制,这也可作为例证。

再次,在许多国家,传统三权之中的第三权,即司法权,则被不断强化,许多立宪国家都赋予司法机关强大的宪法审查权力。不少学者从司法权的强化中也看到了所谓"司法国家"的微光。而对于美国式三权分立模式而言,司法权的雄起确实也很重要,因为以此可以在一定程度上替补已经趋于弱化的立法机关的功能,去继续牵制不断肥大化了的行政权,以达至整个国家权力架构内部的新平衡。

最后,政党政治的普及和发达,又使得权力分立与制约的形态得以不断发展更新和活泼化,即权力不仅分散于不同机关之间,也分散于不同政党之间,由此出现了权力分立的复合结构。

（6）总结与反思

总结以上内容,我想提出以下观点:

第一,我们要看到孟德斯鸠时代所提出的三权分立思想确实有利于制约公共权力，但因为存在彼此制衡的机制，所以难免效率较为低下，不完全适合于需要建立强有力政府的国家或时代，也不利于国家统合的需要。比如我国民国初年，袁世凯就任临时大总统后，其实也想做一番事情，但是处处被临时参议院牵制。因此，当古德诺来到中国后，就发现虽然袁世凯能耐很大，但一事无成，连借钱做事情也会受到临时参议院的掣肘，于是感慨中国需要强有力的行政机关。当时袁世凯的另一位外籍宪法顾问，即日本的有贺长雄，以及中国的梁启超，都有类似的见解。从这一点来说，前面我们讲到的顾维钧的博士论文答辩，其答案未必是妥当的，估计古德诺后来对此也只能暗自苦笑而已。

第二，由于中国长期面临国家统合的历史课题与压力，并存在复杂的客观国情，三权分立机制——尤其是美国式的三权分立机制——很难引入中国，而且也不必完全引入中国。这是我个人观点。原因很简单，中国国家规模之大、各地区发展之不平衡、各族群之间离心力之强，是无可讳言的，无怪乎三权分立这样低效率的国家机构组织原理难以被引入。更何况自近代以来，中国百年积弱，民间社会一向也很脆弱，迄今一直在寻求快速发展的历史机遇，却反复被种种的历史变乱事件所阻断，直至20世纪80年代开始才获得较好的时代机遇，人们倾向于建立一个强有力的政府，引领社会向前快速发展。在这样的国家要引入三权分立机制，自然是有阻力的。

第三，中国也将国家权力加以分立，但不存在彼此制衡机制，一般用权力分工来表达。我国的"一府一委两院"均由人大产生、对人大负责、受人大监督，这种牵制都是单方面的。但现在有两个例外，我们宪法引入了分立制衡原理。一个是《宪法》第127条第2款，这是2018年修宪新加入进去的，它规定：监察机关办理职务违法和职务犯罪案件，应当与审判机关、检察机关、执法部门互相配合，互相制约。另一个在《宪法》第140条，它规定：人民法院、人民检察院和公安机关办理刑事案件，应当分工负责，互相配合，互相制约，以保证准确有效地执行法律。

总之，如果从国家权力内部的关系来看，各国存在不同的模式。西方国家采用的是权力分立，但也不完全都是传统的三权分立。中国跟它们就更加不同了。为了更好地比较，我们设了几个指标：一个是各种国家权力之间有没有分工；其次是权力之间是否存在牵制，若有的话，是什么样的牵制？是交互的牵制，即你牵制着我、我牵制着你？还是单向度的牵制，即只有我牵制你，你不能牵制我？第三个指标则是权力之间是否平衡。有些国家是互相牵制并达到均衡了；有些国家虽然也是互相牵制，但没有达到均衡；有些是单向牵制，一般不可能达到均衡。比较的结果发现：美国最为严格地采用了传统三权分立的原理，国家权力之间有严格分工，并且三权之间互相牵制达到均衡；欧陆国家（这里主要指德、法、意等国家）也是有分立的权力，并且权力间也是互相牵制，但并没有达到明显的均衡，在近代实行的是议会中心主义，到了现代则是行政主导，称行政中心主义；中国与前面两者又不同：我们也有国家权力的分工，而且如果细究起来还不只分成三种，它们之中也有牵制机制，但却是单向性的牵制，即主要是由人大牵制其他各个机关，至少在宪法规范上是这样的。各国的具体情形，如表3所示：

表3　各国权力架构模式对比

	权力之间的分工	权力之间的牵制		权力之间的均衡
		互相牵制	单向牵制	
美国	√	√	×	√
欧陆	√	√	×	×
中国	√	×	√	×

第四，在当今中国，尽管根据宪法，国家权力之间存在分工，但缺乏彼此制衡机制，然而在现实的政治实践中，国家权力结构之中其实也形成了一种内部自我调整型的权力平衡机制，表现为：某种权力一旦在某些方面过大了，则会在其他方面受到制约；相反，某种权力一旦在某些方面过弱了，则在其他方面得到补强。

比如，人大是宪法规定的国家权力机关，法定职权极大，接近于西方议会中心主义时代的理想形态。但在现实中，执政党也具有很强的民意收集、整合与表达的功能，以致有人提出了"二元代表制"的说法，说的是在中国一个是法律上的人大代表，另一个是政治上的中国共产党的代表。这个说法还需要学理化，但如前所述，我国在实践中确实形成了二元复合型政体，执政党的领导在国家政治中发挥着重大功能，而各级人大自身长期以来则采取自我谦抑主义的政治路线。

其实，政协亦分享了其部分的咨询性、民意代表的功能。

再接下来看国家主席。根据宪法规定，其地位尊荣，实权很小，但现实中则形成了"三位一体"机制，使之趋于强大。

再看政府。这是最有实权的国家机关，存在行政权的肥大化现象，但在现实中形成了党政联合运作的体制，各级政府往往受到了同级执政党组织的直接领导，正如人们所言，在地方，拍板的都是市委或县委书记，"埋单"的都是市长县长。

那法院又怎样呢？法院似乎注定在现实中较为弱小，在《联邦党人文集》里被表述为"最小危险的部门"，中国的法院同样是"最小危险的部门"，它既不管钱袋也没有枪，但是，在中国，长期以来粗放型的立法体制也给法院带来了宽泛的自由裁量权。而西方成熟法治国家单是一部民法的条款就可以达到上千条，判例更是不计其数，所以法官每判一个案件其实都落入由细密的法条和判例所编织而成的牢笼之中。相比之下，中国的法条则颇为粗疏了，判例制度也未完全确立起来。此外，法院还确立了一种全面的概括性司法解释权，以至于可以将人大立法完全架空，其中包括刑法和民法这样的大法，此为成熟法治国家所鲜见；此外，诸如20世纪初，法院还在大调解、能动司法路线下出现了自由裁量权的自我扩张。

最后我们看一下检察院。检察院在宪法上被规定为"法律监督机关"，名义上权力很大，实际上也不小，但是行政部门内部虽然已不存在监察机关，党组织内部则存在强有力的纪律监察机关，曾经分享了这种权力，现在又成立国家监察机关，将这种权力纳入国家机构的框架。

上面说到的我国国家权力结构中的这种内部自我调整型的权力平衡机制，是迄今为止在现实中慢慢形成的，但设立监察机关这种强力机关之后，是否会打破这种平衡机制，又或者在总体上还会修复这种平衡机制，目前不好断言，只能拭目以待了。

回到权力制约的话题上来，我们应该认识到：不管你采用什么制度，一旦对权力的制约并不到位，权力腐败就在所难免，所谓"权力必然腐败，绝对的权力绝对腐败"，说的就是这个道理。麦迪逊曾说，如果人都是神，那就不需要政府了。我觉得还可以加上这么一句：如果政府也是神，那我们就不需要宪法了。尤其要看到的是,中国存在根深蒂固的宗族文化,在传统文化的源头上本来就容易生成"民俗学意义上的腐败"。为此,批判性地借鉴欧洲各国宪法中的权力分立原理,也是必要的,而且也没什么了不起的。

那么,当今我们到底应该如何借鉴"非美国式"的各国宪法中的权力分立原理呢? 这是一个复杂的大问题,有待于今后思考研究。就此而言,你们首先要把握的,当然是我们国家所采用的民主集中制原则。

3. 民主集中制原理

民主集中制在法条上具体体现为现行《宪法》第 3 条,来源于执政党的组织原理(最初来自布党)。作为对抗三权分立原理的原理,其侧重点在权力集中,但其理论基础同样也是人民主权原理与人民代表制原理。除此之外,还应该有其他政治理论值得探讨。

(1) 民主集中制的内容

关于民主集中制的内容,主流学说是这样陈述的:民主集中制是在民主基础上的集中和在集中指导下的民主相结合的方式和制度,它是社会主义民主制的一种独特运用方式,其实质就是社会主义民主制。这可能是大家中学阶段就学习过的内容。但鄙人还是认为,这样的陈述方式,几乎是一种空洞的、具体内容模糊的政治话语。而宪法学,特别是规范宪法学,则要求对民主集中制作出更具有规范性的陈述,也就是说,这种陈述必须是法学性的。

我认为,以我国为典型,在宪法的规范意义上,民主集中制的内容,大致可以作如下概括:

第一,由人民选举产生的代表,组成人民代表机关,作为"人民行使国家权力的机关",去行使国家权力。

在此,就需要具体理解两点:首先,虽然我们也以"人民主权"原理为宪法原则,现行《宪法》第 2 条第 1 款就明确规定"中华人民共和国的一切权力属于人民"。但是,我们跟世界上绝大部分国家,包括西方民主国家一样,也采用间接民主制,西方称为"代议制",我们也可叫"人民代表制"。为此,人民一般不直接行使《宪法》第 2 条第 1 款所规定的国家的"一切权力",而是通过代表机关,间接地去行使这个国家权力。这种代表机关,在我国包括全国人民代表大会和地方各级人民代表大会。质言之,人民通过全国人民代表大会和地方各级人民代表大会间接行使国家权力。

对此，宪法条文的表述很巧妙，第 2 条第 2 款就表述为："人民行使国家权力的机关是全国人民代表大会和地方各级人民代表大会。"那为什么要这样表述呢？也就是说，这个《宪法》第 2 条第 2 款为什么不直截了当地写上"人民必须通过全国人民代表大会和地方各级人民代表大会间接行使国家权力"，而是要倒过来写，绕着表述为："人民行使国家权力的机关是全国人民代表大会和地方各级人民代表大会"呢？从规范意义上说，这种表述，实际上也体现了传统代表制的一种理念，即虽然是通过代表机关行使国家权力，但代表机关行使权力的行为，就被直接拟制成人民在行使国家权力。为此才有"人民行使国家权力的机关是全国人民代表大会和地方各级人民代表大会"这样的表述。

那么，这种拟制的正当性，乃至代表机关本身行使国家权力的正当性究竟在哪里呢？这就涉及第二点了，即这种正当性就在于，人民代表大会这种机关，最终是由人民选举产生出来的，因此它认为代表了人民，或者说其意志体现了民意。值得注意的是，这里虽然说是"选举产生"，但在县级以上（不含县级）的人民代表大会代表的选举中，不采用直接选举，而是间接选举，也就是由人民选举产生的代表组成的机关再选举上级代表机关的代表，这样逐级选上去，但其最初的源头，即在乡镇一级和县一级，采用直接选举。质言之，在我国，直接选举只到县级和乡级人大，其他各级人大都实行间接选举，直到全国人民代表大会。

以上说的是民主集中制的第一点内容。

第二，以这种国家权力机关，作为所有国家机关，即整个国家机构的"权力母体"，由其自下而上地，再逐级对应性地选举产生其他所有的国家机关，而后者的这类机关，对于其各自产生的母体，均须向其负责，受其监督。也就是说，除国家权力机关之外的这些国家机关，包括行政机关、监察机关、司法机关等，在全国一级还另外包括国家主席、中央军事委员会，这些机关，其产生的方式，全部也是实行间接的选举制，有的上级机关，则可能采用多层级的间接选举制。

第三，不同的国家机关之间存在一定的权力分工，由此分出各种国家机关，比如立法机关、行政机关、监察机关、司法机关。但除了公检法和监察机关这几个机关内部之间的监督和制约之外，不存在明显的彼此交互性的监督和制约机制，而是均接受上位的国家机关，即国家权力机关的监督和制约。而国家权力机关最终又受到人民的监督和制约。

第四,中央与地方之间,遵循在中央统一领导下,充分发挥地方的主动性和积极性的原则,但权力划分边界并不稳定。

（2）对民主集中制度的分析

民主集中制就是这样一种原则,这样一种制度。那么,我们来分析一下,在规范意义上,民主集中制之中所说的民主性和集中性,分别体现在哪里呢？

首先,在民主性方面:一方面,人民有权选举人民代表,而国家权力机关则是由人民代表组成的,体现和代表的是人民的意志和利益;另一方面,作为人民意志和利益的代表的国家权力机关又产生和监督其他国家机关,这样,其他国家机关也就间接地体现了人民的意志。

其次,民主集中制还有"集中"的机制。一方面,人民集中授权给国家权力机关,国家权力最终又集中于最高国家权力机关;另一方面,其他国家机关则由国家权力机关产生,并对其负责、受其监督,于此,"人民民主"又进一步具有了间接性。

但是,能不能讲,在所有的国家机关里,上级都领导下级？这样说是不准确的。我们说,上级国家机关和下级国家机关之间存在领导关系的情况主要存在于行政机关、军事机关里。而在国家权力机关和司法机关中,情况则未必是这样的。上级人大的职权一般比下级的大,特别是到了全国人大,其职权在国家权力机关系统中是最大的,比如全国人大常委会就有权撤销省级人大制定的同宪法、法律和行政法规相抵触的地方性法规和决议。这倒是宪法上的事实。为什么呢？因为我们采用民主集中制,包括权力往上集中这个机制。但上级人民代表大会则不能领导下级人大,反而因为上级人大代表是由下级人大选举产生出来的,所以上级人大代表要受下级人大监督。而在法院系统里,上级也不能对下级进行领导,只能是业务上的监督与指导,以及审级上的制度分工。

（3）民主集中制与权力分立原则

好了,讲到这里,有必要让大家思考一个问题:民主集中制和西方国家的权力分立原则,究竟有什么区别呢？对这一问题的回答也涉及我们对社会主义以及立宪主义精神的理解。

民主集中制和权力分立在哪些方面上有重大的差别呢？不得不说,这个问题回答起来是很有风险的,可能会坠入"公说公有理、婆说婆有理"的泥淖。但是,有一点我们又必须承认,那就是这个问题无法回避。

我们可以从几个方面来认识这个问题。

首先,对权力集中的认识是不同的。社会主义立宪国家讲民主集中制,它是否重视民主啊?也是重视的。而权力分立也强调民主。但是,我们通过民主最后达到权力的集中,而他们的民主主要体现在权力的产生过程中,比如说立法机关是由民主选举产生出来的,有代表性;行政权,在美国,也存在选举;司法机关的产生则比较复杂,法官选举方式很多,有的是选民投票产生,有的是通过议会产生,还有其他方式。也就是说,在美国,三权的产生都可能存在普通选举和直接选举的民主方式。而我们的民主集中制,则是先以民主的方式产生出代表机关,作为国家权力机关,然后,再由它产生出其他的国家机关。在我国,这个上位的国家权力机关就是人民代表大会,然后再由它产生出行政机关、监察机关和司法机关。而美国就没有这样的一个权力集中,而是采取权力的分立与制衡。

有人认为,这种区别是与各国的社会经济基础或者说历史背景有关系。这肯定是对的。比如说中国社会,就比较容易产生权力集中的制度。封建专制制度几千年的传统一直沉淀下来,即使中国已经通过辛亥革命推翻了封建专制制度,但推翻皇帝之后,我们这个民族还无法一下子就能适应没有皇帝的生活,于是中国曾有混乱,各种政治势力、武装力量都想统一中国,把权力集中起来。在历经了半个世纪的因失去皇帝的那种政治权力中心所带来的政治动荡之后,中国共产党最后终于胜出了,建立了新的国制,将其从苏联那里吸取来,并作为本党自身的组织原则的民主集中制,作为整个国家的政治组织原理。此后,这个国家进入政治统合的稳定时期,尽管历史上一度也出现了"文革"那样的动乱,但最终还是得到了反正。西方历史传统就与此不同。在西方各国的历史上,在大部分的历史时期中,权力都是分散的,甚至在很长的一段时间里,教会与世俗政权就分享着权力。而且,除了政治权力之外,宗教信仰也同样具有社会统合的功能。

其次,对权力本性的认识是不同的。从上述分析中,我们可以看到权力分立与民主集中制在权力集中的问题上是存在区别的。其实,这还是表层的区别,更为深层的差异则主要存在于对于权力的本性的认识之上。采用权力分立原则的国家,对权力之本性的认识,往往与采用民主集中制的国家不同。前者往往倾向于认为权力是恶的,因此需要制约。不管权力是怎样产生出来的,是不是通过民主途径产生的,都可能是恶的,因此都要制约。而如何制约权力呢? 当然,民主是一种制约,但是这种制约还是不够的。前面我们说的麦迪逊,就清醒地认识到这一点。而且,西方的一些政治理论家,比如法国的托克维尔、英国的密尔,还认识到民主也有可能产生弊害,即所谓的"多数者暴政",它不但不会制约权力,反而可能助长权力肆无忌惮。所以,通过权力之间互相的制约达到权力的平衡,就被认为是制约权力的又一条有效的途径。而采用民主集中制的国家,并不是像许多人所说的那样,对权力的"性恶"认识不够,而是对民主制度存在一种仰赖和期待,甚至达到膜拜的程度,"德先生"的美称就是这样形成的。为此,通过民主产生的权力自身便已经被正当化了,往往被认为就不需要制约了,哪怕这种民主制度是间接的,而且存在多层级的间接因素。在这里,传统的"仁政"和"善治"的政治观念,究竟还是起了作用。因此,采用权力分立原则的国家更加注重各种性质权力的制约和平衡,而民主集中制的国家则倾向于容许权力的高度集中。

小贴士:什么叫"多数者暴政"

以上主要是鄙人的观点,提出来供大家参考。

二、民主集中制的理论基础:国家组织的基本原理

前面我们讲到过,民主集中制的理论基础中,也有人民主权原理和人民代表制原理。其彼此的关系是这样的:人民主权原理是人民代表制原理的基础,而人民代表大会制(民主集中制)又是人民代表制原理的具体衍生形态。因此,研究民主集中制,有必要顺藤摸瓜,溯本追源,对人民代表制,乃至人民主权原理作一下较为深入的探究。而达到这个目的,首先我们就要来把握一下宪法学上有关主权原理以及代表制原理的理论。有关这一点,目前国内宪法学教材基本上很少涉猎,在此我们要补充讲解一下。

（一）主权原理与代表制原理

1. 十种主权观念

首先从"主权"这一用语谈起。

根据我的统计,迄今为止,法学中至少出现过 10 种有关"主权"观念或概念的学说,其中有些已经成为宪法原理,这 10 个分别是:

国家主权

君主主权

人民主权

国民主权

议会主权

法的主权(说)

人类主权(说)

个人主权(说)

主权概念无用(说)

主权概念死灭(说)

我们一个一个地给大家简单地介绍一下:"国家主权"是博丹在《主权论》中提出的术语,现在已经成为重要的法政概念,它包括国家的"对内主权"和"对外主权"两方面。"君主主权""人民主权"和"国民主权",就是国家的对内主权的不同形态,其中君主主权是人类社会大部分国家都经历过的主权形态;"人民主权"则要归功于法国的大思想家卢梭,是他提出来的一种带有浪漫气质的学说;"国民主权"则是与"人民主权"不同的一种主权原理,是法国大革命之后出现的,有关这些,我们等一下再具体分析。"议会主权"的典型代表是英国,主要是说在国家的宪政结构中,议会处于中心地位。而关于"法的主权",是法哲学上的一种学说,日本现代法哲学家尾高朝雄就曾经主张"法的主权"。尾高朝雄是奥地利著名法学家凯尔森最为得意的弟子之一。就"法的主权"这个术语,他曾经在战后初期,和当时日本宪法学的权威,也就是芦部信喜教授的老师宫泽俊义教授,进行过一场激烈的学术论战,最后以失败而告终。但是,时隔半个世纪之后,日本法学界的许多学者开始认识到尾高氏理论所具有的深刻内涵。"人类主权"的说法可见于托克维尔的著述中,较为少见。"个人主权"是英国的约翰·密尔所主张的学说,他认为在终极的意义上,只有个人才拥有主权。而"主权概念无用说"说,在现代国际学术界较为活泼,认为在当今世界,主权概念作为宪法概念已经过时了,更为彻底的立场是"主权死灭"说。

上述诸种主权理论,我们只是简单列举一下,引起大家兴趣,其内容则有待大家今后去深入研究,但这里我们还是要稍微讲解一下宪法上存在的三种主权原理,即君主主权、国民主权和人民主权三项。

宪法中的主权原理,可谓博大精深。日本有一位著名的宪法学家,名叫杉原泰雄,他一辈子的最主要工作,就是集中研究主权原理,而且主要还只限于研究国民主权和人民主权,研究完了他差不多也就退休了,而其最终的学术成就之高,也令人佩服。但是,当下我们国内宪法学界在这方面,研究是很不够的,有待深入。

2. 三大主权原理

接下来,我们详细介绍一下宪法历史上的三大主权原理。

关于这三者的历史,简单说就是这样的:最初出现的当然是"君主主权",而"人民主权"和"国民主权"则是力图取而代之的主权原理。但作为理论构想,先出现的还是"人民主权"理论,在它搞不下去的时候,"国民主权"才出现,真正取代了"君主主权"。这是前面说的杉原泰雄先生对法国立宪史研究的一个基本结论。为什么要研究法国呢?因为法国在这方面很典型,有"议会制度的试验田"之称,各种主权思想和代表制理论,也是在这里诞生的,而且几乎被轮番试验过。

"君主主权"的含义,大家都知道。我们这里先说"国民主权"。"国民主权"的法文表达形式是 souverainetè nationale,其含义是指:国家意志的最高且最终的决定者是国民,其在宪法上的规范表述如"国家的一切权力属于国民(或国民全体)"。那么,什么是"国民"呢? 国民指的是一种抽象的、一般的整体,甚至被认为无实际上的意志能力的整体,而"国民全体"则更典型地表达了这种内涵。在这里,大家要知道,在法的世界里面,"意志能力"甚为重要。那么,既然"国民"被认定是一种无意志能力的整体,它又该如何作为"国家意志的最高且最终的决定者"呢? 这就成为一个问题。有关这一点,我们等一下再说。

接下来说一下"人民主权"。前面说了，"人民主权"是卢梭的理论产物，它在理论上比国民主权更早产生，最初源于卢梭的社会契约论，其法文原文是souverainetè populaire，宪法上的规范性表述一般为："国家的一切权力属于人民。"那么，何谓"人民"呢？这里的"人民"，是指各自具有意志能力的主体。进而，"人民主权"的具体含义是指：主权由各个的人民分有，并可以直接行使的。这就是卢梭的见解，为此，他曾一度排斥代议制，反对代表制，而主张全面实行直接民主制。

前面说了，这个构想也太浪漫了。要说人类在国家权力运作的方式上是否实行过直接民主制呢？那倒是有的：在古希腊的雅典城邦，一切重要事务就由人民在广场中直接加以表决。据考，"人民"一词源于拉丁语"populus"这个词，与希腊文"pallo"同义，本义为"沙沙响"，引申义即指在广场上大规模集聚于树荫下的人群。但请大家注意，此种直接民主制的主权者也是被限定的。奴隶被排斥，自由民中的女性、儿童也被排除出主权者的范围，参加投票的，仅限于成年男性公民，组成所谓的"公民大会"，而且那个时候空调还没有发明出来，到了夏天，大家都挤在广场上，那就成了"臭汗淋漓的民主制"。为此，密尔曾经有力地分析过代议制的必然性，他论述道：

> 显然能够充分满足社会所有要求的唯一政府是全体人民参加的政府；……但是，既然在面积和人口超过一个小市镇的社会里，除公共事务的某些极次要的部分外，所有的人亲自参加公共事务是不可能的，从而就可以得出结论说，一个完善政府的理想类型一定是代议制政府了。（密尔：《代议制政府》，汪瑄译，商务印书馆1982年版，第55页）

雅典民主的历史经验告诉我们：直接民主制大概只能在小市政里实行，居民最好保持在一两千人，而且讨论的问题其实也不能太重要。如果讨论非常重要的问题的话，也容易引起激烈冲突，那所谓的"广场民主"，也是非常恐怖的。一到了广场，人类的心理就非常容易发生变化。有些人就非常适合广场，在广场上他就变得异乎寻常的激动、活跃，甚至有煽动力；而有些人则可能在大规模的人群中很不安，为了克服不安的心理，则会产生随大流的从众心理倾向。这就是广场民主,它也存在风险。再说,我们现代人怎么能跟古希腊雅典学呢? 人家家里都养着奴隶,帮他干活。我们每一分钱都要自己去挣,你整天积极参加广场民主,挺兴奋的,但到了晚上,回家一看,发现晚饭都还没有着落呢。

总而言之,前面所介绍的密尔的观点,是非常睿智的,并为后世大多数理论家所接受、认可。

3. 代表的观念

代表制既然是必要的,那就必然会涉及代表的观念。有什么样的代表观念,就会有什么样的代表制。中国古代的文人或士大夫中,长期存在一种"使命代表"的观念,其最典型的表述,就是宋儒张载的"四为"说,即"为天地立心,为生民立命,为往圣继绝学,为万世开太平"。可以说,这极为典型地彰显了中国古代士大夫强烈的使命意识,其中就存在"使命代表"的观念:尽管实际上老百姓没有委托他们,他们也认为自己有神圣的职责和使命去代表人民。质言之,这是不存在实际委托关系和程序的代表观念。但这种观念影响了一代又一代的中国读书人,即使现代中国知识分子,多少也有这样的思想,至少也会被这种观念所感染,或所激励。

我曾经一朗诵这几句名言,胡茬都会立起来。因为我胡子比较多,每天都要剃,但国产的剃须刀不行,最好要用德国的剃须刀才好剃掉。后来发现了一个窍门,早上剃须时,一边朗诵张载的这四句名言,一边操刀剃须,就能让胡茬竖立起来,然后很容易就能将它们剃掉。你们现在也许还无法理解这种强烈的使命感给历代中国读书人所传达的那种神奇力量,但这种力量在历史上曾经激励了许多人,比如你们耳熟能详的文天祥,以及"为中华之崛起而读书"的周恩来总理,等等。进而甚至可以说,在现时代,中国共产党党员一般来说都具有这种使命代表观,集中体现为"三个代表"理论。

那么,在我们宪法学上,代议制中的代表与这种使命式代表有什么区别呢?下面我们来看一下。

4. 代表制原理

关于代议制,根据法国所形成和发展起来的宪法理论,主要有三种,即纯(粹)代表制、强制委任代表制和半代表制。

纯(粹)代表制是与国民主权原理相结合的一种制度,也可称"国民代表制"。

图 23 宋儒张载（世称"张横渠"）。其有关"为天地立心，
为生民立命，为往圣继绝学，为万世开太平"的名
句，迄今仍对中国的代表观念具有一定影响

在此制度下，主权由国民代表所组成的议会统一行使，或只有通过后者才能行使，而后者的意志可以不受国民的约束，如前所述，实际上"国民"本身也被认为是没有意志能力的，为此，代议机关所表达出来的意志，在宪法上就被直接拟制为国民的意志。前面所说的"国民主权"原理，就是这样运作的。也就是说，被认定是无意志能力的整体的"国民"，就是这样可以成为"国家意志的最高且最终的决定者"的，因为有专门的代表机关替代它表达意志，作为国家意志。而从中我们也可以分析出"代表"在传统中的典型含义，它指的就是独立于国民并替代国民行使本属于国民的主权的意志主体。

以上讲的是纯粹代表制。

与此不同，强制委任代表制又称命令代表制。在这种代表制下，代表必须接受强制性的委任，而且委任时还有具体的内容，委任人也可以撤回委任。这种代表制，最初源于欧洲历史上的等级会议，比如法国的三级会议，但近代之后曾一度与人民主权原理相结合，为此也可称"人民代表制"，如 1871 年巴黎公社体制，就属于这种。其特点是各个选民或母体可以

延伸阅读：宪法上的"代表"与民法上的"代理"的比较

对自己所选的代表发出指令,后者的意志受前者的约束,前者甚至可以对后者实行罢免。但在历史上,这种制度只是昙花一现,除了巴黎公社,还曾在苏联早期采用过,后来就遇到困难了,为此,作为代表制,其本身不具有"代表性"。

半代表制是法国的著名宪法学家狄骥(1859—1928)在 19 世纪末首倡的。这是一种处于纯粹代表制与强制委任代表制之间的代表制度,该种代表制理论,认为议会必须在制度上尽可能正确地反映民意,而且并不排除与直接民主制相结合,后来成为许多西方国家采行的理论形态。那为什么叫作"半代表制"呢?意思它只剩下一半的内涵是属于传统的纯粹代表制的,另一半则可以说有点属于直接民主制等其他要素了。

关于代表制就讲到这里,我们现在还得回到宪法中的主权原理。

5. 主权原理的历史发展脉络

这里简要地梳理一下主权原理的历史发展脉络。

在西方许多立宪国家的历史上,君主主权被废弃后,并没有普遍地直接过渡到人民主权;在近代许多西方国家,只是过渡到国民主权(甚至在有些国家,像"二战"之前的日本那样,君主主权和国民主权之间还存在"君主机关说"这样的过渡形态的理论),而且迄今仍没有完全过渡到人民主权。当然,到了现代,在许多君主制国家里,实际上也实行国民主权和纯粹代表制,因为君主已经成为"虚君",典型的有英国和日本;还有部分成熟的立宪国家,在主权原理上不管采用什么样的表述,如果套用法国的概念,基本上大多属于国民主权原理与纯粹代表制相结合,所不同的是:或适当采行直接民主制的要素,或采行半代表制,或在宪法解释学上力图引入"人民主权"原理对"国民主权"条款进行理解和运用。

与资本主义国家不同,以我国为代表的社会主义国家,前面也讲到一些,一般都比较信赖通过民主制度或非制度化的某种方式去控制公共权力,而不太相信以权力控制权力(如权力分立)的机制。为此,社会主义各国均普遍宣明实行"人民主权",但其实,在宪法上主要采用的也是间接民主制,即代表制。如果具体分析,在主权原理和代表制原理上,还可能存在某种混沌结构。主要表现在:

第一,像我国这样,由于"人民"的概念具有政治意义上的抽象性和整体性,为此,就不同于卢梭所说的那种"人民",相反,在一定意义上,与西方传统的"国民"的概念倒是比较接近。当然,这只是规范的实际状况,并不排除我们可以按照"人民主权"原理的规范性内涵，去解释或理解"人民"以及"人民主权"的规范，并加以运用。

第二，代表机关被定位为"人民行使国家权力的机关"，即以代表制为主，辅之以直接民主制。我国存在直接民主制的一些要素，如我国现行《宪法》第2条第3款规定：人民依照法律规定，可以通过各种途径和形式，管理国家事务，管理经济和文化事业，管理社会事务。但在总体上，主要实行的还是间接民主制，即以代表制为主，而且像我国现行《宪法》第2条第2款那样，宣明"人民行使国家权力的机关"是各级人民代表大会，显示了某种可以说是属于传统的、类似于国民代表制的那种宪法观念。

第三，人民代表被要求反映民意，受人民监督，但在选举制度上，存在多层级的间接选举制，为此选举母体对代表的拘束力相对有限；虽然存在代表罢免制度，但这种制度在现实中的运作并不活泼，一般仅限于对那些有刑事犯罪嫌疑的代表，才实行罢免，这与民意的具体内容也相对脱离。

在上述这样的情况下，民主集中制运作是否成功的关键是什么呢？第一，人民是否能有效制约（控制）国家机关？具体包括：首先，是否能有效控制国家权力机关；其次，是否能有效控制其他国家机关。第二，国家权力机关能否有效制约（控制）其他国家机关，具体包括：首先，是否可控制行政机关等国家机关；其次，是否可有效并妥当控制司法机关。

（二）党的领导与国家机构的关系

在当今我国，执政党的领导与国家机构的关系非常密切，这一点我们已论述过了。"二元复合型政体"其实就是这种关系在制度层面上的结晶。如前所述，我国的二元复合型政体，本身就有一种内在的逻辑构造，二元之间互相成为必要，即：坚持人民代表大会制度，就要求坚持中国共产党领导。

如前所述，我国现行宪法多处写到"中国共产党领导"，其中序言第7自然段中写到要坚持中国共产党的领导，第1条第2款更是明确指出："中国共产党领导是中国特色社会主义最本质的特征。"在现实当中，中国共产党跟国家机构的关系也是非常密切的，可以说，几乎所有国家机构最终实际上都要服从党的领导，在体制上，所有国家机构的内部也都设有党的组织。执政党的领导，在目前首先是组织上的领导，为此，在我国，除了国家有一套国家机构体系之外，执政党的组织也形成一个体系或者说系统，与各级的国家机关存在密切关系，呈榫卯咬合结构。

1. 当今的具体实践形态

那么，有关党的领导的具体实践状态如何呢？我分析了一下，主要可以作如下表述：

第一，中国共产党本身拥有作为"人民代表"的高度政治自觉。这种自觉，类似于前面我们讲到的"使命代表"观念。也就是，从实证意义上说，人民代表本来应该是人民选举出来的，人民代表大会里的代表，包括我们党员代表也是这样的。但是，有一个政治现象很重要，就是：即使非经人民的选举这个程序，中国共产党本身也已经具有了一种高度的政治自觉，认为自己就是人民代表，应当为人民服务，替人民说话，而且真的在很大程度上也是这样做的。这种高度的政治自觉在理论上以"三个代表"重要思想为一个发展高峰。

也许有人会认为，这种代表没有民主基础，因为不是民主选举产生的，但是平心而论，问题没那么简单。中国共产党有一个重要的活动方式，就是"密切联系群众"，被定位为其"三大作风"之一。这种活动方式的功能是很厉害的。当年国民党那么强大，是怎么被共产党打败的？我认为其中一个主要原因就是输在这里。当时的国民党精英意识太强了，自早就有孙中山所说的"先知先觉"的政治意识。而共产党则不同，能够跟普罗大众打成一片，这就是"密切联系群众"。是的，你可以说，中国共产党自认为可以代表人民，这是没有通过民主选举获得授权的，但如果你理性地分析，你不得不承认，如果这种"密切联系群众"运用得当，而且确实能成为一种无处不在、无时不有的活动方式的话，那么，它在功能上可以替代或者修补非经民主选举的授权程序而失落的那种民主基础，甚至可以说从中所获得的民主性，有时也有可能是有过之而无不及的。只是，这种"密切联系群众"的活动方式，是一种很独特很具体的交往方式，与选举相比，比较难以得到形式化和程序化，即较难像选举那样可以设计成一套固定的、可以调控的程式，并在一种法治化的层面上运行。正因为这样，就只能靠中国共产党时刻自觉地坚持"密切联系群众"的这种活动方式，以此获得必要的民意基础。

第二，从各国的宪政体制看，代议机关是政党政治的重要舞台，各个政党一般都会力图去控制代议机关，将自己的政策通过立法变为国家意志；此外，更重要的是，如果是议院内阁制，政党还可以通过控制代议机关，而获得组阁权，进而控制行政权。为此，代议机关就成为"政党之家"。我国实行人民代表大会制，按理说，人大比西方的议会在国家机构的体系中更为重要，执政党应该将其作为重要阵地。但就目前情况而言，情况不然。我们的执政党即使不通过国家权力机关，也有能力决定国家意志的形成，并掌握行政权，甚至不通过国家权力机关，也有能力全面、直接、有效地实现对其他一切国家机关的领导和监督。

第三，国家机构的民主集中制原则，最终与执政党内部组织制度的民主集中制原则相连接。同学们记住，民主集中制原则不仅是我们国家机构的组织和活动的原则，也是中国共产党的党章里面所规定的党的组织原则，而且二者最后汇合，并融为一体。因此在中国，国家的一切权力属于人民，而通过民主集中制原则的连接机制，在权力集中的环节场合下，权力一般会集中到各级党组织，直至最终高度集中到党中央。

在现实当中，国家机关和党组织之间的权力分配格局就和宪法的规定有所不同。在现实中，执政党的组织拥有最大的权力，包括作为特别政治机关的监察机关，其地位都很高，第二位的是行政机关，第三位是人大，最后是法院、检察院。这个跟宪法中规范意义上的排法有点不一样。当然，在国家权力组织形态上，宪法规范上得到规定与现实当中的情形不一样，这在世界上许多国家里面实际上都存在，的确值得具体研究。

2. 党的组织与国家职能的实现

我们有必要探讨一个可能性的问题。前面讲过，"国家职能"主要包括管理公共事务、维护社会秩序、提供公共服务、抵御外来侵略等，这些职能在现代宪法上主要是由"国家机构"来实现的。但从人类的历史及现实经验来看，除此之外，有能力总揽性地实现这些职能的，是否还有其他组织？

综观人类历史，我们不得不说：有。即使没有国家机构，也有其他组织实现这一点，或者它与其他组织和国家机构一起实现这些职能。有哪些组织呢？比如说，强大的家族，它就可能有能力在一定程度上履行上述国家职能。大家知道，孔子生活的时代，在鲁国，季氏家族曾经最强大，它就实际上控制着鲁王，统治着整个鲁国。而在所谓的封建时期，国家其实也可以说就是靠一个大家族来统治的，这就是皇帝或者国王的家族，旁边可能再加上外戚的辅助。《礼记》里面说的"天下为家"就是这个意思。前面也讲到：本来，夏禹之前是"大道之行也，天下为公"，但夏禹之后则是"大道既隐，天下为家"。这下，禅让制搞不下去了，天子之位传子不传贤了，连整个国家都被统治者作为一家的私产，其国家的统治原理也是家族式的。韦伯就曾经指出古代中华帝国乃是一种"家产制国家"。什么叫"家产制国家"呢？家产制国家指的就是将家族统治的规则扩大到整个国家的那种国家。

除家族之外，在西方，教会也曾经履行过现在已归国家履行的某些职能。还有军事集团。在某些特定的时期，军事集团也会控制着国家机构，甚至把国家机构推翻，自己来履行国家职能。这在现代仍然存在一些例子。比如缅甸这个国家，曾长期由军事集团控制着的。我国在辛亥革命之后的军阀混战时期，许多地区也是由军事集团来控制的。比如，当时山东就处在韩复榘控制之下，但据说当时山东的经济发展水平和人民生活水准都比较高呢。

总之，类似于当今那样的国家的公共职能，并非只有国家机构能够履行，实际上从历史经验来看，除此之外还有其他一些组织也可以胜任，或者与国家机构相互配合来履行。可以说，我国目前就是由执政党的组织与国家机构相互结合来履行国家公共职能的。

那么，对于这种状况，有些学者也表示忧虑。自20世纪80年代开始，中国政界和学术界还曾经热烈讨论过党政关系问题，并形成了"党政分开"的观点，认为党和政府的权力应该分开，不能胶合在一起；执政党应该通过各级人大实现对国家的领导，在机构和职能方面与各级政府分开。但这个观点最终没有获得广泛共识，也没有得到有力的推行。

然而，如何改善执政党的执政方式，毕竟是当今中国无法绕开的一大宪制课题。2018年2月，中国共产党十九届三中全会通过了《关于深化党和国家机构改革的决定》，提出在完善坚持执政党的全面领导的前提下，统筹设置党政机构，实行党政职责分工。这将可能是一次影响深远的机构改革，值得我们拭目以待。

第八章　国家机构体系

上次我们讲到国家机构原理，今天接下来讲国家机构体系。

在进入正题之前，我们照例先提出几个章前导引问题：第一，中国的国家机构体系是如何构成的？第二，各机关的性质、地位、任期、职权为何？第三，各机关的运行状况如何？这部分内容很重要，各国在宪法上都有规定，但是在现实运行中或多或少都会出现变化，乃至现实和规范之间会出现一些微妙的偏离现象。当然变化太大，或变形走样了那也不行。那么，我国情况如何呢？第四，1982年现行《宪法》修订期间，宪法修改委员会秘书长胡乔木主张全国人大应将代表人数缩减至一千人左右，再分为两院，一个是社会院，另一个是地方院，以摆脱"橡皮图章"的状况。胡乔木提出的这个改革方案，也颇有书生情怀，但最终还是被否决。那么，从学理上看，应如何评价该方案呢？

一、国家机构的宪法地位

国家机构的宪法地位当然是非常重要的。各国宪法都会规定国家机构，而且分量很大。前面讲了：我国现行《宪法》一共143条，第一章是总纲；第二章是公民的基本权利和义务；第三章就是国家机构；第四章是国旗、国歌、国徽、首都。从章节顺序上也可以看出，基本权利比起国家机构更为重要。但是如果看看条文数量的比例，统计一下，你可能会吓一跳：其中，国家机构部分的条款竟然有84条，超过整部宪法总条文数的一半，达到58%以上。可见国家机构这一部分的分量是非常重的。甚至有些国家在历史上的某部宪法都没有规定基本权利，只规定国家机构。《美国宪法》，其本文部分一共7条，每一条规定的都是国家机构,而没有规定人权,人权条款是后来通过修正案加上去的。可见,"国家机构"的内容,在实证意义上也是很重要的。

但是,你不能由此认为国家机构比基本权利更重要,这是因为国家机构的存在有一个价值目标。在此,我们可以问:为什么人类需要国家、需要国家机构呢?说到底,最终主要是为了保障我们每一个人的基本权利。人不是傻子,人类不会吃饱了没事,纳税养活一些叫"国家机构"的组织,来平白无故地统治自己。人类还是很聪明的,设置"国家机构"这种东西,主要是为了让它替我们服务,比如说提供公共服务、维护社会秩序、抵御外来侵略等,而说到底,最终主要是为了保障我们每一个人的基本权利。这就是国家机构存在的价值目标,如果没有这个价值目标,那么国家机构在法的意义上就失去了存在的正当性,甚至没有必要存在。

二、各国家机关

根据《宪法》规定,我国的国家机构体系是由八个部分构成的,依次是:全国人大(含全国人大常委会)、国家主席、国务院、中央军事委员会、地方各级人大和地方各级人民政府、民族自治地方的自治机关、监察委员会、人民法院和检察院。

这里有三点需要注意:第一,地方各级人大,地方各级人民政府,地方各级监察委员会,地方各级人民法院、检察院也包含在国家机构体系内。换言之,这些机关虽然是设在地方的,但也是国家机关。地方人大是地方的国家权力机关;地方人民政府是地方的国家权力机关的执行机关,也是地方的国家行政机关;地方法院亦不过是建在地方的国家审判机关。这样制度设计背后的理念是单一制国家(这种理念传统可以上溯至中国传统的郡县制)以及民主集中制。

第二,各级党组织不是国家机关,宪法并未将各级党组织写入国家机构中,但是它们跟国家机关具有非常密切的关系,形成"党政合一"的态势。而且正如有学者总结的那样,在国家机构的运行中有个规律,那就是一个国家机关跟党组织结合得越密切,它在现实政治当中的地位就越高。其中,中央及地方各级人民政府与中央及地方各级党组织非常密切。还有被称为"政治机关"的全国各级监察委员会与各级党组织的结合也相当密切。当然,还有中央军事委员会,跟党中央的结合就更加密切了。这些国家机关的地位都非常高。

第三，中国人民政治协商会议不属于国家机关。《宪法》序言第10段中明确规定政协是"有广泛代表性的统一战线组织"。政协由此获得了宪法地位，但没有进入国家机构体系。此外，作为基层群众自治组织，居委会、村委会也没有进入国家机构体系。

中央层级国家机构体系，包含全国人民代表大会（及其常务委员会）、国家主席、国务院、国家中央军委、国家监察委员会、最高人民法院、最高人民检察院，其中编制最为庞大的是具有各部委的国务院，权力亦大。在地方层级的实务运作中，过去人们常会说的"五套班子"，属于现实中国家组织形态的范畴，包含党委、人大、政府、政协、纪检委（注意：法院和检察院没有进入），现在要加监察委，可能要形成"六套班子"了。它们是地方的主要部门，彼此的关系可以用一个口诀来表述，即"党委领导、人大监督、政府行政、政协参政、监察委监察、纪检委党内监督"。借用费孝通的概念，这六套班子在现实中形成一种有中心、有边缘的"差序格局"。如前所述，有学者认为，这种格局是由执政党政治资源的分配格局决定的，即：在这种格局中，执政党居于中心地位，其他部门的地位端视执政党将多少的政治资源分配给它，获得越多政治资源的部门在现实中就往往越是具有重要地位。比如在现实中，执政党非常重视行政，所以政府权力就比较大，从而形成了"党政一体"的格局。

相形之下，人民法院和检察院在现实中的地位会低一些。在地方层面，人民法院和检察院甚至被地方党政机关看作自己的一个部门。所以，在"民告官"的案件中，一些法院也不敢判定自己所在地区的地方政府败诉，甚至不太愿意立案。这也是我国国家机构体系目前所存在的一个问题，对此我们必须了解。

我们还要知道：在地方，党委书记是真正的一把手，权力最大；长期以来，党的纪检委权力逐渐增加，此后国家监察体制得以横空出世。和西方国家的三权分立架构有所不同，人民法院并没有和立法机关、行政机关居于并列地位。在现实中，人民法院、检察院也被纳入国家统一的一种"科层制"管理体系之中，但其各级的执掌者在职位等级上，通常也低于各级行政长官半级。正因为这样，现行《宪法》第133条和第138条本来只是分别规定各级法院和各级检察院向各级人大及其常委会负责，而没有明确规定还要向其做工作报告，但法院、检察院想提高自己的地位,曾要求比照行政部门,同样采取向人大作工作报告的方法,以示与行政部门平起平坐,结果现在压力很大,有时候出现了工作报告未获得通过的情形。这一点稍后我们将会提到。

关于国家机构这部分,主要对应的宪法条文及法律包括《宪法》第 57－140 条、港澳《基本法》《立法法》《代表法》《国务院组织法》《监察法》《地方各级人民代表大会及地方各级人民政府组织法》《各级人民代表大会常务委员会监督法》《人民法院组织法》《法官法》《人民检察院组织法》《检察官法》《监察官法》等。

(一)全国人民代表大会

从性质和地位上看,全国人民代表大会是最高国家权力机关,在整个国家机构体系中居于最高地位。它也是最高国家立法机关,行使国家立法权。全国人大常委会则是由全国人大从其代表中选举产生的,是全国人大的常设机关,是最高国家权力机关的组成部分。

全国人大实行会议制,由省、自治区、直辖市、特别行政区和军队选出的代表组成。代表名额一般不超过 3000 人。全国人大每届任期 5 年。全国人大一般每年举行一次会议,于每年第一季度由全国人大常委会召集。作为全国人大的常设机关,全国人大常委会则是由委员长、副委员长若干人、秘书长、委员若干人组成,总体规模不大,一般一百多人,从第十届(2003 年)开始名额稳定在 175 人;全国人大常委会每两个月举行一次会议,有特殊需要的,可以临时召集会议。全国人大常委会的会议由全国人大常委会委员长召集。全国人大常委会每届任期也是五年。

全国人大之下还有专门委员会,它们是全国人大的常设工作机构,其主要任务是在全国人大及其常委会的领导下,研究、审议和草拟有关议案。在 2018 年 3 月,全国人大设立的专门委员会由过去的 9 个增加到如下 10 个:民族委员会、宪法和法律委员会、监察和司法委员会、财政经济委员会、教育科学文化卫生委员会、外事委员会、华侨委员会、环境和资源保护委员会、农业与农村委员会、社会建设委员会。

人们都习惯了用"最高国家权力机关"来表述全国人大的性质和地位。这一个说法,源自《宪法》第 2 条第 1 款和第 2 款的规定:中华人民共和国的一切权力属于人民。人民行使国家权力的机关是全国人民代表大会和地方各级人民代表大会。"中华人民共和国的一切权力属于人民"就意味着国家的一切权力属于人民,那么人民该如何行使权力呢? 按照卢梭早期的观点,人民应直接行使国家权力。在中国,这在技术上是完全不可能的,因为没有一个广场可以容得下这么多人。为此,《宪法》接下去只好规定,人民行使国家权力的机关是全国人大和地方各级人大,说白了也就是要通过人大行使国家权力。这就属于间接民主制,即人民必须通过代表机关,而非自己直接到广场集合,对有关公共事务进行讨论决定。

当然,《宪法》第 2 条第 3 款也规定了直接民主制的要素,即:人民依照法律规定,通过各种途径和形式,管理国家事务,管理经济和文化事业,管理社会事务。然而在权力行使上,我国主要还是间接民主制。

但是,"人民行使国家权力的机关是全国人民代表大会和地方各级人民代表大会"这句话还是有深意的,它不仅意味着人民必须通过人大行使国家权力,而且从其规范表述的修辞艺术上而言,也意味着人大在行使国家权力时就意味着人民在行使国家权力。其实,这种规范的表述方式以及背后的逻辑都在一定程度上蕴含了国民主权原理和纯粹代表制原理,尽管在《宪法》的表述中,更接近采用人民主权原理。

在这里需要注意的是,主流观点认为:作为根本政治制度的人民代表大会制度是应该坚持的。这一点在中国是很难改变的,虽然按照传统有关国体与政体关系的理论,国体是不能改变的,要改变那只能革命,但政体可以改变,属于改良派关心的对象。为此梁启超说他一向"只问政体,不问国体"。到了新中国,作为政体的人民代表大会制度也被神圣化了,很难改变。但是我认为,作为国家机关的全国人民代表大会及其常委会,其技术性的制度设计及运行状况,该完善还是可以完善的。否则,真正意义上的政治体制改革就免谈了。也就是说,从学术上而言,全国人大及其常委会的技术性制度设计及运行状况的完善,将可以成为未来政治体制改革的突破口。以下我们着重谈两点。

1. 全国人大及其常委会的职权

接下来,我们看一下全国人大拥有哪些职权。《宪法》第 62 条规定了全国人大的 16 项职权,第 67 条对全国人大常委会的规定更为精细,达到 22 项。这些职权可归纳为四大类,即:立法权、决定权、任免权、监督权。要知道,作为全国人大的常设机关,全国人大常委会的立法权也是很大的,有权制定和修改除应当由全国人大制定的法律以外的其他法律;在全国人大闭会期间,在不抵触法律的基本原则这一前提下,可以对全国人大制定的法律进行补充和修改。根据宪法的明确规定,除了有权解释法律之外,全国人大常委会还拥有宪法解释权,并有权监督宪法的实施。

这些职权有什么特点呢? 第 62 条、第 67 条都规定了相应的兜底条款,分别是:"应当由最高国家权力机关行使的其他职权""全国人民代表大会授予的其他职权"。其特点就是全国人大及其常委会在国家机构中"一头独大",是权力授予的起点,也是权力集中的终点。具体而言,其他国家机关都由它产生、受它监督、对它负责,而它则不受任何国家机关内部的反制。监察委员会能不能监督各级人大及其常委会呢? 这是个学理问题,从规范意义来说,监察委员会只能监督人大及其常委会中个别的官员,而不能监督作为机关整体的人大及其常委会。

人大这样一种机关,它的职权一旦真的全部行使起来,是非常之大的,从理论上说,在国家机构内部没有一种力量可以约束它。这就引出中国共产党领导的必要。有关这一点,前面已经讲过了。那么,如何保证它正确地按照人民的意志来行使职权呢? 这需要依靠人民的监督。而人民怎么监督它呢? 有一个重要的制度化的途径就是 5 年一度的定期选举,因此我们必须考察一下人大的选举制度。

2. 人大的选举制度

请注意,这里所说的人大选举制度不限于全国人大及其常委会,而是由基层两层级(乡、县)直接选举与三层级(设区的市、省、全国)间接选举结合组成的,同时还实行地域代表制与界别代表制相结合,即代表人数大致按地域进行分配,但也考虑了工人、农民、妇女、少数民族、军队、甚至华侨等各方面的比例。其中,地域代表制采用的原理是人格代表主义,即每一个人在人格上都是平等,为此一人一票,每票价值平等,这种平等是数学意义上的均衡;而界别代表制所采用的则是职能代表主义,即追求不同职能之间的平等,这种平等是几何意义上的平等,更多考虑的是社会学意义上的均衡。"二战"之前,职能代表主义曾一度受到许多学者的推崇,包括像法国的狄骥这样的著名学者。"二战"之后,人格代表主义则受到人们的尊崇,主流的观点和制度是认同每一票价值都该是平等的,无论是穷人还是富人。这里顺便说一下，2014年年底，香港出现了大规模占领运动，其中争执的一个焦点，就是构想中的行政长官候选人提名机制中准备采用类似于职能代表制的界别代表制。

那么，人大选举制度还有什么特点呢？我认为：它与西方民主竞选不同，带有公共推选制的特点。公共推选制也具有公共性，它毕竟不是公共权力的私相授受。在运作过程中，它的关键环节在于候选人名单的确定，只要候选人确定下来了，并安排好，拿去投票，一般都能如愿获得结果。所以说只要把握了候选人名单就能把握选举结果。那么谁来把握这个名单呢？是在党组织领导下各种力量充分协商、博弈的结果，因此具有很强的推选制的特色，所以中国式的选举就是一种公共推选。它的背后仍有中国古代传统的贤人政治文化传统在起作用。《左传》里有四个字，即所谓"贤均从众"，说的意思是：公共事务的决断，首先应听取贤人的意见，只有当贤人意见分歧，均势不决，才由大多数人决定。总之，正如钱穆先生所言，中国政治上的传统观念，对一意见之从违抉择，往往不首先取决于意见主体的数量，而是看意见主体的优质程度。这与西方民主选举不同。

人大选举也存在一些容易被批评之处。第一个是人大选举中票的价值在数学上的不平等。比如根据《选举法》，在全国人大选举层面，过去农村与城市选民的票的价值就是8∶1，多次修改之后现在是1∶1了，但仍然不平等，因为前面所说的界别代表制还在起作用。第二个是自由选举受到高度规制，并且没有确立这种规制的界限。当然话说回来，西方选举的最大好处与最大弊端就在于竞争性选举。竞争性选举制度必然促使各候选人提出与他人不同的政治纲领，一旦彼此是同质性的话，就无法开展竞争，那想办法也要区别开来，实行差异化竞争，甚至是对抗性竞争。因此，在一些国家统合较为薄弱的国家，尤其是在一个民间社会还不成熟的国家，社会矛盾和冲突纷繁复杂的国家，采取竞争性选举也是具有高度风险的，有可能会在社会中产生一种深层次的对立，导致社会的分裂。港台用了更形象的词，把这叫作"社会撕裂"，比如台湾地区民主化早期，国民党与民进党的竞争打出的就是"统""独"的旗号，其对社会所产生的深远的负面影响，迄今还未完全平复。国际上的伊拉克、利比亚、埃及、柬埔寨等国家，近年来都是因为引入西方式的竞争式民主选举后出现政治动荡的，甚至出现分裂的倾向。但是选举如果太缺少竞争性，也会受到批评。第三个是选举结果存在与现实中流动性的民意发生偏离的可能性,人民大众不感觉自己得到了代表。这是由多层级间接选举和公共推选机制造成的。

基于以上对选举制度的分析,我们可以认识到人民对国家权力机关的监督是否具有实效。从现实上说,一个人民难以对其实行有效监督的权力机关,确实需要中国共产党的领导。另外,也就靠其自我节制了,为此,在长期的政治生活中,人大采取了一种高度的自我谦抑主义立场。这算是一种明智的选择了。

此外,在现实中,围绕作为国家机关的人大,还形成了使其功能趋于弱化的三项技术性层面的制度设计。第一个是非专职化代表制。几乎绝大部分代表都是兼职的,也就是说对于他们来说,担任人大代表并不是主业,只有在全国人大常委会里有一些为数不多的专职代表。第二个是超级大会制。比如,十三届全国人大代表有 2980 人,十四届全国人大代表有 2977 人。虽然常委会制度和专委会制度克服了一些超级大会化所带来的问题,但这样的规模还是不利于讨论问题。所以胡乔木当初才想缩小人数,分成两院。国外议会人数一般 500 人左右,中国是将近 3000 人济济一堂,幸好有中国共产党的强有力领导,否则不知会场秩序会将如何。第三个是极短会期制。近年,全国人大一次会一般是开 10 天到 12 天,遇到换届选举每次一般开 14 天到 15 天;全国人大常委会好一点儿,两个月开一次会,但一次会一般也不超过 10 天,一年只有 55 天左右,两者相加不过 70 天,而世界上成熟的法治国家的议会会期一般都在 200 天以上。以上三项技术性层面的制度设计进一步使得人大的功能受到弱化。

还有一些非制度性安排又可能进一步弱化了人大的功能。第一,人大成为"二线养老"的部门;第二,人大代表成为荣誉职务;第三,人数可观的党政官员当选了人大代表,现在已有所下降,但 2013 年十二届全国人大代表中党政领导干部代表仍占代表总数的 35%,2018 年十三届全国人大其比例进一步下降,仍接近 34%,2023 年十四届全国人大代表中该比例继续下降,接近 33%。党政领导干部代表过多,会使得政府工作报告比较容易获得通过,但法院、检察院的工作报告获得的赞成票数则不一定多。曾经出现过这样的情况:某些地方法院因为积极受理行政诉讼,到人大开会做工作报告时,得票就比较低,因为在人大代表中,出自行政机关的官员本来就不少。

基于以上的分析,我们可以知道作为国家机关之一的各级人大的基本运行状况,也就能理解它为什么长期采取一种高度自我谦抑主义的政治立场了。但是,从宪法的规范要求就不用说了,即使从时代发展的趋势来看,人大在很多时候,也过于自我谦抑了。自我谦抑主义在西方多是司法机关所选择的立场,号称是"司法哲学立场",实际上也是它的一种政治立场,因为体现了司法机关对人民直接选举产生的民意机关、即议会的立法的一种尊重,所以才自我谦抑。但令人深思的是,在当今中国却是民意机关采取自我谦抑路线。

在中国,曾几何时,官员腐败现象比较严重,足以说明我们国家权力体制对公共权力的监督和制约在一定程度上出现了失控的情况。在这种情形之下,如何坚持和完善人大制度,尤其是如何进一步加强人大在现实政治生活中的作用和功能,已受到了广泛的期待。

(二) 国家主席

国家主席是我国宪法上一个重要的国家机关。现行宪法规定,国家主席、副主席由全国人民代表大会选举产生;有选举权和被选举权的年满四十五周岁的中华人民共和国公民才可以当选国家主席、副主席;国家主席、副主席每届任期同全国人民代表大会每届任期相同,1982年《宪法》第79条第3款中曾规定,其"连续任职不得超过两届"。这就是通常人们所说的"国家主席任期限制规定"。其实更确切地说,是国家主席任届限制规定。2018年修宪删除了这一任届限制规定。

在现行宪法上,国家主席拥有公布法律、发布命令的职权,任免权,外事权和授予荣誉权等职权,其中大部分职权具有一定的形式性和礼仪性,但经2004年宪法修改,国家主席可代表中华人民共和国进行国事活动,而且现今已确立了国家主席与中共中央总书记、中央军委主席这三个职位由同一人同时担任的"三位一体"体制,国家主席在国家机构以及国家政治生活中已具有极为重要的地位,可理解为我国的国家元首。

要进一步理解国家主席这个国家机关,新中国国家主席这一国家机关的制度简史,包括它的设立与运行所伴随的一些政治风云,也值得说一说。

新中国成立之初,根据《共同纲领》的规定,国家设中央人民政府,中央人民政府设主席,毛泽东获选担任主席职务,同时还担任中共中央主席,所以称"毛主席"。当时的中央人民政府接近于实行"议行合一"的体制,主席权力很大。1954

年宪法正式设置国家主席,这个国家主席也是有实权的,如统率全国武装力量,甚至可以召开最高国务会议,并担任最高国务会议主席。这个国家主席的职务开始也是由毛泽东担任的,本来也没有任届限制。但毛主席生性豪放,不太喜欢其中那些形式性与礼仪性的事务,于1958年要求辞去这个职务,只担任党中央主席;1959—1966年由刘少奇任第二任国家主席,在这个过程,毛泽东担任党中央主席,刘少奇担任国家主席,中国就出了两个主席,而因为国家主席也是有实权的,刘少奇实际上逐渐掌控了整个国家的权力系统,地位日隆,威望日高,有时使得毛主席感觉到在撇开他,比如不让他参加一些重要的会议。久而久之,双方的私人信赖关系破裂了,这在人治社会的权力高层是一大禁忌。但要让刘少奇下台很不容易,因为他已经很有地位和实权了。在这种背景下,毛泽东就发动了"文化大革命",释放出人民群众这个巨大的政治能源,在全国范围内各个地方、各个领域,与刘少奇为代表的"当权派"展开激烈的斗争。应该说,"文化大革命"爆发的原因是颇为复杂的,有人认为那是路线斗争,有人认为那是权力斗争,还有人认为也是当时各种社会矛盾激发所致。的确,由于那时新中国成立已经十多年了,最初的民主理想是非常高迈的,但现实中公共权力的制约体制并不完善,十几年下来,也已滋生了一定程度的官僚主义现象,积累了各种各样的社会矛盾。于是,一经政治动员,人民就变成一股狂野的政治力量,横扫一切自己定义的"敌对势力",刘少奇很快就被打倒了。

刘少奇被打倒后,国家主席职位空缺。到了1970年庐山会议讨论"文革"宪法草案时,毛泽东主张宪法中不再设国家主席,但林彪等人则坚持认为再设国家主席。这是因为当时林彪在党内的地位相对很高,被确定为毛泽东的接班人,在这之前都写进党章了。但是,他在国家机构中职位比较低,担任国务院副总理和国防部部长,排在周恩来总理之后。这当然不利于他未来顺利接班,这种政治处境本身甚至是危险的。对当时的林彪而言,由他担任国家主席,或哪怕是担任国家副主席,都能解除危险,并便于将来在毛泽东去世之后可以名正言顺地接班。应该说,林彪的这个小算盘打得并不过分,而且从宪法上讲,当时设置国家主席,对于理顺党国一元化体制而言,也是不无裨益的。但可能是受到当年刘少奇担任国家主席情形的刺激,毛泽东很警觉林彪的这个小算盘,坚决反对在宪法中继续设置国家主席这个机关,自己也坚持不当国家主席。他老人家在这一点上与林彪就较上劲了，在此期间，两人也没有直接充分沟通。这多半是因为林彪有一定的"社恐症"，身体又不好，平时就深居简出。而毛泽东作为一代领袖，心气自然很高，心思也很深，没有直接找林彪来沟通，两人的私人信赖关系也开始破裂了。后来发生了林彪事件，1970年宪法草案也就流产了。1972年，董必武代任国家主席。

在这之后，设置国家主席的事几乎成为政治上的一个禁忌，此后的75年、78年宪法修改都不再设置国家主席这一机关。到了1982年宪法修改时，在邓小平的建议下，又恢复了国家主席的设置，但实际上是将1954年宪法上的国家主席这个机关分解为两个机关，一个是新型的国家主席；一个是中央军事委员会。由中央军事委员会行使"领导国家武装力量"这一重要职权，而赋予国家主席职权则相对较小，其职位本身没有独立的决定权，只拥有一些形式性的、礼仪性的职权。1982年宪法实施之后，最初由邓小平担任中央军事委员会主席，国家主席则由李先念、杨尚昆先后担任。这两人担任国家主席时，都十分低调，连国家主席的印章都放在全国人大常委会办公厅那边。到了江泽民，开始实行国家主席与中共中央总书记、中央军委主席这三个职位由同一人担任的"三位一体"体制，并在一定程度上提高了国家主席的职权，行使类似国家元首的权力。自2012年党的十八大之后，"三位一体"体制得到了强化，尤其是自2018年修宪之后，现行《宪法》第79条有关国家主席、副主席任届限制规定已经删除，该体制更可能进一步得到强化。

现行宪法有关国家主席、副主席任届限制规定的删除，也曾一度引起了国内外广泛的关注。在2018年中共中央《关于修改宪法部分内容的建议》公布之后的3月1日，《人民日报》上的一篇署名"轩理"的文章，对删除理由作出了正面的说明。按照过去的常理，这个"轩理"，其谐音是"宣理"，可推断是中共中央宣传部理论局的化名，其署名文章的标题是《保证党和国家长治久安的重大制度安排》。大家知道，在中国共产党章程中，中共中央总书记、中央军委主席是没有任届限制规定的，现行宪法对国家的中央军委主席也没有任届限制规定。"轩理"即认为：删除现行宪法中有关国家主席、副主席的任届限制规定，"有利于保持中国共产党、中华人民共和国、中国人民解放军领导体制的一致性，使'三位一体'领导体制在宪法上得以贯彻和体现。"诚然，在现行宪法上，国家主席职位本身，总体上只相当于虚位元首,有没有任届限制,本来不具有极为重大意义。但如前所述,由于"三位一体"体制已经确立,国家主席的任届限制规定在事实上便发生了超出现行《宪法》第 79 条之本来意义的限缩性功能,甚至在一定程度上具有了超实定宪法的辐射效力:先是辐射到现行宪法第 93 条有关中央军事委员会的规定,再是辐射到中国共产党章程,使其形成一种限缩性的意义空间;而这一意义空间,已经不能容纳十八大之后整个国家新的政治格局,为此,删除宪法上的这项规定,就成为一种必然的选择。

值得注意的是,对于 2018 年宪法修改中有关国家主席任届限制的修改,上述"轩理"的文章也引述了中国共产党章程中的有关规定,明确指出:"这一修改,不意味着改变党和国家领导干部退休制,也不意味着领导干部终身制。"

(三)国务院

国务院是中央人民政府,是最高国家权力机关的执行机关,是最高国家行政机关。

国务院的机构体系十分庞大。现行宪法颁布那一年,即 1982 年,国务院组成部门多达 100 个,也就是说差不多有 100 个部委,2013 年一度削减到 25 个。2018 年年初我国推进执政党和国家机构改革,国务院机构的改革也是其中的重点,据说这是改革开放以来第七次的国务院机构改革了。根据改革方案,改革之后的国务院,除了其办公厅之外,仍有 26 个组成部门,其中包括 21 个部、3 个委员会,另加 1 行(中国人民银行)、1 署(审计署)。但国务院设置的机构还不止这些,此外还有国务院直属特设机构、国务院直属机构、国务院办事机构、国务院组成部门管理的国家局、国务院议事协调机构、国务院直属事业单位等。

作为行政机关,国务院在领导体制上实行首长负责制,即国务院整体实行总理负责制,各部委实行部长、主任负责制。

国务院的会议分为国务院全体会议和国务院常务会议。全体会议由国务院全体成员,包括总理、副总理、国务委员、各部部长、各委员会主任、审计长、秘书长参加,讨论决定国务院工作中的重大事项,或部署国务院的重要工作。国务院常务会议是国务院日常领导工作机构,由总理、副总理、国务委员、秘书长参加,一般每周召开一次,讨论决定国务院工作中的重要事项,还负责讨论将提交给全国人大或者其常委会的法律草案、审议行政法规草案。

在权力运行体制中,执行权往往容易成为一种实权。这在我国也是一样,国务院也是实权最大的机关。

根据宪法和法律规定,其职权主要有:规定行政措施,制定行政法规,发布决定和命令;向全国人大或者常委会提出议案;规定各部委任务和职责,统一领导全国地方各级国家行政机关工作;领导和管理各项事业;保障少数民族的平等权利和民族自治地方的自治权利,保护华侨的正当权利和利益、归侨和侨眷的合法权利和利益;改变或撤销各部委发布的不适当的命令、指示和规章,改变或撤销地方各级国家行政机关的不适当的决定和命令;全国人大及其常委会授予的其他职权,等等。

(四)中央军事委员会

宪法上所设置的中央军事委员会,也是国家机关之一,而且这个机关也很重要,有关法条是《宪法》第93、第94条。一般认为,1982年宪法是邓小平主导下订立的,也被称为"邓小平宪法",但据说邓小平亲自拟定的宪法条文,就是这两条。其中第93条规定:中华人民共和国中央军事委员会领导全国武装力量。其具体的职权由《国防法》规定,如统一指挥全国武装力量,等等。可以说,中央军事委员会是国家最高军事指挥机关,领导全国武装力量,由主席一人、副主席若干人、委员若干人组成。这里需要我们注意的是:虽然在形式上中央军事委员会是一个集体组成的国家机关,但宪法明确规定:"中央军事委员会实行主席负责制。"还有,根据宪法上的规定,其特点之一是有任期,但没有任届限制。这一点与国家主席相同。负责关系也很有特点,根据《宪法》第94条的规定,是由中央军事委员会主席而非中央军事委员会向全国人大及其常委会负责;并且只负责,不报告工作,因为军事涉及国家机密不宜作报告。

由于中央军事委员会是宪法所设立的国家机关,由此也可以说,中国已经在宪法规范这一层意义上完成了军队国家化。诚然,在宪法规范的实际运作中,军队是由中国共产党领导的,这一点无疑体现了鲜明的中国特色。具体的方式是:《宪法》所规定的中央军事委员会与中共中央军事委员会有着密切关系,简单来说就是"一套人马,两块牌子"。

而中国共产党之所以可以领导军队,原因很简单:中国共产党是军队的缔造者,也是目前中国唯一拥有足够强大的政治能力控制军队的主体。而军队在政治上得到控制,不是一件简单的事情,一旦控制不了,军队很可能要参与政治斗争,甚至介入司法判案,乃至横行于市井,许多国家就是如此。在目前的我国,从现实效果来看,虽然军人可以进入国家权力机关当代表,但多半具有荣誉性的意味,除了拥护执政党以外,军队在政治上基本保持中立,并不干预行政与司法。

小贴士:中央军委主席

(五)地方各级人大和地方各级人民政府

根据《宪法》和《地方组织法》的规定,省、自治区、直辖市、自治州、设区的市、县、自治县、市、市辖区、乡、民族乡、镇,都设立人大。它们合称"地方人大",其每届任期也是五年。

地方人大是地方国家权力机关,在本级国家机构中处于枢要的宪法地位。其职权也很多,大致也可归纳为四大类,即:立法权、决定权、任免权、监督权。当然,这些职权都是地方性的,如所谓立法权,也只是有限的"地方立法权",指的是省、自治区、直辖市以及所有设区的市的人大及其常委会,根据本行政区域的具体情况和实际需要,在不同宪法、法律、行政法规相抵触的前提下,可制定地方性法规的职权。

全国人大和地方人大之间没有隶属关系,这一点大家要牢牢记住。上级人大只是依法监督、指导下级人大的工作而已。根据《宪法》和《地方组织法》规定,省、自治区、直辖市、自治州、设区的市的人民代表大会代表由下一级人民代表大会选举产生;县、自治县、不设区的市、市辖区、乡、民族乡、镇的人民代表大会代表由选民直接选举。此外,县及县以上的地方各级人民代表大会设立常务委员会,地方各级人民代表大会常务委员会是本级人民代表大会的常设机关,对本级人民代表大会负责并报告工作。

地方各级人民政府则是地方各级国家权力机关的执行机关,是地方各级国家行政机关。其一方面对本级人大(闭会期间对其常委会)负责并报告工作,另一方面又对上一级国家行政机关负责并报告工作,接受和服从国务院统一领导。县级以上地方各级人民政府的职权主要有执行本级人大及其常委会的决议以及上级国家行政机关的决定和命令,执行国民经济和社会发展计划、预算;规定行政措施，发布决定和命令；领导所属各工作部门和下级人民政府的工作、管理本行政区域内的各项事业；改变或撤销所属各工作部门的不适当的命令、指示和下级人民政府的不适当的决定、命令等。作为行政机关，地方各级人民政府也实行首长负责制。

（六）民族自治地方的自治机关

民族自治地方的自治机关是指在民族自治地方设立的，依法行使同级地方国家机关职权并同时行使自治权的一级地方政权机关。根据《宪法》第 30 条以及《民族区域自治法》的规定，民族自治地方分为自治区、自治州、自治县三级。民族自治地方的自治机关是自治区、自治州和自治县的人民代表大会和人民政府。

在这里我们需要特别了解的要点是：

首先，我们的制度是民族区域自治制度，即以少数民族聚居区为基础的区域自治，而非少数民族自治。也就是说它并不是让每一个少数民族实行自治，而是让少数民族聚居的区域实行自治，所以叫"民族区域自治制度"。这里面有很深的讲究。当然现在也出现一些问题，对这个问题的实证研究很不够。根据我们初步的分析，民族区域自治的自治权的配置与运行可能出现了一些问题。这个还需要进行大量、深入研究才能做结论。

其次，民族自治地方是我国境内少数民族聚居并实行区域自治的行政区域，是实行民族区域自治的基础。民族自治地方也比较特殊，它包括自治区、自治州和自治县（旗），但是民族乡不是民族自治地方。民族自治地方的自治机关则是自治区、自治州和自治县（旗）的人民代表大会和人民政府，但不包括设置在当地的法院和检察院，这是由于司法机关不是政治机关，为此不能作为自治机关。而且为了维护国家法治秩序的统一，司法机关也不宜作为民族自治地方的自治机关。这一点也比较特殊，需要注意。

再次，作为民族区域自治的一种体现，自治机关的组成也有特殊之处：民族自治地方的人大常委会中应当有实行区域自治的民族的公民担任主任或副主任；自治区主席、自治州州长、自治县县长这样的重要职位，则由实行区域自治的民族的公民担任；各自治机关中的其他人员均应配备适当比例的各民族人员。

最后，民族自治地方的自治机关的自治权，主要包括以下几项：

266

第一，根据本地区的实际情况，贯彻执行国家的法律和政策。上级国家机关的决议、决定、命令和指示，如有不适合民族自治地方实际情况的，经过该上级国家机关批准可以变通执行或者停止执行。

第二，民族自治地方的人民代表大会有权依照当地民族的政治、经济和文化的特点，制定自治条例和单行条例。

第三，民族自治地方的自治机关在国家计划的指导下，可以自主地安排和管理地方性的经济建设事业。

第四，民族自治地方的自治机关拥有管理地方财政的自治权。民族自治地方的财政收入，应当由民族自治地方的自治机关自主地安排使用。民族自治地方在全国统一的财政体制下，通过财政转移支付制度，享受上级财政的照顾。

第五，民族自治地方的自治机关自主地管理教育、文化、科学技术、卫生、体育、计划生育和环境保护事业。

第六，民族自治地方的自治机关依照国家的军事制度和当地的实际需要，经国务院批准，可以组织本地方维护社会治安的公安部队。

第七，民族自治地方的自治机关在执行职务时，依照本民族自治地方自治条例的规定，可以使用当地通用的一种或者几种语言文字。同时使用几种通用的语言文字执行职务的，可以以实行区域自治的民族的语言文字为主。

第八，民族自治地方的自治机关根据需要，可以采取各种措施从当地民族中大量培养各级干部和各种专业技术人才；录用各种人员时，对少数民族的人员应当给予适当照顾。

（七）监察委员会

众所周知，监察委员会是通过 2018 年宪法修改所新设的国家机关。它的设立，意味着我国国家机构的一次重大改革，为此需要通过修宪来赋予其宪法上的地位。而为了实现这一点，2018 年修宪说是"部分修改、不作大改"，但实际上不得不对现行宪法的文本作了较大的改动：首先，在现行《宪法》第三章国家机构第六节后增加一节，作为第七节"监察委员会"，里面有五条，就国家监察委员会和地方各级监察委员会的性质、地位、名称、人员组成、任期任届、领导体制、工作机制等作出规定，现行《宪法》原第 123 条之后的条文序号也跟着变了；其次，与此相适应，还对现行宪法中其他六处相关的条款作出了相应的修改。此外，全国人大还专门制定了《监察法》,在法的形式上具体细化宪法的这些规定,总之是落实新建立的国家监察制度。

这里所说的监察委员会,是对全国各级监察委员会的统称。从宪法上说,全国各级监察委员会是国家的监察机关,是行使国家监察职能的专责机关,它有三项职能:一是依法对所有行使公权力的公职人员进行监察;二是调查职务违法和职务犯罪;三是开展廉政建设和反腐败工作。大家知道,中国自古监察制度就很发达,到近代,孙中山还提出了颇具中国特色的"五权宪法"理论,"五权"中就包含了监察权。但新中国成立以来,我们在政体、具体而言即在国家权力组织形态上实行人民代表大会制度,监察权没有由单独的国家机关来专门行使,而是被纳入行政机关内部,作为其行政职权的一个部分;另一方面,人民检察院也承担了查处贪污贿赂、失职渎职以及预防职务犯罪等部门的相关职能。由于在急剧转型时代,整个国家权力监督体制的功能没有发挥到位,反腐作为现实课题颇为严峻,行政监察部门、检察机关就与执政党的各级纪检机关形成了深度合作机制,但又因为这种合作没有足够的法律基础,其工作也受到牵制,为此在有关方面的强力推动之下,最终快速地促成了国家监察体制的重大改革。

得力于执政党政治资源的倾斜性分配,并整合了党的纪检机关、行政机关内部的监察部门、预防腐败部门以及人民检察院查处贪污贿赂、失职渎职以及预防职务犯罪等部门的相关职能,新成立的监察委员会作为国家的监察机关,无疑是一种强势的机关。这种机关在宪法上地位也很高。于是,有一种说法是它属于"政治机关",而不是行政机关,也不是司法机关。这个我们上次讲到。但我们在国家机关的分类时就曾讲到:国家机关本来就可以分为政治机关和司法机关;按这种分类法,监察机关当然属于政治机关了。只不过在现实中,主张它是政治机关的那种说法,主要想强调的是什么呢?强调的是:这种监察机关是执政党的部门(纪委)与国家机关(反腐工作部门)相互配合(合署办公)形成的新型机关,它代表执政党和国家行使监督权,为此不同于传统的行政机关,也不同于司法机关。应该承认,在这种意义上,我们可以称之为"特别政治机关"。

监察委员会的组织架构是这样的:在中央一级设立国家监察委员会,作为最高国家监察机关;地方各级设立各级监察委员会。监察委员会由主任、副主任若干人、委员若干人组成。各级监察委员会主任每届任期同本级人民代表大会每届任期相同。其中,国家监察委员会主任连续任职不得超过两届。

在上下关系体制上:国家监察委员会领导地方各级监察委员会的工作,上级监察委员会领导下级监察委员会的工作。但国家监察委员会由全国人大产生,并对全国人大及其常委会负责;地方各级监察委员会由地方国家权力机关产生,也对产生它的国家权力机关和上一级监察委员会负责。从这里也可以看出,这种监察体制的成立,没有根本改变我国人民代表大会制度的核心原理。这意味着:监察委员会的监察对象,限于包括人大机关在内的个体的公职人员,而非包括人大机关在内的其他国家机关。也就是说,西方式的那种国家机关之间彼此牵制式的权力监督原理,仍然不适用于国家监察体制,但等下我们即将讲到的《宪法》第 127 条第 2 款所规定的情形,则属于必要的例外。

在工作机制上,监察委员会实行监察权行使的独立原则。《宪法》第 127 条规定:"监察委员会依照法律规定独立行使监察权,不受行政机关、社会团体和个人的干涉。"其中,"不受行政机关、社会团体和个人的干涉",从解释学上理解,已将它与立法机关和执政党的关系作为例外处理。这一点与宪法中有关法院独立行使审判权、检察院独立行使检察权的有关规定是相似的。

关于监察委员会的工作机制,还有一点很重要,那就是:根据《宪法》第 127 条第 2 款的规定,监察机关办理职务违法和职务犯罪案件,应当与审判机关、检察机关、执法部门互相配合,互相制约。这一点,与《宪法》第 140 条所规定的法院、检察院、公安机关办理刑事案件时的情形也差不多。

讲到这里,我们可以这样说:如前所述,监察机关属于政治机关,或者说是一种特别政治机关,但从宪法以及《监察法》为它所设定的工作机制来看,其实它在一定程度上也具有准司法机关的性质。有趣的是,在我国台湾地区,所谓"五权宪法"理念下所设立的"监察院",原本属于民意机关,但后来也演变为准司法机关了。

值得一提的是,在国家监察体制改革的快速推进中,也伴随着一些具有学理意义的争议,其中包括:监察委员会对涉嫌职务犯罪人员进行调查,可采取留置等剥夺人身自由的强制措施以及各种限制或剥夺财产权的强制处分措施,这已经具有了刑事侦查之实,为何可以不受刑事诉讼法的约束?监察委员会的调查过程,完全不允许律师介入,这是否剥夺了被追诉者有权获得辩护的权利?监察委员会拥有巨大的权力，那么该如何监督监督者，尤其是在宪法上确立对它进行有效监督的机制？等等。

（八）人民法院和人民检察院

在中国，"司法机关"在狭义上专指人民法院，广义上则包括人民检察院，甚至还包括公安机关的刑事侦查部门和司法行政机关的刑罚执行部门。接下来就讲人民法院和人民检察院。

首先讲人民法院。

人民法院是国家的审判机关，拥有依法审判刑事案件、民商事案件、行政案件和法律规定的其他案件等职权。

人民法院的组织依照《人民法院组织法》的规定设立；该法没有规定的，根据全国人大常委会的决定设立。目前，人民法院的组织体系主要包括最高人民法院、地方各级人民法院和专门人民法院，其中地方各级人民法院又包括省级的高级人民法院、设区的市一级的中级人民法院和县级的基层人民法院。也就是说，它们一般均根据行政区划设置。这使得地方各级人民法院有可能与地方各级党政机关的关系变得较为密切，陷入地方保护主义的泥潭，为此还出现了专门人民法院（包括军事法院、海事法院、知识产权法院、金融法院等）以及应司法改革而诞生的跨行政区划法院、互联网法院等。

各级人民法院由本级人民代表大会产生，受本级人大及其常委会的监督，对本级人大负责并报告工作。同时，上级人民法院对下级人民法院的审判工作也有监督权。

置身于转型时期的中国司法，一直承受着极大的压力，但它本身的问题比较多，学术界认为主要有三大顽疾，即：司法腐败、司法不公正、司法无权威。这三大顽疾使得中国司法处于十分尴尬的境地。原因出在哪里呢？许多人认为主要是因为宪法所规定的审判权独立行使没有做好。

根据《宪法》第131条规定：人民法院依照法律规定独立行使审判权，不受行政机关、社会团体和个人的干涉。这里规定的是审判权行使的独立，而非"司法独立"。而且从规范上看，该条款暗含了例外，即人大和党组织可以影响司法。

在现实当中，我们可以看到法院至少受制于六个方面：第一是党组织，不仅是法院之外的党组织，包括法院内部党组对法院人事、政策、纪律的影响；第二是上级法院对下级法院的影响,如《宪法》第 132 条规定的上级法院对下级法院审判工作的监督,包括最高院的司法路线对下级各级法院的影响;第三是人大,因为各级法院是由本行政区域内同级人大产生的,所以要对它负责、受它监督;第四是同级行政机关对法院的影响,这个影响可大了,因为行政机关拥有财政预算编制权,其中包括了同级法院的财政预算,法官的福利待遇等事关个人切身利益的事情,很大程度上都由同级行政机关掌握;第五是检察机关对法院的干预,因为根据《宪法》规定检察院是法律监督机关;第六是社会舆论对法院的影响,包括具有公共机关性质的各种传媒机关、社会组织、与非公共性质的学者、网民等,都可以影响司法。以上几个方面几乎均是合法的,甚至存在合宪的空间。

此外,作为个人的法官也受制于四个方面。第一,法院内部级别更高的法官对下级法官的影响。庭长、分管副院长、院长让你这样判,你一点儿脾气也没有。第二,本院的审判委员会,那在本院算是权威,其影响力自然不小。第三,法院内部的党组及其成员。第四,法院内部的其他同事或上级法院同行。

以上六个方面加四个方面一共十个方面,可谓是"十面埋伏"。由此可知,当今中国的法院,实际上是处于各种巨大力量和利益的交汇处之中,需要一种强有力的政治保障或制度上的保障。但"司法独立"是免谈的,对于司法机关本身而言,那在政治上是有风险的,仅仅提倡或真正实现了"司法独立",可能会导致"司法孤立"。

然而,鉴于司法机关存在的顽疾,当今中国司法改革势在必行,迄今也进行过多轮的司法改革。最近一轮法院系统司法改革的基本目标就是要落实"依法独立公正行使审判权",其中重点做几件事:第一是去行政化,建立司法责任制,主要内容是谁审理、谁判决、谁负责。由此,法官的权力得到加强,同时责任也有所加大,对自己审判的案件实行责任负责制。这也要求法官的待遇要提高,职业保障要做好,否则就会出现人才流失,也会造成优秀人才不愿到法院工作的状况。再有就是建立领导干部干预个案的记录、通报、责任追究制度,等等。第二是去地方化,十八届三中全会和十八届四中全会提出的一些重要方案得到了落实,其中包括地方法院实行人财物省级法院统一管理制度,最高院设立跨地域的巡回法庭,设立其他跨行政区划的法院等。

以上去行政化与去地方化这两方面措施未必能够全部解决法院独立行使审判权的问题,而且即使解决了独立行使审判权的问题也未必能够全部解决法院的所有问题，但是，改革势在必行，也仍须前行。

接下来讲人民检察院。

根据现行《宪法》第134条规定，"人民检察院是国家的法律监督机关"。对此，马工程教材认为，这一说法有三层含义：第一，人民检察院是法律监督机关，是专门行使检察权的检察机关。第二，人民检察院是国家的法律监督机关，即以国家名义进行法律监督，保障国家法治秩序的统一和法律的正确实施。第三，人民检察院通过行使检察权进行法律监督，依法对有关机关和人员的行为是否合法进行监督，这有别于其他形式的监督。

作为国家的法律监督机关，人民检察院同时也是一种司法机关，为此，根据现行《宪法》第136条的规定，"人民检察院依照法律规定独立行使监察权，不受行政机关、社会团体和个人的干涉。"这一点与人民法院相类似。

当然，作为监督者，人民检察院本身也接受监督，具体而言，与人民法院一样，同样是作为由同级人民代表大会产生的国家机关，各级人民检察院也同样接受同级人民代表大会及其常务委员会的监督。

那么，下级人民检察院是否还接受上级人民检察院的监督呢？这一点与人民法院就有所不同了，根据规定，下级人民检察院是接受上级人民检察院的领导，而不是监督。具体而言，最高人民检察院领导地方各级人民检察院和专门人民检察院，上级人民检察院领导下级人民检察院的工作。

说到各级人民检察院，就涉及人民检察院的组织体系。目前，人民检察院的组织体系包括最高人民检察院、地方各级人民检察院以及军事检察院等专门人民检察院。经全国人大常委会的决定，可以设立跨行政区划的人民检察院，办理跨地区案件。

与人民法院一样，多年来人民检察院也在推行司法改革。但人民检察院最重要的改变是，随着我国监察制度重大改革的推行，人民检察院原有的查处贪污贿赂、失职渎职以及预防职务犯罪等相关职能，被切了出来，赋予了监察委员会。尽管如此，人民检察院还拥有一定的重要职权，其中包括：对依照法律规定由其办理的有关刑事案件行使侦查权；对刑事案件进行审查，批准或者决定是否逮捕犯罪嫌疑人；对刑事案件进行审查，决定是否提起公诉，对决定提起公诉的案件支持公诉；依照法律规定提起公益诉讼；对诉讼活动实行法律监督；对判决、裁定等生效法律文书的执行工作实行法律监督；对监狱、看守所的执法活动实行法律监督；法律规定的其他职权。

三、各机关之间的关系：案例分析

再接下来，我们就本章的内容，集中分析和思考一些真实的事案。我们主要讲三个代表性的案例，它们都非常能说明各机关之间的关系，以及当今我国国家机构运作方面所存在的问题。

（一）黑龙江恢复强制婚检事件

这个事件的情况是这样的：2005 年 6 月，黑龙江省十届人大常委会十五次会议通过了修改的《黑龙江省母婴保健条例》，其中明确规定："黑龙江省实行婚前医学检查制度"，要求"准备结婚的男女双方，应当接受婚前医学检查和婚前健康教育，凭婚前医学检查证明，到婚姻登记机关办理结婚登记"，否则不予办理结婚登记。

该条例的公布施行，意味着我国自 2003 年 10 月 1 日实行自愿婚检以来，黑龙江省成为第一个恢复强制婚检制度的省份。也就是说，本来在 2003 年 10 月 1 日之前，我国确实实行这种强制婚检制度，但受到了批评。为此，2003 年 10 月 1 日，国务院颁布了《婚姻登记条例》，在其中不再实行强制婚检，而改为实行自愿婚检制度。但是问题在于，1994 年全国人大常委会制定的《母婴保健法》则明确规定：准备结婚的男女双方，应当接受婚前医学检查和婚前健康教育，凭婚前医学检查证明，到婚姻登记机关办理结婚登记。

按照时间顺序整理一下，我们可能会清楚一些：首先是在 1994 年全国人大常委会制定的《母婴保健法》规定了强制婚检制度；后来在 2003 年，国务院颁布的《婚姻登记条例》废除了过去的强制性婚检；本案发生的 2005 年，黑龙江省《母婴保健条例》作为地方性法规，又在本省范围内恢复了强制性婚检制度。这样，这三种法律法规的规定就相互冲突起来了。这就出现了令人苦笑不已的问题：这些冲突应该如何解决？黑龙江省这个《母婴保健条例》的那条规定是否有效？

这是中国法治只有在目前这个阶段才可能出现的乱象。

我国现行《宪法》以及《立法法》明确规定：国家立法权属于国家立法机关，即全国人大及其常务委员会；国务院也有制定行政法规的权力；而地方一定级别的人民代表大会及其常务委员会也有制定地方性法规的权限。这样，如果没有加强立法者的事先调适，那么就有可能出现它们各自制定出来的法律规范互相冲突的情形。本案就出现了这种情况，而且非常严重。那该怎么解决呢？

针对本案，我们说，涉及三个立法：第一个是作为地方性法规的黑龙江省的《母婴保健条例》；第二个是作为行政法规的国务院制定的《婚姻登记条例》；第三个是作为法律的全国人大常委会制定的《母婴保健法》。它们之间的位阶关系，即效力等级关系是怎么样的呢？根据《立法法》的规定，是这样的：在三者之中，法律地位最高，效力最强，行政法规次之，地方性法规地位最低。如果仅仅从位阶的角度来分析的话，本案的立法冲突是这样的：黑龙江的《母婴保健条例》抵触了国务院的《婚姻登记条例》，因此无效；但是国务院的《婚姻登记条例》又抵触了全国人大常委会的《母婴保健法》，因此也无效。于是，按照"负负得正"的原理，是否可以这样认定：黑龙江省条例中的相关规定，因抵触国务院的条例而无效，却因为抵触了国务院条例中无效的相关规定而有效，或者说因为有全国人大常委会的法律作为依据而有效。

分析到这里，我们可以做出如下的学理评判：

第一，国务院的条例不应该违背人大立法。也就是说，早在国务院制定《婚姻登记条例》的时候，就应当尊重全国人大常委会制定的《母婴保健法》，不应该明显地抵触它。可是它却抵触了，有问题。尽管国务院的条例废止了强制婚检制度可能是一种进步，但毕竟有违宪法所期待的法治秩序以及合法正义。

第二，黑龙江省人大常委会也同样如此，而且，根据《立法法》（2000年）第64条（现行《立法法》第82条）第（1）项，其在立法时应该论证执行全国人大常委会《母婴保健法》需要根据的"本行政区域的实际情况"。从某种意义上说，本来它就未必有必要制定一个《母婴保健条例》，因为已经有全国的《母婴保健法》及其实施细则了，而它偏偏要制定一个条例出来，规定的强制婚检制度和《母婴保健法》也没什么区别。那么，你有什么特殊情况，以至于需要特别制定这个条例，就需要进行说明论证。

第三，全国人大常委会也有责任。首先，它是否应该考虑在国务院《婚姻登记条例》之前及早废止《母婴保健法》中的婚检制度。因为如果强制婚检制度存在弊端，并引起较大争议，乃至于国务院不得不把它废除，而作为人民的代议机关，全国人大常委会也应该考虑是否尽早废除，即本来可以通过启动合宪性审查机制，赶在国务院《婚姻登记条例》之前废除，这样就会出现比较好的局面，但它没有这样做。其次，更无争议的是，在国务院及黑龙江省人大常委会各自将其《条例》报其备案时，全国人大常委会也应该及时作出审查。因为根据《立法法》的规定，行政法规和地方性法规制定出来之后，都要报全国人大常委会备案审查。这时，全国人大常委会就要作出判断，是否应该宣布它们因违法而无效。但是全国人大常委会却是不作为，乃至出现这种悖谬的情形。

所幸的是，这件事已被提起全国人大常委会备案审查：2021年12月，第十三届全国人民代表大会常务委员会第三十二次会议审议的《全国人民代表大会常务委员会法制工作委员会关于2021年备案审查工作情况的报告》提出：国务院《婚姻登记条例》规定的办理结婚登记应出具的证明材料中，不包括婚前医学检查证明。有公民对此规定提出审查建议，认为该规定与母婴保健法关于结婚登记应当持有婚前医学检查证明的规定不一致。我们审查认为，自2003年10月《婚姻登记条例》实施以来，婚前医学检查事实上已成为公民的自愿行为；2021年1月实施的《民法典》规定了婚前重大疾病的告知义务，将一方隐瞒重大疾病作为另一方可以请求撤销婚姻的情形予以规定，没有再将"患有医学上认为不应当结婚的疾病"规定为禁止结婚的情形。我们与国务院有关部门沟通，推动根据民法典精神适时统筹修改完善有关法律法规制度。

（二）李慧娟法官事件

这也是21世纪初一起非常著名的案例。介绍一下案情：2003年1月，河南省洛阳市中级人民法院审判长李慧娟在一起种子收购纠纷案的判决意见书中写道："《种子法》实施后，玉米种子的价格已由市场调节，《河南省农作物种子管理条例》作为法律位阶较低的地方性法规，其与《种子法》相冲突的条（原文如此，估计漏掉一个'文'或'款'字）自然无效……"

为什么这么判呢？我们说说认定冲突的理由。本案中的《河南省农作物种子管理条例》第36条中规定："种子的收购和销售必须严格执行省内统一价格，不得随意提价。"但根据《中华人民共和国种子法》的立法精神，种子的价格应由市场决定。于是二者就发生了矛盾。那么这个矛盾是否可以容忍呢？主要要看河南省这个条例是否有特殊的情形，也就是该区域是否存在特殊情况，需要对《种子法》作出例外规定。如果没有，李慧娟作出的上述判断，其内容本身，在法学理论上就是可以理解的，即下位法与上位法冲突，下位法这个条文自然无效。

但是本案涉及的问题不限于此，因为案情后来进一步展开了。即在该判决宣告约半年后的 7 月，洛阳市人大常委会向河南省人大常委会就该案种子经营价格问题发了一份请示。10 月，河南省人大常委会法制室对此发文明确答复：《河南种子条例》第 36 条关于种子经营价格的规定与《种子法》没有抵触，继续适用。同时，该答复特别强调指出："（2003）洛民初字第 26 号民事判决书中宣告地方性法规有关内容无效，这种行为的实质是对省人大常委会通过的地方性法规的违法审查，违背了我国的人民代表大会制度，侵犯了权力机关的职权，是严重违法行为。"该答复还责成洛阳市人大常委会"依法行使监督权，纠正洛阳市中级人民法院的违法行为，对直接负责人员和主管领导依法作出处理……"。

至此，问题就闹大了！同年 10 月 18 日，河南省人大常委会办公厅下发了《关于洛阳市中级人民法院在民事审判中违法宣告省人大常委会通过的地方性法规有关内容无效问题的通报》，要求河南省高院对洛阳市中院的"严重违法行为作出认真、严肃的处理，对直接责任人和主管领导依法作出处理"。可以看出，人大这边生气了，所以口气非常强硬。但是大家注意：生气的不是人民代表，实际上只是人民代表机关的辅助机关——河南省人大常委会的办公厅，后者发出通告。河南省人大常委会的办公厅虽然属于河南省人大，但是它也有行政级别，而且在地方其行政级别算是很高的了。

问题越闹越大了。于是，根据省市人大常委会提出的处理要求，洛阳中院党组于 2003 年 11 月 7 日作出书面决定：撤销判决书签发人——民事庭赵广云法官的副庭长职务和李慧娟法官的审判长职务，并免去李慧娟的助理审判员资格。该决定只是尚未履行提请洛阳市人大常委会讨论通过的法定程序。

但此后，在还没有提请讨论的时候，情况又发生了变化。在社会舆论和法学专家、学者以及法律界其他人士的密切关注下，李慧娟事件最后发生了戏剧性的转变：提请洛阳市人大常委会讨论的法定程序一直没有进行，李慧娟也一直没有收到自己所在的洛阳市中级人民法院的任何书面处理意见。次年 5 月，被迫赋闲在家、饱受长达 8 个月煎熬之苦的李慧娟,在洛阳中院的电话催告下,终于重返工作岗位。

这个案件涉及地方国家权力机关与司法机关的关系,涉及法律解释权的分配,还涉及违法审查制度的运作,以及涉及党对司法机关的领导方式等问题。在规范意义上,应该如何看待本案呢? 我们也进行若干学理评判:

第一,河南省人大对其所制定的《种子条例》负有责任。如果《种子法》制定在先,它制定在后,它就要注意,不能在《种子条例》中设定明显违背《种子法》的条款,除非本区域存在特殊情况,从而作出例外规定,并报全国人大常委会备案,且没有被撤销。

第二,本案还涉及法律解释体制的问题。在我国宪法体制下面,法律解释权归属于全国人大常委会,司法解释权归于最高人民法院等,而审理案件、适用法律的法官,却被认为没有解释权。在这样一种法律解释体制下,李慧娟法官没有法律解释权,但她运用了这个解释权,甚至也可以说是行使了合法性审查权,为此被洛阳市人大常委会以及河南省人大常委会等有关部门认为是侵犯了立法权。当然,违法审查也需要以法律解释为基础。但在现行解释体制中,法官没有法律解释权。虽然我们说,实际上,法官在审理案件时必然会涉及法律解释,但是,在现行体制下面,却不能写到判决书中。也就是说法官实际上必然会做,但不能写出来。这就属于法律体制本身的问题了。这个案件在当时之所以引起学界的关注和争议,其焦点也在这里。

第三,还有被各方面,包括学术界忽视的一个问题:河南省人大常委会法制室的答复,以及办公厅的《通报》明显越权。从严格意义上说,它们没有这个权力,因为不是国家权力机关本身,而只是地方国家权力机关的辅助机关,为此不能代表人民意志,去行使国家权力。但随着国家权力机关的辅助机关在近十几年来也出现“行政化”“衙门化”的趋势,这些机关就不知不觉地替代本身所服务的国家权力机关,直接或变相行使起国家权力来了,这也是要值得注意的。

第四,第三点中的有关机关的行为以及洛阳中院党组的书面决定,是否也有可能涉嫌违背“审判权独立”的宪法规定,也是一个值得讨论的问题。只是我国现行《宪法》第 131 条规定:人民法院依照法律规定独立行使审判权,不受行政机关、社会团体和个人的干涉。

我们看到，本案牵扯到的责任主体是很多的。国外许多宪法性案件出来之后，责任主体一般就一两个。但是在中国，往往像本案这样，会牵涉很多。为什么会这样？这是因为，在我国，只有等到问题堆积在一起，或爆发成一个公共事件，而不是一个简单问题马上就成为案件，及时得到解决。《种子法》和《种子条例》本身就有冲突，没有解决；然后李慧娟作出的判决，又牵扯出新的问题；接着各级人大有关辅助机关介入，甚至上级法院介入，乃至党组织也介入，乱成一锅粥；最后舆论出来，解决了吗？还是没解决。虽然最终李慧娟法官重返工作岗位，但那是整个事件"拖"出来的结果。而且在实体上，这个案件中的许多问题根本没有解决，里头存在的矛盾照样还是存在的。只不过是迫于舆论的压力，各方面都沉默了，于是，对于李慧娟而言，不能上班的问题"解决"了。

（三）法院工作报告未获人大通过事件

迄今为止，这类事案已有了一些，但较早的、并且引起较大关注的一个，则是2001年发生在沈阳市人大会议上的。案情是这样的：2001年2月14日，沈阳市十二届人大四次会议，表决由市中级人民法院副院长所作的《2000年沈阳市中级人民法院工作报告》，结果该报告未获半数代表的赞成票，为此没有通过。此案引起全国轰动，被有些学者称为"中国民主政治的标志性事件"。

对于此案，专家观点很多。第一种观点认为：这个好，我国宪法体制下，人大有权监督一府两院（当时指的是政府和两个司法机关），这一事件说明，人大已经慢慢地成为真正的国家权力机关了。第二种观点认为：沈阳人大不通过中级法院的报告案，凸显了我们立法上的漏洞。因为对此，谁该承担责任，承担什么样的责任，目前我国的相关法律还没有明确规定。于是有人呼吁，在这种情况下，法院院长应该受到问责，比如下台。第三种观点，即也有专家认为：人大听取和审查法院、检察院的工作报告，然后或通过或否决两院工作报告的监督方式，不符合司法权的性质；应改变这种"整批监督"的模式为事后的个案监督模式。大家看看，哪一个说法更有理？

以鄙人之见，本案应该分为以下四点来看。

第一，人大对行政机关的监督与对司法机关的监督方式，的确有必要作严格区别。对前者可作具体监督（包括询问和质询），但对后者，则应作抽象监督，任何形式(包括事前或事后)的个案监督,均为不当。原因就在于,《宪法》第131条规定了审判权行使独立,而人大的个案监督,则可能对法院通过独立行使审判权而对具体案件作出法律判断的过程,产生不确定性的强制性影响,为此有可能损害审判权行使独立。

第二,但是,人大听取法院、检察院的工作报告,然后或通过或否决"两院"工作报告,这种监督方式属于抽象监督方式,不违背司法权的性质。而对司法机关的监督,如属于个案监督,不管事前事后,都是不行的。但是,"一揽子"性质的抽象监督的方式,在人民代表大会体制下应是允许的。

第三,人大代表听取其他国家机关的工作报告,目前只是一种柔性的、无具体法后果的监督方式,如没有通过,则应具体分析原因,总结问题,通过其他途径作出处理。有关立法也可以跟进,作出具体规定。

第四,与此相关,考虑到审判权行使独立的原理,法院工作报告未获人大通过的法律效果及有关责任,在未有法律规定时,不宜贸然采取具体问责的方式(如罢免法院院长等)。但人大一方应强化审议程序,法院一方则应总结问题,接受人大的抽象监督。双方都应该有所行动,不过,若无其他理由,仅就此罢免法院院长的做法是不当的,即不应该对其追究带有具体的法效果的责任。为什么呢?因为,第一,对法院来说,工作报告往往包括过去工作的总结和今后工作的计划,那么,在人大上没有通过,无法确定究竟是哪一个部分出了问题,这个是具体问题。人大代表也许只是对其中的一个问题持反对或怀疑态度,但是就全都投否决票。第二,上级法院与下级法院只存在审判工作上的监督与被监督关系,但在上级法院的报告当中,还可能代下级法院做工作总结,把下级法院的工作情况全部写进去。基于以上两个原因,我认为,不应该对法院采取具体的处理措施。当然,这是我个人的观点。

今天的内容就讲到这里。至此,第二编"国家组织"也讲完了。

第三编　基本权利

到上次为止，我们把第二编国家组织讲完了。国家组织虽然不是整门课的重点，但也非常重要。我们在讲授当中还增加许多新的内容，是其他教材没有的，供大家参考。

今天我们进入第三编基本权利。本编的内容主要对应我国现行《宪法》第二章，该章章名就叫公民的基本权利和义务，它包括了从第33条到第56条的规范内容，一共24个条款，涵盖了公民的绝大部分的基本权利和义务。大家注意，我说的是"绝大部分"，而不是"全部"。因为宪法其他章节的一些条文也可能涉及公民的基本权利和义务。

基本权利保障这部分内容，构成了宪法的重要组成部分。其中重要性体现在哪里呢？一个是在宪法的结构形式上，公民的基本权利和义务这一章放到了国家机构这一章之前，而以往除了起临时宪法作用的《共同纲领》将基本权利放到总纲部分外，我国其他历部宪法往往将公民的基本权利放在国家机构之后。跟西方许多宪法国家相比，我们做的可能还不够，它们往往将基本权利放在整个宪法的最前面。当然也有国家将基本权利放在后面，比如美国。因为美国宪法制定之初，人们认为保障基本权利是天经地义的，不用写到宪法里面。但在制宪会议上梅森等人就开始强烈反对，后来才以修正案的方式追加进宪法本文之后。

除了形式之外，基本权利在内容和地位上也十分重要，甚至比形式所显现出的地位更加重要。我们在第五章曾经讲到了国家的目的：一个是公共秩序的维持，包括对内建立和平公正秩序，和对外防止外敌侵略；另一个则是人民福祉的增进。这两种国家目的均涉及基本权利保障。比如公共秩序的维持，主要是保障人们的自由权。国家不能侵犯人们的自由权，而当人们行使自由权发生纠纷时,国家就要进行调整,维护公平竞争的秩序。除此之外,国家也要重视人民福祉的增进,保护人民的生存权。总之,国家的存在目的主要就是为了保障人民的基本权利的。

正因为本编的内容及其地位很重要,为此,1982年宪法修订时,宪法修改委员会秘书长胡乔木等人提议,将公民的基本权利和义务这一章放在国家机构这一章之前,以示它的重要性。胡乔木在此次修宪期间提出的许多方案都被否决了,但这个方案被采纳了。我们可以这么说:一部宪法可能要维护许多重要的价值,比如自由、平等、民主、国家富强、社会进步等,由此,在宪法内部会形成一个价值体系,但是一般而言,对基本权利的确认与保障,则是整个宪法价值体系的核心之所在。有人说:人权规范相当于宪法中的实体法部分,而组织规范相当于宪法中的程序法部分;程序法是为实体法服务的,为什么宪法组织规范那么设计呢? 主要是为了保护人权规范。

对应本编的内容,"马工程"教材第六章为公民的基本权利和义务。但基本权利保障所涉及的内容非常多,仅用一章的篇幅不太合理。为此我们的讲授内容有所改动,分为五章。首先是第九章基本权利及其类型和第十章基本权利的保障及规范效力。这两章相当于基本权利的总论部分,涉及基本权利的一些基本概念与基本原理;其次,我们还将讲到第十一章平等权与政治权利、第十二章精神自由与人身自由和第十三章社会经济权利与权利救济权。这三章相当于基本权利各论部分。

第九章　基本权利及其类型

本章涉及基本权利基础理论，自然很重要。如果这一块内容没过关，那么接下来在研究一个个个别基本权利的时候，就会很难理解透彻。而如果这一块掌握得好，那么即使下面的个别基本权利没有学好，遇到基本权利问题时，跟人也能侃几句。在国外，尤其是成熟的立宪法治国家，普通的市民经常会谈到宪法上的问题，有些人还以能讨论宪法问题为荣，也许男孩子在和女朋友谈恋爱的时候，偶尔在基本权利问题上发表一番高论，也能让女朋友刮目相看。学习了基本权利理论，特别是总论以后，你就会开始拥有这样的能力。

在开始本章的讲述之前，我们照例先提出几个导引问题：第一，人权与基本权利有区别吗？如有，则有哪些区别？第二，基本权利有哪些类型？第三，我国近代著名思想家严复在翻译密尔的《自由论》时，将 On Liberty 译为"群己权界"，这正确吗？该如何理解？

一、宪法与基本权利

这可以说是概论中的概论了，它主要研究宪法与基本权利有什么关系，或者说基本权利在宪法中处于什么样的位置。而要弄明白这些，我们就有必要首先了解：什么是基本权利。

（一）基本权利的内涵

何谓基本权利呢？顾名思义，指的是那种具有重要地位的、并为人们所必不可少的权利。这样看来，要理解这个概念，关键就是首先要理解一下什么是"权利"了。

1. 权利

"权利"概念是非常复杂的。许多学者给权利下过定义,包括法理学——法哲学领域的许多名宿巨擘,都试图给权利下个定义,但最终都难以形成定论。有人统计过,古往今来理论界针对"权利"至少产生过一百多种定义。此种学说状况,完全可以说是众说纷纭、莫衷一是了。

为了开展进一步的研究,我们也给权利下个简单的定义,但为了力图避免不必要的争论,我们选择一个争议性较小的定义,即:权利指的就是在一定的法律关系中,法律关系的一方对另一方所享有的可以要求对方作出一定的作为或者不作为,并为法律规范所认可的一种资格。这个定义比较传统,但可以说是具有最小争议性的有关权利的定义之一,虽然这不等于没有任何争议。

尽管如此,我们还是要进一步了解这个定义具体指什么。先说说此处"权利"的范围有多大。依刚才这个定义,权利是法律关系一方要求对方作出一定作为或者不作为的资格,作为和不作为这两个方面都包括在里面。因此,这里所讲的权利,实际上是一种广义的权利,既包括要求对方作为,又包括要求对方不作为。于是,这个广义上的权利,又可以分为两个部分:一部分叫作狭义上的权利;另一部分叫作自由。这两个部分又该怎么区分呢? 要详细论述起来,这可是个非常复杂的问题,都可以写成博士论文。但在课堂上,我们只做个简单的对比。一般来说,二者是这样来区别的:狭义上的权利,英文一般用"right"表示,也有用"entitlement";自由,英语中也有两种表述,一个是"freedom",另一个是"liberty",前者指事实意义上的自由,后者主要指法律意义上的自由。

我们大致可以总结出广义上的权利具有如下这么一些特征:

第一,权利反映了主体之间的一种应然对等的法律关系。大家请注意:首先,权利所反映的必然是主体之间的关系。比如,当我说"我对这个杯子拥有所有权"的时候,这里所说的所有权,作为一种权利,它所反映的不仅是我与杯子这个客体之间的关系,而且是我与除我之外的所有主体之间的关系。而假如这个世界上只有我一个人,就自然没有必要讲权利了,那时讲权利没有意义了。其次,在这个关系中,主体之间可能在事实上地位和实力有所不同,但在规范意义上一定是对等的。如果不对等,那就不是权利关系,而可能是权力关系了。

第二,权利由法规范所认可。狭义的权利是这样的,自由也是如此。我们说,自由倾向于不依赖法定就存在,但这是不是说自由就与法规范无关呢？绝不是。在人类追求自身幸福的历史中,法规范所不认可的自由,往往徒具自由之名,难以具有实效性。因此,在这个意义上,权利——我是指广义上的权利,虽然不一定由法律设定,但一定要为法规范所认可。

第三,权利是一种法(律)上的资格。关于权利的性质是什么,法理学—法哲学上有力量说、利益说等,观点很多,其中有一种观点就是资格说。我们可以采纳这个观点。既然有权利,就可以要求对方作为,或者不作为,那凭的是什么呢？凭的就是资格。

在对权利的概念有了初步了解之后,我们再来看"基本权利"。

2. 基本权利

初步了解了权利概念的内涵之后,我们就可以理解基本权利的内涵了。如何理解基本权利的内涵呢？可以这样理解:它主要指的是每个人基于其作为人或特定国家的社会成员而应享有的最起码的、必不可少的权利。质言之,"基本"在这里指的就是最起码的、必不可少的意思。

然而,正如我们曾经说过的那样,任何定义都是有风险的,这个定义就未必是完整的。要理解基本权利,我们需要把握以下几个要点。

第一个要点是要了解:不同国家不同时代用语之间存在一定的差别。在近代,人们一般通用的术语是"自由",早期英语中则多用"rights of man",即"人的权利",甚至可以说是"男人的权利";在德国、日本,学说上往往称为"主观性公权"。而到了现代,用语格局为之一变,英美国家多用"人权"(human rights)这个概念。"二战"后,罗斯福夫人主持制定了《世界人权宣言》和两个人权公约,使得人权这个概念在整个世界居于主导地位。而在德国则称为"基本权"(Grundrechte),而日本则用"基本人权"的说法。

这里,我们说英美国家所说的人权概念应当怎么理解呢？简单说,就是人作为人所应享有的权利。那么"人作为人"凭什么就应该享有权利呢？这就涉及"人作为人"就"应该享有"的依据。这个依据是近代才建立起来的,是由一批伟大的思想家、哲学家们建构起来的。近代以来,关于人作为人就应当享有基本权利已经达成共识,但是关于人作为人应当享有基本权利的依据这一点,观念和学说上有不同的见解:(1)宗教意义上的依据。认为基本权利是上帝赋予的。造物主用自己的形象创造了人类,他会赋予人类一些最基本的权利。这种观点在美国《独立宣言》里得到了体现。(2)自然权意义上的依据。人在自然状态中就拥有这种权利。或认为人类走出自然状态建立国家的时候,只把一部分权利交给国家,但是还剩下一部分权利,这部分权利就是人作为人所应当拥有的基本权利。这些思想把人权看成是前国家的、超宪法的。"natural rights"也就是"自然权利""自然权"。有意思的是,在近代明治时期的日本,这个概念曾被翻译为"天赋人权",这就和第一种观点混合了,但实际上,准确地讲,它是指人类进入国家之前就拥有的权利。这里的前国家不仅指时间上前于国家,逻辑、道德上也是前国家的,所以国家成立之后,制定宪法时,任何国家都要尊重这种人权,把它写到宪法里面去,使人权得到实定化。(3)其他哲学、伦理意义上的依据。最典型的就是认为每个人都拥有人的尊严。人的尊严指的是什么呢? 我们以后会具体讲到。简单地说,就是人应该作为人来对待,人应该作为人来尊重,人应该享有人的待遇。什么待遇? 就是拥有最起码的、必不可少的权利。

话说我国,人权的概念在宪法历史上走过了曲折的道路。新中国历部宪法曾长期没有采用人权的概念,而是使用"基本权利"这个概念。曾几何时,我国官方一度排斥"人权"概念及观念,认为它是"西方资本主义的货色"。到了 1980 年代后期,这个概念才得到了"合法化",得以正面使用。1991 年,国务院主动发布《人权白皮书》,承认人权概念,并且在白皮书中说人权是个"伟大的字眼"。2004年,人权概念更是被直接写入《宪法》第 33 条第 3 款,这一款大家一定要记住,很简单,9 个字——"国家尊重和保障人权"。

理解基本权利概念的第二个要点是:因为基本权利的高度重要性,所以现代各国一般均会把它们规定到一国最根本的法——宪法中去。所以,在国内法上,一般而言,基本权利就等同于那些写在宪法上的权利,为此有人也称为"宪法权利"。但宪法未必将所有该保障的基本权利都写出来,为此基本权利也可以说是"宪法所保障的权利"。其实,大家以后所要学习的国际法,也讲权利保障,那主要讲的是诸种国际人权公约中所列举的各类人权,而那些人权类型从哪里来呢? 主要又是从各国宪法中来的。

说基本权利主要是写于宪法上的,那是写在哪个部分呢? 一般集中于权利规范部分。前面曾经提及,美国 1787 年宪法原先没有写入基本权利,为此有不少人反对,包括华盛顿的朋友、著名的政治家梅森(George Mason,1725—1792)。1787年9月13日,39位代表都在宪法上签字了,但有三个代表拒绝签字,梅森就是其中一个,他的理由不少,其中一个理由就是这个宪法没写上人权。但当时的主流意见认为,人权保障是天经地义的,无须写入宪法。此后,宪法在各州的讨论中又受到批评,因此于1791年,也就是其宪法制定后的第四年,美国人就一口气制定了10条修正案,添加在宪法后面。这就是它的《人权法案》(*Bill of Rights*)。而与许多大陆法国家一样,我国宪法专门开辟一章规定基本权利,即第二章。

但是,一些基本权利也可能散见于宪法的其他部分,如我国现行《宪法》第130条中规定:"被告人有权获得辩护。"在德国,这样的权利,在宪法学术语中被表述为"同等于基本权的权利"。另外,宪法中没有写出的一些基本权利,也可能属于宪法所保障的基本权利。有关此点,美国宪法中的表述为"宪法未列举权利",在我国宪法中"生命权""隐私权"即是两例。另一者为"宪法上的新型权利",比如说"环境权""个人信息权"。当然,能不能成立,也有争议。

理解基本权利,要理解的第三个要点是:基本权利主要是个人等私主体针对公权力(如国家)所享有的权利。这个私主体,可以分为个人和其他私人(比如说公司、其他组织等)。正因为如此,在德国,基本权利一般被表述为"主观性公权",它指的是个人在公法上所拥有的、可请求救济的权利。

当然,基本权利是私主体针对公权力所享有的权利,这主要可以包括两个方面:(1)公权力不得不当侵犯,包括通过立法不当侵犯;(2)在延伸的意义上,公权力必须针对其他方面的侵犯而予以保护,包括通过立法予以保护。

小贴士:*如何理解"主观性公权"这个概念*

3. 我国宪法中的人权

新中国成立以来,历部宪法都运用的是"基本权利"这个术语。由于政治意识形态以及外交斗争的需要,我国政府曾经长期排斥"人权"概念及其观念,反对人权的固有性和普遍性等观点,而强调人权受到各国特殊的政治、经济、文化等社会情境的制约,主张人权问题属于一国的内政,外国不得干涉,并把人权批驳为"资本主义的货色"。但是,随着改革开放的展开,特别是在20世纪80年代后期,人权概念逐渐得到了"正当化"，我国政府也接受了这一概念，并相应积极地加入了多项国际人权保障公约。早在1991年，我国政府就出台了第一份《人权白皮书》，全面系统地介绍我国在人权保障方面的经验和成果，后来成为一种常规性的机制。1997年，我国政府还签署了《经济、社会和文化权利国际公约》。1998年，我国政府又签署了《公民权利和政治权利国际公约》。

接下来是2004年，第四次修宪将"国家尊重和保障人权"写入宪法，作为第33条第3款。这是一件大事。当时有些学者就很兴奋，觉得这下子人权事业有希望了，有人还说宪法学的春天来了，我也挺高兴的。平心而论，将"人权"写到宪法中去总比没写到宪法中去好得好。

那么，基本权利与人权的关系是如何的呢？从学理上说，这个问题至少可以从两个方面回答。

第一，从二者的性质上看，"基本权利"一般来说就是写在宪法上、为宪法所实定化的"人权"。这句话的意思是基本权利属于实定宪法上的权利，而人权则是超实定宪法权利，即不管宪法是否将它写出来，它总是被认为是存在的。因此相对于基本权利，人权是更具形而上性质的一种权利，甚至有人认为它是属于自然法上的权利，是上帝授予的或者基于人性所拥有的权利。当这种人权被写在宪法上、被宪法所保障的时候就称为基本权利。

第二，但从二者的外延上看，整个基本权利可以做广狭两义解释。广义的基本权利包括：每个人基于其作为人而应享有的权利，这部分最接近人权的理念，可称为"人的权利"，相当于狭义的基本权利；但广义的基本权利还包括每个人基于其作为特定国家的社会成员而应享有的权利，此即公民权。公民权主要是政治权利，即公民参与国家意志形成的权利。它是由国家主权原理所决定的。人的权利与公民权共同构成了基本权利，它们之间有微妙的区别，不过它们归根结底的依据或说出发点都是人的尊严。换言之，人的权利也好，公民权也好，人们为什么会拥有它们呢？归根结底是因为人具有尊严，而宪法要保护人的尊严。

4. 基本权利的宪法地位

前面我们说过，基本权利非常重要，所以各国大都将其规定到其根本法——宪法之中去。而宪法作为一国的根本法，规定的都是对该国而言最为重要的内容，那么在宪法规定的所有重要内容中，基本权利的地位如何呢？这也是一个重要的问题。

其实我们前面也提及了。这里不妨再说一下，即：对基本权利的确认与保障，是整个宪法价值体系的核心之所在。按照芦部信喜教授的看法，这种以保障基本权利为目的的立宪意义的宪法，具有最为优异的特质。相反，如果在现代还仍然仅仅将宪法认定为是"国家公权力的组织法"，那就有局限性了。

话说回来，因为现代立宪意义的宪法是以限制国家权力、保障基本权利为目的的，这就使得基本权利规范在整个现代宪法价值体系中居于核心的位置。一般而言，现代宪法中主要包括两种规范：一种是"人权规范"，另一种是"授权规范"，又叫"组织规范"。而要理解它们各自在宪法体系中的地位，我们不妨将"人权规范"理解为宪法中的"实体法"部分，而将"授权规范"理解为宪法中的"程序法"部分，其存在固然也具有独立的价值，但实则为人权规范服务的。

（二）基本权利的（基本）性质

要进一步理解基本权利，就要了解基本权利的性质，尤其是其基本性质。那么，基本权利有哪些基本性质呢？关于这个问题，国际学术界存在诸多争议，我们采纳比较中立的观点，认为基本权利的性质体现了三对辩证统一关系，相应地也就有三个特点。

1. 固有性与法定性

关于基本权利，各种不同的法律流派有不同的看法。譬如法律实证主义倾向于认为：同其他所有的权利一样，基本权利依赖于国家法律的规定，只有国家法律有规定，基本权利才存在，法律没有规定，基本权利就不存在。但是，另外一种重要的思想流派，即自然法学派，则抱持着自然法思想，主张人权是一种 natural rights。natural rights，中文可以译为"天赋人权"，我们曾经说过，这个翻译是怎么来的呢？根据考察，是近代从日本引进的。近代日本学者首次用汉字"天赋人权"（てんぷじんけん）翻译英文 natural rights，这四个汉字后来就被直接移入中国。实际上，natural rights 应该翻译成"自然权利"，但权利是由超自然或超人格的存在赋予的观念，在西方的确是存在的。当年美国的《独立宣言》当中就有一句话："by their Creator with ... rights"，说的就是由造物主，即上帝所赋予的权利。而且这种观念迄今为止在美国依然是存在的。也就是说，美国的人权观念是有宗教基础的。有一部关于美国民权运动领袖马丁·路德·金的纪录片，其中有一个场景让我心潮澎湃——黑人们唱起一首歌，歌词表达了这样一个信念：虽然我们是黑人，皮肤是黑的，但是，我们跟白人一样都是上帝的孩子，我们拥有相同的权利。你们看，这种宗教信念的力量非常强大。

话说这个 natural，是指天然的、与生俱来的，你只要是人，你就应该享有，这就体现了一种"固有"的含义。质言之，基本权利的固有性，指的就是这类权利是人既然作为人那么在道德或哲学上就应该享有的，而所谓"天赋"或上帝赋予，其实就是"固有性"的另一种强有力的表述。

基本权利具有这种固有性，这个原理是很重要的。而要进一步理解这种"固有性"，则可以相应理解以下两点：

首先，基本权利的固有性观念与"前国家""超国家"性质的观念是密切联系的。后者指的是，在国家存在以前，这种权利就存在了，而且它在道德哲学上比国家具有更高的地位，国家即使产生了，也要保护这些权利。譬如，国家要保护你的生命权，不能随意剥夺；国家要保障你的财产权，不得随意侵占，因为国家产生之前，人们就天然地拥有这些权利，而人类之所以要缔结社会、缔造国家，无非就是为了要更好地保护这些权利。

当然，有一点我们要注意：并非宪法中所规定的所有基本权利都具有这种前国家、超国家的性质，必须承认，有些权利是在国家产生之后才出现的。我们经常说到的三代人权，其中第一代人权大部分都被认为具有前国家、超国家性质的。这第一代人权主要包括三大自由，即人身自由、精神自由和经济自由。但第二代、第三代人权是否具有前国家、超国家性质，则存在较大的质疑，一般认为不具有这种性质。

那么某种权利是否具有前国家、超国家性质，这该如何理解呢。我们可以分析一下财产权，因为它比较特别。现在许多人都认为财产权未必是自然权利，为此称为"财产权"，但在近代早期，财产权也被归于前面所说的"三大自由"之内，被认为也是一种天赋人权，具有前国家、超国家的性质。为什么？因为近代早期，人们所认识的财产权不是现在这样的，比如洛克在《政府论》中，对财产权的认识就比较朴素：我独自开发了一块土地，然后日出而耕、日没而息，长期在这块土地上投入了我的劳动，抛洒了我的汗水，那么，这块土地就应该是我的了，我就对于这块土地拥有财产权。当然，正如有人指出的那样，洛克的财产观念是清教徒式的,并不拘泥于土地。但在其劳动赋予财产的观念中,财产权当然是天然的,神圣不可侵犯的,谁侵占我的财产我就跟谁急。但是到了现代,人们发现财产权并不完全都具有前国家、超国家的性质,以及完全都是个人劳动的结晶。比如,你有一栋房子,但这房子价值有多高,就未必完全取决于你的社会平均劳动总量,因为假如政府恰好决定在这所房子前面开辟一条街道,使你的房子成为临街房,或者沃尔玛公司在这个房子附近开张一家超市,那这个房子的财产价值也就会发生明显变化。由此,人们发现,现代的财产及其价值其实具有一定的公共性,而不一定完全具有自然性。

固有性的第二点含义,可以用于说明基本权利的"市民性"、自然性。这个"市民性"实际上就相当于 civil rights 中的 civil,其具体含义就是指这些权利是在自然状态或者市民社会中就产生的。《公民权利和政治权利国际公约》中的"公民权利",其英文就是 civil rights,为此这个公约也主要就是规定了这部分的 natural rights。但中文将这个公约名称中的 civil rights 翻译为"公民权利"是不妥当的,也看不出来它们的固有性,实际上在英语原文当中可以看出来,这部分权利国家不能任意剥夺,因为它们具有前国家、超国家的性质,是在市民社会或自然状态中产生的,为此属于"市民权利"或"自然权利"。

上述的基本权利的"前国家、超国家"的性质以及市民性、自然性,是西方许多人权学说所着力强调的,而在我们看来,的确可以说,宪法上的大部分基本权利都具有这类性质,尤其是如前所述,第一代人权中的大部分就都具有这类性质。但是,值得注意的是,我们所说的基本权利的"固有性",是否仅仅限于"前国家、超国家"的性质以及市民性、自然性这两点含义呢?非也!如果仅仅是指这两种性质,那么,我们就会发现,比如生存权、受教育权这些基本权利,就很难说具有固有性了,因为一般认为这些权利是"后国家"性质的。然而,我们觉得,即使这样,生存权也好、受教育权也好,同样也是人作为人所应该享有的最起码的权利,在这一点意义上,它们也同样都具有固有性。

另外,我们还应该看到,除了固有性之外,基本权利还具有法定性,具体指的是基本权利一般均是为宪法所确认的,因而为宪法所保障的,而且一旦为宪法所确认,那么,也就更能得到有效的保障。但值得注意的是,这未必是说基本权利完全依赖于宪法,如果宪法不加规定就不存在。相反,我们要承认,某些基本权利,比如生命权,即便宪法未作明确规定,照样也是存在的,或者说照样应该存在。而作为宪法,就必须确认和保障基本权利,如果一部宪法不确认和保障基本权利,不以保障公民的基本权利作为核心的价值目标,那么这部宪法就很难成为马克思所说的"人民权利的保障书",为此也就很难期待会得到人民的重视和拥护,其本身的正当性都可能受到质疑。

2. 不受侵犯性和受制约性

从基本权利的固有性和法定性中,可以推断出一个逻辑结论,即基本权利具有不受侵犯性。具体而言,可以这样理解:既然基本权利是人作为人所固有的,并且是宪法这种具有最高法效力的规范形式所确认和保障的,为此是不受肆意限制的。

这里要注意的是,基本权利不受侵犯,并非说它是不受任何制约的。有些学者往往认识不到这一点,以为既然基本权利的保障是宪法规定了的,就不应该再受任何限制。这种看法在学理上是不适当的。实际上基本权利在一定情形下也可以受限制的。有关这一点,我们将会讲到。质言之,这里的"不受侵犯性"未必等于绝对地不受限制。当然,真正绝对不受限制的基本权利存在不存在呢? 答案是存在的,但只有一小部分,我们以后会讲到:这些基本权利在宪法学上被称为"绝对权利",比如内心自由、人格尊严等。但这不是典型的情形。总之,在基本权利的问题上,不受侵犯性和受制约性二者是统一的。

3. 普遍性和特殊性

这里所讲的普遍性(universality),又是从上面讲的固有性和不受侵犯性共同推导出来的。也就是说,既然基本权利是人本身所固有的、不受侵犯的权利,那么,基本权利之享有,就不应受到民族、种族、性别、职业、家庭出身、宗教信仰、教育程度、财产状况的限制。也就是说,任何国家的人,只要是人,都应享有基本权利。

但另外,基本权利又具有一定的特殊性,其被享有的程度以及保障的状态会因为一个国家的社会历史条件的不同而不同。同样一项宪法权利,这个国家可能会这样保护,那个国家可能会那样保护。

话说回来,我们又不能由此过于强调人权的特殊性,甚至以人权具有特殊性为借口而否定人权的普遍性。其实,在当今世界,人类的很多价值观念体系都产生了争议，有的甚至已经分崩离析，但唯有人权保障这一价值理念仍然获得绝大部分人的承认或者说认同，成为现代社会价值体系的中流砥柱，而其重要原因之一也正在于它的普遍性。反观其他的价值观念，都受到比较强烈的质疑和批评，比如我们国人认为民主很重要，但其实民主在西方早就遭到了批评，尤其在"二战"之后，对民主的反思就更加深入了；宗教也是一个重要的价值体系，其在西方社会的重要性毋庸赘言，但时至今日，宗教在西方也在式微；那么科学如何呢？科学同样受到质疑，许多人甚至认识到，现代科学的发展在可能给人类带来舒适的生活条件的同时，也有可能将人类带向毁灭。相形之下，唯独人权这一价值体系，虽然也受到一些质疑和批评，但总体上来看这种质疑和批评还是比较少的。尽管对人权的批评，有时反而会陷入自我批评的悖论。也就是说，你既然批评人权，那好，首先你自己可能被要求闭嘴！但在现代人权保障体系中，对人权进行批评，同样也被作为一种权利而受到保障。相反，一个人如果拒绝接受人权保障的价值观念，不管你地位多高，你在国际上都很难融入现代主流社会；同理，一个国家如果拒绝接受人权保障的价值观念，那么不管有多么强大，也很难融入现代国际社会。

（三）基本权利的享有主体

谁享有基本权利呢？简单地说，是公民，我国现行《宪法》第二章的标题就是这么写的，其实深究起来，这个问题也比较复杂。我曾经梳理了一下，认为人权的享有主体可以分为三大类：第一类是一般主体；第二类叫特殊主体；第三类称为特定主体。这三类是不同的，接下来我们逐一分析。

1. 一般主体

一般主体可享有宪法所保障的所有一般性的基本权利，比如我国宪法当中的"公民"，在我国现行宪法中，就属于基本权利的一般享有主体。

这个权利主体往往是最小单位的意志主体。意志主体有大小之分，一个国家也可被看作是一个意志主体，人民代表大会这样的国家机关也可以看作是一个意志主体。但从自身的构成来看，最小单位意志主体则指的是由可辨析且不可再分的意志主体构成的意志主体，一般指个人。最广泛的一般主体包括任何人，即任何的个人。但在实定宪法上，一般主体往往被称为国民。国民在宪法上又有三种可能类型，分别是臣民、公民和人民。在传统君主立宪国家使用"臣民"

这个概念；在民主立宪国家使用公民或人民这两个概念中的一个。我国宪法规定一般主体是"公民"，但是我国宪法又不排除"（任何）人"作为基本权利的一般主体。

在此值得注意的是，其他国家宪法上的人权享有主体，一般不用"公民"这个用语。有关这一点，国内的主流观点一直没有予以澄清，以致给人造成这样的误解，以为"公民"这个用语是一个放之四海而皆准的用语，被普遍用于称呼基本权利的一般享有主体。这是有些问题的。你去看外国的宪法文本或者宪法教材，其实里面很少使用类似于"公民"这样的概念，特别是作为基本权利的一般享有主体。

图 24　宪法中人的形象。图为 20 世纪 80 年代重庆街头的人群

那么其他国家的宪法对基本权利的一般主体是怎么规定的呢？我们可以举些典型的例子来看看。美国联邦宪法使用的是"人民"一词，即 people，但个别条文也用"任何人"这个表述。德国基本法也有两个概念：一个是"德意志人"，另一个是"任何人"。日本国宪法也未用"公民"概念，而是主要用"国民"的概念，但在正式的英文文本中也翻译为 people，此外，宪法中的部分人权条款也采用"任何人"，譬如，关于三大自由一般都会规定任何人都享有。由此我们也可以体会到，"公民"概念是我国公法上的一个特殊的用语。

事实上，就我国而言，用"公民"来表述基本权利的一般享有主体，这一情况也是在新中国成立以后才出现的。在民国时期，各部宪法性文件大多使用"人民"一词作为基本权利的一般主体。1946 年的《中华民国宪法》就是这样，其表述不是"公民的基本权利"，而是"人民的基本权利"，这一情况在目前我国的台湾地区仍被延续。

那么,"公民"这个用语是怎么来的,又是怎么进入我国现行宪法的呢?

根据考察,作为法学、政治学用语的"公民"这个词,也是我国近代从日本引进来的,原本仅仅限于指称参政权的主体。当然,日本的"公民"这个词,最早还是从中国引进去的,最早出现"公民"一语的古典文献可能是《韩非子·五蠹》,其中有"公民少而私人众矣"这个表述。这里所说的"公民",指的就是"为公之民",相当于被纳入公权力管理体系,可为国家纳税或提供劳役的百姓。后来,这个用语就出口到日本,到了近代,日本人用它翻译西文中的 citizen 这类政法用语,然后又从近代日本被引入中国。这就是我们前面提到的在中国文化交流史中所广泛存在的所谓"字侨"现象的又一个典型例子。那么如前所述,近代从日本引进回中国之时,"公民"这个概念主要是指参政权的主体,为此民国时期的宪法文件中,就没有用它来指称基本权利的享有主体,即使到了1953年新中国制定选举法时,还把"公民"这个概念作为选举权和被选举权的享有主体。但是到了1954年,新中国制定第一部宪法时,则采用"公民"这一用语,来广泛地指称基本权利的一般享有主体,并延续至今。

那么在今日我国,要成为公民应该符合什么条件呢?对此,现行《宪法》第33条第1款有明确规定,其资格要件只有一个,那就是拥有中华人民共和国国籍。这里的国籍是指一个人属于某个国家的法律上的身份。一个人取得了某个国家的国籍,就会被认为是该国的国民或人民,而我们叫作"公民",而一旦如此,那就可以成为宪法上基本权利的一般享有主体了。

综上所述,只要你拥有中国国籍,那你就是中华人民共和国公民;而你一旦是中华人民共和国公民,那也就成为我国宪法上基本权利的一般享有主体。也就是说,宪法上所规定的那些一般性的基本权利,你基本上都可以享有。

延伸阅读:国籍取得

说到公民的概念,我们还要注意一点,就是公民和人民这两个概念之间的区别。这在很多宪法学教材都谈到,而且不得不谈。通说一般认为,二者区别很大。我个人觉得可以概括为如下四点:

第一,基本属性不同。公民的概念被认为是法的概念,而"人民"则被认为是政治概念。但鄙人对这一点的看法有所不同。公民的概念在我国公法上是具有公法性质的概念，这一点没错，但应该承认，"人民"的概念也可以说是公法上的一个重要概念，只不过它往往被政治化而已，甚至成为政治上的一种美称。也有观点认为，"人民"的概念既然已经写入宪法，它就是一个法的概念。可是，我们还是要承认，即使写入宪法，"人民"的概念还是具有一定的政治性，其原因我们将在第二点讲到。

　　第二，用语内涵不同。公民概念相对应的是外国人；而人民概念相对应的是敌人，这就体现出了后一个概念的政治性。当人民的概念被用于对应"敌人"这一概念的情形下，它就被政治化了。而一个概念一旦被政治化，那有什么效果呢？效果就是不再具有确定性的预定内涵，其内涵的确定通常只能是有赖于某种政治意志的决断。而且这种政治决断有可能是发生在法的框架之中，也可能在法的框架之外，即不被法所控制，不受法所约束。在这里，我国的宪法存在一个具有不确定性的、动荡的地带，隐含着一种不安定的意义秩序。"文化大革命"的爆发，就是从 1954 年宪法的有关规范中找到突破口的。

　　我们可以举"文化大革命"期间的一个著名事件。"文革"期间，当王光美女士在清华大学被红卫兵批斗时，她被逼穿上旗袍，挂上由乒乓球串成的项链，在如今清华大学东南门正对面的主楼前接受红卫兵大会批斗。据说这是江青授意清华大学的红卫兵故意这般羞辱她的。为什么这么羞辱她呢？因为王光美是当时国家主席刘少奇的夫人，曾经陪同刘少奇出访过东南亚很多国家，其间身着旗袍、颈戴珍珠项链，雍容华贵，光彩夺目，吸引了整个世界的眼球。以至于国学大师陈寅恪先生都曾赋诗一首，赞美她的美丽。但这些可能极大地伤害了江青的心。于是在"文革"期间，就发生了这一幕：红卫兵逼迫王光美穿上旗袍，并戴上乒乓球项链，以便当众批斗她。但王光美拒绝了。这可以理解，王光美出身于旧中国的官宦家庭，而在"文革"期间，旗袍这种东西已经被高度政治化了，成为一个具有政治身份象征性意味的道具，穿上它就意味着给你做出了定性：你已经不属于人民的范畴了，而是敌人，是无产阶级专政的对象。所以王光美极力拒绝。根据后来研究者的记载，当时发生过这样一段对话：

　　红卫兵大声叫道："你是资产阶级反革命分子，你没有权利讲民主！"

　　　　王光美很火,说:"谁说我是反革命分子?"

　　　　红卫兵一起大呼:"我——们!"

　　就这样,王光美被强制穿上了旗袍,挂上了侮辱性的乒乓球项链,这就意味着她被象征性地排除于"人民"的范围之外。由此我们可以看出,"人民"这一概念内涵的混沌结构,导致它在具体适用时,就不像作为法律概念的"公民"那样,具有明确的规范性准据——只要你具有中国国籍,那你就是公民。相反,要确定你是否属于人民,则主要需要靠政治斗争和政治决断,而一旦这种斗争和决断失去了法治的控制,那就十分可怕。

　　那么该如何从法的角度把握"人民"的范围呢? 从宪法解释学的角度看,《宪法》序言第10段关于爱国统一战线的有关规定,就涉及人民概念的表述,可以作为我们理解"人民"范围的规范依据。爱国统一战线由四个部分人构成:第一是社会主义劳动者,主要指工农、知识分子;第二是社会主义事业的建设者,这是2004年修宪新增的,主要指新社会阶层人士,例如私营企业主、高级管理人员等;第三是拥护社会主义的爱国者,如果你既不劳动、也不组织劳动,但是拥护社会主义、爱国就可以纳入这一范畴;第四是拥护祖国统一和致力于中华民族伟大复兴的爱国者,其中,"和致力于中华民族伟大复兴"的表述是2018年修宪时新增的。这一范畴主要向港澳台地区及海外人士开放,他们也许不拥护社会主义,但是他们拥护祖国统一,那就可以进入人民的范畴。

　　第三,内涵特征不同。公民的概念可以指单个人,即是一个可辨析的个体,而人民的概念在新中国宪法下则往往是个整体,是不可辨析的单元。这里需要注意的是,虽然英文中的 people 在我们中文上也被翻译为"人民",但现代中文语境中的"人民"和英文中的 people 实际上内涵特征也是不同的,特别是作为权利享有主体的时候。英文中的 people 是可以辨析的,因为它只是 person 的复数形态,所以我们在英文中可以看到 two people,three people 或 many people 之类的表述。但是 two people,three people 或 many people 翻译为中文就不能表述成"两个人民""三个人民"或者"许多人民"。因为在我国,由于诸多原因,"人民"概念的内涵已然发生了变化,它指称的是一种混沌的整体。这个混沌整体的构成元素很模糊,到底谁在里面,就很难说。

第四，人民和公民的最后一个区别，就是总体范围不同。其中，公民的范围比人民的大，因为只要拥有国籍即可成为公民，而是否属于人民则还要看你的政治属性，看你是不是敌人。这一点好理解，就不多说了。

2. 特殊主体

特殊主体是具有特殊性质的基本权利享有主体，因而不能享有一般主体所享有的所有权利，但可尽可能享有其中部分依其性质可以享有的权利。特殊主体主要包含两种，即法人和外国人。

也就是说，法人和外国人也是宪法上基本权利的享有者，只不过他们是特殊享有主体而已，即是说他们并不享有一国宪法上所有的基本权利，但是那些根据其自身之性质可以享有的基本权利，他们都应该享有。

首先来说法人。所谓法人，指的是法律上除自然人以外被认可为权利义务主体的组织。《民法典》第57条也给出定义，说"法人是具有民事权利能力和民事行为能力，依法独立享有民事权利和承担民事义务的组织"。其实，如果从更为宏阔的视角来看，法人有公法人和私法人。当然，这里主要指的是私法人。这种法人可以享有民事权利，这大家都能理解，但在公法上，他们也可享有公法权利，包括宪法上的基本权利。具体而言，对于财产权或其他一些经济的自由权利，法人一般都可以成为享有主体。还有表达自由，法人也可享有；但其他的一些基本权利则要具体情况具体分析。比如说生命权，法人是否享有呢？当然不享有。

其次，对于一个国家的宪法而言，外国人也是其基本权利的特殊享有主体。这是基本权利普遍性原理的一种体现。我国现行《宪法》在第32条第1款中就明确规定：中华人民共和国保护在中国境内的外国人的合法权利和利益。这张照片是我和我的日本导师的合影。其实他老人家好像一直不太愿意和我一起照相，可能因为我个子长得有点过高，其实也挺痛苦的。比如出差住酒店的时候，如果房间里面的床比较小，那就没办法，只能睡床的对角线。更重要的是，由于大脑距离心脏可能比较远，所以好像智商还可能受到影响，这样说的依据是，一旦躺在床上，思维就比较活跃，有时还文思泉涌。话扯远了，再说我老师。我到他那里留学时，属于他国家的外国人，而他老人家当年来到中国访问时，就属于我国宪法上的"外国人"，即基本权利的特殊享有主体了。那么，外国人可享有哪些基本权利呢？一般而言，宪法有关基本权利的保障的规定，原则上都适用于外国人，然而适用的范围则视各种基本权利的性质而定，比如，外国人可以享有人身自由、人格尊严等各种自由权，但不完全享有选举权、被选举权，以及劳动权、生存权、受教育权利等社会权。当然，时至现代，有些成熟的宪制国家或地区对外国人基本权利的保护程度较高，为此外国人也可以享有一定的社会权，甚至享有一定参政权。比如，我国香港地区法律规定，外国人可以当法官和公务员，虽然也有一些限制。

图 25　本书作者与其导师畑中和夫先生（左）在中国的合影

3. 特定主体

特定主体指的是享有某些或某种具有特定性质或特定内容的基本权利的主体。但一般而言，特定主体往往不是独立的主体类型，而是包含在一般主体之中，其主要又包括三类：

第一类是在刑事诉讼程序中处于不利地位上的主体，如犯罪嫌疑人、刑事被告人。他们也是人，也享有基本权利，而且享有一些特定的宪法权利。如犯罪嫌疑人享有不受刑讯逼供的权利、及时知悉被告内容的权利、寻求律师帮助的权利等诉讼权利；而刑事被告人则享有自行辩护或委托他人辩护的权利、提出上诉或申诉的诉讼权利。

第二类是处于所谓"少数者"意义上的，或其他某种社会性意义上的弱势处境的主体，如妇女、老人和儿童、残疾人等，受庇护的外国人以及我国现行《宪法》第 50 条所保护的华侨、归侨、侨眷也可纳入这一类别。

第三类则是"集体权利"的主体。这里要特别分析一下集体权利的问题。传统法学原理一般否认"集体权利"这一概念的,特别是在宪法学理论中,传统学说认为,权利主体必须是可辨析且不可再分的个体,比如个人,就是典型的可辨析的意志主体的最小单位。为此,公民就可以成为权利主体。而法人之所以也可以成为主体,是因为法人同样也具有可辨析性和个体性。但值得澄清的是,某些权利的行使形态,像游行、示威这样,离不开集体的权利行使行为,但在本质上也不是集体权利的行使,而是个人通过集体行动来行使他们各自所享有的权利。

然而,时至"二战"之后,特别是20世纪70年代以后,这种人权主体理论也受了一些挑战,第三世界的一些国家提出:整个国家和整个民族,可以作为人权的享有者。这个观念最后被联合国采纳,联合国在1977年通过了一个《关于人权新概念决议案》,其中指出:人权不仅包括个人权利,还包括民族和国家的权利与基本自由。这就等于承认了民族和国家可以作为国际法上人权的主体,国家和民族其实就是集体主体,其所拥有的权利也具有特定性。所以请同学们注意,"集体权利"这个概念主要是国际人权法上的概念,在宪法学上一般尚不被接受。国际上的主流宪法学者仍然坚持认为,基本权利绝大部分都是指个体性的、可辨析的主体所享有的权利。但由于我国宪法上也规定了"少数民族"这样的概念,所以"集体权利"在我国宪法上是否应该被接受,则是一个问题。如果可以被接受,那么,则应该纳入上述基本权利的特定主体所享有的权利这个范畴中去。

第一个大问题"宪法与基本权利"终于讲完了。接下来我们要讲——

二、基本权利的类型

这也是一项非常基础性的内容。在法律领域里面,权利往往被类型化,无论民法学上也好,宪法学上也好,都有权利的类型。权利的类型对于法的世界来说是非常重要的,因为我们保护一项权利或者限制某项权利,首先就要判断这项权利是属于哪种类型的,而不同类型的权利则往往需要不同的保障方式,也有不同的限制方式。这就属于法学里面的基础知识。我经常对你们这样的初学者讲:打好基础,终身受益。因为基础知识非常重要,它是大家进一步学习的津梁。也许在某方面老师讲得不对,或者这个知识点本身就有争议在里头,但是不要紧,只要你认真对待这些基础知识,在初步理解它们的基础上,就可以透过审视的目光,再去接触其他的知识、其他的学说,对比琢磨、融会贯通,最终就会形成自己对法学知识的更深层次的认识。"基本权利的类型"就属于这种具有基础性质的内容。

关于基本权利类型的划分,在宪法学上,可以分为两种不同的划分方法:第一种叫学理分类,就是对基本权利的类型进行偏向于学理方面的划分;第二种是注释宪法学意义上的分类,或者叫宪法解释学意义上的分类,也可以称为宪法教义学意义上的分类。这两种分类相对独立,二者的功能不同,作用也不一样,但都非常重要,所以我们要逐一加以介绍。

（一）学理分类

刚才说了,学理分类主要就是对基本权利的类型进行学理上的划分,它的特点就在于可以相对超脱于特定法秩序、简单说就是宪法文本中所规定的有关人权规范的内容。也就是说,它不看重宪法的条文,特别是有关人权的宪法条款,而是侧重于从学理的角度进行分类。此种分类在公法学中可以看到,在法哲学、政治哲学等学科领域也可以看到,甚至可以见之于某些经典的政治宣言或政治口号,譬如法国大革命中所宣扬的"平等、自由、博爱"的政治口号,其实也体现了对基本权利的一种分类。但是,这种分类其实又都是脱离特定宪法文本的,比如法国人最早提出"平等、自由、博爱"的时候,他们的宪法都还没有完全定型呢。所以它只是根据纯粹的理论进行分类,这就是学理分类,它跟宪法解释学意义上的分类有所不同。宪法解释学意义上的分类要看宪法文本的,即要根据某一个特定国家的宪法文本当中所规定的具体条款规定了哪些基本权利,然后通过分析,进行类型化。

既然这样,那么学理分类有什么用呢？我们说,用处还是很大的。它在一定意义上能够为宪法解释学意义上的分类提供指南和标准,甚至可能进而为宪法中的人权条款或人权规范的设立,以及这些条款之具体含义的确定产生影响。比如说,我们稍后要讲的洛克对基本权利所提出的分类,后来就对美国的宪法文本产生了非常重大的影响。所以,对于学理分类及其作用,我们绝不能小觑。当然,我们也要注意,我们宪法学毕竟不等于思想史学,有关人权的学理分类也未必都有能力对宪法、宪法学产生真正的影响。为此,虽然这方面存在的学说非常多，我们在课堂上只着重介绍以下六个最为经典也是最为基础性的学理分类。

1. 洛克的分类

在近现代，如果要推举一位最早对基本权利进行学理分类，并且这个分类还曾产生过重大影响的思想家，那么或许应该首推洛克。洛克是英国 17 世纪伟大的政治哲学家，洛克有一部经典著作，也是公法必读书，名叫《政府论》，分为上下两篇，上篇主要是批判，下篇更为重要，洛克的许多重要思想都是在下篇中提出的，里面就有对人的基本权利的学理分类，即著名的三分法。洛克认为，人类拥有一些不可剥夺的基本权利，那就是生命、自由和财产；它们都是人的自然权利，是神圣不可侵犯的。但值得一提的是：洛克当时所说的"财产"，英文上不是现在一般使用的 property，而是 estate。这是什么原因呢？因为，在洛克的时代，property 并不是我们现在所说的那种财产，而是很广的一个概念，甚至可以指一切所拥有之对象的集合，包括生命、自由和财产，还包括一个人的名誉、声望，连自己所支配的佣人、奴仆，也都包含在 property 这个用语之中。由此可见，这个 property 就相当于"所有权利"了，但洛克的观点是，在这所有的 property 当中，生命、自由和 estate 最为重要，而其中他所说的 estate，就大致相当于我们当今所说的狭义的 property 了。

洛克的这种分类，显然可以看作是一种学理分类，而且当时，人类历史上的宪法典都还没诞生呢。但这个分类后来对人类历史上的宪法典却产生了极大的影响。大家知道，人类历史上第一部成文宪法典是诞生于美国的，洛克的上述思想就影响了美国的宪法，甚至影响了美国的独立革命以及当时所产生的《独立宣言》，只不过在《独立宣言》中，洛克的三分法被调整为"生命、自由和追求幸福的权利"，即 life, liberty, and pursuit of happiness。也就是说，洛克原来所说的 estate 被改为 pursuit of happiness 了，翻译成中文就是"追求幸福的权利"。据说，这是当年美国《独立宣言》的起草者杰弗逊给改的。

话说 2004 年修宪之前，中国在讨论是否要在宪法里写入私有财产权的保护条款，有位中国的政治学者就认为，当年洛克所说的财产 estate 在美国那里都被替换为 pursuit of happiness，这个改动很重要，可以证明美国宪法制定的当时并不保障财产权。其实，他可能不太熟悉美国宪法。因为《独立宣言》虽然是这样的，但到了此后的美国宪法文本，情况就变了：其第 5 和第 14 两个修正案都完整地采纳了洛克的分类,规定非经正当法律程序,不得剥夺任何人的"生命、自由和财产",只不过这里所说的财产,这下用的是"property"一词,而不是洛克当年所使用的"estate"也不是 pursuit of happiness 了。也就是说,洛克的三分法完全被美国宪法的这两个修正案所吸纳。这就是思想家所发挥的重要作用。我们应该承认,思想家很重要,洛克就影响了美国宪法的两个条款,而且通过影响美国宪法,进一步间接地影响到其他国家。

这里还要说一下:《独立宣言》中的 pursuit of happiness,即"追求幸福的权利"这个说法,在人类的宪法观念上并不是就这样"绝迹"了。一百多年后,即在"二战"之后,美国人替日本人起草日本现行宪法草案的时候,还是把"生命、自由和追求幸福的权利"写到他们的宪法中去,即当今《日本宪法》的第13条。而且,这个"追求幸福权",在解释学上被理解为是一种概括性的权利,即概括了各个基本权利的基本权利,并且可以作为宪法上未列举的新人权的依据,地位十分重要。我国宪法虽然没有写上这个概念,但是,从政治伦理上可以说,人民在宪法上当然也有追求幸福的权利,而且我们宪法所要保障的,说到底也就是人民的这种幸福追求权。

2. 耶利内克的经典分类

耶利内克跟洛克不一样:洛克生活在17世纪的英国,那个时代世界上还没有一部成文宪法,至少可以说还没有出现一部近代意义上的成文宪法典;而耶利内克生活的时代则已经有了成文宪法,他本人又生活在一个拥有成文宪法的国度,那就是19世纪末20世纪初的德国,已经出现了俾斯麦宪法,耶利内克就是俾斯麦宪法时代的一个人物,而且是一位公法学家,但是他对基本权利的分类并没有直接依据俾斯麦宪法的文本,而是从纯粹的学理上进行工作,提出一种高度学理性的分类,在德国一直被尊奉为经典,直至今日。

耶利内克以国家法人说为基础,认为个人处于某种从属于国家的宿命之中。也就是说,我们每个人都有一个宿命,就是必须面对一个国家。这个想法挺有意思的,我们也可以借用前面讲到的英国著名政治哲学家霍布斯的话来说,人就是必须面对一个名叫"利维坦"的怪兽。你不想面对中国,就得去面对美国或者其他国家,总之必然要面对一个国家,每个人都是如此,连无国籍人都得选择一个国家安顿自己。而个人处于这种宿命之中的时候,耶利内克认为,那相对于国家就会分别置身于四种不同的地位（status）之上，由此演化出一种义务与三种权利。其中的这三种权利，耶利内克将其叫作"主观性公权"。这怎么理解呢？我们前面已讲过，简单地说，就是个人针对国家所应该享有的，可以向国家主张的权利。具体而言，四种不同的地位及其分别派生出的内容是这样的：

首先，个人对于国家总是处于被动地位上，由此就会派生出"对国家的给付"。

其次，个人对于国家还处在消极地位上。譬如，我不希望国家随时闯到我家里来，随便到卧室里检查，即使是政府官员，也不可以这样做。个人针对国家所拥有的排除国家干预的地位，就是消极地位，由此会派生出"免予国家支配作用的自由"。

再次，是个人针对国家的积极地位，由此派生出"对国家的请求"。积极地位和消极地位是对应的，简单而言，是这样的：消极地位是指主体保护自己的权利不受侵害，积极地位则是主体积极地寻求某种利益。在个人和国家的关系上，也同样如此，当你处于积极地位时，是你对国家提出请求，要求国家为你做事情、带给你利益，为此会派生出"对国家的请求"。

最后，个人对于国家还处于能动地位上，由此派生出"为了国家的给付"。这与第一种地位所引申出的"对国家的给付"不同。"对国家的给付"是被动的，国家要求我给付什么，我给什么，其中最典型的就是纳税。由于国家机器要运作，运作的资源怎么来？主要是向老百姓征税。而个人向国家缴税，这就是对国家的给付，个人是被动的。能动地位所产生的"为了国家的给付"是怎么回事呢？是为了国家能够存在下去、维持下去，个人要做一些事情，比如参加选举，以此产生国家官员。这就是"为了国家的给付"，它表明个人针对国家处于能动的地位上。

以上这个理论很抽象，但是相当重要。那么，上述四种不同的内容跟基本权利和基本义务的对应关系又是怎样的呢？是这样的——

第一种"对国家的给付"，我们说了，那就相当于个人对国家所要履行的基本义务，主要包括两项：一个是纳税；另一个是服兵役。

第二种"免予国家支配作用的自由"，相当于自由权。自由权主要有三类：人身自由、精神自由和经济自由。这三个自由构成了个人自治的空间，国家无论如何不能随意侵入，除非有正当的理由。也就是说，个人有权在这三种自由空间里面免受国家的支配和干预。

第三种"对国家的请求"，最典型的就是"国务请求权"，据此可以要求国家为我们做事。国家要替我们做很多很多事情，这是当代中国人的想法，但是在近代西方，国家要为我们做什么事情呢？在法律上可以具体请求的，主要是给我们裁决纠纷，即要求国家对自己涉及的某个案件进行审判，这在公法上就叫"国务请求权"，又叫"裁判请求权"。当然，在现代，我们对国家要求的范围更广泛一些，比如老百姓生活不下去了，国家应该给予一些物质帮助，这称作"生存照顾"。但是，这一点在近代没有被纳入宪法上的基本权利范畴，耶利内克当时的这个分类学说也是如此。这不得不说是这个分类理论的时代局限。

第四种"为了国家的给付"，引申出参政权，主要包括两个：第一个是选举权和被选举权，第二个是担任国家公职的权利。在耶利内克看来，参政权还不是一项权利，而是一项权限，权限比权利稍低。在德国思想史上，参政权究竟是什么，至少有三种以上的学说，第一种学说认为是权利，第二种是权限，第三种则认为是公务（即公共义务），拉班德即采此说，此说认为因为参政权是公务，为此投票必须强制，不去投票就是违反公务。当然现今大多数国家都认为参政权是权利了，但在当年的耶利内克看来，参政权是处于权利和公务之间的一种权限。

这就是非常著名的耶利内克的地位理论。这个理论对后世产生很大影响，在今天仍然被作为理解基本权利分类的一个经典理论。

3. 伯林的二分法

英国现代政治哲学家以赛亚·伯林，是 20 世纪最著名的自由主义知识分子之一，被认为属于狐狸型的思想家。他有一本书非常重要，中文翻译为《自由四论》。在这本代表作当中，伯林提出了一个非常通俗易懂的学说。他将自由分为两种：一种叫作积极自由；另一种叫作消极自由。

据伯林自己说，这种分类是受到法国近代著名思想家贡斯当的影响。学政治学的同学可能会知道，贡斯当是法国非常著名的思想家，他在 1819 年的演讲《古代人的自由与现代人的自由之比较》被视为自由主义的政治宣言，使贡斯当在自由主义发展史上跻身于大师的行列。现在这个演讲也有了中译本，书名是《古代人的自由和现代人的自由》，在其中，贡斯当指出，自由可以分为两种，一种是古代人的自由，另一种是现代人的自由。所谓的古代人，主要是以古希腊、古罗马的公民为原型，贡斯当认为那个时代人们的自由主要是参与国家政治事务的自由。而现代人的自由则恰恰相反，不是参与国家政治事务，而是免予国家干预的自由。

伯林将自由划分为积极自由和消极自由，实际上就是受贡斯当思想的影响。伯林自己也认为，贡斯当的《古代人的自由与现代人的自由之比较》是讨论消极自由与积极自由两种概念最好的文章。

我们知道，20世纪的伯林比起耶利内克的思想来说起码晚了半个世纪。而耶利内克更早地提出了类似的理论，而且比他更为精致，分为四种。但伯林在英国提出这个理论之后，受到英国理论界的高度关注，不断得奖，最后还获得爵位。于是，有很多学者认为他没什么贡献，观点比较肤浅。我们不能说他没贡献，他的理论起码对英国产生了影响，对宪法学研究也有益处。

后来，人们在宪法学中也引入了伯林的二分法理论，提出了消极权利和积极权利的分类。"消极权利"英文表述为 negative right，"积极权利"是 positive right。记得邓正来教授在他的成名译作——博登海默的《法理学：法哲学及其方法》里面，曾经把这两个英文术语翻译为"负面权利"和"正面权利"，这肯定是不适当的。

作为宪法学的概念，消极权利和积极权利该怎么定义呢？简单来说是这样：消极权利，乃指个人要求国家权力作出相应不作为的权利，自由权即属于这一类型；而积极权利则指个人要求国家权力作出相应作为的权利，参政权和社会权都属于这个范畴。

4. 其他二分法

二分法有一个优点，那就是简单很多，而且便于理解、容易被人掌握，所以在宪法学中经常出现二分法，不仅有伯林的分法，还存在其他的二分法。我们再选几个主要的二分法介绍给大家。

（1）自由与（狭义的）权利

第一个二分法是将基本权利分为自由和权利。这里所说的"权利"，就是狭义的权利，而非广义的权利。如果说广义的权利，那就复杂了。比如20世纪初美国有一个著名学者叫霍菲尔德，他就曾经把权利分为四种，包括狭义的权利、自由，还包括豁免和权力。那就是广义的"权利"。这个学说在法理学上很著名，以后你们也许学到，但在目前初学阶段，你们先学会把广义的权利分为狭义的权利和自由这两种，也是够用的。

那么，狭义的权利和自由之间究竟应该如何区别呢？有关这一点，我们前面已有所介绍，但这是一个非常复杂的问题，我们这里还要进一步分析。

什么是自由呢？霍布斯的观点非常经典，他认为自由就是外界障碍不存在的一种状态。也就是说，自由就是不受权力控制，或者只根据自己的意思（意志）决定行动，包含意思自由和行动自由。霍布斯的这个论断出现在其名著《利维坦》之中，迄今为止仍然是有力的学说之一。霍布斯本来在人类政治思想史中的地位就非常显赫，现在一提到自由主义，仍然可以追溯到霍布斯。霍布斯之后，孟德斯鸠、卢梭、洛克都为自由下过定义。到了现代，政治哲学家诺齐克、哈耶克以及比较偏左一点的罗尔斯等也都纷纷定义自由。孟德斯鸠认为的自由，在他的著作《论法的精神》中有了更法理化的定义，"自由是做法律所许可的一切事情的权利；如果一个公民能够做法律所禁止的事情，他就不再有自由了。因为其他的人也同样会有这个权利。"

后来，英国的密尔也在他的著作《论自由》中界定自由。首先他所讲的自由，不是"意志自由"（与哲学上的必然性相对）而是公民自由（或社会自由），即个人针对公共社会（包括国家和市民社会）所享有的自由，主要包括表达自由和行动自由。这一点跟孟德斯鸠差不多。密尔并认为，在不伤害他人的情形下的一切言论自由和行为自由都可称为自由，也就是认为自由的界线在于不可伤害他人。密尔的这种自由是非常广泛的，只要在不伤害他人的前提下，酗酒、不讲卫生、挥霍浪费、游手好闲、甚至通奸，都属于自由范畴。为此，密尔认为自由的权利主体应该是文明社会"成熟的公民主体"，是"有教养，有公共责任感"的主体，也就是说，其自由类型范围的广泛性主要是依靠主体范围的限定性加以约束和调整的。

密尔对自由的理解，曾激荡了中国晚清启蒙思想家严复的心。严复在将密尔的《论自由》翻译为《群己权界论》时，特别写了一篇《译凡例》，其中曾引出柳宗元的一首诗来说明他对"自由"的理解。这首诗写道：

破额山前碧玉流，

骚人遥驻木兰舟。

春风无限潇湘意，

欲采蘋花不自由。

在柳宗元这首诗中，碧玉、木兰舟、春风、蘋花……一连串叠加的意象多有暧昧、惊艳之处，意味深长。但在此意境之中，诗人发出"欲采蘋花不自由"的感慨。严复断言："所谓自由，正此义也"。这个认识，即使搁在当今中国，或许也是很前卫的。严复还曾说：西方是以"自由为体，民主为用"。说到这一点，我们可以认为，严复可谓是近代中国真正准确理解西方思想的第一人。但密尔对自由的诠释，也超出了严复所浸淫的传统东方文化的承受能力。因为严复不仅认识到："人得自由，而必以他人之自由为界"，而且考虑的界限更多，为此严复翻译密尔（当时称穆勒）的《自由论》时，就将书名译为《群己权界论》。

在此我们可以做一个小结：所谓自由，就是在个人生活中的一定领域里，不受公共权力干涉或妨碍的一种资格。它多属于得到正当化了的人性欲望。一般认为，自由不是国家（宪法）赋予的，而是先于国家（宪法）即已存在的。

以上讲的是自由，接下来我们讲狭义的权利。所谓狭义的权利，指的是需要外界（一般由国家）提供某种或某些条件予以保护的资格。自由与权利是分开的，尤其是与狭义的权利是分开的，这从一些用语中可以看到：比如言论自由，我们一般不说"言论权"。又如宗教信仰自由，一般不会说是"宗教信仰权"。而选举权、社会权，我们也不会称之为自由。

那么如何区分自由与狭义的权利的区别呢？一般而言，自由无须国家提供一定的条件就可得到保障，甚至排除国家干预，要求国家不作为，狭义的权利则倾向于需要国家或社会提供一定的条件予以保障，即要求国家或社会作为。这是其一。其二，自由在公法上倾向于属于国家出现之前就存在，而狭义的权利在公法上则倾向于国家出现之后才存在。大家请注意：我在每一个方面都用了"倾向于"，也就是说这些只是二者各自的倾向性，并不绝对如此。

现在我们通过几个具体的实例来说明。比如：第一，在裸露的臀部上画国

311

旗。现代美国人喜欢做这事，特别是年轻人。那么，这属于一种自由，还是狭义上的权利呢？对照上面的两点，我们可以问，在裸露的臀部上画国旗的行为倾向于要求作为还是不作为？对，要求不作为！我不要求国家帮我画，只要求我画国旗你国家不要管。这就是要求国家不干涉、不作为。同时，在臀部上面画国旗也不需要依赖法律设定，没有哪个国家的法律会规定你有权利在臀部上面画国旗。再举个例子：住宅不受侵犯。这也属于自由，因为它也是倾向于要求国家或公权力机关不作为。再如，留长头发、在校园里与恋人接吻等，这都属于自由的范畴。再来一个：领取奖学金，这是自由还是狭义的权利呢？很明显，这属于权利，因为它倾向于要求对方（可能是学校）作为，要求其提供奖学金额、设置公正的竞争制度、公开的选拔程序等，这些都需要设定法律性的规则来保证。又如，参加投票选举，这也属于狭义的权利，具体的原因大家可以自己琢磨。

延伸阅读：自杀
是一种自由吗？

从以上我们也可以初步看出，自由和权利在具体形态上是很多的，但是宪法所保障的自由和权利是否有这么多呢？不是的，并不是所有的自由和权利都受法律保护，更不可能都受宪法的保护。宪法所保障的自由和权利只是其中的一部分，也就是其中最重要的、最基本的、必不可少的那部分，所以才叫基本权利。那么，宪法所保障的自由和权利，是什么样的呢？一般来说，这些自由或权利，都在宪法规范意义上得到了类型化。比如不让公权力肆意进入人们的住宅，这是一种自由。什么自由呢？它在宪法上就被类型化为"住宅不受侵犯的自由"。再比如，与别人签订合同，这也是自由，这个自由被类型化为合同自由或者说契约自由，近代宪法就保护这个自由。在这个意义上说，宪法所保护的自由、权利乃是特别的类型，而不是一般的类型。这是怎么说的呢？是这样的：除了宪法上被类型化了的那些自由权利之外，还有一些没有被类型化了的自由权利，比如前面说的吸烟的自由，还有留长发的自由，在校园里接吻的自由，骑自行车的自由，诸如此类的自由，类型化起来非常琐细，而且也无法彻底完成，比如说，曾经在网络上被炒得很火的一件事情是：有一年，中国人民大学的一些女生，临毕业前，在校门前拍毕业照，部分女生是露出美丽的大腿来拍的，这也属于一种自由啊。凡此种种，在宪法学上就都被统称为"一般行为自由"。为什么这些自由都被统称为"一般行为自由"呢？原因在于,与那些已经被类型化了的特别的自由权利不同,它们没有被类型化,而且数量更多。宪法上未列举的自由权利,都包含在里面,或者说都可以从这里推断出来。

那么这里就产生了一个新的问题,即既然一般行为自由之中所包含的那么多自由,在宪法规范上都没有被特别类型化,那它们是否都受到宪法的保护呢?关于这一点,在宪法学上有两种观点,大致是这样:一种观点认为,像吸烟的自由呀,骑车的自由呀,特别是前面所说的自杀的自由呀,这些一般行为自由都不受宪法的保护,受宪法保护的只有那些在宪法规范上已经被特别类型化了的自由权利,因为只有这些自由权利才是最重要的,为此就被特别类型化了;而另一种观点认为,的确,宪法未必保护一般行为自由中所有的自由权利,因为它们未必都是基本权利,但是,一般行为自由之中重要的那部分自由,还是受宪法保护的。那么,哪部分是重要的呢? 一般而言,与人格的形成、发展密切相关的那部分自由,就很重要,就应该受到保护。当然,也正因为如此,在有些国家,这部分自由也可以被纳入宪法上的人格权中得到保护的。上述两种观点之中,第二种观点是可以接受的。

以上我们讲了这么多有关自由和权利的二分法。但是,值得注意的是:在宪法上,自由和权利的这种区别,也具有相对性。比如,游行示威是自由,但它也需要道路等公共场所,而且需要警察维持秩序,否则被另一支可能是跟你唱反调的游行示威队伍堵在路口,那你们就无法行进了,为此,它也含有权利的侧面。再比如,受教育权虽然称为"权利",但也含有家长与学生一定的选择学校的自由。正因为这样,有些国家也将宪法上的自由称为"自由权",或者将二者合称为宪法上的"自由权利",更明显的就是合称为"基本权利"。其实,自近代以来,当人们提起"自然权利"的时候,就已经把自由和权利放在一起考虑了。比如霍布斯在他的经典著作《利维坦》里面谈到自然权利,一般用拉丁语 jus naturale,其实主要意指每个人都有的自由。《利维坦》里面也是这么讲的,说自然权利其实就是一些自由。总之,区分自由和权利,固然有利于我们认识基本权利的类型,但把自由和权利连在一起,比如说统称为"自然权利"也好,"基本权利"也好,也是有道理的,因为这体现了自由和权利的区别的相对性。

（2）自由权与社会权

自由权与社会权的区别，其实相当于自由和权利的区别，只不过内容更加明确了而已。前面说过，近代宪法主要是保护自由权，包括三大自由权，而现代宪法则开始同时保护社会权。这个社会权的概念是大陆法系国家使用的，法国、德国、日本和我国都在使用，而英美和北欧的一些国家一般称为福利权。在大陆法系国家，社会权下面一般又分为若干具体的类型，包括生存权、受教育权、劳工的一些特定权利，等等。因此，很多人认为宪法主要就是保护两种基本权利：一种是自由权，另一种是社会权。

当然，这个区分也具有相对性。现代宪法虽然保护社会权，但是它仍然在着力保护自由权。现代宪法保护权利的时候，与近代宪法的差别就在于，它补充了社会权，而并不是说，权利的保护以社会权为主了。就西方成熟的立宪国家的情况而论，情况不是这样的，它们的现代宪法仍然在重点保护自由权，只不过对其中的经济自由加诸了一些必要的限制而已。有些学者认为从近代宪法到现代宪法，经历了由"以自由权为主"到"以社会权为主"的发展历程。这个说法实际上是有一些问题的，应该看到，现代宪法只是补充了社会权，但是其保护的重点仍然在自由权。尤其是在 20 世纪五六十年代新自由主义重新崛起以后，现代自由权的保护在西方社会更加强盛，乃至其影响不断扩大至全球。可见，在现代宪法上，自由权与社会权虽然有区别，但并非完全对立。另外，除了自由权和社会权以外，宪法还保护政治权利以及国务请求权，由此也可以说明自由权与社会权的区别具有相对性。

（3）抽象权利和具体权利

这个比较简单，只要了解就可以。什么叫抽象权利呢？抽象权利指的就是无法根据宪法中相应的权利条款直接提请救济的权利。也就是说，这种权利只能通过普通立法具体化才能得到保障。在国际上的主流学说认为，社会权就属于抽象权利，比如其中的生存权，就是抽象权利，还有环境权，也是抽象权利。它们只能通过下位立法加以具体化，然后才能得以保护和救济，否则就无法得到有效的救济，因为人们不能直接根据这个条文去找政府要求保障。

具体权利与之相反。这里首先要注意："具体权利"不等于个别性权利。反之，某一个具体类型的权利，也就是我们说的一个个个别的权利，最好是叫"个别性权利",而不能叫"具体权利"。那么,具体权利是指什么呢? 与前面说的抽象权利相反,它指的是能够依据宪法上相应的权利条款直接提请救济的权利。在有宪法诉讼的国家,所有的自由权基本上都属于具体权利,包括人身自由、精神自由和经济自由中更为具体的那些类型,都属于具体权利,都可以通过诉讼获得救济。

以上我们讲的是几种二分法。接下来我们来讲——

5. 芦部信喜的三分法

日本的芦部信喜教授曾使用过一种三分法,是把基本权利划分为三种类型,而且还是用英语表述的,因为用日文或中文确实有点难以表达,当然,更重要的原因可能是这种三分法在国际学术界上也比较常见,它将基本人权分为 freedom from state、freedom to state 及 freedom by state 这三种类型。其中的 freedom from state 指什么呢? 过去有中国学者将其翻译为"来自于国家的自由",这就恰恰大错特错了。它的真正含义是"免予国家干涉的自由",其中当然包括我们所说的三大自由权。那 freedom to state 指的是什么呢? 就是"参与国家事务的自由",比如参政权。而 freedom by state 则是"依赖国家保障的自由",这里主要指的是社会权。这种三分法与前面所讲的耶利内克的地位理论中有关个人权利部分的三种划分方法,在结构上具有一定的一致性,但更能反映现代人权类型的发展状况。

接下来我们来看另一个三分法——

6. "三代人权"说

这个"三代人权"的说法,在现代也非常著名,它是国际人权法中的一种学说,是法国学者瓦萨克(Karel Vasak)最先提出来的,后来被许多国家人权法学者接受,对宪法学也有很大影响。这种分类法把人权按照历史分为三个世代:第一代人权即近代西方市民革命中所确立的权利,主要包括近代宪法中的人身自由、精神自由和经济自由,即所谓的"三大自由";第二代人权则指的是在 19 世纪末 20 世纪初社会主义运动中所提倡的权利,后来被宪法所采纳,被类型化为各种社会权,包括生存权、受教育权、各种劳工权利等;而第三代人权则是"二战"之后反对殖民主义压迫的民族解放运动中所提倡的各种权利,其中包括各个国家或民族的生存权、发展权和民族自决权等所谓的"集体权利"。这个学说比较准确地反映了人权及其各种不同类别的发展历程,同时也总结出了一个道理:人类所获得的基本权利,无一不是依靠斗争得来的,甚至要通过艰苦卓绝的革命才得来的。有关这一点,耶林所写的《为权利而斗争》这本书很值得一看。

有学者还提出第四代人权。这是我国学者首先提出来的。谁呢?就是原中国政法大学校长徐显明教授。他指出,这种第四代人权,就是"和谐权"。假如这个权利类型能够成立的话,那么它就是一个不靠斗争而得来的人权,是人们摒弃"为权利而斗争"的权利。另外,还有学者提出"第四代人权是数字人权"的观点。到底这些观点能否成立,有待人们进一步研究。

以上我们所讲的是基本权利的学理分类,接下来我们来讲解释学意义上的分类。

(二)解释学意义上的分类

应该看到,学理分类具有重要意义,但因为倾向于偏离了实在的法规范本身所确立的权利体系,即往往不是根据宪法文本中的权利进行分类的,因此就难以作为解决具体个案的规范依据。与此不同,各国宪法学中一般均存在一种与纯粹的学理分类有所不同的分类,此即所谓解释学意义上的分类。它具有实用性,能够在现实生活中作为认识有关具体问题,并解决这类具体问题的标准。

1. 解释学分类的实用性

我们举个例子。这是 2003 年曾经发生在杭州的一个真实的案例,被称为"普通公民身穿白大褂宣传宪法"案。案件的基本事实是这样的:

本案的当事人,我们将他简称为 L,他原是一个学校的校长,退休之后,老人家因住所被拆迁的问题,在一年多的时间里到各级部门上访近百次,均没有得到有效回应。2003 年 3 月,正当杭州某区人大和政协的"两会"召开期间,L 约同另外十余名公民,身穿医务人员的白大褂,在白大褂上写着"维护宪法人人有责!""公民住宅不受侵犯!""住房所有权不许剥夺!""强逼签约强制拆迁,严重违宪!"等醒目文字,聚集在区政府大楼门口,甚至还向路人分发宪法宣传资料,据说还造成了一定程度的交通堵塞。

这时,争议发生了。当时区政府大楼门口的保安人员认为他们的行为是上访,因此就想强行将这些人带入该区的信访办公室。是啊,你说这些人穿着白大褂,胸前、背上还写着"公民住宅不受侵犯"等文字,保安就认为这是上访行为,要求他们赶快脱下白大褂,以便建设和谐社会。但是当事人坚称:他们是在宣传宪法,因为他们确实也向路人分发宣传宪法的资料,包括身着白大褂,上面写着各种标语,那目的都是希望以此增加区人大代表、政府官员以及过往群众对宪法的重视。有趣的是,L 他们不是把标语写在墙壁上,那样做的话就是"政治不正确"了,因为他们是从"文革"过来的人,又有文化,知道"文革"之后"大鸣、大放、大辩论、大字报"被禁止了。为此就打"擦边球",把文字写在穿着的白大褂上面,其实那更厉害,相当于流动标语呢。面对这种情况,政府官员肯定着急了,L 他们最终还是被强行带入市政府的信访办公室,政法委书记当场指出:"你们的行为属于非法游行,因为根据我国法律规定,游行必须经过事先申请,获得许可才能举行,否则就是违法的。"

这个案件就是在现实生活中发生的真实事件,其实我们在日常生活中也会随时遇到类似这样的涉及基本权利问题的事情,其间争执的焦点,其实就是对于同一个行为所涉及的人权类型的认定问题,进而涉及相应行为的正当性问题。为什么权利会涉及行为的正当性呢?很简单,因为一般来说,权利本身就是行为正当的依据,如果你拥有这样做的权利,你当然就可以行使,你这样做就是正当的了。为此在西方的语言中,用于表达"权利"的各种用语,无论是拉丁语 jus 也好,还是英语 right、德语 recht 也好,都含有"正当的"这层含义。当然,从法学角度来说,这话也不能说得太绝对了,我们下次课会讲到,你拥有这项权利,但是能不能完整行使这个权利呢?这是不一定的,因为大部分权利在一定条件下是可以受到一定程度的限制的,至于如何受限制,此处先按下不表。这里要说的是,考虑一个行为是否具有正当性,在现代社会,我们往往可以首先考虑他是否拥有这样做的权利。比如说像本案这样,当事人 L 等穿着白大褂,上面写着一些标语口号,而且向路人散发宪法宣传读物,这种行为是否是正当的呢?这就要看把它归入哪种权利类型中去考虑了。而要有效地解决类似这样的具体案件,最好的分析框架往往不是前面讲的学理分类,而是解释学意义上的权利分类了。所以,我们姑且将这个案件留待稍后再来分析,而先来学习解释学意义上的分类理论。

2. 我国的分类方法

首先请大家注意,解释学意义上的分类,一般都是每个国家的宪法学根据本国的宪法规范中所规定的基本权利所进行的分类。我国宪法学也是如此。依据我国现行宪法,也就是1982年宪法中所列举的基本权利,我国学界最早产生的最权威的学说是"十大分类法"。这个分类法是现行宪法实施不久后我国老一辈著名宪法学家吴家麟教授主编的《宪法学》一书中提出来的。吴教授所主编的这部书是当时中国最权威的一本教材,影响力非常大,其发行量在迄今为止出版的宪法学教材中可能也是最高的。那么,这本书就将基本权利分为十大类,依次是:(1)平等权;(2)政治权利和自由;(3)宗教信仰自由;(4)人身自由;(5)批评建议、申诉、控告、检举权和取得赔偿权;(6)社会经济权利;(7)文化教育权利和自由;(8)妇女的权利和利益;(9)有关婚姻、家庭、老人、妇女和儿童的权利;(10)华侨、归侨和侨眷的权利。

后来,人们觉得十类太多了,因此就出现了更为概括性的分类,其中主要有"四大分类法"和"五大分类法"。四大分类法就是把基本权利分为参政权、人身自由和信仰自由、经济和文化教育权以及特定人的权利;五大分类法就是在此之外补上了平等权。

应该说,这些分类在过去都是非常具有代表性的学说,也产生了非常重要的意义,但是也存在一些弱点。比如说十大分类法虽然非常著名,但是类别确实分得太细了,而且分类的标准也不统一,把一般主体所享有的基本权利和特定主体所享有的权利混杂在一起,四大分类法和五大分类法也同样存在这种问题。

3. 我们认同的分类

于是,有人就提出新的分类方法,这其中也包括我本人。我把基本权利分为如下六大类型:

第一,平等权;

第二,政治权利;

第三,精神自由;

第四,人身自由和人格的尊严;

第五,社会经济权利;

第六,获得权利救济的权利。

其实,这六大类型的分类法也是妥协的结果。真正让我来分的话,应该采用更加具有学理性、引导性的分类方法,我觉得那应该是八分法,那样虽然类型过多了一些,但是更加合理,而且也能跟国际宪法理论接轨,同时还可以根据这个分类模式来引导我国权利类型的完善。这个八分法我现在就传授给你们。

第一,人格尊严与人格权;

第二,平等权;

第三,人身自由权;

第四,精神自由权;

第五,经济自由权;

第六,参政权;

第七,社会权;

第八,权利救济权。

说到这里,我们大家要注意了:不管基本权利在大类上如何分类,每一大类下面都可以进一步细化,否则对具体个案进行分析判断时就有难度了。比如,当年人民大学女生的所谓"露腿照"——其实也不是非常难以接受的吧? 那么好,这种拍露腿毕业照留着纪念的行为,是否应该容许? 如果公权力要干涉,那么我们也可以看看它是否属于某种权利,这就涉及权利类型的问题了。在这样的判断过程中,我们的思维顺序往往可能是先考虑各种各样具体的类型,然后再将这具体的类型纳入更大的类型里面去。然而,就分类理论本身而言,你要预先准备好由大到小、不断细分下去的结构。而事实上,基本权利分类的理论状况也是如此的。比如说政治权利,它下面又可以进行具体的分类,可分为选举权与被选举权、表达自由、监督权等,这可以算是"二级类型"了;而比如说其中的表达自由,则又可以再分为言论和出版的自由、集会和结社的自由、游行和示威的自由,这可视为"三级类型"了。这就是基本权利分类递进的具体化。

当然,这种分类递进的具体化也不是无限的。究竟应该达到哪里为止,我觉得这要看具体判断的需要,一般来说,其极限基本上是由某个相关的基本权利在分类递进具体化中所形成的公定类型已经穷尽的状况决定的。

比如，我们先回过头来看一下，人民大学这些女同学拍露腿照，到底是在行使什么自由权利呢？我们说，应该是属于"一般行为自由"，而在大类上则可以纳入人格权中加以考虑。当然，这需要看具体情况。如果它重点是在向他人婉转地传达或宣明某种思想感情，那就可能属于表达自由了，只不过这种表达自由，与言论出版、游行示威等具体类型不同——你总不能说人家把自己的美腿露了出来就是"出版"，或者说就是在示威吧？这种表达自由是比较特别的，在宪法学的理论上，被称为"象征性表达自由"。

然而，基本权利的解释学意义上的分类，同样也有相对性。首先，不同的国家或者同一个国家的不同学者，往往就有不同的分类。其次，有一些具体类型可以纳入不同的更大的类型之中。比较典型是表达自由，它就既可以纳入精神自由里面，也可以纳入政治权利之中。这些都说明，分类是相对的。

我们学了这么多分类之后，很多同学心里就有点儿痒痒。有次我在某个大学作讲座的时候，有个学生站起来对我说："林老师，我觉得你的六分法还不够完美，我花了一个学期的时间考虑，运用形式逻辑进行了重新划分，想跟您探讨一下。"我听了很感动，但是又觉得如果他真的用了一个学期时间，那也太不珍惜宝贵的学习时间了，可是因为是针对我的学说，所以我也不好说什么。如果是我的学生这么做，我就会对他说：赶快不要再搞这个了，辛辛苦苦一个学期搞个分类出来，多不划算！理由很简单，因为这种分类是具有相对性的，不管怎么划分，看上去总有一些缺憾，尤其是因为解释学上的分类需要依据宪法规范，而宪法规范未必完全跟你讲形式逻辑。也就是说，宪法学上的分类，并不仅仅是形式逻辑意义上的分类，它要考虑到规范文本、规范原理，具有一定的非逻辑性。为此，即使你时间花得再多，也不一定能形成一个绝对周延的分类体系，并由此成为标准的通说，倒不如把宪法学的基础打好，类似的分类当然可以思考，但也可以先接受别人的重要学说，等到自己将学问积累到了一定阶段，再来重新尝试新的分类也不迟。

4. 对白大褂案所涉权利类型的分析

现在让我们将目光返回到前面所讲的那个"白大褂案"，分析一下这个案件所涉及的权利类型。具体而言，就是：当事人 L 等人身穿白大褂，上面写着一些标语口号，集聚于公共机关办公场所前面的道路上，而且向路人散发有关宪法知识和宪法见解的纸面资料，这种行为应该归入哪种权利类型中去考虑呢？如前所述，就这个问题，已经有了三个不同的观点：第一，是保安的观点，他们认为这是上访行为；第二，是 L 等人他们自己的观点，认为是宣传宪法的行为；第三，是政法委书记的观点，认定这属于游行的行为，但因为没有预先申请并获得许可，为此是非法的。于是我们就有必要分别搞清楚如下问题：第一，上访属于什么权利？宣传宪法又是属于什么权利？游行又属于什么权利类型？第二，他们到底是在上访、游行，还是在宣传宪法？这两个问题都要同时解决。

记得当年《南方周末》的一个记者跟我说，就这个案件，他已经采访了许多学者，现在也想跟我谈一谈。这也许是因为那些学者跟他大谈抽象的理论，包括洛克的生命自由和财产呀，卢梭的人民主权啊，海阔天空地谈了一番，但碰到这样的具体问题就有点难说，所以就说：至于这到底是上访、游行还是宣传宪法呢？嗯，这个问题不属于我的研究范围，你还是去问搞宪法的，比如那个林来梵。那个记者后来果真就来问我了，主要就是问这个行为到底是什么性质的。

你还别笑，这个案件确实有点复杂。为什么呢？主要是由于主人公 L 这个人还是比较有头脑的，他似乎剑走偏锋，想走法律的"边缘地带"，或者说打"擦边球"，以此既利用法律对他有利的方面，又规避法律对他不利的方面。对地方公权机关来说，这样的人啊，绝不是"省油的灯"。据说他老爸就是新中国成立前的共产党员，新中国成立后还当过当地的司法高官，而他恰恰可能继承了他老爸当年不屈不挠的斗争精神以及丰富的斗争经验。不过颇为吊诡的是，当年他老爸针对的是国民党反动政府，而他则针对的是他老爸这一辈人通过斗争所建立的人民政府。

再从案情方面来看，前面所说的三种定性观点，似乎都有一点道理，因为 L 等人的行为，确实分别都含有那三种类型的一些要素。那么，这该怎么认定呢？一个简单的方法，那就是要看哪一种要素最多最重要，居于主导地位，我们基本上就可以把它归入哪一类型之中加以处理。事实上，现实中的每一个行为都可能会涉及多种权利类型，而我们一般都可以根据其主要的构成因素对其进行归类的。比如说上访，上访主要涉及监督权，但是肯定也涉及表达自由。比如说我去上访，不可能到了某个部门一声不吭，你总要说话嘛。你不说话，人家可能怀疑你是不是哑巴，是哑巴那又是不是被地方官员打成哑巴了。但你即使这样，也可以通过文字，比如把告状材料递交上去的呀。然而，从学理上说，我们就不能把他说话或者递交状子的行为归入表达自由，而毕竟还是应该归入上访行为，即纳入监督权的范畴加以考虑。你说游行，那也是如此，虽然是特定或不特定的多数人，在道路或露天场所行进，但一般也会有一些表达，来陈诉或宣明一定的政治上或经济上的要求或愿望，否则那可能就真的成为体育锻炼了。但你总不能说因为他们呼了口号，所以属于言论自由的范畴。

那么，这个案子中 L 等人的行为到底是什么性质呢？面对这样的问题，大家请记住，如果记者问你，你就要慎重回答。我当时就对《南方周末》记者说：关于这个问题，由于我不在现场，也没有看到全部的案件资料，因此很难判断，但可以进行一些假设性的分析，大致分三点来说。第一，如果是上访行为，那么当事人行使的就是监督权，这就没有必要在路面上聚集，保安确实可以要求其直接进入信访局办公室；第二，如果是宣传宪法行为，那么他就是在行使言论自由，保安自然没有权利强行带他们进入信访办公室；第三，如果是游行行为，那游行行为也有几个要素，如果符合这些要素的要求，那么分发资料、背上写标语等，就都可以吸收到游行行为里面去。而且因为他行使的是游行自由，根据我国《集会游行示威法》的规定，确实必须事先向当地公安机关提出申请并获得许可之后才能行使，否则便是违法的。总之，对于这样的案例，主要是分析具体情况、看案卷，不能一概而论。但如果要给出一个结论的话，当事人的行为属于上访或游行的可能性较小，属于宣传宪法或者示威的可能性较大。但不论是宣传宪法也好，示威也好，我们可以用同一个类型的概念来概括，那就是表达自由。因此大致可以说，在这个案件中，当事人 L 等是在行使表达自由。而表达自由是个较大的权利类型，至于究竟是属于言论自由还是示威自由，要做出明确判断还是需要更进一步的事实材料以及更为详细的理论分析。

最后，我们在这里还可以再分析一个细节问题。前面说过，在本案中，白大褂上面写了很多标语，那么，这些标语是否也有权利类型的认定问题呢？如有，他们有没有写错了？

是的，对于这两个问题，我们都可以做肯定回答。譬如，"住房所有权不许剥夺"的说法,诉求的其实是私有财产权,因此写"私有财产权不受侵犯"也是可以的,当然,写"住房所有权不许剥夺",作为一种口号也是大致可以的;但是其中的"公民住宅不受侵犯"的说法,从学理上说,诉诸的应该是住宅不受侵犯的自由。可是,如果当事人 L 等人仅仅是针对拆迁行为,那么就和住宅不受侵犯的自由没什么关系。也就是说,这个口号是弄错了,错就错在混淆了权利类型。因为住宅不受侵犯主要不是说财产权的问题,而是说公权力不能非法强行侵入我们的住宅,而拆迁是侵犯私有财产权的问题。当然,拆迁的时候也许会有人强行进入你的房子,但一般来说,这个行为也是被侵犯私有财产权这一概念所吸收。

第十章　基本权利的保障及规范效力

这一章讲的还是基本权利的基础理论。在进入本章的内容之前，我们照例提出几个章前导引问题：第一，基本权利既然是"基本的"权利，那么是否还可以加以限制？第二，有人说：只要有利于公共利益，任何基本权利都可以加以限制。这种说法对吗？第三，有人说：对基本权利的限制也应该加以限制。你认为呢？如果你认同这个观点，那么，对基本权利的限制应该如何加以限制呢？

一、基本权利的保障与限制

这个问题自然非常重要。我们首先讲保障，然后接着谈限制。

（一）基本权利的保障

我曾经说过，无论宪法上所规定的基本权利条款如何详尽、如何完美，一旦不予保障，则可能失却实效的意义，成为水中之月、镜中之花。而要让宪法中所规定的基本权利能够成为我们真正所能享有的实实在在的权利，就需要在法的制度上加以保障。那到底应该怎么保障呢？我们先来看一下迄今为止世界各国究竟是如何保障的，即了解一下——

1. 基本权利的保障方式

各国在基本权利的保障上主要有哪些保障方式呢？一般而言，迄今为止，主要有三种方式：第一种叫绝对保障方式；第二种是相对保障方式；而第三种则是折中型的保障方式，是兼有前两种方式之属性的保障方式。

何谓绝对保障方式呢？绝对保障方式又叫"依据宪法的保障方式"，或者说"宪法直接保障的方式"。它的属性就是：对于宪法所规定的基本权利，由宪法自己所设立的制度来加以保障,其他法律规范一般不能加以任意的限制或规定例外的情形。这种做法叫"宪法保留"。这里存在两个限定词,一个是"一般",表明偶尔还有可能,但是不管怎么样都不能"任意"。绝对保障方式的典型是美国宪法上的保障方式,尤其是它的第一条修正案中有一条款,该条款被称为"不得立法侵犯条款",其中规定:"联邦议会不得制定建立国教或禁止宗教自由的法律,以及对言论和出版自由、人们和平集会和向政府请愿诉求冤情救济的权利进行限制的法律。"这段话的含义是非常明确肯定的,即说的是:就算作为全国人民代表机关的国会,也不得通过立法,即通过普通法律,去限制宪法上所规定的这些基本权利。这就是绝对保障方式。

这种绝对保障方式具有两个特点:第一个特点是,一般的法律不能任意限制人权,只可以合理限制人权,但这种限制又受到宪法上的限制。第二个特点是通常都会设立一种具有实效性的合宪性审查制度,即宪法本身拥有合宪性审查制度,而且还是有实效的,不是虚设的,其功能就是按照一定的程序,审查普通的法律法规是否违反了宪法,特别是有没有规定不当限制宪法上的基本权利的条文。一旦发现存在这样的条款,并对现实中的人们的基本权利构成了不当的限制或侵害,那么就判断它违宪无效。这就有效地避免了一种情况,即宪法虽然规定了很多基本权利,但普通法律则加以随便限制,由此"掏空"了宪法上的权利规范的内容,使那些基本权利的条款大打折扣,甚至形同虚设。这就是绝对保障方式。

那么相对保障方式又怎样呢?相对保障方式的情况有点不同,它又叫作"依据法律的保障"。其特点在于:不是直接根据宪法对基本权利进行保障,而是宪法规定了基本权利,但是基本权利的保障主要是交给下位的法律去实现。也就是说,宪法只是规定一个原则性的权利条款,然后对基本权利的保障就不再具有什么功能了,而是交给下位的法律去加以落实、保障。但问题是,它通过普通法律来具体实现对基本权利的保障,其实也等于允许普通法律对宪法所规定的基本权利加以限制,比如在对某个基本权利加以具体化的过程中,对其内容加以大幅度限定,或者规定公权机关可以在一定条件下对这种基本权利采用不必要的、过于严格的限制手段,等等。

那么,在让普通法律来落实保障基本权利的同时,又允许普通法律来限制基

327

本权利,这一对矛盾的方式要实现整合,采用的主要手段是什么呢？这就是我们公法上所说的"法律保留"。"法律保留"本来主要是为了防御行政权的,因为从近代开始,三权中就数行政权最活跃,最难以控制。早在近代,这种苗头就已出现。因此近代公法上所确立的"法治国家"原理的出发点,首先就是防御行政权的滥用。那么,让何者去防御呢？主要让立法权去防御。而其中的一种具体做法,就是实行上述的"法律保留",它有两种:第一种,对于行政权而言,就有关一定重要的事项,如无法律上的依据则不可为;第二种,为了不让行政权随意地侵害人们在宪法上所享有的基本权利,将基本权利留给立法机关以通过法律的方式去保护。所以,"法律保留"其实可以叫作"法律留保"。日本学者就翻译成"法律留保"的,我觉得这个翻译很确当,但我国还是叫作"法律保留"。然而这里要注意的是:将基本权利留给立法机关去保护,实际上意味着立法机关可以界定基本权利,包括对基本权利进行限制。质言之,它所防御的只是行政机关对基本权利进行肆意限制,而不防御立法机关对基本权利进行限制。这种做法应该说在各国的影响是很大的,尤其是大陆法国家,包括我国都是这样的。比如在当今我国,法律界有一种主流的观点认为:一旦涉及基本权利的事项,那么行政机关就不能随便通过行政法规来规定,而应该交由全国人大及其常委会的法律来规定;甚至退而求其次,认为:你要想限制基本权利,那可以,但你用行政立法不行,你必须得让人大制定出法律才能限制。这类观念,实际上就是从"法律保留"原理那里来的。

法律保留的两种具体方式规范形态,恰好反映了上述的观念。其中,第一种具体方式是确认基本权利的具体内容和保障方式均由普通法律加以规定;而第二种则是在宪法中规定或默示对基本权利的限制必须通过法律。比如说,宪法中在规定某一项基本权利时,规定"其内容由法律规定""其例外依法律规定""非依法律不得限制""在法律的限制之内"或"在法律范围内予以保障"等,就说明这个条款采用了"法律保留"。

"法律保留"本来是为了防御行政权肆意侵害基本权利,这是它积极的方面;但是它不能排除立法机关对基本权利的限制,一旦立法机关比较软弱,其立法权容易被侵蚀、被架空,那么,法律保留还是不能有效地对基本权利进行保障的。人类的宪政史也说明了这一点,在许多国家的特定时期,比如说"二战"结束之前的德国和日本,原本"只有通过法律,才能对基本权利进行限制"的原理,变成了

"只要通过法律，就可以限制基本权利"的现实。

基本权利相对保障方式的主要特点是：(1)普遍允许普通法律对宪法所规定的基本权利加以限制，或客观上存在这种可能；(2)同时缺乏具有实效性的"对限制的限制"机制，即合宪性审查制度。采用这种保障方式的宪法也不少，但多是近代宪法，其中典型代表包括 1850 年德国的普鲁士宪法、1871 年德国的俾斯麦宪法，还有 1919 年德国的魏玛宪法。此外，1889 年日本的明治宪法也属于这种类型。

上述的绝对保障方式和相对保障方式相比较，绝对保障方式显然是更理想的方式，但在二者之间还存在第三种方式。

这第三种保障方式就是基本权利折中型保障方式。这种保障方式具有如下属性：一方面它存在具有实效性的合宪性审查制度，这与绝对保障方式相同；但另一方面宪法本身又将一部分基本权利的保障委之于普通法律，即采用了一定范围的法律保留。据学者分析，其典型的例子就是现行的德国基本法。折中型的保障方式和绝对保障方式相比，并不是最优越的，但是和相对保障方式相比，则是更加理想的。

说到这里，大家可能会问：那么，我国现行宪法的基本权利保障究竟是采用了哪一种方式呢？这就是接下来要分析的问题。

2. 我国的保障方式

我国目前对基本权利的保障到底是采用了哪一种方式呢？这的确值得我们分析。首先，是不是绝对保障方式呢？肯定不是。因为我们并没有确立立法机关不能通过立法限制基本权利的原理；另外，虽然不少人认为我国已拥有合宪性审查制度，但是，迄今为止这个制度是否具有充分的实效性则很难说。

那么，到底我国采用了哪一种保障方式呢？"马工程"教材指出：我国采用了类似于相对保障方式的方式。

为什么我国的基本权利保障方式类似于相对保障方式呢？这需要我们认真思考。

首先我们应该承认，从文本上看，我国现行宪法许多基本权利条款并没有明文表明基本权利的具体内容和保障方式均由普通法律加以规定，也没有明文规定或者默示普通法律可以限制基本权利。也就是说，我国宪法看上去好像采用了绝对保障方式。

但是，在宪法上的基本权利条款中，还是有六个条款明显采用了"法律保留"方式的。哪六个呢？

第一个就是第13条的私有财产权保障条款，其中第1款规定"合法的私有财产不受侵犯"，第2款规定国家"依照法律规定"来保护私有财产权，第3款中又规定国家为了公共利益的需要，"可以依照法律规定"对公民的私有财产实行征收或者征用并给予补偿。可以说，这三个条款都共同显示了一个原理，我把它叫作"财产权法定主义"，即财产权的性质、内容、范围以及具体的保障方式与限制方式，都可以由法律来界定。

在我国现行宪法上，第二个法律保留条款是第34条，它规定年满18周岁的公民，不分民族、种族、性别、职业、家庭出身、宗教信仰、教育程度、财产状况、居住年限，都有选举权和被选举权，然而这一条后面附加了一个但书，写道："但是依照法律被剥夺政治权利的人除外。"至于谁可以被剥夺政治权利、什么情况下才能剥夺以及如何剥夺等，宪法没有明文规定，只能交由普通法律去规定。

第三个条款是第37条第3款，规定禁止非法拘禁和以其他方法非法剥夺或者限制公民的人身自由，禁止非法搜查公民的身体。

第四个条款是第39条，其规定"中华人民共和国公民的住宅不受侵犯。禁止非法搜查或者非法侵入公民的住宅。"

第五个条款是第40条。该条规定："通信自由和通信秘密受法律保护"。这也属于"法律保留"。

第六个条款是第41条第3款，规定由于国家机关和国家工作人员侵犯公民权利而受到损失的人，有依照法律的规定取得赔偿的权利。

除了上述宪法上的六个条款之外，还要提醒大家的是：我国现行《立法法》第11条也为三个基本权利设定了法律保留机制，根据其规定：政治权利的剥夺、人身自由和私有财产权的限制，被列为"只能制定法律"的事项。这个规定十分重要，但是它只是规定在法律当中。这是一个挺有意思的做法。因为一般来说，法律保留是由宪法规定的。而在目前的中国，它也通过《立法法》这部法律来规定法律保留。

这样看来，我国的基本权利保障方式也有点类似于折中型保障方式了，但为什么说仍然是属于相对保障方式呢？原因就在于，从目前有关制度的具体操作方式以及实践来看，我国基本权利保障方式还是明显属于相对保障方式。具体说，有这么几点。

第一，大部分国家的宪法，其条款都比较简约，人权规范也是如此，大多相当于原则性规定。我们国家的宪法也是这样。但我们一般没有理由去责怪宪法规定得太抽象、太简单，因为那是正常的，甚至是有必要的。但正因为太抽象、太简单，所以实施或适用的时候就要具体化，可是在我国，由于目前合宪性审查制度还不具备充分的实效性，法院也不能在司法过程中引用宪法上的基本权利条款加以具体解释，所以这些条款只好依赖普通立法加以具体化了。也就是说，即使那些基本权利条款没有采用"法律保留"，但要想得到实施，那实际上还得要通过法律才行。

第二，那么普通法律在保障宪法上的基本权利时，作用有多大呢？我们说：从目前的情况来看，作用不怎么大。这又具体表现在几个小点：

（1）虽然宪法上的基本权利条款，有赖于法律去加以具体化，从而加以保障，但只有一部分法律这样做，许多基本权利并没有得到法律的具体化，立法机关对这些基本权利基本上采取某种"立法不作为"的做法。对于这种"立法不作为"，如果我们存在具有实效性的合宪性审查制度，还是在一定程度上可以作为审查对象的，但又由于我国目前的合宪性审查权主要是由全国人大常委会掌握的，它怎么可能去审查自己的"立法不作为"呢？于是立法一旦不作为，可以说，基本权利就没办法得到具体化。

（2）法律不怎么去将基本权利加以具体化，那基本权利的保障怎么具体落实呢？主要是依靠行政法规和行政规章去将其具体化。目前，我国已经宣布建成了中国特色社会主义法律体系，这个法律体系的主体部分可以说是由行政法规、地方性法规和行政规章构成的，其中的行政法规、行政规章，在我国迄今整个法律体系中颇为活跃。但由于它们都是行政机关制定的，一般来说都更加倾向于限制基本权利。最典型的例子就是曾经存在过的有关劳动教养的一系列法规，其中主要就是涉及限制人身自由的行政法规和规章。本来，涉及人身自由这么一个基本权利的保障和限制，按照"法律保留"的原理应该由法律来规定，但因为法律不怎么去规定，所以主要就由行政法规去规定，而行政机关的重要职能之一就是要维护社会秩序，因此，它从本性上就会自然而然地倾向于限制人们的基本权利，以便有效地管控社会。有关劳动教养的法规就是如此，为此长期备受争议。时至 2013 年 12 月，十二届全国人大常委会通过了《关于废止有关劳动教养法律规定的决定》，劳动教养制度正式废止。

（3）有少数法律，确实将部分基本权利加以具体化了，但是又有争议，比如被认为对基本权利的限制可能过大了。比较典型的，是《中华人民共和国集会游行示威法》。这部法律将公民的集会、游行、示威这三项自由加以了具体化，可是在具体化过程中，也对这三项自由进行了限制，这是自然的，但有些限制又被认为过大了，乃至这部法律被称为"禁止集会游行示威法"。比如，这部法律对集会、游行、示威行为采用申请许可制度，而各国上通行的做法是采用登记制度，到有关机关，比如警方登记，登记完了之后就可以去游行示威了，警方也出动人员，上街配合维持秩序。我国目前是否有条件实行这个制度，的确是值得谨慎研究的，但在现行的申请许可制下，要想申请集会游行示威，一般来说是很难得到许可的。

第三，从权利救济方面也可以看出，我国目前基本权利的保障方式，是属于相对保障方式。很多人都说了，现行宪法虽然规定最高国家权力机关有权监督宪法的实施，但是迄今为止还未完全形成具有充分实效性的合宪性审查制度，为此，也只能依靠普通立法对基本权利加以救济了。

但是，在目前，普通立法也还尚未能全面地对所有基本权利加以救济。首先，对基本权利设置了救济机制的普通法律本身就比较少，其中最主要的就靠《行政诉讼法》了，它设立了一个制度，就是"民告官"的制度，这个"官"主要指行政机关。而立法机关或者法官侵犯了你的基本权利可不可以通过行政诉讼进行救济呢？不行，因为说好了是《行政诉讼法》。其实，各国都有类似的这种法律，规定行政机关如果侵犯了人们的基本权利，人们可以依据该法通过行政诉讼来进行救济。但是曾几何时，我国的《行政诉讼法》里面却规定了两条受案范围的标准，这两条都是限定性的：第一，仅仅限于具体行政行为侵犯了基本权利的时候，法院才受理。根据这一点，如果是抽象行政行为，比如说通过行政法规，或行政规章，甚至带有"统一规定"性质的红头文件，即所谓具有普遍约束力的决定、命令，那么，即使限制了基本权利，你也还是欲告无门的。第二，即使行政机关很不小心，居然以具体行政行为的方式侵犯了人们的基本权利，也还要看被侵犯的基本权利是什么类型的,因为可以进入行政诉讼的主要仅限于人身权和财产权,如果行政主体侵犯了这几种类型以外的其他权利,比如说言论自由、学术自由、宗教信仰自由等,那都很难通过行政诉讼来加以救济。一个有趣的例外,是选民资格案件,即公民对选举委员会公布的选民资格名单有不同意见的,包括自己被莫名其妙漏掉的,可以向选举委员会申诉,对选举委员会就申诉所作的决定不服的,可以向人民法院提起诉讼,但这是通过《民事诉讼法》第 181 条所规定的特别程序来救济的。这种案件都比较好打。这是由于一般公权力机关不会侵犯你的选举权,而是巴不得有尽可能多的人参与选举,以提高投票率。

但囿于上述两个限定,对基本权利的救济,在很长一段时间依靠《行政诉讼法》也很难。比较典型的行政诉讼案件可算是拆迁案件了,其中典型的拆迁案件又是这样的:Z 市政府设立"X 区旧城改造领导小组",发布《旧城改造实施办法》(以下简称《办法》),规定了旧城改造的原则、方式及补偿标准等事项。不久,改造区内的 Y 认为《办法》的补偿标准过低,遂提起行政诉讼,要求撤销并重新制定《办法》。法院裁决:《办法》是针对不特定对象作出的,不直接影响相对人的权利义务,并具有反复适用性,应系抽象行政行为,依法不属行政诉讼的受案范围,故裁定驳回起诉。上诉后,该省高院维持了一审裁定。

当然,在长期的发展过程中,行政诉讼的受案范围也在不断扩大。先是通过相关的司法解释,增列了受教育权等内容。经过 2014 年和 2017 年的两次修改,新《行政诉讼法》更是进一步扩大了受案范围。但不得不说,在实践中,这仍然具有相当的现实局限性。对于涉及政治权利、敏感问题、重大影响的案件,长期以来,公民仍然难以通过诉讼来获得救济。2018 年年初,最高人民法院发布了适用《行政诉讼法》的司法解释。今后,涉及基本权利救济的案件在司法实践中是否将得到更多的切实保护,我们尚需拭目以待。

通过以上的分析来看,我们可以说,我国基本权利的保障是属于相对保障方式的。当然,大家也不要绝望,因为关于基本权利保障方式,需要一个发展的过程。综观各国的这个发展历程,一般来说,前后大致要经历三个阶段,也可以说是"三个层级"。第一层级比较低,就是基本权利单纯依赖法律保护,但未得到全面保护。我国目前就处于这个层级;第二层级是基本权利得到了法律的全面保护。也就是说,这时实现了比较全面的法律保留,达到了这样的一个水准,即对基本权利的限制只能通过法律。这是许多国家在"二战"结束之前达到的水准;

第三层级是发展到了宪法自己保护基本权利,其标志就是有了合宪性审查制度,而且是真正具有实效性的,能够救济基本权利的宪法审查制度。

这三个层级,即三个阶段之间的演进,需要我们去推动。是的,目前我国尚处于第一阶段,我们的目标可以定在将其推向第二阶段。当然,有关这一点,也不是绝对机械的。如果条件允许,我们也可以跳过第二阶段,直接跃进到第三阶段,那就是基本权利的绝对保障方式了。

(二)基本权利的限制

说起基本权利的限制,首先一个问题是基本权利是否可以加以限制?这是一个很值得思考的问题。曾经有学者在这一点上持否定说。他认为,既然基本权利是宪法所规定的、而且是人们必不可少的权利,那么就不能再加以限制了。这个说法对不对呢?这就要先理解如下的理论——

1. 限制基本权利的正当性

应该说,基本权利一般来说是可以限制的,完全不能限制的基本权利是鲜有的,关键是看对基本权利限制是否有道理。英国著名哲学家密尔在其代表作《论自由》中提出"(排除)侵害原理",即认为:在一个文明社会中,对权利的限制能够正当地违背任何一个人的意志而施行于其身上的唯一目的,就是必须防止对别人的侵害。这意味着:对基本权利的限制是正当的,前提是权利主体行使这种基本权利的时候侵害或可能侵害别人的权利,一旦如此,那么为了排除这种侵害,对这个基本权利就可以加以适当的限制。我们可以举个例子:大妈跳广场舞。据说自 21 世纪以来,大妈在中国崛起。具体在哪里崛起呢?在广场上崛起,指的是大妈喜欢在广场上集结跳舞。应该承认,大妈有权利在广场上跳舞。什么权利呢?这里有人身自由、文化活动的自由等。但大妈在跳舞过程中如果使用喇叭,播放高分贝的音乐,以致影响周边居民的宁静生活,那就可以加以适当限制了。

密尔的排除侵害原理十分经典,迄今仍然被广为采用。但对权利进行限制的观念在现代也已有所发展了。功利主义认为,为了保护或增进公共利益,就可以限制基本权利。比如你拥有一栋房子,你并没有侵害别人什么,但国家为了公共利益的需要,比如要建造公路,需要对你的房屋进行拆迁,只要符合法律程序和法定条件,这也是可以的。

　　功利主义的上述观点很好理解，但其实也很危险。功利主义的代表人物边沁甚至不相信人拥有固有的基本权利，边沁认为那是人类的自我授权。那么边沁的功利主义的观点危险在哪里？危险在于：首先"公共利益"这个概念就很难界定，在国内外法学界众说纷纭；其次，公共利益很容易受到美化，得到重视，从而轻易地压倒个人的基本权利。而基本权利毕竟是基本权利，要求公权力不能随意加以限制，甚至予以剥夺。为此功利主义思想在20世纪下半叶就曾受到了猛烈的批评，美国著名的法学家德沃金就曾提出，并非只要为了保护或增进公共利益，就可以限制基本权利，要限制基本权利还需要其他适当的理由或者正当性。

　　上面我们讲到的限制基本权利的正当性。这里所讲的"正当性"，是一个应然范畴。也就是说，它指的是：在规范意义上，基本权利本身是否可以受到限制；如果可以受到限制，是在何种情况下、因为何种理由而可以受到限制的。

　　那么，在规范意义上，也就是在应然意义上，基本权利可不可以受到限制呢？简单地说，根据上面的论述，答案是：可以的。至于是在何种情况下、因为何种理由而可以受到限制呢？答案是：从规范意义上来说，基本权利本身就具有两种界限：一种叫作内在界限，对应密尔的观点；另一种叫作外在界限，对应德沃金的观点。因为存在内在界限，因此它就可以受到内在限制；而因为存在外在界限，因此就相应可以受到外在限制。

　　首先，我们来看基本权利的内在界限。内在界限指的就是基本权利在其自身的性质上理所当然所应伴随的、源于基本权利自身之中的界限。理解这一点的关键就是：内在界限一般是基于某种基本权利的行使可能对其他权利构成积极侵害，或存在明显的权利冲突而存在的界限。绝大部分类型的基本权利都有内在界限。没有内在界限的基本权利有没有呢？有，但在类型上是少量的。这些基本权利在宪法学理论上叫作"绝对权利"。这里的"绝对权利"，与民法学里面所讲的"绝对权"是不一样的，民法学里面所讲的"绝对权"又叫"对世权"，指的是针对任何人都可以主张的权利，比如所有权。但是宪法学里面不讲"绝对权"，而是讲"绝对权利"，它指的是没有内在界限的权利，或者说不应该受到任何限制的权利，主要有：内心的自由，比如说思想和良心的自由，现在我们的宪法没有规定，但是1949年的《共同纲领》曾规定过思想自由；还有人认为人的尊严、获得公正审判的权利也是不受任何限制的。除了这些基本权利之外，大部分基本权利都有内在界限。这些基本权利自身的性质决定了其主体在行使基本权利的同时，可能侵害或已经侵害了其他权利主体的权利或者公共利益，因此有其内在界线，从而需要加以限制。比较典型的例子就是言论自由，其自身的性质就决定了它不能侵害他人的隐私权、名誉权，也不能侵害公共利益，比如说泄露国家机密等。

值得指出的是，即使对基本权利采用绝对保障的方式，那也不是说基本权利就不受任何限制，只不过看如何限制而已。关于这一点，我们可以再举美国的例子来说明。之前我们讲到《美国宪法》第1条修正案，它里面有一个"不得立法侵犯条款"，言论自由就被列入"国会不得立法侵害"的范围里。时至现代，美国联邦最高法院甚至还在宪法判例中赋予言论自由一种优越的地位。也就是说，它比其他权利，比如说与经济自由相比，地位更加优越，受到了更大的保护。应该说，正因为这样，使美国成为当今世界上言论最自由的国家之一。这不仅跟他们的文化，跟他们这个宪法制度也有关系。那么，这是否意味着美国对言论都不加任何限制呢？这是不可能的。美国联邦最高法院20世纪初有一位很伟大的大法官，在历史上很著名，叫霍姆斯，他在1919年的申克诉合众国案（Schenck v. United States）的判决中曾经就有一句名言："对言论自由作最严格的保护，也不会容忍一个人在戏院中妄呼起火，引起惊慌。"这句话被经常引用，就是用来说明言论自由的内在界限的。

问题是，既然宪法都明确规定了连国会都不能通过制定法律去侵犯言论自由，那该如何根据言论自由的内在界限去合理地限制它呢？美国法律人想出了一种具体方法，比较巧妙，也可以说是体现了法规范的一种技术吧。究竟怎么做呢？做法就是：一方面维持"国会不得立法侵犯"言论自由的原则，国会真的不制定类似的法律去限制；但另一方面主要由法院通过了一系列的司法判例，确立了"不受保护的言论"这一个概念，英语叫 unprotected speech，其所指的就是不受第1修正案保护的言论，从而就把一部分确实需要限制也应该加以限制的言论加以类型化，并纳入这个范畴中，使它在法律的世界里受到了应有的限制。那么，这个 unprotected speech 包含哪些类型呢？还挺宽泛的，具体包括猥亵性言论，对个人的诽谤，对少数种族等集团的诽谤，比如说对黑人的诽谤，还有侵犯隐私权的言论,泄露国家机密的言论,甚至还包括部分营利性的言论,比如说对部分营利性的广告有限制,甚至禁止。这些都不受第 1 条修正案的保护。通过采用这种法规范技术,对言论就可以进行必要的限制了。为此在现实中,言论在美国也是受到一定限制的,而且,有些场合还限制得还挺厉害的。比如说"9·11"事件之后,美国的一些机场里面往往挂着"请勿开玩笑"这样的警示牌,据说洛杉矶国际机场安检入口处就曾经挂有这样警示牌。如果你在机场安检入口处突然碰到你的一位朋友,他的名字叫杰克,你很兴奋地喊道:"Hi, Jack!"那说不定你就可能当场被航警按在地上,逮捕起来。这是怎么回事呢?因为"Hi, Jack"的发音在英语中跟"劫机"那个意思的"hijack"几乎差不多,你很兴奋地高呼"Hi, Jack!",那就可能被听成"我劫机啦!"航警还以为你是恐怖分子呢!

总之,基本权利也是有内在界限的,所以是可以加以限制的,即使是被认为言论高度自由的国家,比如刚才所说的美国,对言论的限制也是存在的,这种限制,就是基于基本权利的内在界限所产生的。基本权利的这种内在界限,决定了基本权利的行使,不能侵害其他权利主体的自由权利,不能侵害公共利益。我国现行《宪法》第 51 条的规定也是可以这样理解的,该条的内容是:"中华人民共和国公民在行使自由和权利的时候,不得损害国家的、社会的、集体的利益和其他公民的合法的自由和权利。"这就比较典型地体现了基本权利的内在界限原理。

接下来我们再来了解基本权利的"外在界限"。

基本权利的外在界限跟内在界限不同,它指的是从权利的外部所加诸的、并为宪法的价值原理所容许的制约。这种界限的特点也与内在界限不同。不同之点在哪里呢?一般来说,这种外在界限不是基于某种权利的行使可能对其他权利构成侵犯才产生的,甚至也不存在明显的权利冲突,而是仅仅基于公共政策,主要是公共福利,而对基本权利所加的一种限制。只不过,这种限制虽然是权利外部加进来的,但宪法本身的价值目标也容许,为此在规范上才得以成立。也就是说,基本权利的外在界限具有两个基本特点,第一,它一般不是基于某种权利的行使可能对其他权利构成积极的侵害,也不存在明显的权利冲突,而是基于基本权利外部的公共政策(如公共福利)所加予的限制;第二,这种限制,还必须为宪法本身的价值目标所容许。

值得注意的是,一般来说,这种外在的限制只适用于部分的权利,主要表现为现代宪法根据社会公共福利的需要对经济自由所施加的限制。为此,这一种外在界限又被称为公共政策上的制约。也就是说,一般是经济自由这一个权利类型,它存在这种外在限制。我们举一个最典型的情形,就是对私有财产权的限制。各国都会对私有财产权进行限制,其中有内在限制,也有外在限制。如果因为私有财产的行使与其他权利或公共利益发生冲突,为此加以限制,那么就属于内在限制;而为了增进公共利益,而对私有财产加以必要的限制,那这种限制就属于外在限制。我国也是如此。我国《宪法》第13条第3款就规定:国家为了公共利益的需要,可以依照法律规定对公民的私有财产实行征收或征用并给予补偿。这里所说的"征收或征用"其实就是一种限制,是对私有财产权的主要限制形态。这就是基本权利的外在限制。

说到这里,我们就可以给出如下暂定的小结:

(1)基本权利虽然是宪法所规定的、人们必不可少的权利,但可以加以限制,而限制基本权利的正当性正在于基本权利往往具有界限。

(2)基本权利的界限又包括内在界限和外在界限。

以上讲的就是抽象层面上的限制基本权利的正当性。那么,是否可以这样认为:基本权利既然是可以限制的,那也就是相对的了。要知道这一点,就需要接下来了解——

2. 基本权利之界限的特性

一般而言,基本权利具有界限。那么这些界限有没有什么特点呢?有。有什么特点呢?至少有两个特点:第一个是基本权利的界限具有相对性;第二个是基本权利的界限又具有具体性。接下来我们一个一个分析。

首先是界限的相对性。说到基本权利界限的相对性,我就联想到,曾几何时,法学界有一种观点,认为基本权利本身就是相对的。刚才前面所说的那种认识,就是从这里来的。这个观点其实也未必是完全错误的,但如果笼统地认为基本权利是相对的,因此可以随便限制,那就具有一定的危险性。从宪法的精神来看,既然保障基本权利是宪法的核心价值目标,为此,即使基本权利可以限制,也不可随便限制,究竟应该如何限制,则需要加以审慎对待。对此,我认为,与其说基本权利是有界限的因而是"相对"的,倒不如说这种界限自身才是相对的。这是我很早以前曾经参与一本教材的写作时特地提出的观点,主要就是为了克服传统的那种"笼统相对化"的基本权利观。

那么这种界限的相对性表现在哪里呢?我们可以具体来看看。

第一,有些基本权利是有界限的,但有些基本权利则没有界限。关于这一点,前面也曾经提到过,这些没有界限、因而不受制约的基本权利就属于"绝对权利"。判断标准就是,对某项基本权利行使是否必须或者必然伴随着权利主体采用某种法学意义上的行为。也就是说,在基本权利的所有类型之中,一旦在行使的时候,必须采用法学意义上的行为,那么这种类型的基本权利就可能与他人的其他权利发生冲突,或与公共利益发生冲突,为此就具有界限;而如果不需要伴随着法学意义上的行为,那么就谈不上会跟他人的权利、公共利益发生什么冲突,为此就没有界限。那么,是否存在行使形态上无须伴随着法学意义上的行为的基本权利呢?答案是:存在的!

小贴士:哪些基本权利是绝对的

第二,尽管大部分类型的基本权利都具有界限,都可以加以限制,但是无论如何限制,都不能侵害其最核心的内涵。从这一点上而言,基本权利的界限也是相对的。我们可以总结成这样一个口诀:"界限也有界限,限制也受限制。""界限也有界限"也就是说:有些基本权利即使有界限,但这种界限也并不是可以不断地扩展下去,或者可以随意设定的,而是总有一个边界。至于边界在哪里,我们稍后要讲。而"限制也受限制",是说:因为基本权利有界限,所以可以限制它,可是这类"限制"本身也要受到限制,这就是"对限制的限制"。而且,在宪法学中,这种"对限制的限制"必须加以制度化,主要是制度化为一种什么制度呢?主要就是我们平常所讲的合宪性审查制度。它的核心功能,就是对限制基本权利的立法行为进行再限制。以上我讲的是界限的第一个特点,界限的相对性。

接下来我们讲基本权利界限的具体性。基本权利的界限不仅是相对的,也是具体的,其具体性表现在:不同的基本权利,一般而言,其界限各不相同。有些基本权利的界限大一些,有些基本权利的界限小一些。质言之,正如前面所说的那样，即使某些基本权利是有界限的，但其界限也总有个边界，至于边界何在，则因不同的基本权利类型而不同，对其认定也需要在具体个案中进行具体的衡量。而且，与此相应，对不同的基本权利，其限制的方法、范围也应该有所不同。还有，对那些限制（如通过立法）的合宪性审查的标准也不同。这些内容，正是各国宪法学人权各论的主要内容。为此这里就不展开了，但从总论意义上来说，道理就是这样的。这就是界限的具体性原理。

以上讲的是基本权利界限的两个特点，接下来我们来讲——

3. 基本权利的限制

基本权利的限制，与基本权利的界限具有内在联系。质言之，基于基本权利的内在界限和外在界限，基本权利可受到限制，而且在一般意义上，基本权利的限制也相应分为内在限制和外在限制两种类型。

那么，何者可以限制基本权利呢？这就涉及基本权利的限制主体的问题。根据"马工程"教材的说法：一般来说，国家机关是限制基本权利的主体，但并非所有国家机关都有权限制基本权利；其中，立法机关可以通过制定法律的方式限制基本权利，行政机关也可以限制公民的基本权利，但非经法律获得授权不得以命令方式限制公民的基本权利；任何组织、团体、政党和个人都无权限制公民的基本权利。

这个说法是很权威的。但我们认为：不仅包括立法机关、行政机关，也包括司法机关和新设立的监察机关，所有国家机关只要拥有正当的目的和理由，通过正当的程序和方式，一般都可成为限制公民基本权利的主体。现实中也是如此，当某个法院拒不接受公民所申请受理的行政诉讼案件，就可能限制了公民的裁判请求权。值得指出的是，不仅国家机关，一切获得授权行使公共职能的其他主体，只要获得正当的授权，拥有正当的目的和理由，通过正当的程序和方式，也可以限制公民的基本权利。但作为普通意义上的个人或其他私主体，一般无权限制公民的基本权利，只有在特定情形下才可能被认定为侵害了私主体的基本权利。有关这一点，下面我们将会专门讲到。

对基本权利的限制，都应具有正当的目的。一般而言，公共利益是其较为典型的正当目的。《宪法》第51条所说的"国家的、社会的、集体的利益"就属于公共利益，而"其他公民的合法的自由和权利"由于同样需要公权力提供保护，为此在法理上也属于公共利益。不过,在基本权利限制的具体个案中,基本权利限制的目的也是十分具体的,其究竟是否正当,还需要付诸具体论证,并经得起事后的合宪性审查。

基本权利限制的手段也是十分具体的,可归纳为宪法限制和法律限制两种限制方式。根据"马工程"教材的说法,宪法限制是指在基本权利规范中明确规定该权利的界限与范围,又称"宪法保留";法律限制则指的是通过按照立法程序所制定的法律限制基本权利,属于"法律保留"的范畴。

以上内容比较复杂,可举例说明。

吸烟的人都知道,如今烟盒上都会写有"吸烟有害健康"的文字。许多人也许会有一个疑问:为什么卷烟厂会在烟盒上写上这样的文字呢?它们既然在生产烟,也想卖烟,为什么还要说吸烟有害身体健康呢?"自卖自夸"这个道理连王婆都懂,难道卷烟厂不懂吗?

我们说,卷烟厂哪会不懂!它们如今是没办法才那样做的。那为什么要这样做呢?说来话长。简略说是这样的:有一个国际条约,叫作《世界卫生组织烟草控制框架公约》,其中规定:在烟草制品的包装上必须标注"吸烟有害健康"的警示语。而我国政府已经签署了该公约,并于 2005 年 8 月 28 日起生效,于是就应该正式履行该公约的义务。所以现在我国生产的所有的烟草制品包装上面都写这句话。这是表面上的缘由。

如果深入进去分析,我们会问:为什么《世界卫生组织烟草控制框架公约》会采用这样的具体规定呢?从宪法学角度透视过去,这个具体规定的背后还有更深层次的缘由。从原理角度来说,香烟的生产与销售是一种行为,这里面有没有涉及基本权利呢?如有,那属于哪种基本权利呢?对了,有涉及基本权利,是属于经济自由,具体而言,生产和销售香烟是经济自由里一个更为具体的类型,叫营业自由。对这个权利,我国现行宪法没有明确规定。可以说,我国现行宪法对整个经济自由这一项的规定都是比较薄弱的,因为我国是从社会主义计划经济那里逐渐转型过来的,现在进入社会主义市场经济时代,但是宪法这个基本权利部分却还没跟上去,经济自由的许多类型都没有写入宪法。也许有人会说,没有写入宪法也不要紧呀,这二三十年以来发展得最好的,不就是经济吗?这种观点仅仅看到了表面的成就,殊不知,在这个领域的辉煌成就之中蕴藏了数也数不清的严峻问题。

具体到香烟的生产与销售这个方面，情况也不例外。首先，我们说，宪法上面肯定应该存在营业自由。但与其他基本权利一样，经济自由也可以受到一定的限制。比如香烟的生产与销售虽然属于营业自由，但它所伴随的行为却可能损害人们的健康，而人们的健康则是人的一种重要的人格利益，况且，因为还会损害不特定人的健康，所以还可能涉及公共利益呢。这说明，作为卷烟厂和烟草公司的有关生产香烟并去销售这一意义上的营业权利，就具有前面我们所说的"内在界限"了，为此就需要受到一定的限制了。那么，该怎么限制呢？较为妥善的办法就是通过立法限制。而加入国际公约，即把国际公约引入我们的法律体制中来，这也是一种立法行为。我国政府正是通过加入《国际烟草控制框架公约》，对香烟的生产和销售进行限制的。

然而，通过立法限制，这只是限制基本权利的一般方法，甚至可以说是限制的途径，而不是技术性层面上的具体方法。但实际上，基本权利的限制是具有高度技术性的，而这种技术性层面上的方法也是有各种各样的，至于具体的情形如何，则主要根据所要限制的基本权利本身的情形而定。比如说，限制香烟的生产与销售与限制言论自由的技术性方法就不一样。我们先看看有多少种方法可供选择来限制香烟的生产和销售。

第一种，最彻底、最严格的限制方法，就是学习林则徐，实行禁烟，即干脆禁止香烟的生产和销售。鸦片在我国历史上就是这样被禁住的。

第二种方法，稍微温和一些，适当限制香烟的销售。怎么限制呢？也有若干具体办法。比如，实行专营专卖制度。但是专营专卖制度的主要目的之一，往往是保证国家财政收入。纵观历史，历代朝廷都会把最稀缺的、最能营利的资源控制在自己手中，实行专营专卖制度。历史上，我们有两种东西必然是实行专卖的：盐和铁。政府控制在手里，自己决定价格，如果你私自贩盐，也就是通常所说的贩卖私盐，对付它的刑罚是严厉的，包括死刑。为什么要这样做呢？说是要保护国家利益，其中包括统治者的利益。现在我们有烟酒专卖制度，目的之一也是保证国家财政收入。也正因为这样，虽说是"专卖"，但到处都在卖，也就是说只要获得政府批准，都可以卖。为此，这种制度就对香烟的销售构不成太大的限制。而如果要想进一步限制它，就必须采取更为有效的方法了。那到底该怎么限制呢？对于专卖物品，国外还有一种比较通行的限制方法就是在销售的时间、对象上进行限制。比如说，规定晚上不能卖，这就属于时间上的限制，但这个方法一般用于限制卖酒，不太用于限制卖烟。不过，比如有些国家规定，禁止将香烟卖给20周岁或一定年龄以下的人，否则，销售行为则构成违法。这是一种比较严格的限制方法。

那么除了以上那些方法，还有什么更宽松的限制办法吗？有的，一种更加温和的限制方法，就是禁止香烟广告，甚至强制要求香烟生产者在烟草制品的包装上标注"吸烟有害健康"这样的警示语。

那么，我们中国现在采用了哪几种方法？有没有禁止香烟广告？禁止了。如果谁还在公开做香烟广告的话，那是属于违法行为。当然，现实中还是有的，但那是违法的，有的则采用的是曲折迂回的方式。另外，我国也强制要求在烟草制品的包装上标注"吸烟有害健康"这样的警示语。

但要注意的是，既然香烟有害健康，为什么我国不采用更加严格的限制措施，比如索性全面禁止香烟的生产和销售呢？而且世界上其他国家为什么基本上也没有呢？这在宪法学基本权利的原理中，是有一定理由的。简单说是这样的，人们目前所认识到的香烟的危害不同于鸦片，为此不被认为需要采用彻底禁止这种最严格的限制方法，而且还有一个具体原因就是：如果全面禁烟，即全面禁止香烟生产销售，那还有可能会侵害经济自由里面的营业自由，还有与此相关的工作自由，当然，还会损害吸烟的自由。德国有个案例，就涉及这个争议。的确，过度限制香烟的生产和销售，还可能限制在烟草公司从事香烟生产销售工作的那些人的工作自由。大家都能理解这样的道理：就业率的提高也是政府非常关心的一件事情，是一种公共利益。它对个人来说，关系到工作自由这样一种权利；而对政府来说，则是需要保护的一种公共利益。此外，如果全面禁止吸烟，那么吸烟的自由也可能被侵犯。根据我们前面所说的原理，吸烟自由属于一般行为自由，有些人认为必须加以保护，有些人认为未必需要宪法加以保护。但不管怎样，吸烟毕竟是个人选择的一种自由，别人无权完全替代吸烟者去进行选择戒烟，政府也是如此，因此限制就不能太过分。总之，正因为这些缘由，因此大部分国家目前还不采取全面禁止香烟生产和销售的方法。

4. 基本权利限制的正当化

基本权利的限制，必须有正当理由。基本权利本身具有内在界限和外在界限，但是我们不能根据这种笼统的理由就对任何基本权利进行限制。要对基本权利进行限制，还必须进行对限制进行正当化论证，此即基本权利限制的正当化。

基本权利限制的正当化，在不同的国家存在不同的做法，如果从我国目前法治发展的内在需求和情况出发，同时参酌其他国家的合理经验，可总结出一套应有的模式。它一般可归纳为一个论证框架，即必须同时通过两种方式进行论证：一为形式意义的正当化，一为实质意义的正当化。如无法完成上述两种正当化的论证，那么对基本权利欲施加的某种限制则不可为，否则便构成对基本权利的侵害。

我们首先讲形式意义的正当化。

形式意义的正当化，指的是限制某一基本权利，必须具有法律上的根据。这里面又包括两种具体情形：一种情形是对某种基本权利的限制，应通过法律的限制，前面又称"法律限制"，即由国家立法机关直接通过法律实行这种限制。一般而言，那些被赋予法律保留机制的基本权利，可以通过这一关；另一种情形则放宽了一些，是对某种基本权利的限制，应依据法律的限制。具体而言，它虽然不是立法机关直接通过法律的限制，但应属于基本权利限制主体获得国家立法机关的授权（在宪法上叫"委任立法"），比如行政机关获得授权，可通过行政立法实行这种限制，或者说这种限制至少应具有行政立法上的依据。如果没有满足上述两个条件之一的，那么对某基本权利的限制就在形式意义的正当化上面不过关，也就是它没有在形式意义上完成对限制的正当化论证。为此，可推断其违宪。

除了形式意义的正当化外，对基本权利的限制还需要满足实质意义的正当化。这种正当化往往需要提出公共利益的理由，或基本权利的内在制约与外在制约的理由来论证。但这只能作为基本权利限制的概括性的正当化理由，而不足以作为具体性的正当化理由。也就是说它只能作为一项原则或原理存在，而不能作为限制某个基本权利的具体理由，否则所有基本权利都可能被轻易地不当限制。简言之，你不能说这项权利具有内在界限和外在界限，就对它进行限制,而是必须对这一限制的理由进行具体的论证。

这方面的论证一般包括如下三个步骤:

第一个步骤:对限制目的的论证。如果某一个公权力行为准备对某一个或几个基本权利进行限制,那么首先要论证这一限制的目的是正当的。其关键是论证该限制具有正当的限制(规制)目的,以及不存在(特别是没有隐藏了)不正当的目的。

第二个步骤:对限制手段本身的论证。这需要论证限制手段本身也是正当的。这里需要注意的是有些基本权利的限制手段,本身在宪法上就是不正当的。比如一些人涉嫌犯罪,你可以按照法定程序对其人身进行拘束,但不能进行非人般的拘束,比如把人当作动物来拘束,或像拘束动物一样拘束人,也不能对其人身进行奴役,比如让其做非常繁重的奴隶般的劳役。又如,为了迅速破案可以适当限制犯罪嫌疑人的沉默权,但是不能采用刑讯逼供的手段。

第三个步骤:依据比例原则的论证。所谓比例原则,就是评估限制基本权利的手段与限制的目的之间是否存在合适关系的一套标准。它最初确实是在德国的警察法学中先出现的,但后来发展为宪法上约束公共权力的一项重要原则,而且时至当今,许多国家和地区都采取了比例原则,包括一些适用普通法的国家和地区,比如加拿大和我国香港特区。

比例原则又由以下三个具体原则构成,依据比例原则的论证,就是要论证某一项限制基本权利的公权行为符合以下三个具体原则。

第一个是适当性原则,其要求规制手段与规制目的之间应该存在合理的关联。比如你的手段本身的正当化论证已经过关了,但还要看手段是否能为实现目的服务。如果你的目的是限制大家在网络上骂人,采取的手段却是禁止人们吸烟,那就自然不符合适当性原则了。

第二个是必要性原则,即要求规制手段对于规制目的的实现来说必须是最低必要限度的,也就是说在所有可以实现目的的手段中已经不存在比当前采取的更为温和的手段了。比如你为了排除火灾发生的隐患,需要进入房屋检查,采取的手段是把人全部赶走,那么这种手段就相当于"高射炮打蚊子",有违必要性原则。这里值得指出的是,必要性原则实际上可以称为"最低必要限度原则",但是学界往往把它简称为"必要性原则"。"最低必要限度",是很重要的一个宪法学概念，一定要记住。最低必要限度限制的手段不应该过大，应该用所有手段当中最宽松的手段，最低必要限度就体现了这个意思。

如果这一关也过了，就要看第三个，又叫均衡原则，又称狭义的比例原则。它指的是因规制手段的采用所获得的利益与失去的利益之间是否达成大致的平衡。不能够因小失大，为了些小的公共利益，却让人家付出过大的代价。这一原则在实践操作中存在主观性，所以有人认为这一小原则不可靠。但是随着现代法律论证理论和技术的发展，狭义的比例性原则的内容不断被客观化，能够尽量避免主观性的影响。

以上就是对基本权利限制的正当化，接下来我们讲——

5. 对基本权利限制的限制

我们说，公共权力可能对基本权利进行限制，但是这种限制在立宪国家还需要加以限制。对基本权利限制的限制，可以说构成了宪法对基本权利保障的主要内容。

掌握基本权利的限制以及"对限制的限制"理论是很重要的。我曾经讲过，宪法学研究人权，政治学也研究，社会学、哲学等学科都研究人权。那么，到底我们宪法学的研究和其他学科有什么不同呢？一般来讲，最大的不同就是是否着重于规范。宪法学应该成为一门规范科学。规范科学的特征决定了讲到人权的时候，在内容和方法上与其他学科不一样。其他学科，比如说哲学、政治学、社会学，它往往倾向于重视人权保障方面的主题。宪法学当然也重视人权的保障，但与其他学科不同的是，随着规范性问题的展开，宪法学并不仅仅止于重视保障方面的内容，而且还进一步阐述基本权利的界限方面的问题。因为有界限，就要加以限制，那么又应该如何限制？如何限制才不会过头？而过头之后又该怎么办？如何判断某种限制是否过头？这就引出了一系列相关的规范性原理与技术。这就是宪法学的特殊之处。

总之，在把握基本权利问题的时候，我们宪法学依次有三个层次的内容：第一要研究它的保障，第二要研究它的限制，第三还要研究"对限制的限制"。而第一点是所有研究基本人权的学科一般都会考虑到的，但是，第二点和第三点，即限制和对限制的限制，这两部分内容则可能是我们宪法学科作为规范科学与其他学科相比在理论上较为发达的部分，而我们将来在社会实践或法律实务工作中所面临的大部分涉及基本权利的事件或案件,其中主要的、最具有技术性的部分,也可能正在于这后面两点。

我们今天所要继续讲解的,也属于这方面的内容,尤其是对基本权利限制的限制。我们说过,在成熟的法治国家,对基本权利限制的限制通常会制度化为合宪性审查制度,又称违宪审查制度、宪法审查制度。它要求对不同的基本权利限制(如某项立法),从不同的方面和层次进行审查,判断其是否构成了对宪法上某个或某些基本权利的不当侵犯。那么具体怎么做呢? 我们姑且举一个经典案例来看看。

这个案例就是美国的一起堕胎案。在美国历史上,堕胎一直是被法律所严格禁止的,这跟我国不同。在西方许多国家,堕胎行为可能会构成刑事犯罪,罪名就叫堕胎罪,如果堕胎不当,甚至可能会构成谋杀罪。美国就是这样的。在中国人印象中美国也许很开放,实际上有些领域就不一定了,它不仅严格限制堕胎,在 20 世纪中叶之前,许多州甚至用法律禁止夫妻避孕。为什么呢? 我们曾经说过,其中一个重要原因就是美国有非常深厚的基督教文化传统,认为生命是自然的、上帝赐予的,人类不能通过人工的方法干预神圣的生命历程。时至如今,堕胎问题在美国都已经成为一个政治问题了。

但具体到法律的层面,还必须说明,禁止堕胎的正当目的是什么呢? 答案是:堕胎行为可能与维护生命这种公共利益相冲突,即可能有损于生命这种神圣的价值。具体到个人权利的角度,生命权是一种很重要的基本权利。我们说过,美国联邦宪法第 5 和第 14 两个修正案里面都写着要维护人的“生命、自由和财产”。所以法律要严格限制堕胎,严格到几乎全面禁止堕胎的程度。但是,如此过度地限制堕胎,其实又可能侵犯妇女的权利。什么权利呢? 主要就是自我决定权。为此,随着时代的发展,尤其是 20 世纪女权主义运动的发展,争取妇女适当的堕胎权,就成为相当一部分公民运动的主题。

本案正是在这种背景下发生在 20 世纪 70 年代的一宗典型的案例,在美国历史上比较有代表性,案名叫作“罗伊诉韦德案”(Roe v. Wade)。案情是这样的:

一个年轻女子——她的名字叫罗伊,其实她是化名的——声称她未婚先孕,想堕胎,但是她所居住的得克萨斯州的法律禁止堕胎,为此她如果想堕胎,只能到其他允许堕胎的州去做手术。后来她就起诉到法院,主张州法侵犯了她在宪法上享有的一种隐私权，即堕胎权。

图26　1973年，"罗伊诉韦德"（Roe v.Wade）一案，成为轰动
当年美国的宪法案件。图为该案当事人罗伊（中）

　　为什么要说侵害了隐私权呢？因为在当时的美国，通过前面所说的那个"格里斯沃尔德诉康涅狄格州"的案件，即判决禁止避孕的州法违宪的案件，宪法上已经推演出了"隐私权"这样一个宪法上没有明文规定的新权利，而它的内涵相当于我们所说的人格权这个概念。因此本案的原告一方，就套用这个概念来起诉。当然，在本案中还采用了一个更为具体的新概念，就是"堕胎权"，其实就是主张：堕胎权就包含在隐私权里面。这个案件经过层层诉讼，最后上诉到美国联邦最高法院。最高法院专门委托一位大法官去研究，这个大法官研究了好几个月的时间，翻阅了大量医学资料和证据，最后起草了多数意见的初稿。联邦最高法院经过讨论，于1973年作出了判决。

　　这个案件就涉及非常重大而且典型的权利冲突。是什么权利之间的冲突呢？主要就是妇女的堕胎权和胎儿的生命权之间的冲突。它涉及这样一个问题，即对于州法或者说州政府来说，保护胎儿的生命是一种公共利益，但问题在于究竟应该优先保护妇女的堕胎自由，还是应该优先保护胎儿生命。这就引出了一个理论问题，也就是我们要讲的重点问题，即在某个具体的个案中，当两项基本权利之间发生了冲突的时候，应该怎么处理？

　　本案就是解决上述问题的一个典型案例。法院的判决书也写得非常经典。

而如果让你写,你会怎么写呢? 中国人一般都学了辩证法,所以表达都十分类似:一方面,妇女的自我决定权和健康权非常重要;另一方面,生命也非常重要,因此,二者不可偏废,应该并重保护。对于需要解决的具体案件,这种话说了等于没说。而我们可能恰恰习惯于说一些类似的不解决实际问题的套话、空话、大话,甚至假话。这样的风格其实表现了我们自己思维的空洞。然而,真正的宪法学作为规范科学,它处理问题的方式是不应该如此的,它应该有自己独特的立场和方法。本案的判决书就体现了这一点,它提出了一个有效地解决问题的方案,而且非常有说服力。但因为解决的问题本身比较重大,所以这份判决书还是引起了很多争议。不过,平心而论,这个判决书所提出的处理权利之间冲突、调整权利之间界限的方案,还是非常精妙的。在判决书里,最高法院这样写道:妇女拥有可以自行决定是否终止妊娠的权利,但政府也可以通过法律限制堕胎;不过,政府对堕胎的限制应根据胎儿存活性的状况而划分为如下三个阶段:(1)在妊娠 12 周之前,妇女的堕胎权绝不受政府干预;(2)在 12 周之后 24 周之前,政府可以干预堕胎,但干预的目的必须以保障妇女的健康为限;(3)在 24 周之后,政府则可以为保护潜在的生命而禁止堕胎。

前面说过,起草这份判决书初稿的大法官曾为此研究过医学知识,包括胎儿存活性状况的过程,因此他划分出上述三个阶段。也就是说,这三个阶段的划分是有科学依据的,主要根据胎儿存活的状况来划。这样的标准非常明确,具有可操作性,而且里面蕴涵着一种平衡术。这种平衡术不是一般意义上讲的政治家的平衡术,而是法学中进行利益衡量所采用的一种权利的平衡技术,就本案而言,它主要是依据胎儿存活的状况,划分出三个时间段,据此对不同权利进行调整。

当然,值得一提的是,罗伊案判决之后,争议还是挺大的。在美国,堕胎问题本来争议就很大,罗伊案的判决加剧了这种争议。结果,2022 年 6 月,美国联邦最高法院在 Dobbs 案中推翻了这个判例,否定《美国宪法》第 14 条修正案中包含了堕胎权。

罗伊案的这个结局也在美国社会掀起轩然大波,很多人怀疑甚至反对联邦最高法院推翻罗伊案的判决。其实,罗伊案判决在许多人看来具有一种进步意义,其中的分析方法,为我们很好地揭示了一个道理:关于基本权利,其内在界限往往表现在权利冲突的情景之中；当不同主体的权利发生冲突时，就需要对彼此进行具体的衡量，并作出合理的解决。诸君以后要记住：其实我们的法律事务，主要的工作也就是调整不同利益、不同权利之间的冲突，而所用的方法中，最重要的其实也就是利益衡量。天平之所以成为法律工作的象征，道理就在这里。

罗伊案还说明了，为了保护公共利益，公权力可能要对基本权利进行适当的限制，但关键是要进行必要的权衡，检视所实行的限制是否正当。合宪性审查一般就是审查公权力对基本权利的限制行为是否做到了这些要点。具体而言，这种合宪性审查一般会有一个审查框架，包含许多环节和步骤。至于包含多少环节和步骤，不同的国家基于不同制度，可能有所不同。但这种审查框架基本上与前面我们所讲的基本权利限制的正当化论证框架也是一致的。这是由于，在法治国家，公权力对基本权利的限制，要经得起对基本权利限制的限制，即经得起此后可能启动的合宪性审查，换言之，合宪性审查制度一旦成熟，具有一定程度的实效性，那么它就会产生一种"倒逼"功能，促使公权力机关在对基本权利进行限制之际，会作事先的自我审查，即前面讲的基本权利限制的正当化论证，免得事后卷入到违宪争议之中，面临合宪性审查。也正因为如此，对基本权利限制的合宪性审查框架与前述的正当化论证框架基本是一样的。

由于对基本权利进行法律限制的正当化论证框架在前面已有详述，这里将我国应有的合宪性审查框架简单概括如下：

对基本权利限制的合宪性审查，必须先后通过两种审查：一为形式意义的审查，一为实质意义的审查。

形式意义的审查，主要要求审查对某一基本权利的限制是否具有法律上的根据。这里面又包括两种具体情形：一种情形是该限制是否属于通过法律的限制，即是否通过立法机关的法律对基本权利施加限制；另一种情形则可能是立法机关以外的机关作出的限制，但却属于依据法律的限制，即这种限制获得了相关立法上的授权。形式意义的审查，要求至少要满足上述两种情形之一，否则可推断其违宪。

实质意义的审查，同样也包含对限制目的的审查、对限制手段本身的审查以及依据比例原则的审查；其中，比例原则又具体包括适当性原则、必要性原则以及均衡原则三项。依据比例原则的审查，就是要依次审查限制基本权利的行为是否符合这三个具体原则。

二、人权规范的效力范围

前面我们讲过了，基本权利主要是个人等私主体针对公权力所拥有的权利；普通意义上的个人等私主体一般也不是基本权利限制的主体。因此，宪法上的那些基本权利条款或者说人权规范，主要都是解决私主体和公权力之间的关系的。与此不同，一般来说，私人之间的关系主要则由私法规范，比如民法规范来调整。举例来说，警察随意殴打一位公民，这可能涉及基本权利问题吗？当然可能，因为警察作为国家公职人员，这样做可能侵犯了公民的人身权。但是，一位普通公民张三殴打了另一普通公民李四，这可能涉及基本权利问题吗？这个问题其实在法理逻辑上可转化为这样一个问题，即：宪法中的基本权利规范或者说人权条款，是否也可以调整私主体和私主体之间（比如说公民和公民之间）的关系呢？

一般来说，这是不可能的，因为它只是民法上的问题；如果打得特别严重，最多也只是刑法上的问题，而不会涉及基本权利问题。然而，在这里我们要特别提出这样一个问题：是不是可以说，宪法中的人权规范完全不可能调整私人之间的关系？这就属于我们这里要具体讨论的内容。

对这个问题，国际学术界上主要有两种观点：一种认为，宪法上的人权条款不能适用到私人之间的关系上面去，其在私人领域是无效的，这种观点可以简称为"无效力说"；另一种则认为，可以适用，我们可以称为"有效力说"。当然，这两种观点并不总是同时并存的，而是随着时代发展而有不同。

（一）传统上：无效力原理

在近代乃至现代早期，各主流立宪国家一般都认为宪法中的人权规范是不能够适用到私人领域的，当时的宪法学都确立了"无效力原理"。确实，从近代宪法成立的历史背景以及传统立宪主义的基本立场来看，宪法上所确认的基本权利，一般来说，主要就是私主体针对以国家为代表的公权力所享有的自由权利而已。与此相应，宪法中的人权规范的效力，也就主要被限定于个人与国家的关系，以及公共权力之间的关系，而不及于个人与个人或私主体与私主体之间的关系这一场域。

典型的例证可举 1883 年美国联邦最高法院对著名的"民权案件"（The Civil Rights Cases）所作出的判决。这个判决涉及一批同类的案件，所涉及的宪法规范问题是《美国宪法》第 14 条修正案中有关平等保护条款的解释。大家可能知道，第 14 条修正案是 1868 年通过的，诞生于围绕黑奴解放所展开的南北战争结束之后。这个条款中有一句话是这样的：各州，英语上说是 any state，在其管辖区内不得拒绝任何人应享有法律上的同等保护。这就是所谓的平等保护条款。第 14 条修正案中还有一个条款非常重要，我前面讲过了，那就是 due process of law，即正当法律程序条款。所以，第 14 条修正案在美国宪法上非常重要，有些学者毕其一生就专门研究这一条。美国大学法学院的课程也类似这样，宪法第 14 条修正案，这就构成一门课程。大家不要觉得好笑，这一条的内容可复杂了。你现在就遇到一个复杂的问题：怎么解释我们上面引用的那句话，也就是所谓的平等保护条款？

它所涉及的案情还算比较简单，是这样的：1875 年联邦国会制定了一个法律叫《市民权利法》（Civil Rights Act of 1875），规定在铁路、船舶等运输设施以及宾馆、剧场等公共设施中禁止种族歧视。因为南北战争结束后，黑奴获得了解放，这个时候国家开始讲进一步平等，尤其是黑人白人一律平等，因此这个法律出现了。该法在禁止种族歧视的同时还设定了刑事罚则，规定：违者罚金 500 美元以上 1000 美元以下，或者拘禁 30 日以上 1 年以下，受到歧视者享有损害赔偿起诉权。要知道，在 19 世纪，1 美元的价值可能相当于现在的 500 倍，所以这个刑事罚则在当时还是非常严厉的。但是，由于传统因素的影响，白人对黑人的歧视仍然是相当严重的，比如在酒店、公共汽车等公共场所里，白人都不愿意和黑人待在一起，更不用说让自己的孩子和黑人的小孩一起读书了。这对黑人是相当大的刺激，感觉自己受到了侮辱，于是在社会生活中，白人和黑人不断地爆发冲突。

这个法案实施七年之后，就有五起相关案件最终上诉到联邦最高法院。事实上相关案件的数量肯定是很多的，只是其中有五起案件一直打到联邦最高法院。其中一个案件是这样的：一名黑人女性被私营铁路公司所营运的火车拒绝在就餐车厢内用餐。也就是说，铁路公司方面的意思是这样的：我们可以把吃的卖给黑人，但黑人必须将吃的东西拿回到自己的位子上去吃，别在餐车里吃，因为这里都是高贵的、爱干净的白人。这位黑人女性不服，于是提起诉讼，告私营铁路公司违反了上述《市民权利法》，最终将案件上诉到了联邦最高法院。

这五起案件，因为最终都涉及违反上述《市民权利法》的规定，所以联邦最高法院根据普通法可以接受的做法，加以合并审理，最后统一作出判决。但这个判决可能会让今天的我们大吃一惊：联邦最高法院通过宪法解释，认为，第14条修正案中有关平等保护的条款只是禁止各州政府的歧视行为，而并不是禁止私主体之间的歧视行为，为此，那个《市民权利法》本身违宪无效。

那么，联邦最高法院是怎么解释宪法第14条修正案的呢？它主要是对"各州在其管辖之内不得拒绝任何人应享有法律上的同等保护"中"各州"，即"any state"这两个词的解释。但它当时采用了严格的文义解释，认为这里的"各州"指的是任何州，各个州政府，包括其立法、行政和司法部门，而不包括私主体，私主体之间的相互歧视是没有办法的，国家无权禁止。而《市民权利法》规定在铁路、船舶等运输设施以及宾馆、剧场等公共设施中禁止种族歧视，但由于这些铁路、船舶、宾馆、剧场等在资本主义社会里一般来说都是私营的，这就将禁止歧视的范围扩大到了私人之间关系的领域。联邦最高法院认为，这违反了第14条修正案的原义，即《市民权利法》违宪无效。

这个判决在历史上很有名，而它显然就是贯彻了传统立宪主义的精神，并且基于这种精神，对于宪法权利规范的效力范围作了严格的限定。它采用的也主要是字面解释的方法，严格地扣紧"any state"这两个单词的含义，认为它们是指州政府，不包括私人。但是，它对效力范围作严格的理解，与各国传统的宪法理论是一样的，所采用的就是人权规范对于私人领域无效力的原理，认为《市民权利法》违反了这个原理，所以判定无效。其实你仔细想想，或许会承认这么判也有道理。比如从情理上讲，一个人是否可以歧视另一个人？比如说，你有一个同学经常趁你不在的时候，把他自己的生活垃圾丢到你的床底下，还往里面吐痰，那么你会不会歧视他？从心理上说，肯定会的，至少认为：哎呀，这个人怎么这么脏，不仅脏，还这么自私！于是，以后你鄙视他，不愿意和他一起活动、一块儿吃饭，甚至不太愿意和他住在一个宿舍，只要他在的地方，你就躲得远远的，如果可能，你甚至不愿意和他呼吸同一个星球上面的空气！这肯定是歧视。那么请问，你这样做可以吗？当然可以。当年的美国人或许就是这样想的，他们认为，在宪法上，其实是不应禁止私人之间的歧视的，而只能禁止"any state"。这就是宪法的传统原理。

（二）现代宪法下：有效力原理

到了现代，宪法学中出现了"有效力原理"的规范理论。这个时期，许多西方宪法开始认同宪法上的基本权利规范具有某种辐射效力，即承认宪法的人权规范可在一定条件下适用于调整私主体之间的侵害行为。这个效力原理用学术的术语来说，就是所谓"有效力说"，或者称为"宪法权利规范辐射效力说"。

这个转变确实需要我们注意。为什么会出现这个转变呢？这个问题很重大，可以说存在很多理由，我们主要谈两点：

第一，随着亚当·斯密所主张的那种自由经济的长期发展，传统的市民社会内部开始产生了剧烈分化，出现了其实际形态与侵害能力可与国家权力相比肩的庞大的私人组织，诸如大型企业等。大家要理解，私人效益发达到一定阶段之后，通过长足的自由竞争，有一部分私人总会冒出来，掌握巨额的财富，这时，它的实际形态和侵权能力都非常强大。我们可以想到：在发达的市民社会里，政府的权力是受到严格限制的，可是私人空间里的事情，却实行私法自治。发展到一定程度，这个时候某些私人的力量虽然比不了整个国家，但比政府部门也小不了多少，甚至在某些方面比政府部门更牛。比如在香港，据说长期以来，最优秀的人不是去当公务员，而是更愿意去当老板，因为香港采用的是近代自由社会的自由经济形态，官员是很受约束的，说话要非常谨慎，行为要非常检点，在公开场合不能跟人吵架；而私企老板，尤其是大型私企老板的地位则很高，力量大得不得了，连政客都可能尊重他。在这种意义上说，这种私主体的侵权能力就很大。这是第一个原因。

第二，时至现代，公共权力为国家所独占的传统权力结构，也发生了一些变化，出现了公权力相对扩散、辐射的现象，承担着公权力部分功能的所谓"第三部门"开始兴起；而且公权力的运作方式也随之趋于复杂化，甚至一些私人组织的存在或其营运的背后也存在公权力的作用背景；公权力不再完全集中在国家机关手上，而是扩散到民间去。

在这样的社会背景下,"有效力说"这个原理在许多国家就开始出现了,但是各国所用的法理名称各不相同,内容也有微妙区别。比如,在美国被称为 State Action 理论,直译为"州行为"理论,也可以意译为"国家行为视同"理论,意思是私人对私人的侵权行为可视同为州的行为或国家的行为;在德国称为"第三者效力原理";在日本则称为"私人间效力原理"。它们各自的内容也比较复杂。在这里,因为前面讲的是美国,为了便于相互对照和脉络的完整,我们还是继续介绍美国的情况变化。

上述"民权案件"判决之后,美国黑人受到歧视的状况一直难以彻底改变。到 20 世纪中叶的时候,以著名的马丁·路德·金为领袖,美国社会爆发了如火如荼的市民权利运动,在此运动的影响下,前述状况才慢慢地得到扭转。传统的无效力说观念得到了一定的修正。联邦最高法院在一系列判例中开始承认:在一定条件下,私人的行为也可视同为 State Action,从而可受到宪法效力的拘束。这就是所谓的 State Action 理论。

大家注意,这是在"一定条件下"才成立的。什么条件呢? 主要是在私人的行为发挥着"公共职能"(public function)的时候,或者在私人行为的背景中存在政府或州的介入、授权或奖励等情形的时候。如果符合这种条件,那么,私人行为侵犯了别人的权利,也可以看作是州政府侵犯了人家的基本权利,此时就会追究此私人行为的宪法责任。因此,我认为,美国的这种"有效力说"其实也就是"有条件的有效力原理",即这种效力的发生是有条件的,并非所有私人行为都可以判定为是州行为或者国家行为,从而随意适用宪法基本权利条款。

我们也用一个著名的案例来说明:1961 年的伯顿案(Burton v. Wilmington Parking Authority),这个案件也是非常典型的,对于说明我们讲解的内容非常适切。简单描述一下案情,是这样的:一家开设在威尔明顿停车场(Wilmington Parking)内的私人餐馆,拒绝为黑人顾客端出餐菜,从而引发了一起涉及宪法平等权的诉讼。这个案件和前面那个案件非常相似,但结论却迥然有别。当时,美国联邦最高法院是在沃伦首席大法官的主持下开展工作的,此人属于自由派。他的政治哲学倾向也体现在对于本案的判决中。沃伦法院的这个判决非常重要,其中有一部分这样说:该停车场乃是州政府的机关所拥有和管理的财产,而那家餐馆租借了该停车场的场所从事经营活动,由此,在这个私人餐馆与州之间就存在一种所谓的共生关系（symbiotic relationship），所以这家餐馆的歧视行为就可视同州行为，从而违反了宪法第14条修正案中有关的平等保护条款。如果不完全理解法学的话，也许会觉得这个判决有点"为赋新词强说愁"的味道，但它却在美国宪法史上一个重要判例。不过，沃伦去职之后，美国联邦最高法院的立场又有点儿退回去了一些，上述理论的适用条件就更严格了。

宪法中的基本权利规范在一定条件下适用于私人之间的领域，这不仅发生在美国，在世界上许多国家都有类似的现象产生。比如在德国和日本就有，但是却更有技术性。他们把有效力说分为直接效力说和间接效力说。二者的区别就在于看宪法上的人权规范是否先通过民法上的某些特别的条款，主要是一些概括性的、具有公共性内容的条款，然后再适用到私人之间的侵权关系中去。如果主张不需要，那就是直接效力说；如果主张先要通过民法上的某些特别条款，那就是间接效力说。在德国和日本，间接效力说被主导性判例所接受，主张直接效力说的情况较为罕见。而上述美国的那种 State Action 理论，则有点儿类似于德、日的"直接有效说"，只不过我们说了，那其实是一种"有条件的有效力说"。

在这方面，我们也举一个日本的著名案件来加以说明。这个案件在我们导论课时曾经说过，即"三菱树脂案"。案件的基本情况是这样的：本案的最初原告是一位大学毕业生，叫高野，由日本一所著名大学毕业后入三菱树脂株式会社作为公司管理人员试用，在试用期过后可以获得正式雇用，但随后又被拒绝录用，理由是，他在大学期间曾参加过激进的学生组织，而在参加公司招聘面试时没有按要求如实汇报。对此，这位大学毕业生认为被告侵害了自己的权利，于是提起诉讼。本案经过了旷日持久的诉讼，最终上诉到日本最高裁判所。高野主张：三菱树脂株式会社解雇他的行为，是违反了《民法》第90条的公序良俗条款的，而这就相当于违宪无效；为什么呢？因为《民法》第90条所说的"公序良俗"，之所以能说是"公序良俗"，就应该包含日本现行《宪法》第19条所规定的国民享有思想、信念的自由这样的内涵，为此，你违反了公序良俗条款，就等于间接违反了宪法，因此解雇也是无效的。到底这个说法在宪法上是否成立，这就成为双方争议的焦点。

日本最高裁判所最后谨慎地作出判决。其判决的要点大致如下：

一方面,沿袭传统的观念,指出宪法的有关权利保护规定主要是针对国家的行为而保障个人权利的,并没有预定直接调整私人相互之间的关系,因为私人之间即使存在社会性的支配与服从关系,也是属于作为"一种社会事实力量的优劣关系",与前者显然具有性质上的区别,不能直接适用宪法上的基本人权规定。但另一方面,判决又承认：在私人之间所出现的对基本自由、平等的侵害及其情状的样态、程度超过了社会可容忍的限度时,可通过对私人自治的一般性限制规定的《民法》第 1 条(权利滥用禁止条款)与第 90 条(公序良俗条款)的正确运用,在尊重私人自治原则的前提下,针对超越社会容许限度的侵害行为而对基本自由和平等利益加以保护。

通过这样论证,本案的判决虽然最终认定被解雇的职员败诉,但还是委婉曲折地表述了"间接效力说"的立场。大家不要觉得没有判决那个小职员胜诉就是不好,其实不是这样。在宪法学上,表明立场是很重要的,表明了立场也就划定了一个有法律效力的基准。而对于宪法来说,这个基准的诞生要比个案的胜负重要得多。无疑,这也体现了宪法学的某种方法和谋略。

（三）中国的问题

在宪法权利规范的效力范围问题上,我们中国也有自己独特的情况。首先,"宪法权利是私人针对国家的权利"的这种传统观念,在我国是不发达的,其直接后果就是,人们以为宪法中的人权规范既可以针对国家,也可以针对私人。我们知道,在学理上,这种看法是明显错误的：别人打了你一下,不会侵犯到你宪法上的人权,仅会侵犯到你民法上的人身权。当然,如果打你的人代表公权力,那就另当别论。但是另外,我们又要承认,在一些场合,私人之间的侵权关系的确也可能存在公权力作用的背景。在国外,这本来是在现代社会里才出现的,但在我们这里,现在就开始有这种现象。所以,现代与前近代的许多现象往往具有类似性,就是这个道理。比如在我们这里,有些情况虽然表现为私人行为,但此种私人行为背后也存在公权力作为靠山。那么,在这种特殊的情况下,我国究竟应该采用无效力说,还是有效力说呢？这就值得我们深思。中国的问题总是特别复杂,得出结论也总是不会特别容易的,不能太草率。

我们也从一个真实的案件讲起。这个案件号称"中国宪法司法化第一案",即前面我们在第四章讲过的齐玉苓案。本案的司法解释之所以引起了强烈的争议,其原因概括起来主要包括这样几点:首先间接涉及了一个宪法制度问题,即法院是否有权适用宪法作为裁判规范?如果可以,那么就进入人权规范效力问题的层面了,也就是涉及本节课我们学习的内容了。但由于前一个问题与本节课关系不大,我们在此越过去,直接讨论人权规范效力范围的问题,也就是下面四个问题:

第一,本案是采用了有效力说还是无效力说?

第二,如果采用了有效力说,那是直接效力说还是间接效力说?

第三,如果是类似采用了直接效力说,那么,是否类似于像美国那样考量了这种效力原理适用的条件?

第四,在中国当下,我们究竟应该采用何种效力原理?

总体而言,这个案件的一个主要倾向,是把纯粹私人与私人之间的关系,即陈晓琪侵犯齐玉苓的姓名权这个普通民事法律关系当作宪法关系来处理。为此,它成为那几年一度风生水起的"宪法司法化"运动的代表性案件。但对于这种"宪法司法化",我持保留态度,理由是:本案的司法解释存在比较大的问题,简单说,它混淆了基本权利与私人侵权之间的关系。我在此案判决之后就曾经表达过如下意见:"一旦法院在所谓'宪法司法化'的过程中倾向性地只将人权规范适用于私人之间的关系,而非适用于私主体与公权力的关系之上,那么就有'专拣软的捏'之嫌了。"

联系到本节课我们所讲授的内容,关于宪法上的基本权利规范或者说基本权利条款在私人间是否有效力的问题,我们强调两点:第一,应该正确认识到,基本权利是私主体针对公权力所享有的权利这一原理;第二,只有在一定条件下才可以适用人权规范的辐射原理。具体而言,只能在私主体间的侵权关系确实存在公权力较大作用的情况下,才可适用人权规范的辐射原理。而不能够任意地、在盲目扩张的意义上应用宪法上的基本权利条款去解决民事关系问题。这样做的目的是,要给私法自治留一点空间,让它自己去解决内部的权利冲突问题。从宪法权利规范对私法领域的无效力说到第三者效力或私人之间效力说,再从间接效力说到此后的一些反复的动向,其实客观地反映了立宪主义本身的展开过程。而这个过程,既是一种内在的、相对完整的这个过程,也是一个长期的、曲折的过程;反之,如果一开始就将宪法权利规范所调整的范围加以无限泛化、无限扩大化,那么,则可能导致"个人与国家的二元对峙结构"的相对化或稀释化,从而恰恰没有把握到近代以来传统立宪主义的根本精神。

第十一章　平等权与政治权利

  "人权总论"结束之后，我们就进入"人权各论"的学习。请大家注意，这里不称"人权分论"，而称"人权各论"，这与民法学、刑法学有点不同，它们往往有"分论"。这是为什么呢？这主要是因为我们宪法学在这部分要研究一个个各别的权利，为此称为"人权各论"最为恰当。

  按照我们前述的六大分类法，人权各论部分依次讲的就是平等权、政治权利、精神自由、人身自由、社会经济权利、权利救济权。如前所述，我们将分为三章来讲，每章讲两大类型的基本权利，即：第十一章平等权与政治权利、第十二章精神自由与人身自由、第十三章社会经济权利与权利救济权。

  那么，这六大类型的基本权利在现实中到底保障得如何呢？我在PPT中用几只小猫来说明。这里面躺着五只小猫，因为一时找不到六只猫的照片，但五只小猫都在睡觉，这可以用来比喻我们宪法上的这些类型的权利，都很可爱，但似乎都爱睡觉。当然，改革开放以来，公民的权利意识已然萌发，甚至不断高涨，因此也出现了普通老百姓活用宪法上基本权利条款的事案，其中，有几项权利在现实生活中的诉求是比较活跃的，主要包括这么几种具体类型：平等权、人身自由、财产权和受教育权，此外还有监督权。根据我的推断，这几种权利的诉求将来还会继续活跃下去，并且可能将会不断扩大到其他类型。

  接下来，我们将一项一项地讲解这些基本权利。今天先讲第十一章平等权与政治权利。在进入正题之前，我们照例推出几个章前导引问题：第一，平等是否指的就是"机会均等"？第二，平等是否排斥一切差别？第三，政治权利包含哪些内容？

一、平等权

关于平等权,我们要浓墨重彩地加以讲解,因为它非常重要。在我国宪法上的几种个别性权利中,第一个列出的就是平等权,而且长期以来,人们对于平等权的诉求也是非常活跃的,许多著名案件或事件都涉及它。我们举出几个最具代表性的事案来加以说明。

首先是乙肝病毒携带者就业歧视案件。这种歧视曾经在一定范围内相当广泛地存在。大家知道,乙肝病毒主要是通过血液传播、母婴传播,还有性传播的,但除此之外,它一般不会对周围人群构成直接危害,而且病毒携带者只要定期复查医治就可以正常工作生活。但是其病毒携带者的数量可谓相当惊人。中国所处的这个时代相当于经济初步发展这样一个时代,其他国家,比如日本,处于经济上崛起的阶段时也曾经是这样的,都会出现大量的乙肝患者。再加上我们目前的食品卫生中存在较大问题,生活在这个时代的中国人身体健康方面肯定会出一些问题。这是必然的,同时也会产生宪法问题。比如对社会保障制度产生强大的需求,还有就业平等之诉求这样的宪法问题。这是因为长期以来,社会中存在对传染病的习惯性禁忌,为此乙肝病毒携带者在求职、工作和生活中屡屡遭受歧视。这种歧视是否合理呢? 我们稍后要从法律角度加以说明。

这里要说的是,类似的歧视行为大规模出现,且达到一定程度之后,由于在制度上无法得到妥善解决,最终就出现恶性案件。这是因为虽然大部分乙肝病毒携带者会选择默默忍受,但不能避免有的人会选择走极端道路。2004 年浙江大学农学系毕业生周一超就是这样。他报名参加了嘉兴市某区公务员招录考试,并顺利通过了笔试考试,进而在通过面试后,排名第八。因为共招收 9 名公务员,所以周是相当有希望的。但是,后来体检,周被检查出有乙肝“小三阳”。按当时的《浙江省国家公务员录用体检标准》,周因此未被录取。绝望的周一超想到的是自杀,因为他感觉自己被社会抛弃了,这么多年的书白读了。后来则起了报复之心,于是持刀袭击两名招考干部,其中一人为女性,当场死亡;另一人为男性,被刺 7 刀,也是血流如注,但经抢救脱离生命危险。这是一起恶性案件,那名死亡的女性只是经办人,属于被冤杀的。可见周当时已经接近于失去理智的状态，基本上是冲进去乱杀一气的。之后，周一超被判死刑。他接到判决书后非常气愤，当庭将其撕烂。二审维持原判。不久，周即被执行注射死刑。

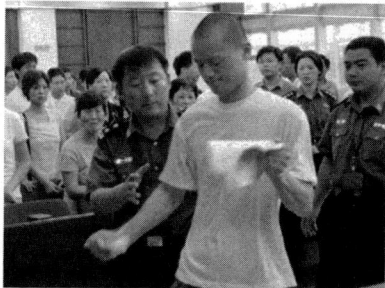

图 27　2004 年，浙江大学毕业生周一超在就业中因受"乙肝歧视"而杀人，被判死刑。图为周一超接到判决书时愤怒地将其撕烂的情景

周一超事件给了我们非常大的震撼。当时参与本案审判的一个法官后来告诉我，周一超被判死刑是必然的，没办法，但是他也承认，周一超的死也被许多人认为是很有价值的。也就是说，他的死具有了另外一层意义，那就是使整个中国社会开始重视乙肝病毒携带者就业歧视的现象。以此为契机，乙肝病毒携带者的被歧视状况开始出现了转机，社会上也出现了反乙肝歧视运动，有些人利用法律进行诉讼，引起全国关注。在这种情况下，国家人事部门和卫生部门于周一超事件后不久，即 2005 年年初，就公布了政府部门录用公务员的全国统一体检标准，其中规定乙肝病毒携带者可以担任公务员，同时还取消了身体、外貌方面的具体限制，妇科病、色盲等多种疾病的限制条款也被删除。所以很多人认为，这种转变可以说是周一超同学用生命的代价换来的。当然，我还是要说，这个事件就是一个悲剧，不管对于社会，对于无辜死难者，还是对于周本人，都是悲剧，只要你作为一个正常的公民，就不要学他，因为杀人肯定是不对的，这是非常极端的办法。但是反过来说，大量的事实确实表明，权利只有斗争才能获得，不斗争就没有权利。在这一点上，德国伟大的法学家耶林的观点是正确的。你愿意为权利奉献多少，权利就回报你多少，这是基本权利发展史上的一个定律。如果大家都默默忍受基本权利遭受侵犯，那么基本权利就会像猫咪一样在睡懒觉。只

不过斗争的形式不能超过合理的限度,比如为了抗议飞机晚点,就跑到机场跑道上拦飞机。

除乙肝歧视之外,还出现了多起身高歧视案。有些私人公司人事招聘中大量存在身高歧视现象。一般来说,这些歧视基本上都属于民事关系,宪法无法介入。也就是说,普通私人公司在招聘中对身高进行歧视,宪法一般直接管不了。我开公司,小本经营,我就需要一个个子高点儿的,法律无法干涉。但是公务员招聘中如果也存在身高歧视,那显然就属于宪法人权规范调整的范畴了。有些不属于国家机关,而是国家的事业单位,比如说大学,它们在招聘过程中也存在身高歧视,如对于教员设定特殊的身高要求,这该怎么解决呢?这也属于宪法上的问题,可以应用宪法上的理论来解决,包括一些国企都可以如此。当然,如果是私人企业,但却具有公权力背景的,我觉得也可以通过上次我们所讲的宪法权利规范的辐射效应原理来分析。

再有,我国还发生过一个跟受教育权有关,但实际上属于平等权的一个案件,也就是"青岛三考生诉教育部高考分数线划分不公案"(2001 年)。案情大致经过是这样的:2001 年 8 月 22 日,山东青岛三位考生会同律师到北京最高人民法院起诉教育部,要求法院判决教育部颁发的《2001 年全国普通高校高等教育招生计划》违反了宪法的规定,侵犯了她们的平等受教育权。具体理由是,该招生计划的实施,导致青岛和北京的分数线差别很大,整整相差 100 多分。于是,三位考生认为,教育部根据不同地域范围对招生人数作不同限定的这种做法,直接侵害了包括三名原告在内的广大考生的平等受教育权。大家知道,这个问题在中国非常严重,乃至推动了所谓"高考移民"现象的出现,把自己的孩子由分数线比较高的地区转移到分数线比较低的地区去,使同样的高考成绩就会考上更好的大学。有意思的是,几年前,一位研究宪法学的同行想调到北京,我遇见他,就问:"怎么想到进北京了?"当时他就说:"我小孩要高考了,主要是考虑到他的学业前途,我才这么做的。"这就是高考移民。

话说青岛女生的这个案件,它的起诉是不符合诉讼法的。一般来说,最高人民法院不会作为一审法院来管辖案件,而且这肯定打的是行政诉讼,但是它是否属于《行政诉讼法》所规定的受案范围呢?本来也不属于,因为首先,受到侵害的不是人身权和财产权;其次,争议的行政行为不是教育部的具体行政行为。这个招生计划是具有普遍性的，不是针对某一个人，或者针对某一个具体的事案，所以此案不属于行政诉讼受案范围。但是此案一诉到最高人民法院，据说最高人民法院也吃了一惊，于是马上把情况向教育部作了通告。那么这个案件结果如何呢？大家肯定会很失望：它后来就不了了之了。怎么回事呢？这是因为这个案件在后来突然之间出现了意想不到的转机，三名青岛考生主动撤销诉讼了。那她们为什么撤销诉讼呢？那就不得而知了。

下面一个真实的事案是"男女平等退休案"。2005年1月，中国建设银行平顶山市分行原出纳科副科长、当年55周岁的Z女士接到单位通知，根据《国务院关于安置老弱病残干部的暂行办法》的规定，让她办理退休手续。8月23日，Z女士以自己足以胜任现任工作，单位让她退休的决定违反了我国宪法、劳动法以及其他有关男女平等的规定为由，提出劳动仲裁，要求与单位男职工一样享有60周岁退休的权利。在Z女士提起仲裁后，10月17日平顶山市劳动争议仲裁委员会下达了仲裁结果：因申诉人未提供支持其观点的有效证据和法律依据，故仲裁庭对申诉人的申诉请求不予支持。

这个案件看似简单，其实比较复杂。妇女比男性更早退休制度，本来是用来保护妇女权益的，所以过去大部分女性对55周岁退休的规定很满意，让她60周岁退休，她却不高兴，觉得我是女性，男女有别，就应该提前退休、安享晚年。但随着时代的发展，情况就变了，有些女性，像Z女士这样的，让她55周岁退休，她不同意，而是希望和男性一样在60周岁退休，所依据的是宪法上的男女平等权。这有没有道理呢？当然有一定道理。那么遇到这类案件该怎么办？如果你是本案的法官，或者就是单位的领导，你该如何判定？这就属于宪法上的问题，我们主要应该从平等权的规范原理出发来解决。具体的答案暂且按下不表，我们学完本节的基本理论之后再来分析。

延伸阅读：当今中国，平等权的诉求为何特别活跃

（一）如何理解平等权？

古希腊思想家们即开始思考人类是否平等的问题，但观点很不相同。在柏拉图及其学生亚里士多德眼里，人分为不同等级，彼此之间并不平等；但在斯多

葛哲学看来,人类则应该是平等的。后来许多宗教也出现了平等观念,最重要的是基督教和佛教。在基督教看来,人都是上帝创造的,因而人人平等。佛教更进一步,不仅讲人人平等,更讲众生平等,即所有生命之间的平等。当然,在人类历史进程中,对基本权利的平等观念有重要作用的还是基督教的平等观念。这一点我们可以从美国《独立宣言》中看到。《独立宣言》讲"人人生而平等"(All Men are Created Equal)。这里的 Created Equal 被翻译为"生而平等",实际上是讲被造物主平等地创造出来的,它即体现了基督教的宗教观念。因此从理论上来说,"人人生而平等"是一种独断论。独断论是不依赖于经验的,从某种意义上是先验的判断。用哲学的话说,这一命题是不能求真的,但仍值得思考。

　　如果回到经验的世界中来,人与人是否是平等呢?那可能就不是平等的了。例如根据进化论的观点,人类是从类人猿进化而来的,跟猴子很亲。在日本北海道,猴子们跟人类一样,也喜欢泡温泉。但人们发现:不是所有的猴子都可以洗温泉的,只有一部分可以。为什么呢?因为猴子里面也有贵族群体,只有它们才可以入浴温泉。其他猴子只能扶老携幼,在温泉浴池外面靠发抖取暖。知道类似的这一幕,有人可能会说:《独立宣言》写错了,不是人人生而平等,而是人人生来就不平等。这说起来好像有些道理:有的人生在美国,有的人生在阿富汗;有的人生在以色列,有的人生在巴勒斯坦。他们生来的起点就不一样。当今社会有一个口号是"别让孩子输在起跑线上",其实父母就是孩子的一种"起跑线",不同的父母站在不同的点上。有人会说,人类不是生而平等,而是谁都终有一死,即只有在死亡面前才是平等。然而,随着科技的发展,说不定在不久的未来,人类连死亡也不再平等了,因为有的人可以通过科技手段不断延长自己的生命,那时候有些人就不只"为祖国健康工作五十年"了,而是可以为祖国"再活五百年"了。

　　但是大家要注意,上述的种种不平等都是经验世界的现象,不是规范性的。那么,能不能从经验世界的事实命题中直接推导出规范性命题呢?也就是说,既然猴子世界是不平等的,人类世界是否也应该是不平等的呢?尤其是鉴于人在现实中是不平等的,能不能得出结论说人与人之间就应当是不平等的呢?这是我们规范宪法学与政治宪法学在方法论上的一个重大分歧。规范宪法学承认规范性命题有可能来自人类对经验的反映,但认为不能从事实命题中无媒介地直接推导出规范性命题。也就是说，不能因为现实中的人是不平等的，就认为人与人活该是不平等的。而政治宪法学就习惯于从事实命题中直接推导出规范性命题。当然，大家可以不接受我的观点，但你们一定要理解这其中的区别。

在平等观念史中，法国是一个代表性国家。法国大革命时期，即提出了自由、平等、博爱的口号。这个口号影响深远，尤其在法国《人权宣言》第一条就写到"人生来就是而且始终是自由的，在权利方面一律平等。社会差别只能建立在公益基础之上。"根据耶利内克的研究，法国的《人权宣言》受到了美国各州宪章思想的影响。但法国的平等观念更明确了，认为人在权利方面一律平等，只是可以基于公益予以适当的限制。

时至现代，西方哲学观念大致分为左右两派，右派比较重视自由，左派比较重视平等。确实，在自由和平等之间，也存在一定张力，当过度重视自由的时候，可能导致贫富不均，出现人与人的不平等。而过度重视平等时，则可能过度约束了自由，社会也失去了生机。按理说，社会主义十分重视平等。我国宪法第33条是公民的基本权利和义务这一章的第一个条文，其第 2 款就规定了平等权。但这只是理念上的平等。在现实中的情况十分复杂。即便在传统社会主义时期，城乡之间也存在许多不平等。我经历了那一时期。我当年出生于城市，但长在农村。当我回到城里看到自己的哥哥们的时候，感觉他们就跟生活在天堂一样，而自己就像是北海道不能泡温泉的猴子。也就是说，当时的中国虽然已经是社会主义国家，但依然存在大规模不平等现象。

以上讲的就是平等观念的起源与发展。接下来讲平等权原理。

平等权原理是说：现实中的人具有先天性的差别，但任何人都具有人格的尊严，为此在自由人格的形成和发展上应该享有平等的权利。

我们知道，现实中，人是有差别的。比如，有的是男性，有的是女性；有的是白种人，有的是黑人，还有人是黄皮肤的；有些人智商高些，有些人比较笨；有些人胖，有些人瘦；有些人长得漂亮，有些人长得比较普通。人和人之间就是存在这些先天性的差别，不论你是否承认，这都是事实。然而，尽管人与人之间具有这么多的先天性差别，但在有一点上每个人都是相同的，那就是在宪法上都是人，都具有人格尊严，都应该在自由人格的形成和发展中享有平等的权利。这就是平等权。

图 28　美国联邦最高法院正门拱顶上镌刻的横幅文字：EQUAL
JUSTICE UNDER LAW。图为本书著者所摄

　　这个道理在各国的宪法条文上具有各种各样的表述，或者说表述为各种各样的规范性语句。主要有三种：第一种表述为"平等保护"，美国就是如此，要求政府平等保护所有人民；第二种表述为"法律面前（一律）平等"，德国和我国采纳这种表述法；第三种表述为"法律上（一律）平等"，这个是日本宪法的说法。但是需要补充的是，"法律上平等"这个说法是中文翻译的产物，其实更准确的表述应该是"法律下平等"。日本国宪法的原文就表述为"法の下に平等"，宪法学界有时也说"法のもとでの平等"，直译的话，就是"法之下的平等"。这与西方也是一样的，因为在英文里就有"Equality Under The Law"的表述。不知道大家注意到没有，美国联邦最高法院正门的门楣上就镌刻着"EQUAL JUSTICE UNDER LAW"。为什么是 under？这就需要你理解了。这是因为英国从中世纪以来就确立了法治传统，其中一个重要的观念就是认为任何人都在法之下。最为集中的代表就是英国著名法官爱德华·柯克爵士曾对当时的英王詹姆斯一世所说的那句名言："国王在万人之上，但却在上帝和法律之下。"就这样，所有人都应该在上帝和法律之下的观念逐渐深入人心。因此，我们在讲平等的时候会讲 Equality Under The Law，即法之下的平等。

　　那么，平等权的法律关系结构是如何呢？这里大家要记住：民法上的平等和宪法上的平等是不同的。民法上的平等是这样的一个情况：A 和 B 处在一条水平线上。而宪法上的平等则是另外一种情况：整体结构像一个等腰三角形，顶点是国家，A 和 B 都处于顶点所面对的两条边的端点上，顶点到 A 和 B 的距离是相等的,也就是说,国家应当平等地保护 A 和 B。这是因为,民法所说的平等是指民事主体之间的平等;而宪法所说的平等主要涉及个人和国家之间的关系,要求国家平等地对待不同的公民。

下面我们来看我国宪法上的平等权的规范结构。我国宪法所规定的平等规范比较多,首先是有一般性规定,也就是《宪法》第 33 条第 2 款,规定"中华人民共和国公民在法律面前一律平等";其次,宪法中还有其他相关的规定,共有 6 个条款,它们是将上述一般性规定加以具体化,里面涉及民族平等、男女平等、政治平等,等等。

那么,宪法里有关平等的一般性规定,它的性质是什么呢? 也就是说,它规定的是一项原则,还是一种基本权利呢? 这是在法规范意义上应该要了解的一个问题。

对于这个问题,国际学术界有三种见解:第一种是原则说,认为平等的规定是宪法上的一项原则;第二种是权利说,认为平等规定的是宪法所应该保障的个人的一项基本权利。除这两种学说之外,还有一种见解认为,平等规定具有双重性质,既是原则又是权利,具体而言也就是说:一方面,对国家来说,平等规定是一项原则,即要求国家必须平等保护不同的公民;另一方面,对个人来说,平等又是一种基本权利,个人可以向国家提出平等的诉求,要求得到平等对待。在上述三种见解中,第三种见解在我国现在基本上已经确定了主导地位。

(二)两种"平等"原理

那么,我国现行《宪法》第 33 条第 2 款所规定的"公民在法律面前一律平等"中的"平等",究竟应该如何理解呢?

在宪法学上,迄今为止对"平等"存在各种不同的理解,其中有两种观点特别重要:一种是将"平等"理解为形式意义上的平等,另一种是将"平等"理解为实质意义上的平等。

所谓"形式意义上的平等",又被称为"机会平等"或"机会均等",它指的是:每个人作为人,即作为抽象意义上的人,都是平等的,都应该获得平等的机会;简单说就是,将不同的人加以同等对待,使其享有同等机会。

值得注意的是,在这里,平等的人不是具体的人,因为一旦人被具体化了,那就肯定是有差别的。因为如前所述,人与人之间存在许多不同点,具体的人有诸多先天性的差异,甚至也存在很多后天性的差异,因此,在事实上,人必然是不平等的。你比他聪明,个子比他高,长得比他漂亮,家庭背景还比他优越,同样是追求人生的幸福,就人生的平台而言,你和他是平等的吗? 很难说是平等的。但是,在宪法上,处于形式上的平等地位的人是指抽象意义上的人,也就是把人的具体的个性全部舍弃掉,只保留了他作为人的这一属性。只要你是人,那么在法上都是平等的,都受到同等对待。这就是形式意义上的平等。

要理解这一点,我们可以看看美国著名摄影家突尼克的作品。这家伙喜欢拍裸体照片,但不是一个一个地拍,而是喜欢拍摄大规模的群裸照片。其实,美国各州法律规定不同,有些州的法律是禁止这种活动的,所以他经常因为违反某州的法律而被拘留。于是,他就跑到更加自由、开放的国家去拍,比如北欧国家,那里很多人愿意配合,参与他的艺术创作。据说他在墨西哥的宪法广场上组织了两万人拍照片,可能是目前最大规模的群裸摄影活动了。可惜我没有那次活动的照片,我给大家看的是他比较早期的作品。是的,他所拍摄的裸体照片我也偶尔看过,看了之后就悟出一些宪法学上的道理来。大家看看,这些人他们各有什么特征? 是的,你会发现这些人基本上看不出各有什么特征,他们高度类似。为什么高度类似呢? 因为脱掉衣服之后,趴在那里,你就看不出他的身份、地位、相貌、性格特征了,基本上都看不出来,因为人太多了,放眼望去,密密麻麻一片,像一把煮熟的黄豆撒在那里。这里面也许有企业老板,有大学教授,有律师,有学生,也许还有普通电工,甚至流浪汉。但是,当他们趴到这里的时候,所有的这些差别就消失不见了。也就是说,我们只知道他们是一个个人,但其他的诸如各自的个性特征,先天性的差别和后天性的差别基本上都消失了。质言之,他们是高度类似的了,因而是均质化的,因为是均质化的,所以说是"抽象"的;而因为是抽象的,所以才是平等的。而当他们穿上衣服,走向各自的岗位,回到各自生活中去时,那时他们的先天性差别和后天性差别就又都呈现出来。那便是具体的人的形象。而我们这里所说的"形式上的平等"原理,所针对的就是突尼克作品所表达的那种"人"——因为是抽象的,所以人才是平等的人,不问你的出身,不问你的职位,不问你们所存在的先天性的差异和后天性的差异,一律平等对待。

近代宪法上所规定的平等,以及人们对平等的理解,基本上都是形式意义上的平等,为此形成了一种规范原理。这种平等观念,是很伟大的,它表达了近代甚至近代以前人们的某种朴素的平等观。类似于我国历史上的"王侯将相,宁有种乎"之类的观念,特别适合于反对前近代的特权。但是,用久了之后,发现它的毛病也来了。对此,西方有一个小说家曾经以诙谐的风格写道:"法律以其庄严的平等精神,禁止富人和穷人睡在桥下、沿街乞讨或者偷窃面包。"

这说的就是这种形式意义上的平等的局限性。是的,如果不问个人差异,一味相同对待,那么,就有利于现实中强势的人,而不利于社会上的弱势群体,或因为出身等情形,被迫处于弱势地位上的人。久而久之,反而进一步导致现实上的不平等,比如贫富悬殊。

有鉴于此,从世界范围的宪法发展情况来看,大致是到了现代社会之后,一种对平等的新的理解就随之出现了,这就是"实质上的平等"。也就是说,实质上的平等其实是现代宪法所确立的一个平等原理,它指的是根据不同主体不同的属性,分别采取不同的方式,对各个主体的人格发展所必需的前提条件进行实质意义上的平等保护。为此,它又称为"条件平等",以区别于前面所说的"机会平等"。但是大家请注意,这种实质意义上的平等,绝不等于"结果平等"。如果是结果的平等,那就等于平均主义了。

为了帮助大家识别形式意义上的平等和实质意义上的平等,我们可以用体育上的赛跑来说明。形式意义上的平等,就相当于所有人都在一个起跑线上赛跑,不管这些人是男人还是女人,也不管这些人是强壮的还是虚弱的,甚至不管是健康的人抑或是残疾人,全部站在同一起跑线上。而实质上的平等,则是按照不同的类别分组赛跑,比如成年人和成年人一组,男性和男性一组,女性和女性一组,残疾人专门举办残奥会等。那么,结果平等是什么呢?那就是不管年龄、性别、身体状况,也不论起跑线是否相同,我们让所有人都同时到达同一条终点线上,这就是结果平等。

运用实质上的平等原理,就需要对人群进行分类,在美国叫作 Classification,这样,才能做到"相同的人相同对待,不同的人不同对待"。但这又涉及一个规范原理,也就是"合理分类理论"。它指的是:法律或政策可以对不同主体进行合理分类,以便合理地区别对待;而如果这种分类措施(或法律)的目的是正当的,而且分类措施也是实现这一目的所必需的,那么,这种分类就是合理的,即使形成一些差异,也可以认为是符合平等原则的。比如说残奥会即是一种合理的分类。这里大家可以注意,这其中包括两个要件:首先,分类的目的必须是合理的;其次,分类的手段也是实现分类的目的所必需的。而这种分类是否合理,则是可以审查的;如果不合理的话,那么基于该种分类所产生的差别对待措施,甚至法律,便是不符合宪法上的平等原则的。

关于这种分类问题,美国历史上有一些非常经典的案例,因为美国这个国家本身就在平等权问题上存在很多问题。我们举一组重要的案例来说明。1896年,美国有一个案件,叫 Plessy 案,它的判决提出了著名的"分离且平等"的原理。所谓的"分离且平等",大意是指:在上学、就餐、乘车、住宿等方面,白人和黑人可以分离,比如,白人孩子有专为白人孩子开设的学校,黑人孩子上黑人孩子的学校,但是这两种学校的政府资助、师资、教育设施、教学条件、课程设置等都应当是平等的。这里面就存在分类,即根据肤色或者说种族所进行的分类,但在当时,人们基本上认为这是合理的,也是进步的。

然而后来人们发现,Plessy 案所提出的"分离且平等"还是有问题的。为什么呢?因为白人学校和黑人学校在发展过程中,情况却大相径庭,白人学校的私人资助、师资水平、学习环境,甚至就业状况都比黑人学校要好。因此,越是分离,越是导致不平等。也就是说,越是按照这种种族分类去办学,越是导致不合理结果的扩大。经过五六十年之后,美国爆发了民权运动,黑人要求获得真正的平等对待,包括废除这种种族隔离政策。在宪法的平权历史上,具有重大历史转折意义的就是 1954 年著名的"布朗诉教育委员会"案。这个案件终于推翻了以 Plessy 案为代表的一批判例所确立的"分离且平等"的原理,而是提出"隔离即不平等"的理论,认为过去那种分类本身就是不合理的。

接下来,我们还要谈谈这两种平等原理的关系。

前面说过,形式上的平等是近代宪法所确立的原理,而它出现了问题之后,现代宪法就确立了实质上的平等原理。这样听起来,好像是后者取代了前者。其实不然!实质上的平等原理只是一种对形式上的平等原理进行修正和补充的原理,而不存在替代关系。也就是说,现代宪法所确立的实质上的平等原理,并没有推翻或者代替形式意义上的平等原理。它们共同在现代宪法下运行,只不过运用在不同的领域里。形式上的平等是基础,实质上的平等只是对形式上平等的修正和补充的原理。

其中,形式上的平等原理仍然适用于对人身自由、精神自由、人格尊严乃至政治权利等宪法权利的保障。比如投票权,肯定是应该平等的,而且应该是形式上的平等,其包括两个层面:第一层面是一人一票,第二层面是每一票的功效或说价值也应该是相等的。而曾经在我国,城市和农村居民所投选票的价值是有区别的。1953年《选举法》规定农村每一代表所代表的人口数是城市的8倍;1979年《选举法》变为县级农村与城市每一代表所代表的人口数比例为4:1、省级为5:1、全国人大代表名额分配为8:1;1995年《选举法》将各级比例统一为4:1;最终,随着2010年《选举法》的修改,城乡人口同比例修改为1:1,城乡之间"同票同权"的制度正式确立,但当时农村人口所占比例已降为全国的54%。而实质意义上的平等则主要适用于以下两种情形:第一,在权利主体上,男女平等、种族平等和民族平等的实现,就是实质上的平等所期待的客观结果;第二,在权利内容上,主要适用于对经济自由、社会权的保障领域,目的在于使经济强者与经济弱者之间恢复法律内在所期待的那种主体之间的对等关系。也就是说,在市民社会发展到一定程度的时候,社会往往会出现严重的贫富悬殊现象,如果严重到传统民法解决不了问题的情况下,宪法就有必要出场,通过在一定领域实行"实质上的平等",重新恢复近代市民社会所期待的人与人之间的相对平等地位。这就是实质意义上的平等的由来。

以上我们讲的是第二点。接下来讲——

（三）法律适用上的平等与法律内容上的平等

上面讲的是对我国现行《宪法》第33条第2款所规定的"公民在法律面前一律平等"中的"平等"的理解。那么,该条款中的"法律面前一律平等"这一规范性语句又该如何理解呢？这就涉及另外两个观点了：一种是法律适用平等说；另一种是法律内容平等说。

法律适用平等说主张：宪法上所谓的"法律面前一律平等",是指法律已经制定出来之后,人们在法律适用上才是平等的,但在立法上则不一定是平等的。我国长期以来的主流学说就持这种平等学说。那么为什么不能在立法上也讲平等呢？这是因为我国存在阶级学说下的敌我区分论,说的是：有的人属于人民,有些人属于敌人,敌人不能参与立法,所以,立法上不能平等。

　　在立法上人与人不平等这一点上，国外也有类似的学说，叫作"立法者非拘束说"，说的是：宪法上的平等权规范，不是约束立法者的，也就是说，立法者可以制定出内容上不平等的法律。为此，这种内容上不平等的法律只要人人都加以平等适用，这就符合宪法上的平等权规范的要求了。

　　而所谓"法律内容平等说"则主张：宪法上所谓的"法律面前一律平等"，不仅包括法律适用上的平等，也包括立法上的平等，即在立法内容上就应该是平等的，任何人在立法上都拥有平等权利。该学说在国外大致相当于"立法者拘束说"，指的是：宪法上的平等权规范可以约束立法者，要求立法者不能制定出在内容上就不平等的法律。其理由是：立法的内容如果可以是不平等的话，那么无论如何严格地执行这种法律、平等地适用这种法律，都会产生不平等的结果。

　　那么，这两种学说在理论上谁更占优势呢？

　　前面说了，长期以来"法律适用平等说"居于主导地位。持有此说的学者对我国《宪法》第 33 条第 2 款进行语义解释，认为宪法没有讲"中华人民共和国公民在法律上一律平等"，而是说"在法律面前一律平等"；而"公民在法律面前"才是"一律平等"的，这就意味着：公民是在法律制定出来之后，站在法律面前，才应该是平等的；至于"在法律上"怎么规定，那是无法讲平等的。

　　这种解释，可能符合立法原意。但是，从今天的眼光来看，这样的解释显得太牵强了，几乎是把法律解释当成了中学语文课上的字义解释，没有什么法律技术上的含量。可能也是因为这样吧，我们的法律解释一直被人家瞧不起，甚至连法律人自己都瞧不起，认为法解释学是法学发展的低级阶段。其实法律解释没那么简单，要知道，法律解释背后是有原理支撑的，法律解释就是要通过条文，针对现实个案，将背后的规范原理调动出来。

　　将"法律面前一律平等"刻板地理解为法律适用上的平等，这在一些国家的历史上也有类似做法，比如说"二战"之前的德国、日本法学界，在理解宪法上的平等权条款时就曾经持这样的学说，而当时德国宪法上有关平等权条款也就采用"法律面前一律平等"这样的表述。但是，值得注意的是，在"二战"之后，德国基本法尽管在规范上仍然采用"法律面前"的表述，然而在解释学上照样不妨碍被理解为已经包含了法律内容上的平等，即它不仅要求政府平等地执行、适用法律，也要求法律本身对于每个公民予以平等保护。

那么,有人会质问:我国存在人民和敌人区分,你总不能让敌人也有立法权吧?我的观点是,姑且不说将公民划分为"人民"与"敌人"这样的理论是否适当,即使承认"敌人"是存在的,从宪法体制来说,他们也是少数的,为此本身就很难被选举成为代表,有的甚至已经被剥夺了政治权利;即使有人当选代表,也很难在"少数服从多数"的宪制框架下拥有最终决定权。当然,关于敌我区分说本身,在理论上也是有重大争议的。把区分敌我看成是政治的关键,这是德国宪法学家施米特一直强调的观点,在他的理论中"人民"和"敌人"是两个重要概念,可是,施米特及其学说在国际学术界争议很大。我个人觉得,他的敌我区分说即使在现实的政治领域是可以成立的,在宪法学上也是颇值得怀疑的。因此,不妨将我国《宪法》第33条第2款理解为对立法者具有拘束力,及采用平等原则立法者拘束说。

(四)平等与合理差别

这个问题更为重要,而且更具有可操作性。要知道,我们所讲的"宪法上的平等",无论是"平等保护",还是"法律上一律平等",或者"法律面前一律平等",都不是宽泛无边的,而是具有特定的内涵,其所反对的就是"不合理的差别",而不反对"合理差别"。

那么,何谓"不合理差别"呢?"不合理差别"是大陆法系宪法学上的说法,相当于美国所称的"歧视",指的是没有合理依据或超出合理差别程度的差别。比如说百米赛跑,没有特别理由,其他人的起跑线都设在你前面,这还不算,还要给你的双脚绑上铁链,让你跑,这就是不合理差别。

当然,"差别"肯定是根据某些标准设定出来的措施,如果作出差别对待的标准是不合理的,那差别本身就是不合理的。而这些作出差别对待的不合理的标准,在宪法学上,就叫作"禁止性差别事由",也就是被禁止了的那些差别依据。一般来说,对于这种不合理的差别依据,各国宪法都会加以列举,比如说我国《宪法》第34条在规定选举权的时候,就规定:年满18周岁的公民,不论民族、种族、性别、职业、家庭出身、宗教信仰、教育程度、财产状况、居住期限,都有选举权和被选举权。也就是说,如果根据一个人的民族、种族、性别、职业、家庭出身、宗教信仰、教育程度、财产状况、居住期限这九种依据,而对其选举权和被选举权加以差别对待,那就是不合理的。这样,民族、种族等九种依据,就成为宪法所明文列举的选举权与被选举权的不合理的差别依据,或者也可以推断为宪法上更为广泛意义上的"禁止性差别事由"。你可以对人进行分类,然后实行一定的差别对待措施,但是一般来说不能根据民族、种族、性别等加以分类,然后对其中处于弱势地位的群体实行不利的措施。如果要根据民族、种族、性别等加以分类,就要看其目的是否正当,如果此种分类不利于弱势群体,那么这就构成了禁止性差别事由,你就是根据禁止性差别事由来进行不合理分类的。

除了上述我国宪法中所列举的禁止性差别事由之外,其他国家的宪法通常还规定了其他事由,其中包括故乡和语言,也就是说不能根据故乡和语言进行差别对待。在缺乏正当理由的时候,这种做法就可能属于不合理的差别。这个道理在我国也是适用的。比如不能因为我是"胡建仁"(福建人),大家就歧视我。我国几部诉讼法都规定少数民族可以用少数民族的语言进行诉讼,道理也就在这里。当然,如果有合理的理由的话,那情形就另当别论了。比如,某个大学招收学生攻读播音专业,要求报考人必须会说普通话,如果你不会,就可以限制你。

从这里也可以看出,平等主要反对不合理的差别,这其实就意味着允许合理的差别。那么,什么是"合理的差别"呢?它指的就是具有合理依据及合理程度的差别。判断某种依据是否合理,主要就是看这种依据是否属于"禁止性差别事由"。如果不属于,那么一般来说此种差别就是合理的。合理程度也有标准,即差别程度是否超出了目的之所必要。如果超出了合理差异的程度界限,那就会构成逆反差别,又称"反向差别"。比如说在美国,实质上的平等原理倾向于保护黑人,但是这个保护不能超过一定的限度,不能对黑人保护得太离谱了,已经构成对白人种族的歧视,这就是逆反差别。再比如,我们要保护经济上弱势群体,所以在税收方面采用累进计税制,收入高的人纳税比例高,收入低的人纳税也少,这就是合理的差别。但是这种差别有一定的限度,不能太离谱,否则也会构成逆反差别,以后这个社会里的人就都不愿意通过辛勤劳动创造财富,大家都愿意做穷人,坐在家里等着政府救济,而富人或者有能力的人就可能纷纷移民,逃离这个国家。

合理差别具有合理依据,这些合理依据我们也可以进行类型化归纳。

首先,形式上的平等所承认的合理差别,其主要依据是什么呢?主要是能力、德行和业绩。我们禁止依据民族、种族、性别等进行差别的对待,但是任何国家一般都不禁止根据能力、德行和业绩对人进行差别对待。也就是说,能力、德行、业绩不被列为禁止性差别事由。老板工资可以比员工多,在员工当中业绩好、能力强的人,其工资可以比其他人高。根据学术水平和研究能力,有些人做教授,有些人目前只当副教授;不可能所有人都涌入清华北大读书,而是要根据考分来选拔。这些都是根据能力或业绩来对人进行差别对待的例子。这样的差别对待是宪法所允许的。你们不要以为,宪法上所讲的平等就是人人都一样。这点你要是不理解,就会陷入古代农民起义中所主张的平均主义的泥坑。平均主义的社会肯定是存在很多问题的,它解决的是分配财富的问题,把富人的东西全部剥夺过来分给穷人,但却没有看到创造财富的重要性。只关心分配财富,不关心创造财富,甚至不去创造财富的话,社会还是维持不下去的。

接下来我们看实质上的平等方面。实质上的平等所承认的合理差别,其类型更多,而且也更为复杂,其中包括:第一,依据年龄差异的合理差别。比如选举权的行使,各国都设定年龄要件。我国是年满18周岁的公民享有选举权,未满18周岁则不享有选举权。这就属于根据年龄差异而采取的合理的差别对待。第二,依据生理差异的合理差别。比如说对男女劳动者进行分类,作不同的对待,对女性劳动者优厚照顾,为她设定特别的产假,比男性提前退休的工作年限,等等。还有,对健康的人和身体健康状况方面有缺陷的人进行差别对待。第三,依民族差异的合理差别。现实中,我们对少数民族不加以不利对待,反而对其一些权益要加以优厚保护,如在生育、工作、受教育等各方面予以优厚保护,就属于这个。这是合理的,属于实质上的平等。第四,依经济能力、收入所得进行的合理差别。刚才我所讲的累进计税制就是非常好的例子。第五,对特定主体的权利限制。对有些人权利的保护要强一些,而对有些人权利的保护应该弱一些,特别是某些权利,比如说对公务员的人格权,包括隐私权、名誉权,我们就应当只予以"弱保护"。你是某县的县委书记,有公民去上访告你,你就说人家诽谤,断言他侵犯了你的名誉权,反过来到法院起诉这个公民。如果中国的官员动不动就这样做,那么我国现行《宪法》第41条所规定的公民批评国家机关及其工作人员的权利,甚至申诉、控告和检举国家机关及其工作人员的权利,就可能会形同虚设。为此,与国家机关及其工作人员,如官员在现实中拥有强势地位相对应,对官员的名誉权等人格利益的保护采取一些特别的限定措施,看似不平等,实则是合理的。这在各个法治国家都是如此,否则,你就很难成为法治国家。所谓的"官告民"现象往往出现在法治相对落后的国家或社会。大家都知道,新加坡的李光耀先生,确实是挺有能力的,但他过去经常把反对派告上法庭,主张人家诽谤,为此侵犯了他的名誉权。你想法庭一般会判谁赢呢?当然是李光耀!与此相反,世界上大多数法治国家里,政治人物、公众人物的名誉权、荣誉权往往无法得到特别优厚的保护,反而还会受到适当的限制,以与普通人的各种权利之保护达到一种对等关系。这就属于合理的差别。

以上我们讲的就是平等权,现在来总结一下。宪法保护平等,这个"平等"应该怎么理解呢?应该这样理解:

第一,宪法上的平等,实际上是规范意义上的平等,即应然意义上的平等,而不是指事实上的平等。在事实上,人与人是有差异的,是不平等的,其中既存在先天的差异,也存在后天的差异,但宪法则规定在规范上应该达到一种平等的状态。

第二,这种平等的状态不是宽泛无边的,而是具有特定的内涵的。它指的就是得到公权力的平等保护,反对不合理的差别,但允许合理的差别。所以宪法上所讲的平等,在规范意义上,其最重要的内容就是区别什么叫合理的差别,什么叫不合理的差别。而不是像政治学、社会学那样,甚至像普通老百姓,乃至古代农民起义领袖那样,将平等理解为是宽泛无边的。

第三,关于什么是合理差别,什么是不合理差别,法学上有个判断机制,含有一定的技术。这个技术当然是在规范意义上讲的。怎么判断呢?首先要看是否存在差别对待措施,即某一项立法或者是某一种行政措施是否存在差别对待,比如是否存在一种对人的分类。男性60岁退休,女性55岁退休,这就存在了分类,并存在了一种差别对待。如果可以判断的确存在差别对待的措施之后,就应该开展我们前面所说的形式意义的审查和实质意义的审查,其中,实质意义的审查最为复杂,其关键就是看这个差别对待措施是否合理。如何判断差别措施对待是否合理呢?国外在合宪性审查中发掘出很多技术,基于我国目前的情况,我们姑且可以采用这样一套步骤:第一要判断差别对待措施的目的是否合理。目的合理指的是基于宪法所容许的目的,而不是基于禁止性差别事由;如果是基于禁止性差别事由,比如说基于性别,那还要求这种差别对待不是对弱者一方不利。如果是对弱者一方不利,那么就构成了不合理的差别;第二要判断差别对待措施本身是否合理;第三则是要判断措施与目的之间的关系是否合理,包括要看所采取的差别措施对于实现其目的是否适当,是否属于最低必要限度,以及基于差别对待所获得的利益与所失去的利益是否大致符合比例。

(五)案例分析

讲到这里,现在让我们回过头来看看前面的几个案件,思考一下应该如何分析评价它们。在这里,可以参考合宪性审查的框架来分析,但由于时间关系,我们仅选择其中的一些关键性要点来分析。

首先是乙肝病毒携带者就业歧视案件。案中明显存在差别措施,那么这些歧视措施是否构成了不合理差别呢?可以分析一下其关键性要点。

在招聘公务员时,对乙肝病毒携带者所设定的限制,其目的是什么?公权机关就有义务对这一点进行说明。如果这个目的本身就是不合理的,那么,就构成了不合理的差别。如果是合理的话,那还得继续审查下去,其中的关键是案中的差别措施是否符合比例原则。比如设定这个公务员岗位主要是从事食品卫生工作的,那么就要审查乙肝病毒是否会通过唾液传播等。也就是说,可以审查应聘者的身体健康状况是否符合此一特殊工作岗位的特殊要求。但一般来说,全面禁止乙肝病毒携带者录用为公务员的做法,很可能违反了适当性原则,很难获得正当性支持。再如,如果他只是轻微的小三阳,就被禁止录用为公务员,那这个差别措施也可能违反了必要性原则,也很难获得正当化。

再看身高歧视案。这也比较复杂。我们看到,这个案件中存在分类。那么,这一分类所形成的差别对待措施是否属于不合理的差别对待呢?关键是审查以下这些要点。首先要看目的。设定一定的身高限制是基于什么目的呢?如果说,仅仅是为了提高公务员的形象,那么这个目的就是不合理的,因为公务员形象的提高,主要不是靠公务员个子高来体现,而是主要依靠其他方面,比如公务员在具体工作中的表现。在2008年四川发生地震时,某个公务员身先士卒、奋不顾身,参加营救工作,这个公务员就是合格的公务员,即便个子再矮,我们也觉得他的形象非常高大。其次要看差别措施与目的之间是否有关联性。比如说招的是特警,那么将身高限制为1.65米以上行不行?在这种情况下就可能是合理的,因为特警这个职业的特性对身体条件是有一定特殊要求的,体型太小无法满足该种岗位的要求,这时设定一定的身高限制是合理的。美国就曾经发生过一个案例,我们称为"警察资格测验案"。在该案中,几个黑人去起诉警察署,认为警察署对他们构成了歧视。原来,这几个黑人想做警察,于是警察署对他们的身体状况进行测验,但是测验不过关,黑人就告他们搞种族歧视。于是,警方在法庭上做出说明,这个测验的目的是要提高警察的身体素质,而警察身体素质的提高对于其履行警察职能具有必要性。也就是说,这个测验本身与其目的之间存在内在的关联性。所以法院判决,警方没有构成歧视。但是如果是招收一般的公务员,在办公室里抄抄写写,即便将来是要担任领导职务,矮一点就矮一点,也没有什么关系,而进行身高限制,就可能构成歧视。

在青岛三考生诉教育部这个案子里,考生认为教育部对不同的地区给予不同的招生名额,导致不同地区的高考录取分数线出现悬殊现象。大家想想看,这有没有构成不合理差别对待呢?要分析这个问题,首先要分析这里面是否存在差别对待。这肯定是存在的。所以,我们重点要看:这种差别对待是否是合理的?而要判断是否合理,我们说了首先要看目的是否合理?为什么全国高考录取分数线不划成一条线,而是不同地区不同划线,不同地区有不同的名额?这样做合理不合理呢?我认为,从初衷来说,这也有合理之处。为什么?因为这样做主要目的是为了保护教育不发达地区考生的利益。如果全国一条线,那么,比如说像新疆、西藏等中西部省份由于教育条件比较落后,那里的学生和东南部地区的考生竞争,那几乎没多少学生能考得上。在这种情况下,全国一条线显然是不公平的。

中国自古以来,即使在封建社会,科举考试录取名额的分配也都考虑到地区之间的平衡。比如说规定状元、榜眼、探花,不能出在同一个县。有一个真实的案例,说清朝乾隆年间,有一年状元和探花都出在四川省某一个县里,而且是同一个家族。乾隆皇帝很震惊,认为这是不正常的,里面可能存在科场舞弊,于是就派一个很著名的大臣去调查此事,此个大臣就是纪晓岚。纪晓岚怎么处理这个案件呢?当然是秉公处理,重新改卷,将其中一个判为没有录取。这在历史上是很著名的案例。从宪法学上来说,这样做是符合实质意义上的平等原理的。但是大家返回来看

延伸阅读:古代科考录取中的平等措施

我们的案件，高考画线，北京市比青岛等地低了一百多分，这个有没有道理？可能就没有道理了。因为北京市的教育条件比青岛等地好得多，而上述做法却是对弱者一方（青岛考生）不利的。因此，争议事项构成不合理差别对待。只不过中国目前还没有一个有效的法律制度去纠正这样的做法，所以这样的案子没有告成。

接下来是男女平等退休案。这个案件涉及：规定女性在55岁退休，这是否会构成对女性的歧视？从目的来看，这种差别措施也许不是歧视的，相反，是为了更好地保护女性。但到了现在，则很难说了，可谓公说公有理，婆说婆有理了。其中，有一部分女性就愿意55岁退休，如果你让她60岁退休，她就认为这不公平，没有实现实质意义上的平等，只是形式意义上的平等，忽视了女性的特殊性。可是相反，规定女性55岁退休也会出现类似于Z女士这样的案件。怎么处理呢？我认为是应该只规定参照性的女性退休年龄段，如55岁到60岁，然后赋予女性自我决定权，让她自己根据自己的情况和意愿申报适当的退休年龄，有关部门予以核准。

以上就是对几个案件的分析。在现实生活中，有关平等权的案件是很多的。那么平等权在当今中国为何诉求这么活跃呢？首先一个原因是公平正义已经成为这个时代的主题。过去重视效率和经济的发展，现在人们开始重视公平正义。而中国人讲的公平正义，主要是讲平等。所以平等权变得非常重要，从某种意义上可以说，它是中国宪法中的第一大权利。其次，平等权之所以受到特别重视，还有中国传统农耕社会深厚的均权观念在起作用这个原因。这种均权观念从井田制的出现就开始形成了，如今还有很大影响。最后还有一点就是人们对现代平等规范原理的误解。现代人们对平等的理解是漫无边际的平等，所以诉求很多。但宪法上所讲的平等原理，其实是有特定内涵的。有关这一点，大家可以自己去琢磨，运用我们所学过的宪法学上的平等权的原理和技术进行分析，或者尝试去解答。

最后要说的是，以色列学者赫拉利认为，随着人工智能和生物技术的发展，人类将从当下的"智人时代"走向"智神时代"，一小部分人类社会成员将成为智力和身体都远超普通人的智神，而大部分智人可能成为"无用阶级"。那个时代人类是否还是平等的，可能是同学们要好好思考的一个问题。

二、政治权利

(一)政治权利概述

政治权利又被称为"政治自由权利",也有人称之为"参政权",指的是人们参与政治活动的一切自由和权利的总称。

政治权利在我国宪法基本权利序列中的排名是比较靠前的。我国现行《宪法》是从第 33 条开始规定基本权利的,第 33 条第 1 款规定公民的概念,第 2 款就规定平等权,第 3 款规定国家尊重与保障人权,而接下来第 34 条,则规定选举权与被选举权,即开始规定政治权利了。为此在我国宪法权利的实定序列之中,政治权利被排在第二位,仅次于平等权。

政治权利之所以在我国被认为是非常重要的,首先是因为其被看作是"主权上的权利",即人民当家做主的权利,它既是人民主权原则及各项民主制度得以确立的前提条件,又反过来体现了人民主权原则及其各项民主制度的必然要求;其次它既为一项实体性的权利,又具有一定程序上的意义,可为实现实体性权利服务。当然,同时也是因为,我们国人在宪法上有一个特别的观念,就是将积极权利看成是比消极权利更为重要的,这与其他有代表性的宪治国家恰好相反。其实,政治权利在现实生活中是否像宪法上规定的那样或者像某些政治学家鼓吹的那样已经得到充分的保障,还值得具体分析。

这里我们顺便讲一下孙中山的"民权"概念。这个概念从近代日本移植而来,在民国时期十分重要。当今有人将其泛化理解为人民或国民的基本权利,这是不对的。其实,孙中山所说的民权,主要只是指以下四种权利:选举权、罢免权、创制权、复决权。其中选举权、罢免权我们都知道了,我们主要介绍一下创制权与复决权。创制权是指公民在法定人数内可以提出立法建议案,交立法机关讨论修改或经投票直接制定为法律的权利。复决权是指公民以投票方式对立法机关通过的宪法或法律应否生效作出最后决定的权利。这样看来,孙中山所讲的"民权"实际上是属于公民的政治权利的范畴。

政治权利具有能动性。这一方面决定了该权利享有主体本身必须具备独立的主体意志能力和政治行为能力;另一方面,人们的主体意志能力和政治行为能力,在一定程度上也是可以在民主政治实践和公共参与活动中得以自我培养的。

（二）政治权利的具体类型

从宪法学理论上说,有关政治权利,有很多要点需要掌握,大家可以去看我们的推荐教材。在此我们从政治权利的几个具体类型上做一些介绍。

在我国,政治权利下面又可以划分为如下五个具体的类型:

第一个是选举权和被选举权。关于选举权与被选举权,我国现行《宪法》第34条规定:"中华人民共和国年满十八周岁的公民,不分民族、种族、性别、职业、家庭出身、宗教信仰、教育程度、财产状况、居住期限,都有选举权和被选举权;但是依照法律被剥夺政治权利的人除外。"其中的选举权,在我国首先是人大选举制度下的选举权,如果从广义上说,还包括村民选举、居民选举制度中的选举权,乃至选举公职人员的权利,但主要是人大代表的选举。"马工程"教材也是将其限定为"选民依法选举代议机关代表的权利"。而被选举权也可做相应的理解。

政治权利的第二种类型是罢免权。罢免权指的是选民或选举母体拥有撤销那些已经通过选举产生的代表的代表身份的权利,但作为一项基本权利具体类型的罢免权,主要指的是选民对代表的罢免权利。为此,罢免权也可以理解为是从选举权中衍生出来的一项权利,是选举权的一种展开形态。

政治权利的第三个具体类型叫"表达自由"。根据我国现行《宪法》第35条的规定,这种表达自由就包括言论、出版、集会、结社、游行、示威的自由,可以简称为"六小自由",学界曾经把它们称为"政治自由"。关于它们的定义,我们集中介绍一下:一般来说,言论与出版相对称;集会与结社相对称;而游行与示威相对称。这三对内部彼此都比较接近。

言论自由有广狭两义。广义的言论自由包括狭义的言论自由和出版自由,是指公民通过各种语言形式表达、传播自己的思想、观点、情感等内容的自由;而狭义的言论自由则指的是通过口头表达为形式的言论自由;出版自由则是通过文字、图表等形式来表达的自由,具体而言是指公民可以通过公开发行的出版物,包括报纸、期刊、图书、音像制品、电子出版物等形式,表达、传播自己的思想、观点、情感等内容的自由。

结社自由是指特定的多数人形成具有共同目的的、持续性的结合体的自由;而根据《集会游行示威法》的规定,集会指聚集于露天公共场所,发表意见、表达意愿的活动。其实,从学理上说,这个定义是不完整的,主要原因是集会未必限定于露天公共场所,只要特定或不特定的多数人在一定场所聚集,形成一时性的集合体,即是集会。

游行和示威的主体一般也是特定或不特定的多数人。根据《集会游行示威法》的规定,游行指的是在公共道路、露天公共场所列队行进、表达共同愿望的活动,其重要特征是行进;示威概念所包括的范围则比较广了,主要指的是特定或不特定的多数人在露天公共场所或者公共道路上以集会、游行、静坐等各种方式,表达要求、抗议或者支持、声援等共同意愿的活动。也就是说,示威的形式是多样的,从广义上说,集会、游行都可以包括进去。而且由于规管很严,它的形态会变,有时也是策略性的演变,比如 2007 年,我国厦门就出现过群众以大规模集体散步的形式反对政府拟将推动的 PX 项目的事件,那其实也是一种示威。

当然,正如过去我们讲过的那样,这种类型的划分也具有相对性,很多人认为这个表达自由,就应该划分到精神自由的类型中去,但是根据我国宪法的规定,表达自由是放在第 35 条中,仅次于第 34 条所规定的选举权与被选举权。由此可见,我国宪法似乎是把表达自由纳入政治权利的序列中去的。

政治权利的第四个类型叫监督权。这是我国作为社会主义国家在传统上所特别标识的一种权利类型,认为是人民当家做主、有权监督国家机关及其公务员的一项神圣权利。监督权的具体依据是现行《宪法》第 41 条第 1 款,该条款规定了更为具体的六小权利:第一个就是批评权,第二个是建议权,第三个是检举权,第四个是申诉权,第五个是控告权,第六个则是国家赔偿请求权。"马工程"教材基本上也持有这样的见解,将前面五项权利合称为"监督权",与第六项的国家赔偿请求权并列。

其实,这里所说的监督权,相当于传统宪法学上所讲的请愿权,即任何人就个人权利的保护或救济、国家法令的制定或改废、公务员的罢免以及其他公共事务进行请愿的权利。请愿权这个概念在我国民国时期就有过,但到了新中国,这个概念就不讨人喜欢了。这是由于,我们是社会主义国家,单从政治理念层面上的逻辑要求而言,人民自己都"当家做主"了,不可能还去向官府请愿。为此,新中国成立之后,便不采用"请愿权"这个说法,而改为"监督权"。

然而,从学理上说,上述的这六个权利,可划分成参政型的监督权和权利救济型的诉愿权两类，其中真正属于政治权利的只有前面三个，即批评权、建议权、检举权。质言之，这三项才是参政型监督权的应有内容；而至于申诉权、控告权和国家赔偿请求权，则属于权利救济型诉愿权的范畴。当然，建议权和检举权比较特别，也可以跨入这个范畴。它们可合称为"权利救济型诉愿权"，其存在跟特定的政治制度无关，在任何国家、任何社会的宪法上，老百姓一般都享有这类权利，主要用于个人权利的救济。

为此，从严格的意义上说，使用"监督权"这个概念，应扣除申诉权、控告权和国家赔偿请求权，而将这三种权利纳入权利救济型诉愿权的范畴中。有关这一点，今后我们在讲到权利救济权时，会专门讲到。

政治权利的第五个类型就是"其他的政治权利"，比如担任公职的权利，村民自治中的个人参与权，等等。

在1982年宪法之下，应该说政治权利没有什么发展，这一点应该承认。发展最突出的，唯有"海选"制度，即所谓村官直选制度。该制度于1986年为吉林省某村自创，1998年《村民委员会组织法》认可，但在实践中问题多多，也令人深思。

在实践中，还有一个值得一提的问题是：对于危害国家安全及严重破坏社会秩序的罪犯，我国《刑法》第54条和第56条规定了对其剥夺政治权利，包括：(1)选举权与被选举权；(2)表达自由；(3)担任国家机关职务的权利；(4)担任国有公司、企业、事业单位和人民团体领导职务的权利。这个剥夺范围是否过大，曾引起争议。对此，有些要点确实值得思考，比如第4项与第1项的关系如何？第2项是否应限定于政治性的表达自由？

在现实中，有一些案例显示，政治权利还需要进一步切实地加以保障。比如，2006年重庆市发生了备受关注的"彭水诗案"。在这个事件中，一个普通的年轻公务员Q，编写了一条手机短信，内容如下：

马儿跑远，伟哥滋阴，华仔脓包。看今日彭水，满眼瘴气，官民冲突，不可开交。城建打人，公安辱尸，竟向百姓放空炮。更哪堪，痛移民难移，徒增苦恼。官场月黑风高，抓人权财权有绝招。叹白云中学，空中楼阁，生源痛失，老师外跑。虎口宾馆，竟落虎口，留得沙沱彩虹桥。俱往矣，当痛定思痛，不要骚搞。

这个短信中的"马儿",被认为指的是原县委书记马某,"伟哥"指的是县委副书记兼县长周某,而"华仔"指的是县委书记蓝某。应该说,这属于公民对国家工作人员的批评了,也属于政治性言论自由的范畴。但当时,批评者却被刑事拘留,进而检察院批准逮捕,并面临刑事审判。所幸的是,有人在网络上发布了此事,为此媒体纷纷报道,引起全国舆论一片哗然,最后迫于舆论压力,当事人被释放,官方作出道歉,县委书记也被调任。但类似案件在全国各地还可能发生,尤其发生在法治观念薄弱的地区,其中甚至可能包括在座一些同学的故乡呢。

其实,"彭水诗案"之类的事件之所以发生,有着深远的制度背景,比如其中一个重要原因在于:在我国现行宪法体制下,公民的参政型监督权,尤其是批评政府的权利,没有适当的公共平台作为支撑,以致一旦有人批评政府及其官员,后者也不知道应该如何合理应对。从这个意义上说,公民的政治权利的切实保障,也有赖于民主制度的改革完善,否则可能成为空谈。

第十二章　精神自由与人身自由

本章所讲的精神自由和人身自由是基本权利的两大重要类型。我们前面讲过,近代宪法主要保障三大自由,即人身自由、精神自由和经济自由。换言之,这三大自由,是近代宪法所确立的最重要的基本权利。在现代宪法中,这些基本权利仍然受到重视,只不过其中的精神自由的地位上升了,居于人身自由之前。我国宪法也是如此,所以我们先讲精神自由,再讲人身自由。

在这里,我们照例先推出几个章前导引问题:第一,有些国家往往在特定时期里严格规制社会上的各种言论,这有没有一些理由?如果有,主要是什么?第二,我国现行宪法没有规定政教分离原则,在这种情况下,我们的政府是否可以参加一些宗教活动?第三,公安机关依法逮捕了犯罪嫌疑人,并查明犯罪事实,然后是否可以像捆绑大闸蟹一样捆绑他?为什么?第四,第一次上课时讲过:在美国"9·11"恐怖事件发生之后,一个严峻的问题很快摆在各国政府的面前:如果民航客机被恐怖分子劫持,为了防止被劫持客机撞向大楼,造成更大的二次威胁,国家可否将其击落?请问,你的看法是什么?

一、精神自由

何谓精神自由呢?精神自由是指对那些与人的精神活动或精神作用相关联的自由权利的总称。在我国,精神自由又可称为精神·文化活动自由,这一大类之中又包含着更为具体的类型。有哪些呢?主要有这么多:思想和良心的自由、表达自由、宗教信仰自由、通信自由和通信秘密、文化活动自由等。这些都属于精神自由这个范畴。下面我们逐一讲解。但要说明一下:思想和良心的自由在我国现行宪法中没有规定，1949年《共同纲领》中曾经规定过思想自由，现在不规定了，所以不讲。表达自由在前面政治权利中已经讲过了，但在学理上也可以纳入精神自由，这里还要再讲一下。

（一）表达自由

表达自由（freedom of expression），在美国又叫"言论自由"，在德国则称其为"意见自由"，指的是通过一定方式，将内心的精神作用公诸外部的精神活动的自由。根据我国现行《宪法》第35条的规定，表达自由包括言论、出版、集会、结社、游行、示威等自由。

在我国，表达自由往往被高度政治化，因此也被纳入到政治权利类型当中，我们上次就是这样讲过的。但另一方面，实际上这个表达自由也不完全只是政治性的，因为表达有许多内容和形态。第一，在内容上，除了政治上的表达以外，还有商业性表达或者说商业性言论，以及学术言论、艺术言论、宗教言论等方面的表达。特别是商业性的言论，在现实生活尤其是市场经济国家里面是非常活跃的，在数量上远远超过政治性言论。比如，在现代社会，作为商业性言论的商业广告就几乎铺天盖地，以致令人厌烦，但你要想完全避开它却不可能了。第二，在形态上，表达包括通常的表达和象征性的表达。象征性表达指的是将自己的意见和思想通过具有象征意义的行为加以表达的一种活动，如反越战时美国人当街烧掉征兵卡等。

表达自由具有重大意义，其表现在哪里呢？密尔曾在其名著《论自由》中这样写道：

> 让意见沉默的特有弊害，就在于剥夺了人类共同的利益。也就是说，它在剥夺了现代人的利益的同时，还剥夺了后代人的利益；而且，它不仅剥夺了持有某种意见的人们的利益，还剥夺了反对那种意见的人们的利益。因为，如果那种意见是正确，那么人类就被剥夺了抛弃谬误、获得真理的良机；即使那种意见是错误的，他们也会失去几乎与此同样重大的一种利益，即：通过真理与谬误的对决，从而进一步认识真理、拥抱真理的利益。

这段话是我转译自日文版的。其中的内容非常经典，充满了智慧和真理的颗粒,同学们可以好好琢磨。

时至现代,西方学者,特别是美国现代学者爱默森,有著名的学说,认为言论自由就有四点重要价值,分别是:(1)确保个人的自我成就;(2)增进知识、发现真理;(3)确保社会全体成员参与各种"社会性决定的形成";(4)维持一个社会中不稳定的健全分化和必要共识之间的平衡,实现一个更融洽和更稳固的共同体。日本学者芦部信喜则将这四点更为凝练地概括为两点:第一,精神自由有自我实现、认识真理的功能;第二,它又是精神文明的创造力。

是的,在现代社会,言论自由有着特别重要的作用。如上所述,第一点就是实现自我、认识真理。就第二点功能而言,可以说,我们人类社会之所以发展到现在的高度文明状态,人类之所以可以成为地球上所谓的"万物之灵长",原因之一就在于我们人类拥有精神自由。其实人类的许多能力比较差,比如预测地震不如癞蛤蟆,预测下雨不如蚂蚁。另外,我们在身体的自由度上也不如鸟儿,鸟儿长有翅膀,可以自由地在天空飞翔,而人类绝大多数情况下都被牢牢地束缚在大地上。很多同学都梦想着自己能够像小鸟一般自由地飞翔。如果梦想成真,你就不必享受宪法上的自由了,因为你一展翅膀就可以享有自由,连一根羽毛都不留给他。但这只是梦。人类的力气也不比虎狼,牙齿也不及它们锋利。老虎根本不必刷牙,但是它的牙齿照样很厉害,比人类的牙齿锋利多了。然而奇怪的是,人类居然有能力驯服老虎,将作为"百兽之王"的老虎关在笼子里面,供人类自己赏玩。虽然这种行为在人类中的许多动物保护主义者看来又是有问题的,但凡此种种,都表明:单项能力这么差的人类居然成了世界上最厉害的物种。那么,这原因到底何在呢? 自然有各种各样的原因,但其中一个原因就是:人类可以造就精神文明,而造就这种文明的有生力量,那就是精神自由。人类从远古祖先开始就可以思考问题,从事精神文化活动,使人类的大脑越发发达,甚至社会中出现了专门从事精神文化活动的群体,通过文字的形式记录生产生活经验,创造与传播文明。这是其他动物难以企及的。人类在精神文化活动方面发展很快,且受到自身社会的重视,乃至在宪法上都加以保护,从而进一步推进了文明的发展。所以说,精神文化活动的自由是人类社会创造文明(包括精神文明)最重要的一个途径。

正因上述等原因,现代西方人比较重视言论自由。在现代美国,就存在一种宪法理论,叫作"双重标准理论",英语叫作"the theory of double standards"。简单说,其主要是认为:作为"宪法的守护者"的法院,对待言论自由的态度,应该与对待经济自由的态度有所不同,要倾向于对言论自由予以优厚的保护,而对经济自由反而不予以优厚的保护。其具体理由是,对于那些规制社会经济活动的立法,如果法官以自身的社会哲学去对抗由人民选举产生的立法机关中的多数派的抉择,就可能有悖于民主主义的精神;然而,立法上的抉择终究必须保证将来的多数派可以通过和平和民主的途径加以改变的可能性,而对规制精神自由的立法,采取比其他立法更为严格的合宪性审查标准,正是为了维护和实现这一目的。

与此相应,美国在宪法判例中形成了一套有利于对言论自由进行保护的合宪性审查标准,对各国影响较大,其中主要有:(1)禁止事前抑制的原则,即一般情况下,在言论作出表达之前就对它加以审查和限制,那是不行的;(2)"明显且即刻的危险(clear and present danger)"标准,即:如果一个言论的发表具有明显而且紧迫的危险,那么才可以对它进行限制,包括可以在事前加以限制;(3)明确性理论,要求对言论自由的限制,必须做出明确的规定;(4)过度宽泛即无效的法理,即在对言论自由进行限制性规定中,如果语词的含义过于宽泛,那么就是无效的;(5)无其他更宽松的限制手段可供选择(less restrictive alternative,LRA)的标准,这类似于德国的最低必要限度标准,它要求规制言论自由时所采取的手段,必须是可采取手段中最低必要限度的手段,否则就可能是违宪的。这五项审查标准都具有规范性,也具有技术性。

我国现行宪法规定保护表达自由,但尚未形成细致的保护规则和限制审查标准。国务院《出版管理条例》(2020年第五次修订)第25条规定了任何出版物不得含有下列内容:(一)反对宪法确定的基本原则的;(二)危害国家统一、主权和领土完整的;(三)泄露国家秘密、危害国家安全或者损害国家荣誉和利益的;(四)煽动民族仇恨、民族歧视,破坏民族团结,或者侵害民族风俗、习惯的;(五)宣扬邪教、迷信的;(六)扰乱社会秩序,破坏社会稳定的;(七)宣扬淫秽、赌博、暴力或者教唆犯罪的;(八)侮辱或者诽谤他人,侵害他人合法权益的;(九)危害社会公德或者民族优秀文化传统的;(十)有法律、行政法规和国家规定禁止的其他内容的。这十项禁止性规定都是事前性和概括性的,应该说比较全面,也比较严格。

　　说到这里,我们不妨回到那个章前导引问题,即:有些国家往往在特定时期严格规制社会上的各种言论,其理由究竟何在? 也就是说,规制言论是否也具有一些正当理由? 对此就可能见仁见智了,而从公权力的立场看来,还是有正当理由的。这主要是因为,在特定条件下,表达自由确实也可能存在一定的负面作用,主要是可能在社会上带来意见分化,如果意见分化严重,就可能导致社会撕裂,进而影响国家统合。尤其是在社会上存在较为严重的分歧和矛盾,或因某些原因处于无法达成理性对话并形成基本共识的严峻状况下,不排除这种可能。我国曾经在 1980 年删除了 1978 年宪法中所规定的"四大自由",即"大鸣、大放、大辩论、大字报",也不再争论"姓资姓社",道理就在这里。

　　但另一方面我们也需要看到:在成熟的民主法治社会,一般不存在上述此种情况。这是为什么呢? 这是因为,表达自由一旦得到充分的保护,各种不同意见就会并存,其各自影响力也会相互抵消;在这种情况下还能占上风的那部分意见,恰恰有可能形成社会共识,而社会共识的形成又促成社会稳定。因此成熟的法治国家即使大力保护言论自由,社会也不会陷入不可收拾的混乱。

　　表达自由发展到一定程度之后,就派生出一项新型权利,这就是知情权。顾名思义,知情权指的是人们获取信息的自由权利。宪法学上的知情权,则主要限定于从公权力获取信息的自由权利。

　　知情权与表达自由的关系十分密切。同一个权利主体,当其处于表达的传送者地位上时,是表达自由的主体;而当其处于表达的接受者地位上时,则是知情权的主体。在现代社会,知情权很重要。可以说,全然不知情,则表达无意义。

　　知情权的发展比较快,但从宪法学上说,它主要包括以下两项具体内容:(1)不被公权力妨碍获得信息的自由。该项自由主要指的是可自由地通过合法的途径接受或收集各种信息、资讯而不受公权力不当干预的自由,属于消极权利;(2)政府信息公开请求权。该项权利被认为是知情权的核心内容,属于积极权利,同时也属于抽象权利,一般需要《政府信息公开法》之类的具体立法才得以具体化,从而在法律上获得具体救济的途径。我国中央政府已于 2007 年制定了《政府信息公开条例》,2019 年修订。

（二）宗教信仰自由

从宪法学上说，所谓宗教信仰，指的是对造物主、绝对者、至高的存在，尤其是神、佛、先灵等具有超自然或超人格性质的存在的确信、敬畏或崇拜的情感和行为。宗教信仰自由主要包括三项内容：内心的信仰自由、宗教上的行为自由和宗教上的结社自由。

为什么要保护宗教信仰自由呢？其实，马克思曾说过，宗教是人民的鸦片。而在马克思之前，卢梭也曾把宗教称为"高贵的诈术"。但时至今日，人类的科学技术对宇宙的认识还是十分有限的，而且科学技术也没有解决人类灵魂的救赎和安顿的问题，这使得人类还需要宗教的力量。既没有宗教信仰，也没有其他信念，人类很可能就失去了终极意义上的虔诚和敬畏，这也很可怕，比如会导致有些人生失意者自己不想活了，就把屠刀肆意地转向无辜的人群，悍然实施恐怖主义式无差别杀人这样极端恶性的犯罪行为。所以，我们不能小看宗教。要知道，宗教在社会学意义上至少拥有三大功能，即：赋予人生意义，引导人类向善，维系社会团结。也正因为如此，自古以来，高明的统治者就非常懂得利用宗教信仰的力量，并在各种宗教之间保持适度的平衡。

但问题在于，我国是一个以无神论为主导思想的国家，主流社会意识形态奉行马克思主义。那么，作为一个以马克思主义为指导思想的社会主义国家，我们对宗教应该采取什么态度呢？表面看上去，好像应该完全取缔各种宗教活动。过去在极左思潮的影响下，就曾经这样做过，结果有过惨痛教训。现在，我国在奉行马克思主义的同时，也在宪法中规定了公民的宗教信仰自由。这是不是有矛盾呢？

答案是：没有矛盾。因为，现行宪法虽然规定了包括要坚持马列主义的"四项基本原则"，但它存在于宪法序言第7段的表述之中，是指导性的原则性规定，因此在规范上并不会完全排斥《宪法》本文部分第36条所规定的公民的宗教信仰自由。

在当今我国，宗教信仰自由的保障，也应遵循一些原则。

第一，合法性原则。如根据法律法规规定，不允许强迫任何人，特别是未满18周岁的少年儿童入教、出家、进入寺庙学院；不允许恢复已被废除的宗教封建特权和宗教压迫剥削制度。

第二，坚持本国宗教事务独立原则。我国《宪法》第 36 条第 4 款即规定，宗教团体和宗教事务不受外国势力的支配。为此，我国基督教实行"三自方针"，即自治、自养、自传。但我国宗教团体、宗教人士依然可以开展对外友好交往；外国人在我国境内也可以开展正常的宗教活动。

现实中，存在基督教家庭教会的问题。中国长期有官方认可的基督教"三自教会"，但 20 世纪 80 年代后，由于其内部存在一些问题，就出现了一些家庭教会，其中亦有海外资金、书籍的流入，此外还有城市的一些新兴教会。对此，许多地方政府以"非法聚会"为由对其加以打击，但使其转入地下秘密化，产生对抗意识，并出现宗教维权政治化。对此我们认为应当完善相关的法律法规，容许其中符合条件的家庭教会在"三自"体制之外另行登记，区别对待。

第三，各宗教一律平等原则。这是"马工程"教材专门提出的一个原则，指的是法律对各种宗教的保护应该一视同仁，各宗教之间也应互相尊重、和睦共处。

第四，关于政教分离原则。为了保障宗教信仰自由，许多国家还在宪法上确立了政教分离原则，主要是要求公权力对宗教必须保持中立的立场。该原则又具体包含两方面的内容：其一，国家不得偏袒任何一种宗教，不能将特定的宗教设立为国教；其二，禁止公权力开展或参与宗教活动，也禁止任何宗教团体享有公权力赋予的特权或行使政治上的权力。政教分离原则主要是要求国家对各种宗教保持中立，同时也要求各种宗教不得行使国家政治权力或特权，其宗旨在于防止出现宗教歧视、压迫和冲突。

为什么许多国家的宪法上会存在政教分离原则呢？其道理在于，无论从历史经验还是纯粹理论上讲，政治权力的介入，无疑会造成对特定宗教给以优厚保护，而对于其他宗教则施以干预压迫，进而导致宗教之间的冲突纠纷，甚至会出现社会的混乱。在西方历史中，曾经出现过非常残酷的宗教迫害，其激烈的形态就是宗教战争和教派冲突，前者的代表是十字军东征，后者的例子则更多，比如法国的圣巴托罗缪惨案。这都是大的事案，而小的宗教迫害，比如对异端的屠戮，则不胜枚举。正是基于对于这种历史经验的深刻反思，政教分离原则诞生了，并被许多国家的宪法所接受，尽管各国在实现政教分离原则的具体做法上并不相同。美国是最典型的要求政教分离的国家，美国《宪法》第一修正案明确规定禁止设立国教。在英国则完全不同，由于历史原因，英国宪法上是允许设立国教的,迄今为止也仍然存在国教。英国虽然存在国教,但政府对其他宗教采取宽容的立场,也不轻易干预宗教事务。可以说,在这个问题上,英美两国构成了两个极端:一个明确地将一种宗教(派别)奉立为国教;另一个在宪法上明确禁止设立国教,政府绝对不能参与任何宗教活动。在这两个极端之外,还存在广泛的中间形态,就是意大利等国家。它们处于英国与美国的中间,也就是世俗权力和宗教势力双方达成合意,签订一些协定,分别负责管理一部分社会事务。

但我国现行宪法并未明确规定政教分离原则。这是为什么呢?主要是因为部分少数民族地区还存在政教合一的传统,如西藏就存在金瓶掣签传统,以此用来认定藏传佛教最高等的大活佛(达赖喇嘛和班禅)的转世灵童。这个传统仪式自清朝开始就由中央政府参与实施,迄今仍然如此。但是,无论从立宪主义的立场,还是从我国政治形态的角度来看,在保留一些合理例外的情况下,国家对各种宗教还是应该尽量保持中立,宗教一般也不宜行使国家的特权。

我国在宗教信仰自由的保障方面也出现一些典型案件,其中争议较大的恐怕要属在各地频繁出现的大型公祭活动。所谓"公祭",是指自古以来由国家公开主持、倡导、参与的对古代圣贤、民族始祖乃至先人神灵的大型祭拜活动。但是,自新中国成立以来,我国政府作为由中国共产党领导的、奉行唯物主义的政府,在很长时间里,对于此种宗教类活动的态度比较微妙,一般最多只是默许民间的祭拜,自己不染指。然而,近年来,部分地方的政府参与主持公祭活动的现象频繁发生,引起了社会诸多争议,也涉及了宪法上的问题。

我们首先列举一些例子,来看一下这类公祭活动的情形。2007 年,陕西黄帝陵公祭大典,当时陕西省政府领导恭读祭文,国家领导人李铁映等亲自参加祭典。这种对黄帝的祭拜活动,不仅发生在陕西,河南也有。因为传说黄帝的故乡在河南新郑,黄帝陵寝在陕西,所以双方都有理由祭拜。河南的祭拜也很活跃,河南新郑多次举行黄帝故里拜祖大典,也有党和国家领导人以及河南省政府领导人参加,他们也鞠躬致敬,虽然没有叩头或者跪拜。2007 年在甘肃省还举行了对于伏羲的公祭活动,政府要员以及武警都有参与。除去对黄帝、伏羲的公祭活动外,现实中还存在对于炎帝的祭拜大典。这些都属于对于中华民族的始祖的祭祀活动,另外,从 2004 年开始,山东省孔府的祭孔大典的规模也越来越大,中央和地方的党和国家领导人也有参与。

这是特别有意思的现象，引发了诸多争议。在宪法学上争议的焦点是：这些公祭的行为是否违背了宪法上的政教分离原则？如前所述，政教分离原理要求，政府不得参与任何宗教活动；任何宗教也都不得享有政治特权。那么，我国近年来所出现的上述公祭活动是否违背了政教分离原则呢？这就成了一个问题。

事实上，类似的问题曾引发过激烈的学术争议，比如2005年"海南三亚建像事件"就引起学术界的争议。当时，海南三亚南山海上观音像的整个建造过程，都有海南省政府以及三亚市政府的参与、支持和积极推动。在观音像建成后，政府还组织、带领广大佛教徒以及普通民众举行开光大典仪式，政府要员也有出席。另外，该建像活动之所以能取得成功，还是得到了中央有关部门及其领导人的审批和许可的。这一事件发生后，法学界作出了反应。2005年当年，《法学》杂志第6期发表了上海交通大学法学院郭延军教授《我国处理政教关系应秉持什么原则——从三亚观音圣像的建设和开光说起》一文，其中认定海南相关的党政机关及其领导直接规划、操办和参与观音圣像的建造和开光等行为，违反了政教分离原则等。此后，《法学》杂志的主编童之伟教授还特地召集全国各地的部分宪法学者举行专题研讨会。在研讨会上，大家对"三亚建像事件"是否违反政教分离原则展开讨论。

延伸阅读：在我国，政府参与一些公祭活动，是否违反宪法上的政教分离原则

（三）通信自由和通信秘密

所谓通信自由，传统上指的是人们通过书信、电话、电信、电子邮件等通信手段，根据自己的意愿自由进行通信而不受公权力干涉的自由。随着科学技术的进步和网络技术的发达，通信手段突飞猛进，但通信自由的内容没有改变。

通信自由是人们参与社会生活、进行思想情感交流的必要手段，为此也是精神自由的一种重要类型，与表达自由具有一定近似性。但表达自由往往以不特定的多数人为对象，而通信自由则往往以预期的特定人为传达对象，由此派生出了通信秘密。

通信秘密指的是个人通信的行为和内容的私密性应受保护的权利，主要包括两方面的内容：一是公权力积极获知行为的禁止，即公权力不得非法或肆意地将个人通信的内容或行为作为调查的对象；二是泄露行为的禁止，即包括邮政工作人员在内的相关国家工作人员不得泄露在履行职务中获知或可能获知的个人通信信息。

在现代文明的法治国家，通信自由和通信秘密是一项越来越重要的权利。我国现行《宪法》第 40 条规定："中华人民共和国公民的通信自由和通信秘密受法律的保护。除因国家安全或者追查刑事犯罪的需要，由公安机关或者检察机关依照法律规定的程序对通信进行检查外，任何组织或者个人不得以任何理由侵犯公民的通信自由和通信秘密。"基于通信自由和通信秘密的重要性，宪法第 40 条中所说的"法律"，应限定于狭义的法律，即全国人大及其常委会制定的法律。

（四）文化活动的自由

我国现行《宪法》第 47 条规定："中华人民共和国公民有进行科学研究、文学艺术创作和其他文化活动的自由。国家对于从事教育、科学、文学、艺术和其他文化事业的公民的有益于人民的创造性工作，给予鼓励和帮助。"该条中所规定的从事科学研究的自由、文艺创作的自由、其他文化活动的自由以及从事教育的权利，构成了文化活动的自由。文化活动的自由，具有一定的复合性，其在内容上，包括从事科学研究的自由、文艺创作的自由、其他文化活动的自由以及从事教育的权利等具体的类型；另外，它既具有消极权利的属性，又具有积极权利的侧面。在我国现行宪法上，这个条款就与社会权相关的条款放在一起，因此也可以说，它已经被社会权化了，属于国家"鼓励和帮助"的对象。

文化活动的自由，具有特别重要的意义。所以，即使在近代仍具有一定专制主义传统的宪制国家里，其宪法虽然并不彻底保障一般国民的表达自由，尤其是政治性的言论自由，但对文化活动的自由、特别是学术自由则网开一面，予以大力保障。近代的德国和日本就是这样的。这种对文化活动自由尤其是对学术自由的倾斜性保障，在一定程度上推动了这些国家的现代化，以至像近代德国那样，虽然当时在西方各国的政治经济发展道路上还瞠乎其后，但在科学文化领域中则处于领先地位，马克思曾说它在这些国家中"弹奏第一把小提琴"。

对文化活动自由的保障，包括两方面的内容。第一，公权力不得肆意干涉公民从事科学技术、文艺创作等文化活动的自由以及从事教育事业的权利。这是文化活动的自由基于它作为一种消极权利所必然要求的方面。第二,公权力又必须积极鼓励和帮助科研人员、艺术工作者以及教育工作者等从事文化活动,大力保障和推广其科学研究或文艺创作的成果,为公民的文化活动提供必要的物质条件与具体设施。这是文化活动的自由基于其作为一种积极权利所必然要求的方面,可以说是宪法对文化活动自由进行保障的现代内容。

二、人身自由与人格尊严

(一)人身自由

人类这个物种很有意思,在近代之前居然不怎么看得起自己的身体,比如神学与哲学就曾经有过对人类肉身的鄙薄,与此相应,公共权力也可以肆意地处置人身。人类对自己身体有关权利的觉醒,那是近代的事。欧洲近代市民革命所实现的“人的解放”,首先就是“人身的解放”,而“人身的解放”又结晶为人身自由。简单说,人身自由就是伴随着近代人的解放所确立的一项基本权利,属于“三大自由”之一。

那么,“人身自由”这个概念又该怎么定义呢?根据传统上的说法,人身自由指的是无正当理由身体不受拘束的自由,又称“身体自由”,被认为是人的一项最低限度的自由。

但随着社会的进步和宪法的发展,人身自由所保障的内容也趋于不断丰富。我国现行宪法许多条款就涉及人身自由,其中比较重要的有第37条,其第1款规定:“中华人民共和国公民的人身自由不受侵犯。”第2款规定:“任何公民,非经人民检察院批准或者决定或者人民法院决定,并由公安机关执行,不受逮捕。”第3款规定:“禁止非法拘禁和以其他方式非法剥夺或者限制公民的人身自由,禁止非法搜查公民的身体。”还有,现行宪法第39条也很重要,它规定了公民的住宅不受侵犯。

根据宪法的规定以及相关的规范原理,从宪法解释学的角度来看,人身自由也可理解为主要包括了以下三项内容:

第一,身体不受不当强制的自由。

对身体的强制,一般存在拘禁和搜查等方式。人身自由首先包括身体不受不当强制的自由。这是一项实体性的权利。根据我国现行宪法第 37 条规定,任何人的身体均应该是自由的,不受不当的拘禁和搜查,以其他方法非法剥夺或者限制任何人的身体自由也是不行的。

　　这里所说的"搜查"比较好理解,而"拘禁",则是一个很广的、需要具体解释的概念。一般来说,拘禁指的是通过强制方法拘束人的身体,包括剥夺他人的人身自由和限制他人的人身自由的拘禁。剥夺他人人身自由的拘禁,主要有:逮捕、刑事拘留、行政拘留、留置、劳动教养、收容审查、收容教育等类型。其中,逮捕即是一种很严厉、也很典型的拘禁;除了逮捕之外,《刑事诉讼法》中的刑事拘留、《治安管理处罚法》中的行政拘留,《监察法》中的留置,还有劳动教养、收容审查(针对流浪乞讨人员)、收容教育(针对卖淫嫖娼人员)等措施,也属于拘禁的范畴。限制人身自由的拘禁,则可能有更多的方式,如禁止离开工厂、禁止离开学校等措施,就属于这个范畴。

　　这里所说的"不当拘禁和搜查",首先指的是非法的拘禁和搜查。对此,现行宪法第 37 条第 3 款从反面作出了明确的禁止性规定。这是因为,人身自由作为一种自由,也是有内在界限的,在特殊的情形下,基于合法的理由,对公民的人身自由可以作出合理的限制或剥夺,但这至少需要具备法律上的依据。根据现行《立法法》第 11 条第(5)项的规定,要设立剥夺或限制人身自由的强制措施或处罚的事项,只能由全国人大及其常委会制定法律才行。这就是我们前面所说的法律保留。正因为这样,《刑事诉讼法》中的刑事拘留、《治安管理处罚法》中的行政拘留,其作为一种制度,在这方面就得到了认可,但像劳动教养、收容审查(针对流浪乞讨人员)、收容教育(针对卖淫嫖娼人员)等措施,则因为没有法律上的依据,而只是依据行政法规或行政规章设立的,所以长期以来就产生过很大争议,最终不得不被废止。

　　然而值得注意的是,基于人身自由的高度重要性,对人身自由的限制或剥夺,仅仅合法是不够的,还必须是正当的。前述的"不受不当拘禁和搜查",就包含了这一层意思。这意味着,有些对人身自由的限制和剥夺方式,即使在法律上有依据,但仍可能是不当的、违宪的。比如,对人的身体的非人道拘束就是这样。所谓"非人道拘束",指的是对人的身体作出了与自由的人格不相称程度的拘束。举例而言:你合法逮捕或留置了一个人,但却将他像大闸蟹一样捆绑,或像奴隶一样拘束，像动物或奴隶一样使役，这能行吗？当然也是不行的。为什么不行？因为违反宪法上的人身自由保障条款；还有，比如刑讯逼供，这在当今我国已经是违法的了，但在中国古代的法律上，刑讯在一定程度上是被容许的，这种观念在当今难免还有影响，这是不行的。也就是说，假定现在还有某个法律规定容许或变相容许刑讯逼供，那也是违宪的。

第二，人身自由受正当法律程序保障的权利。

人身自由所包含的第二项内容，应是人身自由受正当法律程序保障的权利。与前述第一项内容有所不同，这是人身自由根据其内在精神所必然包含的一项程序性权利。程序性权利一般来说是以保障实体性权利为目的的一种手段，但大家一定要记住，它也有自己独立的重要价值。可以想见，为人身自由专门设定正当法律程序作为保护的屏障，这种观念之中，就存在一种对人的身体的尊重，进而体现了对人性尊严的敬意。

人身自由受正当法律程序保障的权利，也是从上述第一项内容中推演而来的，是人身自由根据其内在精神所必然包含的一项程序性权利。这是由于，人身自由不受侵犯，首先要求人的身体不受不当强制，但如前所述，人身自由作为一种自由也是有内在界限的，即在必要的时候，比如存在犯罪嫌疑的时候，人身自由还是可以受到剥夺或限制的；然而，从宪法学的角度而言，即使在这种场合下，人身自由还是应该受到一定保障的，其表现在：人身自由受限制或剥夺也应受到正当法律程序的保障，即公权机关只有严格依照正当的法律程序，才能对人的人身自由进行限制或剥夺，否则就不行。这也是"人身自由"的保障在宪法上的题中应有之义。简单地说，如果没有这项程序性权利，任何一个人都很容易被公权机关抓捕，那人身自由的保障就不可能是充分的。顺便说一下：一个很容易在自己的国家被公权机关依法抓捕的人，和他的祖国一道，是注定很难在国际上获得脸面的。

人身自由受正当法律程序保障，实际上是对限制人身自由的公权行为所加的正当限制，主要包含两项具体内容：

（1）限制或剥夺公民的人身自由必须由法定机关决定和执行。就此，现行《宪法》第37条第2款作了这样一项不完全列举性质的特别规定，同时也是一项程序性规定，即：任何公民，非经人民检察院批准或者决定或者人民法院决定，并由公安机关执行,不受逮捕。这里需要说明的是,根据 1983 年全国人大常委会的一个决定,由于国安机关具有"国家公安机关的性质",因而也可以行使宪法和法律规定的公安机关的侦查、拘留、预审和执行逮捕的职权。

(2) 限制或剥夺公民的人身自由必须符合法定的程序。根据我国现行宪法和法律规定,公安机关执行拘留,必须出示拘留证;公安机关执行逮捕,必须出示逮捕证。除了涉嫌危害国家安全犯罪、恐怖活动犯罪可能有碍侦查或无法通知的情形之外,应将逮捕的原因和羁押的处所,在 24 小时内通知被逮捕人的家属或其所在单位。

从宪法解释学上说,人身自由所包含的这项程序性权利,进而还可以理解为包含了犯罪嫌疑人和被告人的权利。关于这一方面,我国现行宪法没有太多具体的规定,仅在第 130 条规定:"人民法院审理案件,除法律规定的特别情况外,一律公开进行。被告人有权获得辩护。"但从法理逻辑上,可以推演出人身自由很可能受到强制的犯罪嫌疑人和被告人,在面对强大的国家刑罚权的情况下也应该拥有一定最起码的权利。其中,犯罪嫌疑人有免于非法逮捕、羁押和拘留的自由,委托律师辩护或自己辩护等权利;被告人的权利在具体类型上就更多一些,包括接受法院迅速以及公平、公开审判的权利,委托律师并获得辩护的权利,免于自证其罪的权利,免于双重危险的权利等。关于这些内容的具体方面,你们将在《刑事诉讼法》课程中学习到。

第三,住宅不受侵犯的自由。

如果说心灵的处所是身体,那么身体的处所主要就是住宅了。住宅不受侵犯的自由,可以视为人身自由的一种延伸。

我们曾经说过,住宅是一个人感觉最为安全的空间,是个人自治的堡垒。西方有个谚语说"风能进,雨能进,国王不能进",有人以为说的是财产权的保护,其实说的就是住宅不受侵犯的精神。我国《宪法》第 39 条也规定:"中华人民共和国公民的住宅不受侵犯。禁止非法搜查或者非法侵入公民的住宅。"

这里的"住宅"应该如何确切地加以理解呢? 我们曾经说过,应从私生活在物理空间上的展开场所这个角度来理解"住宅",为此,它就不单是指一般意义上的私人家屋,还应当包括寄宿宿舍、旅馆等人的处所;对住宅的认定也不能只看是否具备独立的建筑结构或持续性的使用等时空上的要件;而所谓对住宅的非法侵入或搜查，不仅指直接非法侵入住宅的物理空间内部的行为，实际上还应包括在住宅外部通过一定的器具非法监听或窥视住宅内部的私生活或家庭生活情景等行为。

住宅不受侵犯的自由当然也有一定的内在界限。为了收集犯罪证据、查获和拘禁犯罪嫌疑人，法定的司法人员可以进入、搜查或查封他们的住宅。当然，基于宪法对公民住宅不受侵犯的自由的保障，司法人员在进行上述活动时，也必须严格按照正当的法律程序。如根据我国现行刑事诉讼法等有关规定，除在执行逮捕、拘留的时候遇有紧急情况之外，司法人员对公民住宅进行搜查，必须向被搜查人出示搜查证。

以上讲的是人身自由所包含的三层主要内容。此外还有一种解释学上的见解，认为人身自由还应该包括生命权的保障，"马工程"教材即采用这个观点。这在学理上也是有一定道理的。但是，宪法所保障的人身自由，主要保护的是人的身体自由以及与身体自由相关的自由权利，而像生命这样一些独立地具有人格价值的权利，不如纳入第 38 条人格尊严的条文中加以解释更加合适。有关这一点，等下就会讲到。这里顺便说一下：《民法典》的人格权编也是这样安排的，即把生命权作为人格权之下的，与身体权、健康权、姓名权、肖像权等具体类型并列的一项具体人格权。值得注意的是，《民法典》中的"身体权"，比较接近宪法上的人身自由，只不过它包括"身体完整和行动自由"两个方面的内容而已。当然，宪法的解释不可能依据作为下位法的民法的有关规定，但基于后者的重要地位，它对宪法解释也具有一定的借鉴意义。

在现实中，有关人身自由的事案也比较多。2002 年，即在齐玉苓案出现的第二年，还发生了非常著名的延安黄碟案。本案的案情我们之前讲过了，就是一对新婚夫妇在卧室里面看黄碟，四个警察强行进入了他们的房间，也就是卧室，并将当事人控制起来，直接带回警局。本案是有关人身自由的典型案例，完整地涉及人身自由所包含的三层内容。关于对其初步的学理分析，大家如有兴趣的话，可以看我曾写过的那篇《卧室里的宪法权利》。

最后值得指出的是，长期以来，人身自由的保障在我国曾经存在一些问题，但也有一定进步。1996 年收容审查制度被废止，2003 年收容遣送制度被废止，2013 年劳动教养制度被废止，2019 年收容教育制度被废止，都有力地表明了这一点。

（二）人格尊严

在我国宪法上的基本权利体系中，与人身自由密切相关的，是人格尊严。这是"文革"期间备受践踏的两项基本权利。但1978年宪法还没有规定人格尊严，只是在第47条中规定了公民的人身自由和住宅不受侵犯。到了1982年宪法，就将人身自由和住宅不受侵犯分开，分别规定在第37条和第39条，并在二者之间插入了一个条文，即第38条，它规定："中华人民共和国公民的人格尊严不受侵犯。禁止用任何方法对公民进行侮辱、诽谤和诬告陷害。"根据考察，这是我国现行宪法总结了"文革"中大量发生有组织地肆意侵犯人格尊严事件的惨痛历史教训，并吸收了国外宪法实践经验所作出的一项非常重要的规定。它可能也印证了美国学者德肖维茨的一个见解：权利不是天赋的，也不是法律给定的，而是来自于人类对不义的经验反应——最重要的权利通常出现在人类最恐怖的恶行之后。

"人格尊严"是很难界定的一个概念，简单说主要指的是人因为作为人而应该受到尊重，或曰人作为人格而拥有尊严，在德国等国家又被称为"人的尊严"或"人性尊严"等。人格尊严具有高度的重要性，《德国基本法》第1条即规定了人的尊严，据此，德国人将其定位为自由民主国家中的"最高价值"、基本法中的"最高构成原理"。人格尊严也是人格权的直接基础。早在日本明治时期，福泽谕吉就曾经提出一个影响很大的观点，即："一国之独立，基于一身之独立。"梁启超就是在这些思想的影响下提出"新民论"的，认为只有培养具有独立人格的"新民"，国家才可能富强。

如前所述，我国现行《宪法》在第38条规定了人格尊严保护条款。该条款由前后两句话构成，这样的两句话在传统法解释学上一般分别称为"前段"和"后段"。可以看出，宪法第38条的前段是一项一般性规定，而后段则力图通过一项禁止性规定，把前段的精神和内容加以具体化。基于第38条的位置，以及其规定的内容，我国宪法学界早期主流学说虽然认识到了人格尊严的重要性，但没有认识到其特别重要的意义，只是倾向于将其限定性地理解为几个具体人格权，包括姓名权、名誉权、荣誉权、肖像权、隐私权等。如今的"马工程"教材仍然坚持这个观点。应该说，这是一种很认真地解释。如果基于类似原教旨主义的解释学立场，从第 38 条后段"禁止用任何方法对公民进行侮辱、诽谤和诬告陷害"的规定加以反向推演，确实也只能推导出这么多内容了。但这种解释过于保守了，不足以把握我国现行宪法第 38 条的立法目的，也没有完整地理解我国现行宪法应有的精神。其实，在这种场合，我们有必要对宪法第 38 条作目的解释，具体而言，可以对第 38 条的规定作以下双重理解：

第一，第 38 条所保障的"人格尊严"，可以理解为宪法的基础性价值原理。宪法第 38 条前段，即"中华人民共和国公民的人格尊严不受侵犯"这一句，就宣明了这个原则。宪法为什么要保护人的基本权利，为什么要将国家的一切权力归属于人民，其根本的理由都在这里，都在于人作为人拥有尊严。而这里的"人的尊严"应该如何理解呢？简单说，就是人作为一切价值的根源，拥有不可侵犯的地位；换言之，人应该得到人应有的待遇，而不应被作为非人格的对象或客体来对待，比如被当成是手段、工具，甚至被当作畜生、禽兽。这其实就是康德所说的"人是目的本身"这个著名的哲学命题所要求的，也是康德所揭示的绝对命令的实践原则。从这个立场来看，例如，实行奴隶制、农奴制，贩卖妇女、儿童，采用刑讯逼供或通过强制使用药物让人供述，强制洗脑，对人实行有组织的欺凌或侮辱，对贫困人群最低限度生存的无保障等，都很可能违反了作为宪法上基础性价值原理的人格尊严保护条款。

另外，人格尊严本身也是一项基本权利，而且是绝对的，不可让渡的一项基本权利，即使本人同意，也不得对其进行侵犯。那么如何判断人格尊严被侵犯呢？其标准很难厘定，这里可参考德国对此所采用的"客体公式"，即一旦一个人被作为客体（如手段、动物）对待，则可以认为其人格尊严受到了侵犯。

第二，如果将第 38 条前段与后段结合起来，该条款又可理解为宣明了一项基本权利，相当于宪法上的一般人格权，即概括了基于人的尊严，为人格的独立、自由和发展所不可缺少的那些权利，由此产生和规定具体人格权。一般人格权的权利客体具有概括性，为此，《宪法》第 38 条前段的规定才那么原则性，后段的禁止性规定也没有采用完全列举的方式。如上所述，人格尊严本身也是一项权利，但由于它承载着基础性的价值命题，所以保护人格尊严必然保护人格权，人格权即是由人格尊严直接派生出来的一种基本权利，也可以说是离人格尊严最近的一项基本权利。这里要注意的是，所谓人格权，我们宪法上有，你们要学习的民法上也有,其含义基本上也是差不多的,但是二者又是有区别的,主要的区别就在于针对的主体不同。一般而言,民法上的人格权是私主体对抗私主体的一种人格权,宪法上的人格权则是私主体针对公权力的人格权。

那么,《宪法》第38条所蕴含的一般人格权到底包括了哪些具体人格权呢?这就需要具体分析。一般来说,人格权概念具有狭广两义。从狭义上说,人格权是那些与个人的人格价值具有基本关联性的不可侵犯的权利,主要包括姓名权、肖像权、名誉权、荣誉权、自我决定权、隐私权等。而广义上的人格权则不仅涵括了上述狭义人格权的范围,还包括生命、身体、健康、精神以及与个人的生活相关联的其他重要权利或利益。

反观我国现行《宪法》第38条,如前所述,如果从该条文后段的"侮辱、诽谤和诬告陷害"所可能侵害的法益这一点加以反向推断的话,可以推断出几个具体人格权,只不过其所包含的内容比前面所说的通常的狭义的人格权更为狭窄了,仅主要包括荣誉权、名誉权、姓名权、肖像权、隐私权这几项。从人格尊严作为基础性价值原理的角度来看,这种理解是不够的,也就是说,第38条后段的禁止性规定,是一种特别规定,只是对人格权侵权行为的不完全列举;而这里的人格权在内涵上应做广义上的人格权来理解。只是由于我国现行宪法第37条已经包含了有关人身自由的权利,所以最后确定第38条中的人格尊严之内容范围,必须对这一项进行扣除,这样,其范围就包括:生命权、健康权、姓名权、肖像权、名誉权、荣誉权、自我决定权、隐私权等。

另外,现在有个说法叫作"个人信息权",是否也可以作为一项具体人格权呢?这就存在争议了,不少人认为其本身就不是一种典型的权利类型,称为"个人信息"即可。应该承认,部分的个人信息也可看作是一种具有人格价值的法益,纳入隐私权的范畴,但整体的个人信息是否可以成为一个主观性权利,在学术上还需要论证。

人格尊严非常重要,其保障状况往往标刻着一个国家现代文明的发展程度。甚至可以说,只要人类社会还有一个人被当作动物加以对待,那么,整个人类社会的其他所有人——包括你、我还有那个将人类同胞作为动物加以对待的人本身——的人格尊严,都在伦理意义上受到了严峻的挑战。法国现代思想家萨特就曾经指出:拷打别人的人竭力去摧毁他的同类的人性,作为后果,他也摧毁了自己的人性。

前面讲到一个问题：如果民航客机被恐怖分子劫持，那么为了防止被劫持客机可能撞向大楼造成更大的二次威胁，国家可否将其击落？对此，美、英等国在"911"事件之后很快通过了法律，授权可以击落。德国于 2005 年也制定出了《航空安全保障法》，授权军队根据特定情形可以击落。但该法在德国引起激烈争议，被提起宪法诉愿。德国联邦宪法法院也是宪法的"杠精"，于 2006 年作出一个判决，以德国基本法中所保护的人性尊严与生命权为理由，认定这部法律违宪。其中写到的一句话很耐读：每一个人的生命都同等珍贵，国家不能为了保护其他人的性命，却同时贬低被劫持飞机上的乘客性命的价值，仅仅把他们看成是靶子。

在当今中国，也存在涉及人格尊严的一些事案。在这里，我们只讲其中颇为典型的一例，那就是曾经备受争议的"深圳市性服务从业者当街示众事件"。该事件的始末大体是这样的：2006 年年末，深圳市某区警方为了迎接上级领导到访深圳，以突击清理的方式开展"扫黄"行动，先后抓捕了一百多名"涉黄"人员，并分别在数地游街示众，召开公开处理大会。其间，百名所谓的"皮条客""妈咪""流莺"（即站街招嫖女）和嫖客等涉黄人员虽然戴上白色口罩，都被迫穿上了象征性的黄色上衣，警方一个一个地宣读他们的姓名、年龄和籍贯，然后对他们进行处理，比如处以行政拘留 15 天。该行动引起大量群众的围观。也就是说，在此过程中，警方强制性地让涉案人员当众暴露了他们的形象，公布了涉案人员可被特定化的个人资料，产生了当众羞辱当事人并震慑其他民众的效果。此事件发生后，深圳警方的这一行动就受到了部分媒体的关注和批评，上海市律师协会也做了一件有意义的事情，就是对此做出了公开批评，认为警方侵犯了这些公民的基本权利。哪些基本权利呢？就是人身自由和人格尊严。

另一例影响很大的案子是赵 C 姓名权案。案情是这样的：2006 年，男子赵 C，因名字中有个字母 C，办理二代身份证时被当地公安机关（鹰潭市公安局某区分局）拒绝，遂提起行政诉讼，由其作为执业律师的父亲亲自代理，一审胜诉。二审法庭上双方展开激辩，焦点是"C"是否属于《中华人民共和国身份证法》规定可以使用的符合国家标准的文字符号。后在法院协调下，双方达成和解。法院就对本案当庭作出裁定：撤销鹰潭市某区人民法院一审判决；赵 C 将用规范汉字更改名字，鹰潭市某区分局将免费为赵 C 办理更名手续。其实，赶在二审前，公安部对下级公安机关发出了一份批复，其中表示，根据《中华人民共和国居民身份证法》及《中华人民共和国国家通用语言文字法》规定精神，居民身份证姓名登记项目应当使用规范汉字填写。

在本案中，赵 C 的姓名权是否受到了侵犯呢？我个人倒是认为，公权机关在居民身份证登记中要求使用规范汉字，未必违反比例原则。比如 C 这个字作为中国公民的人名，其适宜性太低了，到底应作为英语、法语、德语、俄语来读，还是作为汉语拼音来读，就是一个问题。要知道，赵 C 这个名字，英语读作"赵西"，据说法语读作"赵赛"，德语读作"赵猜"，俄语读作"赵艾丝"，而汉语拼音读作"赵刺"。

第十三章　社会经济权利与权利救济权

今天我们讲第十三章，同样也讲两个大类的基本权利，即社会经济权利和权利救济权。我们先照例推出几个章前导引问题：第一，现行《宪法》第13条第1款宣称："公民的合法的私有财产不受侵犯。"请注意，这里不说"私有财产权不受侵犯"，而是说"私有财产不受侵犯"，而且还特意加上"合法的"来限定，你认为这有什么深意吗？第二，生存权是否就是生命权？从语文的角度来看，生存权与生命权好像有点类似。那么，二者在宪法学上是否是同一种权利？这是一个今天我们会涉及的问题。第三，教育权、受教育权、教育自由这三个概念都是宪法学上的重要概念，它们各自指什么？彼此关系为何？这也是我们今天要讲的一个重要问题。第四，权利救济权指什么？有哪些类型？

一、社会经济权利

"社会经济权利"是一个复合概念，它由两项权利，也就是经济自由权和社会权组合而成的。其中，经济自由权指的是宪法所保障的有关经济活动和经济利益的自由权利。我们之前讲过，近代宪法保护三大自由，即人身自由、精神自由、经济自由。我们所说的经济自由就是三大自由之一，它是近代宪法上就出现了的，用人权的三代理论来说，属于第一代人权，又称"经济自由权"。而社会权上次讲过了，属于第几代人权呢？属于第二代。它指的是国家通过对整个经济社会的积极介入来保障人们的社会或经济生活的权利。社会权的出现与经济自由的发展有关。在近代资本主义社会，由于经济自由得到大力保障，经济发展起来了，随之就出现了贫富差距现象，引发激烈的社会矛盾。怎么办？现代宪法就对近代宪法做了纠正补充,最主要的做法就是在继续保障经济自由的基础上,增加一项基本权利类型,这就是社会权。这样,经济自由和社会权在现代社会就被结合起来了。现代宪法一方面保护经济自由权,另一方面又保护社会权,这就出现了我们所说的社会经济权利。这是当代资本主义国家宪法的现象。我们说过,除了资本主义类型的宪法之外,还有社会主义类型宪法。传统的社会主义类型宪法自然特别重视社会权的保障,不怎么保障经济自由权,经济发展受到了很大影响,社会权保障也就几乎成为无源之水、无本之木。为此以中国为典型,当今社会主义国家通过经济体制改革,开始保障经济自由,经济自由权与社会权也结合起来了,而且二者结合的程度可能比资本主义宪法更紧密。

（一）社会经济权利的类别

以上我们讲的是历史。如果讲到宪法学中的规范性问题,首先我们会遇到一个问题——社会经济权的具体类型有哪些?

首先看经济自由权。如果从比较法的角度来看,它主要有这些类型:(1)私有财产权,有些国家就叫财产权;(2)合同自由。财产权和合同自由特别重要,号称是市场经济的两大法律支柱。一个国家要推行市场经济,必须保护这两大类别的基本权利;(3)择业自由,或者说职业选择的自由,其中又包含前面我们曾经说过的营业自由,即实行自己职业的自由;(4)居住和迁徙的自由。很多同学可能会问,这跟经济制度有什么关系? 有很密切关系。原因是:从近代以来各国的经验来看,人的定居和迁徙大多是因为经济活动上的原因。因此,居住和迁徙自由在各国的宪法学上,一般都被归入到经济自由的范畴当中,作为经济自由的一个具体类别。

再看社会权。社会权又称"社会权利",它的具体类型在资本主义国家就不少,在社会主义国家宪法上就更加丰富,因为社会主义国家很重视对社会权利的保障。社会权一般包含哪些具体类型呢? 主要包括:生存权,美国等国家称为福利权,还有就是受教育权,环境权,劳动基本权等。这里要特别说一下环境权,它是一项新型权利,也被看成是社会权的一种。当然,环境权能不能作为一个权利,在学术上是有争议的。有的人认为环境权无法成立为一项权利,因为它的权利主体、权利客体都是模糊的,但是,认定环境权也是一项权利,而且是现代宪法下所出现的一项新型的权利,这样的观点也非常有力。还有劳动基本权,也需要说明一下。大家都知道,在现代宪法下,劳动者阶层崛起了,他们也诉求自己的一些权利,已获得宪法认定的,统称劳动基本权。但这个劳动基本权和劳动权还不太一样。劳动基本权主要指的是劳动者的一些基本权利,而不是劳动的权利,其具体可以包括:(1)团结权,指劳动者组成工会等劳动团体的权利;(2)团体交涉权,即劳动团体与雇佣方就劳动报酬、劳动条件等进行谈判交涉的权利;(3)团体行动权,比如罢工的自由权利。

从理论上来说,社会经济权利可以包含以上所列举的这些内容。由此我们不难看出,如果从社会学意义上来说,经济自由确实是有利于对经济强者的保护,而社会权则有利于对经济弱者的保护,特别是对劳工阶层的保护,为此,二者既有区别的一面,也有互补的一面。

那么,在我国宪法规范上,实定的社会经济权利主要有哪些类型呢?根据我国现行宪法的规定,主要有下面这些:(1)私有财产权。2004年修宪将这项权利规定到宪法里面去,即规定在总纲部分的第13条;(2)第42条规定的劳动权。它在我国宪法上既被规定为权利,同时也被认定为一种义务;(3)是第43条专门规定的休息权,这主要是针对劳动者保障的一项特定主体的基本权利;(4)第44条规定的退休后生活受保障权,也是特定主体的一项基本权利;(5)第45条规定的获得物质帮助权。该项权利有所发展,原本也是属于特定主体的基本权利,现在逐步发展成为任何人都可享有的生存权;(6)第46条所规定的受教育权,它与劳动权一样,同时也被规定为是一种义务。

以下我们逐一来学习这些类型的有关知识。

(二) 私有财产权

什么叫私有财产权呢?在宪法学上,可以这样定义:即私主体通过劳动或其他合法方式取得财产和占有、使用、处分财产的权利,其中包括物权、债权、知识产权、继承权、特定的公物使用权(如土地承包经营权、土地经营权)等。这是宪法所保护的私有财产权,跟民法上广义的财产权定义也差不多,所不同的是,宪法上规定的权利是私主体针对公共权力而享有的,民法上的财产权则是私人对抗私人的权利,包括不了个人针对国家的那种财产权。这些年,有些民法学者没有认识到这一点,认为宪法上的财产权是空泛的,应可落实在民法上来保护,为此对《民法典》给予过多希望。应该说,《民法典》的存在意义是非常大的,但它不可能完全替代宪法的功能,比如,政府要拆迁公民的房屋,补偿不到位,这属于侵犯私有财产权吧,《民法典》抵御得了吗? 抵御不了。

私有财产权的保障具有特别重要的意义,至少体现在以下四点:

第一,私有财产权是人的人格形成、发展的重要契机。黑格尔就曾经说过,财产是人格的定在。所以如果问我最重视什么基本权利,我个人的答案是:首先是人格尊严,其次就是私有财产权了。第二,私有财产也是人们行使其他许多基本权利的物质保障。如果你一文不名,那很可能就只能享有"在桥墩下睡觉的自由"了,在这种情形下,你是否还能行使住宅不受侵犯的自由就成为一个问题,更何况你是否还有心思积极参与选举活动,认真行使投票权。第三,财产权是市场经济秩序的两大支柱之一,另外一大支柱是合同自由。合同自由在政治上好像没多大异议,私有财产权则有一些争议。其实,你可以想象一下,时至今日的人类社会,如果根本不保护私有财产权,那将会怎么样? 可以想见,你好不容易弄到一栋房子,娶到一位美丽的媳妇,有人就闯到你家里来,说:兄弟,这栋房子我要了,请你们全家人让出来,但你家娘子可以留下来,帮我们打理几天。你不服,那就开打,结果大家都会去练武功,或者干脆组织或参加黑社会,人类社会一下子就回到霍布斯所说的自然状态。所以,如果一个国家根本不保护私有财产权,那么市场经济也就根本运转不起来,即便社会主义市场经济也是如此。而且,不难理解还有第四点,私有财产权的保护有利于维护社会秩序安定。

当然,私有财产权的地位也有一个发展变化的过程。在近代,特别在18世纪近代宪法刚刚诞生的时候,甚至还没有诞生之前,出现了私有财产权神圣性的思想观念。这样的观念被写在《人权宣言》第17条当中,宣称财产权神圣不可侵犯。当时私有财产权为什么被认为是神圣不可侵犯的呢? 这与那个时代思想家的认识有关。我们曾经提到,洛克就认为,一旦人们在自然这种人类的共有物中"掺进他的劳动",就可以排除与他人的共有权,获得他的财产。比如你日复一日地把自己辛勤的汗水洒在一块土地上,这块土地和它上面的收获就应该是你的财产。这一幕的情景令人动情,所以很多人认为私有财产权神圣不可侵犯,因为都是人的血汗。

到了现代,私有财产权就不再像近代那样神圣了。这有各方面的原因,首先与私有制在近代西方资本主义社会所导致的社会不公有关。另外,我们前面也曾经说过，在现代社会，私有财产权在一定程度上具有社会性，有些私有财产，不是人们劳动的结晶，而是由于社会性的原因赋予的。也就是说，在现代社会，财产的形成或增加有可能存在社会性原因。比如你在某地方有一栋房子，突然附近开了一家大型超市，你的房子的价值就上去一些了；或者政府为了经济发展的需要，在那个地方搞开发，在你房子前面建设一条街，使你的房子成为临街房，为此它又升值了。在这些情况下，你再说你的财产是神圣的，确实有点儿不好意思吧。所以，到了现代，人们就认为财产应该伴随着社会义务，即在一定意义上要服从公共利益的需要。这是现代的财产权观念。

但是，即使在现代，私有财产权的保护仍然非常重要，在当今中国更是如此。为此，经过很多方面的努力，我国2004年修宪，终于将私有财产权保护条款写进《宪法》第13条。其实，在这之前，这一条也保护私有财产权，但只限于保护人们最低限度的生活资料等内容，而通过2004年的宪法修改，这一条已改成一个比较完整的私有财产权宪法保障规范体系了。从各国现代宪法来看，这一规范体系一般存在三层结构：第一层是不可侵犯条款，第二层是制约条款，第三层则是征收征用补偿条款。其中，第一层是宣明和确立了私有财产权宪法保障的一般原则，第二层则旨在对私有财产权加诸适当的限制，体现了现代宪法对私有财产权的一种立场，而第三层的补偿条款，又是对第二层的制约加诸一定的制约。这三层结构逐层展开，环环相扣，相辅相成，恰好形成了一种严密的、类似于正反合三段式的规范体系。

我国《宪法》第13条，其实也可以做这样的分解：它一共有三款，其第1款所宣明的"公民的合法的私有财产不受侵犯"，以及第2款进一步宣明的"国家依照法律规定保护公民的私有财产权和继承权"，即相当于不可侵犯条款；第3款所规定的"国家为了公共利益的需要，可以依照法律规定对公民的私有财产实行征收或者征用并给予补偿"，则相当于将制约条款和征收征用补偿条款结合起来。

那么，如何从宪法解释学的角度理解《宪法》第13条呢？关键是把握以下几点：

1. "合法的私有财产不受侵犯"

首先，这里规定的是"不受侵犯"，而不是"不可侵犯"，更不是"神圣不可侵犯",这是有特定意涵的。从语义来看,相较于"不可侵犯"和"神圣不可侵犯","不受侵犯"的保护强度应该是较低的。这与《宪法》第12条形成了强烈的对比,后者第1款规定:"社会主义的公共财产神圣不可侵犯。"但另一方面,我们也会发现,在我国现行《宪法》中,对各项基本权利的保护,"最高级别"的表述也就是"不受侵犯"了。比如,第37条规定的人身自由,第38条规定的人格尊严,第39条规定的住宅,都采用"不受侵犯"的表述。

其次,这里说的是"合法的私有财产不受侵犯",而不是"合法的私有财产权不受侵犯",这该如何理解呢?道理比较简单,从法理上说,任何权利都是正当的,因而也是"合法的"。为此,不能采用"合法的私有财产权"这样的表述,否则"合法的"一词就成为赘语。

最后,作为限定词的"合法的"一语应该如何理解呢?这个问题就比较复杂了。我认为:第一,实际上,这一表述是对社会上流行的私有财产原罪观念的一种回应。中国这几十年来,随着改革开放一部分人获得了巨大财产。但获得巨大财产之后,也面临一个问题:社会上很多人认为财产是有原罪的,即认为那些人有钱,是因为通过违反法律法规的手段获得财产的。这种情况有没有?可能有。但是这不能一概而论。何况,很多富人本身就是老板,其实也是社会劳动的组织者,而社会劳动的组织,也是一种劳动,而且是特别重要的劳动;同时往往需要押下自己的身家性命来拼搏,为此这部分人对社会也是有贡献的,被纳入了宪法上所说的"社会主义事业的建设者"的范畴。当然,在改革开放早期,法律法规本身也不健全,那些胆子特别大、酒量特别好的人,往往能够铤而走险,通过一些在今天看来是非正当的手段获取了财产。所以在传统马克思主义思想观念的协同影响下,社会上就形成了一种财产原罪观念,甚至出现仇富心理。为此2004年修宪要把私有财产保障条款写进宪法的时候,关于要不要写,如何写,就曾存在一些争议。其实1999年修宪时,这种争议就已经存在了。所以到了2004年修宪,决定要将比较完整的私有财产权保障规范体系写进宪法时,就加上了"合法的"一语作为限定,并采用"不受侵犯"这样的宽缓的表述,算是对社会上的财产原罪观念的一种交代。第二,这也是因为,现代的财产具有一定的社会性。这一点前面已经讲过了,在此不赘。第三,这体现了"私有财产法定主义"的原则。其实,通过对《宪法》第13条三个条款的分析,我们会发现它所保护的私有财产,实际上是采用法定主义的，即其所保护的财产的内容、范围、程序都是由法律规定的。有关这一点，等下我们再具体分析。

2. 公共利益

《宪法》第 13 条中的"公共利益"的概念也非常重要。但这个概念具有多歧性和不确定性，很难定义。目前，对公共利益的定义存在多种学说，主要有三种：第一种是个体利益总和说，顾名思义，就是认为公共利益即个体利益的总和；第二种是多数利益说，即认为公共利益就是多数利益；第三种则是社会整体利益说，即认为公共利益是社会整体利益。"马工程"教材倾向于采用第三种学说，指出：对公民财产权的限制必须基于公共利益，即"社会整体利益和体现国防、外交等重大的国家利益"。

我们认为，对"公共利益"的理解应该拥有更广阔的视角，要认识到，公共利益主要指的是不特定多数人的利益，但也正因如此，不同的个体权利或法益之间的公平保障也应理解为一种公共利益。另外，由于"公共利益"是一个具有多歧性和高度不确定性的概念，所以对它的界定就需要一定的方法，其中比较适宜的方法是：首先对"公共利益"给予一个初步界定，然后再加上类型化列举。目前，我国相关的法律法规已经开始吸收这种做法。例如，2011 年国务院颁布施行的《国有土地上房屋征收与补偿条例》第 8 条，就是一个例子。该条首先规定："为了保障国家安全、促进国民经济和社会发展等公共利益的需要，有下列情形之一，确需征收房屋的，由市、县级人民政府作出房屋征收决定"，然后列举了五种具体情形，最后还设定了一个"兜底条款"，规定包括"法律、行政法规规定的其他公共利益的需要"。

3. 征收与征用

《宪法》第 13 条中的"征收""征用"概念也需要解释。征收、征用可合称"收用"。广义的收用指的是国家基于公共利益的需要，以行政权取得集体、单位和私人的财产的行政行为，狭义的收用指的是国家基于公共利益的需要，以行政权取得私人财产的行政行为。其实，国家取得私人财产的方式不止收用这种方式，除了收用之外，还有征税、没收、国有化等方式，但征收、征用是国家取得私人财产的最复杂方式。

征收与征用之间有所不同，主要区别在于：（1）征收是所有权变更，征用只是使用权转移。比如说,国家要建一条公路,需要拆迁你的房子,这叫征收。而你正骑一辆摩托车,突然间警察把你拦下来,说要用你的摩托车去追赶犯罪嫌疑人,这就可能属于征用了;(2)征收一般为永久性的,征用只具有一时性;(3)二者实施的具体条件和补偿标准也不同。

无论征收还是征用,一般都需要同时满足四个要件:(1)为公共利益所需要;(2)国家为行为主体;(3)依照法律规定的权限和程序进行;(4)一般应当给予补偿。这四个要件应该是很严格的,征税、没收、国有化等国家取得私人财产的方式也需要一些要件,但除了政策性国有化之外,一般不需要具备补偿的要件。

4. 补偿

那么,"补偿"应当怎么理解呢?在这里,首先有一个问题是:补偿之需否,即是否任何情形下都需要补偿?什么情形下需要补偿?我们说,不是任何情形下的收用都得补偿,但只要是对特定个人加诸特别牺牲的征收或者征用,均应加以补偿。这里有一个概念大家一定要记住,就是"特别牺牲"。补偿的理由在法律上就是因为你个人做出特别的牺牲。政府不能跟你说,我们要建一条公路,这是为了公共利益,何况这条公路你也要用,所以你的房子拆迁,我们就不给钱了。这样行不行?不行,否则不公平现象就出现了——其他公民的房子也有没被拆迁的,而他也可以使用公路。相对于没被拆迁的其他公民主体来说,你付出了特别多,这就叫"特别牺牲",是需要补偿的理由。

但是补偿应该怎么补?我国《宪法》第13条只简单规定"给予补偿",国外宪法或宪法判例上更为具体的说法是"给予正当补偿"。补偿当然应是正当的,我国《宪法》第13条中的"补偿"也可以这样理解。

那么什么叫"正当补偿"呢?针对这个问题,有三种学说,并相应发展为补偿的三种类型,根据不同情形可以使用不同的类型:(1)适当补偿,即对成为收用对象的财产,一般按照低于市场价格的适当标准给予补偿。这种补偿方式,只适合用于实行公共政策的情形。(2)完全补偿,即对成为收用财产的客观价值,按照市场价格进行全额补偿。对于收用中的特别牺牲,一般采用这种补偿方式。(3)生活权补偿,即除了完全补偿之外,还加上对生活重建所需要的补偿。如果

作为收用对象的财产，对财产权人或相关人具有生活基盘的意义，那么，就需要采用这种补偿方式。

以上讲的是《宪法》第 13 条有关私有财产权宪法保障规范体系的解释。那么，我国私有财产权宪法保障有什么特点呢？主要有以下三个方面的特点：

（1）这一保障属于一种制度性保障。"制度性保障"这个概念我们之前也曾提过，它指的是宪法对某项基本权利的保障，是通过保障某种制度而加以保障的，而不是直接予以保障的。比如，政教分离就可以视为一种制度，保障这种制度，其实就是保障宗教信仰自由。再比如，大学自治在许多国家也是一种制度，保障这种制度可以保障学术自由。我国的私有财产权宪法保障也是如此，它可以视为一种制度，国家是通过保障这个制度，对私有财产权予以保障的。这个条文规定在《宪法》第 13 条，处于第一章总纲部分，而不是规定在宪法第二章，也从侧面说明了这一点。那么，对私有财产权进行制度性保障，有什么特别意义呢？有的，它表明，中国宪法开始承认和保护私有财产权了，而且其中的私有财产不只包括生活资料，还包括生产资料，这成为我们经济制度的一项重要内容。

（2）私有财产权法定主义。前面曾提到，《宪法》第 13 条的三个条款，都体现了一种原则，可称为"私有财产权法定主义"。也就是说，虽然宪法规定了私有财产权的保护，但至于什么是私有财产，其内容为何，范围多广，边界何在，征收征用怎么进行，最终还是由普通法律，即全国人大及其常委会的立法说了算。因为你看，第 1 款中就宣明了"公民的合法的私有财产不受侵犯"，也就是说，非法的私有财产不在保护之列了；至于何者为"合法的"，第 2 款所说的"国家依照法律规定保护"，就提供了答案。这一款很显然属于法律保留制度。这个法律保留，我们说过，它有两面性，或者说它是一把"双刃剑"：法律既可以规定如何保护，但实际上也涉及限制。也就是说，"国家依照法律规定保护"，实际上可以变为"如果法律没有规定保护的，就可以不予保护"，甚至可能变成"国家只要依照法律规定，就可以加以限制"。第 3 款里面也规定"依照法律规定"实行征收征用并给予补偿。前面曾经说过，2004 年修宪时，在中共中央修宪建议稿中，"实行征收或者征用"和"并给予补偿"之间原来有一个逗号，这个逗号后来在全国人大审议过程中被删除，为此，前面的"依照法律规定"的要求就从"实行征收或者征用"贯通到"补偿"这个环节，这使得财产权法定主义更加彻底了。

（3）现行宪法对私有财产权的保障与对公共财产的保障具有不平等性。这一点也必须承认。正如前面说过的那样，《宪法》第12条规定的是公共财产神圣不可侵犯。这样的规定，影响很大。古人说："无恒产即无恒心。"但如前所述，由于对公共财产与私有财产的保护力度不一样，加之当今中国社会存在私有财产原罪观念，甚至还在一定程度上存在仇富心理，为此许多富人也没有"恒心"，甚至对于自己所拥有的巨大财产比较焦虑，也在一定范围内出现富人移民外国的现象。

对此，中共中央与国务院曾经于2016年11月4日发布《关于完善产权保护制度依法保护产权的意见》。该《意见》透露出坚持对公共财产和私有财产进行平等保护的精神，提出"公有制经济财产权不可侵犯，非公有制经济财产权同样不可侵犯"的要求。应该说，这个《意见》的出台很不容易，但其精神现在还没有写进宪法。

在现实中，有关私有财产权宪法保障，还是存在一些争议，其中最有代表性的争议，可以追溯到2007年《物权法》公布之前所发生的一场争论。2005年7月，全国人大公布了《物权法（草案）》征求意见稿后，北京大学巩献田教授通过网络发表了一篇题为《一部违背宪法和背离社会主义基本原则的〈物权法〉（草案）》的文章，引发了《物权法（草案）》中有关条款是否违宪的争论。巩献田老师是从事法理学研究的，是一位坚定的马克思主义者，站在穷人一边，这很可贵。他写的这篇文章也很厉害，民法学界几乎无言以对，于是当时部分宪法学者也加入了争议，争议的焦点在于：首先，《物权法（草案）》对公共财产和私有财产的平等保护原则，是否违反了宪法。巩献田教授明确认为这是违宪的，即违反了《宪法》第12条和第13条。其次，是否应该在《物权法》中规定"根据宪法，制定本法"。争议的最后结果是把"根据宪法，制定本法"写入《物权法》，其他的还是按照原来的方案来写。也就是说，巩献田教授在这场争论中实际上没有挽回什么，但他提出的观点备受关注。在争论中，巩献田教授说了一句很精彩的话："在贫富差距越来越大的情况下，把乞丐的打狗棍和少数人的汽车、机器平等保护，这不是劳动的平等，而是资本的平等。"但是他这段话也有个关键性的问题：随着时代的发展，当今中国打狗棍已经很少见了，而且不少基层社会的民众都已经买得起汽车了，在这种情况下，公平的财产保护制度应该为何？是否一定要把它限定于那种对抗性的不平等保障制度，这是一个值得思考的问题。

在现实中，有很多涉及征收征用的案例。这几十年来，中国处于一个"大拆迁"的时代，有个案例就属于财产权保护的典型案例：1994 年制定的《城市房地产管理法》规定，国家征收国有土地上单位和个人的房屋以及拆迁补偿的具体办法由国务院规定。但国务院长期未作出规定。到 2001 年，国务院才制定《城市房屋拆迁管理条例》，将拆迁法律关系定位为取得房屋拆迁许可证的单位与被拆迁房屋所有人之间的关系。2004 年修宪后仍然如此。我们前面讲过拆迁行为或者征收征用行为应该是国家的行政行为。但政府居然把拆迁关系设定为取得房屋拆迁许可证的单位与被拆迁房屋所有人之间的关系，自己不直接作为拆迁的行为人，使房地产公司借由房屋拆迁许可证直接进入拆迁阶段。除此之外，上述《条例》并没有将补偿作为征收合法有效的一个要件，而是将其延迟至拆迁阶段解决，并且授权房屋拆迁管理部门在没有依法征收的前提下，就可以给予拆迁人拆迁许可。由于这些原因，全国各地在征收拆迁过程当中经常发生矛盾冲突，甚至流血事件。

面对这种情况，2009 年 12 月，有几个公民——主要是几位公法学者，向全国人大常委会提出了对国务院《城市房屋拆迁管理条例》进行合宪性审查的建议。这个建议被接受了。根据资料显示，全国人大常委会法工委下的法规备案审查室，通过研究认同了该建议大部分内容的合理性，就跟国务院有关部门作了内部沟通——这是他们处理问题的一种工作方式，而且在一定程度上也是有效的，所以 2011 年国务院就制定了上述的《国有土地上房屋征收与补偿条例》，并废止了原来的《条例》。

（三）劳动权

劳动权指的是公民个人获得劳动机会和适当劳动条件的权利。我国现行《宪法》将其规定在第 42 条。但这个条文特别有意思，其第 1 款规定"中华人民共和国公民有劳动的权利和义务"。也就是说，公民既有劳动获得保障的权利，又有劳动的义务。类似的规定还有《宪法》第 46 条，其第 1 款规定公民既拥有受教育权，也有受教育义务。

这种具有内部张力的"双重性"应该怎么理解呢？这在宪法学上是一个问题。从规范宪法学的立场出发，我们认为：这需要针对权利内容进行具体分析。

就劳动权而言,其作为一项权利,并非具体权利,而是一项抽象权利,即不能依据宪法规范向国家直接提出提供工作机会的请求;而作为义务的劳动义务,则只是道义上的一项义务,指的是任何拥有劳动能力的人均负有通过自己的劳动维持其个人和家庭生活的责任,但并不构成国家强制人们劳动的规范基础。这样看来,公民的劳动权与劳动义务之间并没有存在不可调和的矛盾。

另外,劳动义务的道义性,是否意味着劳动义务没有任何实定法的意义呢?非也!我们认为,基于宪法有关劳动义务的规定,在实定法意义上,可以将公民尽可能履行劳动义务的情形,作为其获得生存权保障的必要前提。国务院《社会救助暂行办法》第 45 条就规定:最低生活保障家庭中有劳动能力但未就业的成员,应当接受人力资源社会保障等有关部门介绍的工作;无正当理由,连续 3 次拒绝的,应减发或停发其本人的最低生活保障金。

那么,劳动权到底应该如何保障呢?我们刚才讲过,我们无法根据这个条文直接向政府要求提供工作机会,劳动权的保障主要体现在两个方面:(1)国家必须通过积极措施,大力保障劳动的自由与机会。在这方面,国家的义务并非在于直接招工,而在于制定和实施有关就业或雇佣对策、职业能力开发、男女就业或雇佣机会平等、职业安定、雇佣保险以及失业对策等方面的法律法规和相关政策,还可直接开设就业训练、职业训练场所,提供具体的职业介绍服务等;(2)国家必须制定和实施有关劳动保护的法律法规和相关政策,促进劳动条件的合理化。

(四)休息权

现行《宪法》第 43 条规定:"中华人民共和国劳动者有休息的权利"。这里所谓的"休息的权利",在我国宪法理论中又称为休息权,指的是劳动者所享有的休息和休养的权利。

有一位年轻人曾经对我说:这是我在宪法上最喜欢的一项基本权利了。我听了就笑了,问他说:比生命权和财产权还喜欢吗?他简明扼要地答道:没钱,活得挺累的。其实,休息权与劳动权具有内在的关联性。所谓的休息权,指的就是劳动者所享有的特定权利,是劳动者在进行一定的劳动之后为消除疲劳、恢复正常的劳动能力所必需的条件,从而也为劳动者持续实现劳动权提供一种必不可少的契机。

休息权的保障包括两个方面具体的内容：（1）国家不能通过立法或行政行为侵犯该权利。这是休息权作为一种权利所具有的消极侧面所决定的。（2）休息权更偏向于表现为一种积极的权利，为此要求国家必须通过立法或行政措施，确立并实施劳动者的工作时间制和休假制度，同时尽可能保证为劳动者提供休息和休假所必须的设施。

（五）退休后生活受保障权

该权利也是一项特定主体所享有的基本权利，具体而言，是企业事业组织和国家机关的退休人员所享有的退休后生活受保障的权利。《宪法》第44条规定："国家依照法律规定实行企业事业组织的职工和国家机关工作人员的退休制度。退休人员的生活受到国家和社会的保障。"

（六）生存权

在社会经济权利中，除了私有财产权之外，需要重点关注的另一项基本权利是生存权。不过大家要切记，不要滥用"生存权"这一概念，认为一个人要活着的权利，就是生存权。不，那其实是生命权。宪法学上所说的生存权，实际上指的是所有人基于人的尊严而享有的在物质和精神上维持其最低限度生活的权利，在我国，也可以说就是获得物质帮助权。当然，我国现行《宪法》第45条规定了获得物质帮助权，但主要限定于公民在年老、疾病或者丧失劳动能力的情况下，有从国家和社会获得必要生活保障或物质帮助的权利。可见，其享有主体和内容都是特定的。但是，《宪法》第45条原本所规定的获得物质帮助权，现在已经发展成为生存权，即成为所有人都可以享有的、内容更为广泛的一项权利。

从获得物质帮助权到生存权，也有一个渐进的发展过程。1991年11月，中国政府公布了中华人民共和国成立以来第一份的人权白皮书——《中国的人权状况》，其中第一次正式地提出了生存权的概念，并指出生存权是中国人民长期争取的首要人权。2004年修宪之后，《宪法》第14条增设第4款，规定"国家建立健全同经济发展水平相适应的社会保障制度。"这使得生存权的发展获得了宪法上的规范基础。现实中，当今中国也已初步建立起一套为公民享有生存权所需的社会保障体系，它主要是由社会福利、社会保险、社会救助、社会优抚等具体制度构成。

这里要说一下,"马工程"教材认为这个权利是社会保障权,好多人也都采用这个概念,我觉得不对。社会保障权对应的是英语里所说的 Right to Social Security,但该词应翻译为"针对社会保障所拥有的权利",而不是"社会保障权"。这是因为"社会保障"本来指的是一种制度,为此说"社会保障权",虽然听得懂,但是说不通。

延伸阅读:如何理解"乞讨权"

(七)受教育权

教育是促进个人人格形成和发展的必要机制,也是培育作为民主社会健全公民的重要途径。为此,受教育权也是各项社会经济权利中一项特别值得重视的基本权利类型。它指的是公民相应于自己的能力所享有的接受各种教育的权利,是当今我国社会诉求最为活泼的基本权利之一。

我国现行《宪法》第 46 条第 1 款规定"中华人民共和国公民有受教育的权利和义务。"如前所述,与劳动的权利与义务一样,公民受教育的权利和义务,也具有比较复杂的关系结构,如下图所示。

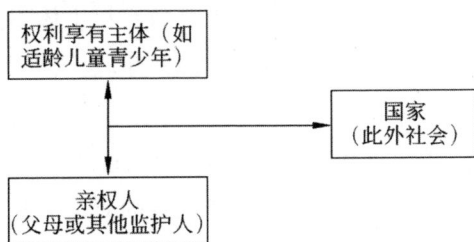

图 29 "受教育的权利和义务"内部结构图

首先,所有公民都可以作为受教育权的享有主体,尤其是随着教育事业的不断发展以及现代社会终身学习理念的普及,包括适龄儿童和成人公民在内的任何公民,一般都成为受教育权的主体。但在权利实现的现实中,适龄儿童和青少年往往成为受教育权的较为典型的主体。其次,与受教育权相对应的,首先是受教育的义务。这在笼统的以及道义的意义上而言,是所有公民应负的受教育的义务,但从实证意义而言,主要涉及亲权人。亲权人指的是这些适龄儿童、青少年的父母或其他监护人。一般而言,亲权人对适龄儿童或青少年既拥有一定的亲自施与教育的自由,同时也负有让适龄儿童和青少年接受教育的义务。但二者又共同针对国家享有宪法学意义上的受教育权。对此，国家也负有让其接受教育的义务，其中包括建立合理的教育制度、提供适当的教育设施和条件等义务。

那么，受教育权包含哪些具体内容呢？主要包括下列三项：第一项内容是学习的权利，又叫学习权，简单说就是通过学习而在人格、智力和品德等方面得到发展的权利，这是受教育权的核心内容。适龄儿童和青少年的受教育权，往往集中表现为学习权。第二项内容是有权要求国家建立合理的教育制度、提供适当的教育设施和条件的权利。作为这项内容的特别要求，就是要求义务教育的无偿化。如前所述，受教育的权利同时也被规定为一种义务，那么，为了使所有适龄儿童和少年及其亲权人都有可能履行这一义务，就需要现代国家对特别重要的义务教育阶段不收取学费，即在一定阶段的义务教育中实行无偿化。这是现代宪法的一项重要要求。就我国而言，目前是从小学到初中这九年阶段的教育作为无偿化的义务教育。第三项内容，则是教育机会的平等。但是基于教育本身的规律，这里的平等并非平均主义，比如说不可能让人人都上大学，而且都上清华北大，而是允许国家和教育机构根据受教育权主体不同的适应性和能力施予不同的教育，即做出合理的差别对待。另外，也要扶持落后地区的教育事业。

受教育权的保障，还涉及教育的自由与教育权这两个概念。其中，教育的自由，主要是指适龄儿童和青少年的亲权人所拥有的对适龄儿童和青少年施与教育的自由，是由亲权人享有的一种自由权。教育自由意味着亲权人可以对适龄儿童和青少年开展自行教育，但受到教育社会化功能要求的约束，一般不能以教育自由为理由而不让孩子去上学，或者让孩子接受不利其人格形成和发展又或不利其社会化的偏向教育。另外一个概念是教育权，它指的是对适龄儿童和青少年的教育内容所拥有的参与和决定的权能。这个权能的归属争议较大，在比较法上有国家教育权说和人民教育权说的对立，但比较公允的见解是混合主体说，即认为国家、学校、教师和亲权人都可以通过协作机制成为教育权的共同主体。

在受教育权的保障方面，有关的案件或事件也非常多，我们过去也已讲过一些。在这里归纳一下，主要有这么几个方面的问题：第一是学校开除学籍权限的滥用;第二是一些地区目前还没有全面实现义务教育的无偿化;第三则是越来越受到关注的高考划线不均问题。这三个方面都具有一定的代表性。其中第一个涉及侵犯了受教育权内容当中的学习权,第二个方面涉及侵犯了义务教育无偿化的权利,第三个则侵犯了受教育权内容当中的受教育机会的平等。可以说,受教育权的各项内容在当下中国都存在一些相关的案例。

二、权利救济权

以上我们讲述了平等权、政治权利、精神自由、人身自由和人格尊严以及社会经济权利等公民的基本权利。这些基本权利基本上都是宪法所规定的实体性权利。这些基本权利一旦受到了侵犯,就要求必须予以救援、弥补、恢复或对侵害行为予以纠正和惩罚,这在法学上称为"权利救济"。权利救济是权利保障的最后手段,也是权利保障的一个不可或缺的重要环节。诚如一句著名的法谚所言:"无救济即无权利。"可以说,如果没有权利救济,那么无论这些基本权利在宪法上规定得如何详尽和完备,都可能失去意义。

正因为如此,宪法除了规定上述的那些实体性权利之外,还规定一些程序性的基本权利。我们把它们叫作"获得权利救济的权利",简称"权利救济权"。从我国现行《宪法》的有关规定以及宪法实践的发展来看,它们主要包括三项权利,即(1)诉愿权;(2)裁判请求权;(3)合宪性审查建议权。值得注意的是,在实定宪法的基本权利体系中,权利救济权作为公民的一种基本权利与其他大部分的基本权利不尽相同而又密切联系。正如前面所论涉的那样,政治权利本来是一种实体性权利,具有独立的价值,但相对于精神自由、人身自由以及社会经济权利等实体性的基本权利而言,则又具有一定的程序性,可以促进或保障公民的各种权利、包括其他基本权利的实现。而权利救济权就更具有这种性质了。从某种意义上说,权利救济权是基本权利为了自我保障而衍生出来的一种权利,它的存在,为权利救济提供了可能,也为整个基本权利保障体系提供了相对自足和自我完结的内在契机。

（一）诉愿权

如前所述,我国《宪法》第 41 条规定,公民对于任何国家机关和国家工作人员,有提出批评和建议的权利;对于任何国家机关和国家工作人员的违法失职行为,有向有关国家机关提出申诉、控告或者检举的权利;由于国家机关和国家工作人员侵犯公民权利而受到损失的人,有依照法律规定取得赔偿的权利。

我们在讲到政治权利时曾经讲过,这里实际上规定了公民的"六小权利",即:批评权、建议权、申诉权、控告权、检举权、国家赔偿请求权。这些权利基本上都是公民个人针对国家机关或国家机关公务人员的权利,过去学说一般将其统称为"监督权"。"马工程"教材基本上也持有同样的观点,将前面五项权利合称为"监督权",与第六项的国家赔偿请求权并列。

然而,正如我们曾经讲过的那样,实际上这六个方面的权利内容,也可以划分为这样两个部分:其中,对国家机关或国家机关公务人员的批评权、建议权、检举权属于参政型的监督权,可划入政治权利的范畴之中;而控告权、申诉权和国家赔偿请求权,才真正可用于个体权利的救济,为此可以纳入权利救济权的范畴,相当于权利救济型诉愿权。另外,检举权甚至包括建议权则比较特殊,可"双跨"上述两个范畴。也就是说,这里所讲的诉愿权,与前面讲过的请愿权有所不同,主要指的是公民认为自己的基本权利或其他合法权益受到公权力侵害,又或为了获得某项权益时,可以向有关国家机关提出诉求和愿望的权利,它包括了《宪法》第41条所规定的申诉权、控告权、检举权和国家赔偿请求权。

诉愿权在实践中往往采用了信访权利的形态,这也是由于,这种信访权利本来就得到《宪法》第41条整体的支撑。所谓"信访",指的是公民采用书信、电子邮件、传真、电话或者走访等形式,向各级有关国家机关反映情况,提出建议、意见或者申诉、请求的活动。

现实中的信访权利具有双重的冲击力,一是公民的信访活动,尤其是上访活动对下级政府的施政评价有重要影响,为此地方政府官员往往会竭力防止上访事件的发生,以免对其施政以及个人前途产生负面影响;二是公民的上访活动也可能具有一定的脱法治化倾向,比如官司打输了还继续上访,甚至不打官司就上访,期待上级党政领导大笔一挥,予以解决。这种绕开司法救济途径寻求纠纷解决的做法,折射了中国古代数千年治理模式的历史投影,形成一种较为强大的"路径依赖",所以说有着一定的脱法治化倾向。在上述两种冲击力作用之下,信访权利也受到了戒备。2022年中共中央、国务院《信访条例》规定,多人上访应推选不超过 5 人的代表进行。越级上访被变相禁止。

有关诉愿权的案件,也是不少的,其中在学理上较为重要的,倒是那些所谓的"官告民"案件。我们知道,行政诉讼法主要是为"民告官"提供程序性机制的,而第 41 条的批评、检举、申诉、控告,也主要属于"民告官"的范畴。但曾几何时,却出现了"官告民"的逆反现象。举一个颇为典型的案例:2002 年,河南省 L县,时任县委书记——我们这里用 Z 替代指称——起诉某上访农民,我们这里也用 H 替代指称他。这是一个刑事自诉案件,Z 在诉状中称:2002 年某月某日,H率领村民数十人到省委门口,打出一幅条幅,上面写道"Z 率 100 名干警纵凶杀人",并要求有关部门以渎职、玩忽职守为名惩处自诉人 Z。Z 认为 H 的这一行为"贬低了自诉人形象,污辱了自诉人人格,侵犯了自诉人名誉权",并"造成极其恶劣的影响",为此以诽谤罪为由,将 H 诉至法庭。

的确,《宪法》第 41 条第 1 款在规定了上述的六项小权利之后,还附了一个但书,规定"但是不得捏造或者歪曲事实进行诬告陷害"。就此而言,Z 认为 H对他构成了诽谤,并将其起诉到法院,似乎也不是完全没有制度根据的。但是,值得注意的是,如果让这样的官司立案打下去,那么结果会是如何呢? 可以想象,在当今我国的公权体制下,作为一个县委书记的 Z,将一介草民 H 告到本县的法院,如果没有其他意外,哪有不胜诉的道理! 这就涉及一个学理问题,那就是公务员的名誉权究竟应如何保护的问题。对此,我们上次在讲到平等权的时候就曾讲到一个原理,即对特定人的权利保障,可以作出区别对待,比如对于公务员的名誉权,在学理上一般只采取宽松的保障。否则,像类似本案这样的"官告民"案件将不断出现,而且几乎都以官胜民败而告终。

(二) 裁判请求权

裁判请求权,传统宪法学上称"国务请求权",指的是任何人均可以就一切纠纷而向法院提起诉讼、请求法院作出裁决或判决,或在刑事案件中非经法院的判决不被科以刑罚的权利。其中前者的部分,在中国被俗称为"诉权",指的是发生了纠纷,不管是民事上的,还是行政法上的,抑或是宪法上的问题,我都可以请求中立的、独立的、公平的法院对该案件予以解决,即"给个说法"。但后者的部分也很重要,为此,裁判请求权也被称为"接受裁判的权利"。

有些人可能不理解,为什么"裁判"还需去"请求"呢? 我们可以这样理解:

你出了问题解决不了,总要找个人或找个什么主体来解决。比如说一对小夫妻吵架,发展到大打出手,两个人都痛苦不堪,解决不了问题,怎么办? 可以先找父母解决;如果父母解决不了,就找一位彼此都认识的有威望的长者来解决;如果还不行,就找国家公权机关,而且这个公权机关还必须是公正的、独立的。最符合这一条件的公权机关在西方英语国家就是 Court,这个词在中国被翻译为"法院"。即使你构成刑事犯罪,你也有请求法院给你解决的心理需求。比如,你被警察拘留或者逮捕了,关押的时间长了,你就产生这样一种愿望:是死是活,法院你给我一个了断。这其实就可以理解为裁判请求权的心理基础。

那么,裁判请求权作为一项宪法上的基本权利,它在宪法上的规范依据何在呢? 有人会认为,其最直接的规范依据也是《宪法》第41条,其中第1款规定:"公民……对于任何国家机关和国家工作人员的违法失职行为,有向有关国家机关提出申诉、控告或者检举的权利。"然而,如果仅从语义解释的角度出发展开解释,很难说这里包含了民事诉讼和刑事诉讼的裁判请求权所需要的规范依据,最多仅包含了不太完整的行政诉讼裁判请求权所需要的规范依据而已。所以,对裁判请求权,我们就需要从目的解释出发,从《宪法》第33条第3款中去推演。

裁判请求权的保护十分重要。在现实中,一些法院对那些可能不利于公权机关的案件,比如某些行政诉讼案件等,比较头痛,曾几何时有些地方法院动不动就驳回起诉,甚至根本就不予立案。这就可能侵犯了公民的裁判请求权。

(三)合宪性审查建议权

第三个权利救济权的具体类型是合宪性审查建议权,这是我的个人观点。合宪性审查建议权,即公民认为普通法律法规等规范性文件同宪法或者上位法相抵触的,有向全国人大常委会书面提出审查建议的权利。这里有三点需要把握:

第一,有人或许会认为,公民的这种审查建议,可能只是针对下位法与普通的上位法相抵触而提出的,不一定都作合宪性审查建议。其实,这就关系到合法性审查包含合宪性审查,还是合宪性审查包含合法性审查的问题了。应该说,从形式逻辑上看,宪法也是法,为此合法性审查包含合宪性审查;但从法理逻辑上看,恰恰应该是合宪性审查包含了合法性审查,理由是:下位法不抵触上位法,本身就是宪法所期待的一种法治秩序。

第二,公民提出这类审查建议,可能是基于公共利益,但也可能是基于个体权利救济的。许多已有的案例,也印证了这一点。所以,我们将"合宪性审查建议权"纳入权利救济权的范畴。

第三,合宪性审查建议权的规范依据何在呢?我们认为现行《宪法》第41条所规定的"建议权",就可以作为它的一种规范依据。不仅如此,《立法法》第110条第2款更是明确规定,公民认为某些法规,主要是地方性法规、行政法规,还有自治条例和单行条例等,同上位法相冲突时,有权以书面形式向全国人大常委会提出审查的建议。同时,我国现行《宪法》第70条,把原来的法律委员会改为宪法和法律委员会,并且规定了由其来处理有关宪法的事务,这一条也可以作为规范依据。应该说,这三个规范共同支撑我国宪法上所存在的合宪性审查建议权。

有关合宪性审查建议权的相关案例其实早已出现了。就正式公开的案例中,颇受关注的,是2015年杭州市民纠错地方条例案。在本案中,杭州市民潘某在杭州市驾驶外地车牌的电动自行车被交警拦截,后者开具一份行政强制措施凭证,要求将外地电动车托运回原籍。潘某以杭州交警所依据的《杭州市道路交通安全管理条例》(以下简称《条例》)在《道路交通安全法》有关规定之外增设了扣留非机动车并托运回原籍的行政强制手段,违反了法律规定,就向全国人大常委会提出审查建议。全国人大常委会法工委进行了认真研究,认为该案的《条例》关于扣留非机动车并强制托运回原籍的规定确实与《行政强制法》的规定不一致,要求制定机关进行研究,对《条例》中的有关规定进行修改。最后,杭州市十三届人大常委会三次会议通过关于修改《条例》的决定。此后,浙江省十二届人大常委会四十三次会议批准了这一决定。

讲到这里,公民的基本权利这部分基本上就讲完了。从学科体系上说,接下来应该讲公民的基本义务。公民的基本义务指的是公民在宪法上应承担的义务。由于这部分相对比较容易理解,我们就不多讲了,这里只讲几个关键的知识点:

第一,公民的基本义务,从前面所讲的耶利内克的地位理论来说,乃派生于个人相对国家的被动地位,属于公民"对国家的给付"。但它与公民的基本权利一样,都反映了公民面对国家的一种地位或资格。所不同的是,在宪法价值秩序中,公民的基本权利处于核心地位,而基本义务虽然也很重要,但不处于核心地位。

第二,公民的基本义务与公民的基本权利之间的关系非常密切,德国历史上的魏玛宪法就贯彻了"权利必然伴随义务"的观念，我国现行《宪法》第33条第4款也规定："任何公民享有宪法和法律规定的权利，同时必须履行宪法和法律规定的义务。"所以，我们要反对传统的"义务本位主义"观念，但也不认同只愿意享有权利、而不愿意承担义务的倾向。然而，就像"马工程"教材也承认的那样，基本权利与基本义务的统一性关系，不能作简单化、庸俗化理解。有关这一点，在理论上说起来比较复杂，有兴趣的话，可以参考拙著《从宪法规范到规范宪法：规范宪法学的一种前言》中的相关论述。

第三，与基本权利不尽相同，宪法上所规定的基本义务具有抽象性，为此也需要通过法律加以具体化，才能获得直接的实效性。对此，"马工程"教材也承认，公民的基本义务的设定，也属于法律保留的事项。

第四，我国现行宪法上的基本义务条款比较繁密，可以用一个表格加以分类整理出来。请见表4：

表4　我国公民的基本义务

分类目录			各种义务的主要内容	条文出处（条、款）
基本义务	一般主体的义务	强道义性义务	维护国家统一、民族团结	52
			遵守宪法、法律，保守国家秘密，爱护公共财产，遵守劳动纪律，遵守公共秩序，尊重社会公德	53
			维护祖国的安全、荣誉和利益	54
			保卫祖国、抵抗侵略	55.1
		强法规范性义务	依法服兵役、参加民兵组织	55.2
			依法纳税	56
			劳动的义务（带有一定道义性）	42.1
			受教育的义务	46.1
	特定主体的义务		夫妻双方实行计划生育的义务	49.2
			父母抚养教育未成年子女的义务	49.3
			成年子女赡养扶助父母的义务	49.3

讲到这里,"基本权利"这一编就全部讲完了。最后,我想对这部分的内容作几点补充或总结,内容为以下四点:

第一,基本权利的保障,是立宪主义的核心价值,也是实定宪法的核心内容。

第二,基本权利有各种类型。在我国现行宪法上,平等权、政治权利被置于重要地位,但经济自由权和权利救济权这两个类型不甚发达。这是因为,现行宪法是在社会主义市场经济概念尚未确立的 1982 年通过的,所以其权利规范的设定反映了那个时代的背景,通过历次的修改虽然有所发展,比如私有财产权保护条款增设了进去,但总体上,经济自由权的保护条款和权利救济权的条款还需要进一步发展与完备。

第三,从原理上来说,各项基本权利都有不同的定义、内容和保护范围,各个不同类型的基本权利也大多具有各自的动态界限,要在具体个案中厘定其界限。在现实中,公权力的行为(包含立法)可能对某种权利做出限制,但有些限制是合宪的,有些则可能是违宪的,要区别对待。

第四,从宪法学上而言,保障基本权利,关键在于"对限制的限制",其中最有效的途径之一,便是通过合宪性审查的救济。但由于我国当下还缺少具有充分实效性的合宪性审查制度,只能借助普通司法上的救济,而后者也不充分。

以上状况,针对基本权利的切实保障,我们可以说:"革命已经成功,同志仍须努力!"

第四编　宪 法 保 障

第十四章　宪法实施与合宪性审查

到这里为止，我们已穿过了一片片"知识密度"很高的宪法学说之丛林，甚至翻越了宪法理论中的许多思想高峰，终于到达宪法学理论体系中的最后一个"景点"——宪法保障。

在之前的课程中，我们学习了宪法总论、国家组织和基本权利。想必大家在学习过程中会不断想到这样一些问题：宪法所规定的内容确实都在实施吗？如果宪法所规定的某个基本权利受到了侵害，我们该怎么办呢？宪法地位这么高，该怎么保障？对于这些问题，我们在此之前已经有所涉猎，但可能还不够"解渴"。因此，今天我们将对宪法保障的问题进行一次比较全面的探索与反思。

在进入正题之前，照例先提出几个章前导引问题：第一，有人认为，我国现行宪法的大部分条款都没有得到实施，为此，宪法就是一部"闲法"。从我国宪法的实施现状来看，事实果真是这样的吗？第二，合宪性审查与违宪审查有何区别吗？第三，在世界上，合宪性审查制度有几种模式，我国现行的合宪性审查制度是怎样的？应该如何描述？

要了解宪法的保障，首先要了解宪法的实施。为此，本章讲述的内容也相应地分为两个部分：第一部分是"宪法实施"，尤其着重讲述我国转型时期宪法实施的状态；第二部分讲"宪法保障"，其中主要讲合宪性审查的一些基本理论以及我国现行合宪性审查制度等内容。关于合宪性审查制度，德国人宾丁曾经打个比方，说它是"立宪法治国大厦的拱顶石"，其中的"拱顶石"一语，据说在德语中也有"最后一块石头"的意思。这是很有深意的。在整个大厦的结构中，"最后一块石头"最后安放，而且它的承受力也最大。我们也是把它放在最后作为重点来讲的。

一、宪法实施

（一）有关宪法实施

关于宪法实施，"马工程"教材对它下了这样的定义："一般是指宪法规范在社会实际生活中的贯彻落实。"这大致是没有错的。进一步说，宪法实施即宪法施行，简单说指的就是宪法作为法规范体系发生法的效力，在国家和社会的现实生活中得到实际的施行。前面我们讲过宪法运用与宪法适用。宪法实施与这两个概念关系很密切。可以说，宪法实施就是通过宪法运用或宪法适用得以实现的。

不用多说，包括宪法实施在内，法的实施具有很重要的意义。美国历史上著名的法学家罗斯科·庞德曾经说，法的生命在于实施，在于将纸面上的法（Law in Books）变成行动中的法（Law in Action）。在这一点上，作为最高规范的宪法也概莫能外。对此，我们国家领导人也有同样的认识，在 2012 年纪念现行宪法颁布 30 周年的时候，习近平即已指出：宪法的生命在于实施，宪法的权威也在于实施。2022 年纪念现行宪法颁布 40 周年之际，习近平同样作出这个论断。

就像"马工程"教材说的那样，宪法实施的方式具有多样性，其基本方式主要有宪法的执行、宪法的适用和宪法的遵守这三种，此外还可以通过法律的实施而得到实施（间接实施）。关于宪法的适用，我们曾经讲过了，宪法的遵守则比较好理解，而宪法的执行则需要说明一下。"马工程"教材指出，宪法的执行包括：(1)依据宪法设立国家机关、形成国家机构体系，并各自行使宪法授予的职权；(2)依据宪法对宪法进行修改；(3)依据宪法对宪法进行解释；(4)依据宪法进行立法；(5)依据宪法针对具体事项作出决定、决议。

我们认为，宪法实施还可以分为两种具体方式。第一种是积极意义上的宪法实施，即把宪法上所写的东西变成现实的生活。它又分为两种更为具体的方式。其一是直接实施宪法上所规定的内容，比如我国现行《宪法》最后一条，即第 143 条规定"中华人民共和国首都是北京"，就可以直接实施，而未必需要再制定一部《首都法》来实施。其二是通过普通立法将宪法中的规定加以具体化。比如现行宪法第34条规定公民有选举权与被选举权，那就制定一部《选举法》将其具体化。而第二种的宪法实施则是消极意义上的宪法实施，这就相当于宪法保障，其目的是防止宪法秩序被破坏，其中最重要的宪法保障制度就是合宪性审查制度。

以上是我们对宪法实施方式的一种理解。此外，在国际学术界还有另外一种理解，它将宪法实施主要分为三种方式。

第一种叫司法宪政主义，其主张宪法实施主要靠司法机关，换言之，主要是通过司法机关实行合宪性审查。现实中，这一方式在当今世界各国占多数。该方式大致是基于这些理念：（1）宪法也是一种法律，而法院的职能就是适用法律；（2）基于权力分立观念。即认为立法机关拥有立法权，再将立法的合宪性审查权交给立法机关非常不合适；而行政机关本身权力已经够大了，实际上对立法也有很大影响力，很多立法都是它起草的，为此也不宜将立法的合宪性审查权交给它。这样，最好的选择就是将合宪性审查权交给法院。当然，合宪性审查权是一种很重要的权力，而法院未必是通过民主选举产生的机关，将这么大权力交给它，等于它可以对通过民主选举产生的、代表了多数人意志的立法机关所制定的法律说"不"，这行不行？我们过去曾经讲过，在美国有人认为这不行，它存在一种很大问题，称之"反多数难题"（the counter-majoritarian difficulty）。对此，一位叫伊利的教授提出一种新的理论，叫"强化程序理论"，认为由司法机关行使合宪性审查权，不仅不会破坏民主过程，反而通过有效地疏通政治变革的渠道，强化了民主过程。但这个学说也有争议。当然，任何学说都可能存在学术上的争议，这既是学术自由的结果，也是学术自由并不可怕的原因。

第二种叫政治宪政主义，其认为还是由法院以外的政治机关（如立法机关、行政机关）运用和落实宪法为宜，具体方式有：（1）政治机关根据宪法加强审议法案的合宪性；（2）推动通过普通立法将宪法具体化。

第三种方式则可能有点儿"豪放"了，那就是大众宪政主义。它强调人民大众对宪法解释和运用的话语权，主张通过公共辩论、媒体宣传和社会运动等途径，扩大公众对宪法解释和宪法适用的影响力。

上述三种宪法实施的总体方式是由美国耶鲁大学葛维宝教授总结出来的。大家要注意这里讲的不是宪法实施的具体方式，而是总体方式，而且是一种学术层面的归纳，但可以用来评价、描述、指引现实中的制度及其运作。如果套用这个理论，目前的我国在制度上有点接近政治宪政主义，但其本身也缺少内在的动力机制。

那么，宪法应该如何实施呢？在这一方面，各国在不同的时期有不同的形态。以下，我们主要从中国宪法的实施形态来分析。

（二）中国转型期宪法的实施形态

有关我国宪法实施的形态，我们可以从两个不同的角度来加以考察：

1. 静态的宪法实施形态

有关我国宪法实施的状况，不少研究者倾向于做笼统判断，其中一个观点就是前面提到的，即认为：我国现行宪法的大部分条款都没有得到实施，为此，宪法就是一部"闲法"。我们当然不赞成这样以偏概全。我们秉持规范宪法学的立场，认为现行宪法并非完全没有得到实施，相反，其中大部分条款实际上已得到有效实施，只有少部分条款有待于得到有效实施，我国静态的宪法实施呈现出一种有规则的倾斜性结构。具体而言，在整个宪法文本中，有关国家总体秩序纲领（第一章总纲部分），大部分的国家组织规范（第三章国家机构部分），公民基本义务条款以及第四章国家象征、即有关国旗、国歌、国徽、首都条款，一般都能得到相对较好的实施；基本权利保障条款、国家权力机关职权条款、司法机关职权独立性条款等，其实效性有待于加强。

以上所讲的，就是我国宪法的静态的实施形态。接下来，我们来讲——

2. 动态的宪法实施形态

除了上述静态的宪法实施形态之外，还存在一种动态的、作为过程意义上的宪法实施形态，这就是通常所理解的宪法实施的方式或路径。从它们二者之间的关系上来看，前者即是后者的结果，后者才是前者的成因。

有关我国现行宪法实施的具体方式如何，学界存在颇多不同的观点，主要有以下两类：

第一类是规范论意义上的宪法实施论，其主要有两种观点。第一种观点认为,我国宪法主要是通过立法机关制定普通法律得到具体化,并通过普通法律的实施而得到实施。与此不同,第二种观点则主要倾向于将宪法的实施理解为宪法条款具体适用于个案的活动。广为人知的一种看法是将合宪性审查制度的存在作为宪法适用的制度性背景,即认为应该通过建立健全合宪性审查制度,通过该制度的运作而适用宪法,从而使宪法得到实施。之前我们讲授过的"宪法司法化"的看法,即是从此分化出来的一种见解而已,但是现在已经挫败。

与上述第一类规范论意义上的宪法实施论不同,第二类是事实论意义上的宪法实施论,即主要从事实论的角度,提出应该通过法律的实施使宪法得到实施。其中还有一种观点提出了"宪法实施模式"这一概念,认为:我国宪法的实施模式与许多西方国家不同,更多的是依靠政治化方式实施,比如体现为执政党主导的政治动员模式,由此可能逐步过渡到政治化实施与法律化实施并存的双轨制格局。学者翟国强曾经提出这样的学说。

在上述两大类的宪法实施论中,第二类的事实论意义上的各种观点从不同侧面描述了我国现行宪法实施的现状,尤其是其中的"双轨制宪法实施模式"论,为我们观察中国宪法实施的状况提供了颇为剀切的叙述。另外,第一类的规范论意义上的宪法实施论亦不乏启迪意义,因为这种理论有可能在一定程度上总结了比较宪法上的一些结论。

而如果我们立足于比较宪法的视角,尤其是从宪法实施的历史类型学这一角度加以考察,便会发现:主张将宪法实施主要依托于普通法律的具体化,这在事实上则比较接近于以近代法国为代表的近代欧陆国家的做法;而主张将宪法的实施主要理解为宪法具体适用于个案,尤其是将合宪性审查制度的运行视为宪法实施的主要保障的观点,则倾向于接受当代世界各国的主流做法。有关这一点,我们接下来将会详细论述。

二、宪法的保障

（一）宪法保障之概述

宪法虽然被确定为是具有最高效力的法,但在现实中,也可能会因为法律等下位法规范的抵触、违反或者违宪性质的权力行使，而受到威胁、扭曲或者形同虚设，为此就需要采取各种措施维护宪法秩序，这就是"宪法保障"。也就是说，宪法保障的目的是维护宪法秩序，而宪法秩序之所以需要维护，是因为宪法秩序在现实中也有可能受到挑战或破坏。因此，宪法保障就是十分必要的了。

然而，宪法保障需要一定的措施，这就是宪法保障措施，此种措施往往需要被制度化，从而确立为一种定型化的保障措施，这就是宪法保障制度。根据研究，宪法保障制度在理论上主要有三种：第一种是宪法本身所确立的制度，也就是宪法自己建立一种制度来保障自己；第二种是普通法律或政治生活中所确立的用于保障宪法的制度；第三种则是宪法和法律本身没有规定，但基于某种超宪法或超法律性质的依据而被肯定的制度。

在这三种制度当中，第一种制度是非常重要的，因为除了宪法之外，再没有其他规范性法律文件能够为宪法确立最终的保障制度了。从这个意义上来说，宪法本身所确立的制度就是至关重要的。第二种制度也比较重要，尤其是它一旦与第一种制度相结合就更有力量；第三种制度则属于超出宪法规定、但又有某种高迈的理念作为依据而成立的某种制度，也很重要。

首先讲第一种制度，即宪法本身所确立的宪法保障制度。根据我国现行宪法来说明，这主要有如下一些具体制度：

第一个制度是宪法之最高法规范地位。在宪法序言第 13 段和宪法本文部分第 5 条第 3 款都有规定。不要以为这仅仅是一种宣言，它实际上也生成了一种制度：宪法居于最高的法规范的地位上，其他一切法律都不能与宪法相抵触，一旦抵触就没有法律效力。这种最高法规范性在整个法律体系中都获得贯彻。姑且不论这种制度在现实中有没有实效性、实效性有多大，在法的"当为"世界里，无疑是一种实在法制度。

第二个制度体现在宪法规定了维护、遵守宪法的义务。义务的主体有很多，国家权力机关、其他国家机关、社会团体、企事业单位、人民团体以及所有的公民都有维护、遵守宪法的义务。关于这一点，在序言的第 13 段、本文部分第 5 条第 4 款及第 5 款都有规定。

第三个制度是宪法宣誓制度。这个制度最初是依据 2015 年全国人大常委会的一个决定建立的，2018年修宪，将其在宪法层面上确定下来，第27条增加了一款，规定国家工作人员就职时应当依照法律规定公开进行宪法宣誓。

第四个制度是宪法修改的刚性程序制度，规定在《宪法》第64条第1款中。我们前面讲过，一般来说，大部分国家的宪法修改程序都比较严格，我国宪法也是这样，为此我国现行宪法也在规范意义上成为一部刚性宪法。至于宪法修改的程序，我们前面已经学习过了。要知道，这也是维护宪法秩序的一种制度。

更重要的是第五个制度，即所谓的"宪法实施监督制度"，主要规定在现行《宪法》第62条及第67条中。在宪法本身所确立的这五种保障制度当中，这种制度即宪法实施监督制度是最为重要的。

宪法实施监督制度，在我国又被简称为"宪法监督制度"。我觉得这个简称不是特别准确，有时候会使人误解，但这个说法已经很流行了，所以，当人们说"宪法监督制度"时，大家要记住，那指的就是宪法实施监督制度。它意味着宪法实施的"第一责任者"是全国人大及其常委会，全国人大及其常委会有权监督宪法的实施，其中，全国人大常委会有权撤销国务院制定的同宪法、法律相抵触的行政法规、决定、命令以及各省级国家权力机关制定的同宪法、法律、行政法规相抵触的地方性法规和决议，该规定体现在现行《宪法》第67条第（7）项、第（8）项；而全国人大则有权改变或者撤销全国人大常委会的不适当的决定，该规定体现在第62条第12项中。这就是宪法实施监督制度，这种制度在宽泛意义上，又被学术界称为"合宪性审查制度"，这个我们等下专门讲解。

其次是普通法律或政治生活中所确立的宪法保障制度。这里的"普通法律"不是英美国家的"普通法"，而是相对于宪法而言的普通法律，比如《立法法》、《刑法》、《香港国安法》等。具体而言，刑法中有关危害国家安全罪的许多条款，就属于是通过普通法律来保障宪法秩序的制度。倘若香港《基本法》第21条得到落实，也会形成特区的一种国家安全保障制度；又比如我国在立法上确立了国家紧急状态法制，当然也在一定程度上属于这种宪法保障制度。目前，我国已通过全国人大常委会的决定，确立了宪法日制度，这些在宽泛意义上也属于普通法律所确立的宪法保障制度的范畴。再比如，执政党在党章以及政治文件中强调要在宪法和法律范围内活动，只要得到制度化，同样也属于这个范畴。

第三种则是宪法和法律本身没有规定,但基于某种超宪法或超法律性质的依据而被肯定的制度,其主要指的是抵抗权,即人民抵抗暴政的权利。由于抵抗权是法律上所没有规定的,为此是一种非法定的宪法保障制度,只能基于超宪法或超法律的理由而存在,这个理由就是人民有权抵抗暴政的理念。但抵抗权的观念与理据也在变化,有其复杂的发展历程。应该说,抵抗权的观念自古即有,至近代西方市民革命时期,与"自然权"思想相结合,发展出"抵抗暴政"的观念。其后,随着各国宪法保障制度的完善,抵抗权曾长期淡出法与政治领域。但到了现代,在人类经历了纳粹暴行的惨痛经历之后,即在第二次世界大战以降,抵抗权观念又有所复活。不过,复活在现代的抵抗权,只是呈现出片段化的样态,其含义主要是指:如果公权力实行了重大不法行为,在合法救济手段已不可能采用的情况下,公民为了保护自身的尊严及基本权利,可以拒绝履行实定法上的义务。相对于近代的抵抗权,这就是片段化了。造成其片段化的原因是:抵抗权在本质上是非合法性的,为此本身不适合于被制度化,难以在法治成熟的国家或时代得到充分的正当化。

(二)合宪性审查:最重要的宪法保障制度

前面我们讲了:宪法的生命在于实施;而宪法实施有积极意义上的宪法实施,也有消极意义上的宪法实施,其中消极意义上的宪法实施相当于宪法保障;宪法保障又有多种具体的制度,其中最重要的就是宪法实施监督制度,而从宽泛意义上说,合宪性审查制度就是一种最为重要的宪法实施监督制度。

"合宪性审查"这个概念前面已经多次提及了。它指的是宪法或法律所授权的机关根据法定的程序对公权力行为是否符合宪法进行审核并做出相应处置的活动或制度。有些国家称之为"违宪审查",很多国家又称之为"宪法审查"。合宪性审查对于宪法保障具有重要意义,可谓最重要的宪法保障制度。2017年党的十九大报告提出:"加强宪法实施和监督,推进合宪性审查工作,维护宪法权威。"

关于合宪性审查,我们以下先讲四点一般性的问题:第一点,违宪与违宪审查,其中包括违宪与违法的区别等问题;第二点,了解合宪性审查起源于哪个国家,其后又如何演进成为不同的模式;第三点是当今世界各国合宪性审查的制度模式;第四点讲一下合宪性审查制度的功能。

1. 违宪与违宪审查

合宪性审查等同于违宪审查,二者是从不同的侧面指称同一对象的。申言之,它从正面说,可称为"合宪性审查",从反面说,则是"违宪审查"。我国学界也曾经使用过"违宪审查"这个术语,它是中国学者从日本引进的。这个概念很难推广,因为语义的威慑力很重,可谓"吓死宝宝了"。英语国家或地区一般用Judicial Review这个说法,实际上指的就是 Constitutional Judicial Review;另外,包括英美国家在内,许多国家都有 Constitutional Review 这个统称,可翻译为"宪法审查"比较合适。但我国还有一个用语,叫"合宪性审查"。2017 年党的十九大报告就明确采用了"合宪性审查"这一概念。这使这个概念成为一个最具影响力的用语。

而要了解"合宪性审查"或"违宪审查"的概念,需要了解"违宪"。什么是违宪呢? 简单说,违宪就是违反、违背或者抵触宪法。那么,究竟违反了宪法的什么才算违宪呢? 是违反一整部宪法才算违宪,还是违反宪法的某个条文就算违宪? 还有,违反宪法的一些原则或精神也可以说是违宪吗? 这就需要我们思考。

我国学界一种重要的观点认为:违反"宪法的规定、原则和精神",都构成违宪;就宪法文本而言,包括违反了序言、本文和附则。这个表述,我认为在很大程度上是正确的。当然,我们应该指出,实际上,"违宪",最终指的是违反了被解释了的宪法的某个或者某些规定、原则或精神,即不仅仅是违反了宪法的条文,实际上往往是违反了宪法条文中所蕴含的宪法规范。这个宪法规范被解释出来,而人们判断某一部法律或者某一公权力行为违反了这个被解释出来的宪法规范,这称为"违宪"。

违反宪法的原则和精神,也可能构成违宪。我们举一个例子来证明这是可能的。比如说,某一年,西安市街上某处悬挂了一个标语:"如果拒绝逮捕,依法当场击毙。"其实,其他地方也有类似的事例,比如说,过去长沙街头就曾经也有过"拒捕的当场击毙"的标语。这些标语显然都是出自公权机关的。那么,像这样的事例看上去只是个悬挂标语的行为发生,但是,问题不仅在于悬挂的行为,标语的内容是否也会违反宪法呢? 答案是肯定的。虽然这种标语的内容似乎没有明显违反宪法的哪个条文,但却违反了宪法的原则或精神。宪法的原则好理解,宪法的精神指的是什么呢?宪法的精神指的是贯穿于宪法规范体系或其主要结构之中的核心价值取向,往往也体现在宪法的基本原则之中。同学们可以想想。写着"拒捕的可以当场击毙"这样的标语,我们一看就很不舒服。为什么不舒服呢?是我们的正义感在起作用。因为这里面好像在强调了一种东西,即公权力可以非常强大,强大到可以肆意对待人的生命,甚至可以无视人的生命。实际上,警察开枪是应该受到法律严格限制的。拒捕的可不可以当场击毙?不一定,只有在特定情况下才可以,并且在击毙前还必须符合法定的程序。这才符合宪法所确认的法治国家的精神。类似"拒捕当场击毙"的标语,实际上是对大众的一种恫吓,完全忽视了宪法当中的依法治国,或者说法治国家的那种精神,而根据这种精神,剥夺公民的生命必须符合法定的条件且严格地依照法定程序执行。为此,在宽泛的意义上,悬挂这种标语的行为也有违宪之虞,至少可以说是没有"宪法意识"或"人权感觉"。明白这一点很重要。

(1)违宪与违法的区别

接下来了解一下违宪与违法有什么区别。关于这一点,"马工程"教材写得很好,总结为四点:

第一,性质不同。违宪是指违反了宪法规范,违法是指违反了一般的法律规范。

第二,行为主体不同。包括国家机关、企事业组织、社会团体和个人在内,任何主体都可以是违法主体,但违宪的主体主要是公权力机关,其中又主要是作为国家权力行使者的国家机关。为什么呢?等下专门讲。

第三,审查主体不同。关于这一点,等下我们也会讲到,简单说就是:在许多国家,审查违宪行为与审查违法行为的机关是一样的,都是普通法院。但不少的国家,往往设立一个专门的机关进行合宪性审查,而违法行为一般是通过普通的司法机关就可以进行审查。

第四,责任形式不同,或者说强制性后果不同。那么,究竟是违法的强制性后果强,还是违宪的强制性后果强呢?好像应该是违宪的更强,但是实际上,宪法往往没有像刑法、民法,甚至行政法那样直接设定强制规范,即没有设定针对违宪行为施予强制效果的那种规定,因而在实施的时候也就可能比较宽缓了。至少在当下我国也是这样的,所以有人说这是"不怕违宪就怕违法"。即使在成熟的法治国家,违宪责任形式也不一定采用追究刑事责任的做法,而是采用撤销违宪立法、宣告违宪立法无效、不适用违宪立法等形式,对于相关个人责任的追究,也可委之于人民代表或人民的政治选择,比如对相关人员进行弹劾、罢免,或者在民主选举中,通过选票让他落选,甚至通过自由的言论进行批判、抨击。对此,日本著名宪法学家小林直树教授曾指出这是宪法的一种"特异的属性"。此外,违宪一般也不会明确地追究个人的法律责任,尽管有一些违宪行为可以追究,但未必是针对某一个特定的人,而多是针对某一特定的法律法规,当其被判定违宪的时候,合宪性审查机关会宣告该部法律法规无效。

(2)违宪的主体

我们这里再着重说说违宪主体的问题。理论上,任何主体,包括公权力机关、政治组织、社会团体及公民,都可以作为违宪的主体。这一点我们要承认,有些教材没有承认这一点,我觉得是不对的。也就是说,从形式逻辑上来讲,作为个体的某个公民当然也可能违反宪法,但从法理逻辑上说,这种情形不是重要的,重要的违宪主体是公权力机关。为什么是这样的呢?因为正如我们以前说过的那样,立宪主义的价值目标其实就是为了约束公权力而保护个人基本权利的,所以,公权力机关的违宪行为就理应得到重视。而一般来说,公民的违宪不必通过宪法加以强调,比如有个公民随地吐痰,这当然很不好,但我们就说他违宪,他问我咋就违宪了,你说《宪法》第53条里规定公民必须"尊重社会公德"呢,你随地吐痰,违反了宪法——其实,问题没那么简单。要知道,宪法是讲形式逻辑的,但宪法又超越形式逻辑,适用宪法规范体系内部所蕴含的法理逻辑。

如此说来,违宪主体主要有几种呢?有如下几种:

第一,国家机关。这是没有疑问的。

第二,其他行使一定公权力或政府职能的主体。在我国,这里面有事业单位、国有企业,还有各政党、各社会团体。其中的事业单位,指的是国家为了社会公益目的,由国家机关举办或者其他组织利用国有资产举办的,从事教育、科技、文化、卫生等为国民经济和社会发展服务的社会组织。这种"社会组织"又不完全等同于"社会团体"，目前我国所说的"社会团体"主要包括人民群众团体、社会公益团体和学术研究团体。其中有一部分，比如说工会、共青团、妇联，就属于人民群众团体，但其具有特殊的政治地位。就连一些社会公益团体、学术研究团体，比如中国残联、中国文联、中国法学会，甚至黄埔军校同学会等，其作为社会团体的主要任务、机构编制和领导职数，也都是由中央机构编制管理部门直接确定的。不用说，事业单位也是如此。它们虽然是非政府性的组织，但在很大程度上行使着部分政府职能，或者说也行使一部分的公权力。为此，这些事业单位、社会团体，就有资格作为违宪主体，其行为有可能违反宪法。还有一些政党组织也可能具有违宪的资格。在德国历史上，有两个政党，其本身曾被联邦宪法法院判决为违反了宪法。联邦宪法法院通过审查这些政党平常的行为及其政治纲领，最后判决其存在违宪，必须解散。哪两个呢？第一个是国家社会党，是延续纳粹精神的一个政党。第二个就是当时的德国共产党。这个判决可能对我们冲击很大。目前中国很难建立一种合宪性审查制度，也许就是因为很多人都误解了，以为合宪性审查制度会被用来追究执政党违宪，或对我党不利。实际上这是不可能的，在中国即使确立了合宪性审查制度，也不可能发生这种情况。在政治逻辑、历史逻辑和法理逻辑上，我们都可以说，党的领导已经写进了宪法，不让中国共产党领导，这本身就是违宪的。

第三，在特殊情况下，也可能包括强大的私团体，如大型企业，也可能具有违宪的主体资格。一般来说，企业是私主体。私主体一般来说，也是受宪法保护的主体，不可能违宪。但是，在特殊情况下也可能构成违宪。有关这一点，我们在第十章讲述基本权利规范的效力范围时已有详细的讲述，请同学们自己对照之前的授课内容进一步学习。于此，我们必须强调，这个问题学理特别强，有一定的难度，但你了解之后，有关宪法与民法之关系的一些原理，或许也就可以了然于胸了。

（3）违宪的类型

那么，违宪有哪些类型呢？这应该从违宪主体的行为讲起。一般而言，构成违宪的往往是某个主体的行为。公权力机关的行为大致分为两种：一种是抽象行为；另一种是具体行为。公权力机关的抽象行为，指公权力机关制定出某部法律、法规等规范性法律文件；具体行为则是指公权力机关在行使职权过程中，针对特定的私主体，就特定的事项，作出有关该特定私主体权利义务的单方行为。公权力的抽象行为与具体行为都可能违反宪法。为此，违宪的类型主要有这些：

第一，立法违宪。它指的是法律、法规以及规章等规范性文件的违宪。这个是最重要的，也是最普通的违宪类型。根据我国《立法法》的规定，我国的立法包括法律、行政法规、监察法规、地方性法规、自治条例和单行条例，还有就是规章，包括国务院部门规章和地方政府规章。全国人大及其常委会制定出来的规范性文件称为法律。其中，全国人大制定的称为基本法律，其常委会制定出来的称为一般法律或普通法律。国务院制定出来的规范性法律文件称为行政法规，国务院各部委制定出来的规范性法律文件称为部门规章。再接下来，有权立法的地方人民代表大会及其常委会制定出来的规范性法律文件称为地方性法规。有立法权的地方政府制定出来的规范性法律文件称为地方政府规章。民族自治地方的人民代表大会制定出来的，我们称为自治条例或者单行条例。此外还有经济特区立法。所有这些规范性法律文件，统称"立法"。这些立法违反了宪法规范，在理论上就叫立法违宪。这是违宪当中的主要类型。一般来说，某个国家法律制度越完备，这种违宪类型就越重要。反之，如果这个国家立法不多，这个类型就不重要了。

第二，具体行为违宪。公权力机关所实行的某种没有立法依据，而且违反了宪法的具体行为。这种行为，在法学上也属于事实行为。此种事实行为违反宪法规范，也构成违宪。典型的案例就是日本首相参拜靖国神社。在日本，每年的8月15日终战纪念日，出身保守政党的日本首相是否参拜靖国神社，就成为新闻关注的一个焦点。有些首相是要参拜的，他们故作气宇轩昂状地走进靖国神社，实际上心里也在打鼓，因为这一脚迈进去，后面就有很多的官司开始跟着他了，很多老百姓就可以告他违反了宪法的政教分离原则。当然，在日本目前的制度下，那是很难告赢他，因此他最终总是胜诉。这倒不是因为他是首相，所以告不倒，而是因为日本现行的违宪审查制度很难追究其参拜行为。所以，尽管他心里打鼓，知道进去后案件纷至沓来，但还是坚持"潇洒走一回"。那么，日本首相参拜靖国神社，是没有法律依据的，但问题不在这里，而在于这种参拜行为违反《日本宪法》第20条所规定的政教分离原则，为此人们可以告它违宪。但是，我们应该知道,具体行为违宪,尤其是事实行为违宪,在法治发达的国家,一般比较少见。因为在法治发达的国家,公权力的行使大部分甚至绝大部分都有法律依据,属于执行法律的行为。可是,在法治还不够发达的国家,由于立法不多,法律还没有形成一个完备的网络来制约公权力机关,因此,没有法律依据的公权力行为就比较多,具体行为违宪的现象发生也就比较多,比例也就相应较大。只是,随着法治的成熟,立法违宪的现象也会越来越重要。因此,合宪性审查,之所以有的国家又称为"违宪立法审查",原因也正在于此,因为它主要审查的就是立法是否违反了宪法。然而,在当下中国,具体行为违宪,尤其是事实行为违宪,这个类型却值得我们重视。我们许多公权力的行为,往往都属于没有立法依据的行为,一旦违反宪法,就属于事实行为违宪。

第三,在介乎前面所讲的立法违宪与具体行为违宪这两种违宪类型之间,还存在立法适用或运用违宪。它指的是某部立法本身没有违宪,但将其适用于某个特定的案件则违反了宪法,或某部立法的具体执行、操作的方式违反了宪法的情形。

2. 合宪性审查制度的起源及演进

（1）合宪性审查制度的起源

合宪性审查制度到底起源于何处呢？学术界有三种说法,分别是起源于英国、法国或者美国,多数说采纳起源于美国的说法。我也承认,具有典范意义的合宪性审查制度可以说是起源于美国的。

在美国,联邦层面最早进行合宪性审查、并作出违宪判断的案件,是发生在1803 年的"马伯里诉麦迪逊案"。此案在美国非常重要。如果在美国学习宪法,很多教科书开篇就讲"马伯里诉麦迪逊案"。如果不提马伯里诉麦迪逊案,大家可能就觉得这本书有创新；如果法学院哪个学生竟然不知道此案,那绝对是学艺不精。但你即使知道此案,也不等于美国宪法你全懂了——你也可能只是在美国听了几节宪法课,然后就逃课了。

此案可谓人类历史上第一个具有典范意义的合宪性审查案件。大家记住,前提是"具有典范意义的"。仅就合宪性审查而言并不是最早的案件,在美国,此案之前各州就发生过诸多合宪性审查性质的案件。在当今中国,越来越多的人知道马伯里诉麦迪逊案。为什么呢？因为大家盼星星盼月亮，就盼着类似案件出现。很多学者也分析过此案，比较著名的是北大的朱苏力教授，他把此案件写成一个政治故事。人大的胡锦光教授也写。我早年也写过，题目是《司法上的创举与谬误——也评"马伯里诉麦迪逊案"》，有兴趣的话可以读一读。

延伸阅读：司法上的创举与谬误——也评"马伯里诉麦迪逊案"

我的观点大致是这样的：马伯里诉麦迪逊案的判决是个创举，但其中也存在诸多谬误，可是人们没有怎么发现它的谬误，为此它便成为美国人"建国神话"的续编，它的故事也就变得挺有趣的了，在这里我把大致内容说给大家听。

1801年3月2日，美国第二任总统亚当斯在即将卸任之前，任命威廉·马伯里（William Marbury）为哥伦比亚特区的治安法官。这个治安法官，英文是Justices of Peace，相当于香港的太平绅士，有一点地位和身份，但没有多大的权力，主要工作是处理一些小案件。当时，亚当斯任命了一批人，这中间的一位就是马伯里。马伯里是个倒霉蛋，总统亚当斯签署的任命状还没来得及送出，还躺在国务卿的抽屉里，总统本人就卸任了。而继任的杰斐逊总统于1801年3月4日上任后也不配送这些任命状，他的国务卿麦迪逊，可能将这些任命状弃之如敝屣，丢进了垃圾桶。这个麦迪逊，就是我们前面讲到的那个参加美国制宪会议、并主动请缨担任书记员的那个哥们，当时在杰斐逊手下做国务卿。此后，马伯里就与另外三个同样处境的人以1789年的《司法法》第13条的规定为依据，直接诉至联邦最高法院，请求联邦最高法院向国务卿麦迪逊发出职务执行命令书（writ of mandamus），强制他交付那些任命状。马伯里的理由很充分：上一任总统已经任命我做治安法官了，你有义务把任命状送达给我，你不执行，我就告到最高法院，请求法院命令你执行，依据是《司法法》第13条，其中规定："联邦最高法院在法律的一般原则和惯例所认可的情形下，有权对在合众国的权限下所设置的法院或公职人员发布职务命令书。"

这个案件的案情说起来就这么简单，但背后确实有很复杂的政治背景。这一点很多人都分析过。我也给大家介绍一下。

话说当时，即1800年11月前后，自美利坚合众国成立之后，一直处于执政地位的联邦党,在总统和议会的两大选举中连遭挫败。于是,按规定将于第二年3月4日下野的该党领袖亚当斯和他的国务卿马歇尔,便力图在司法机关中调整有利于本党的人事安排,以尽量挽回在两大选举中的败局,同时维护现行宪法秩序的运作。大家知道,美国是三权分立的国家,一个政党,如果在总统选举中失败了,在议会选举中也失败了,那就等于说立法、行政两大权力都交出去了,为此只能尽量在司法权的布局中下点功夫做点文章。应该知道,在普通法国家中,司法权力很重要。因此,亚当斯就通过司法权领域的一些人事安排,尽量挽回败局。同年12月,他急匆匆地任命尚在任中的国务卿马歇尔担任最高法院首席大法官。某一个人还在国务卿的任上就当上了联邦最高法院的大法官,这本来就违反宪法,但美国人的性格也是大大咧咧的,尤其是在开国不久的当时,这一点也就不讲究了。时至1801年3月3日那一天,亚当斯第二天就要下野了,晚上连夜任命了42名治安法官,但其中17人的任命状来不及送达,包括本案原告马伯里。当时叫谁去配送这些任命书的呢?据说是叫马歇尔的兄弟去送的,自然是连夜送出,但还没送完天就亮了,亚当斯只好下野。

1801年3月4日那一天,民主共和党领袖杰斐逊进驻白宫,正式出任美国第三任总统。当他得知有17份治安法官的任命状仍然滞留在国务卿的抽屉时,便授意他的国务卿麦迪逊不要发送这些已经签署并已经封印的任命状,而是将它们"如同办公室的废纸、垃圾一样处理了"。政治毕竟是人类公共生活中的一种脏活,有时大人物也会搞小动作的。

本案名为"马伯里诉麦迪逊",其原告是马伯里,被告是谁呢?是当时美国的国务卿、历史上著名的"美国宪法之父"麦迪逊。

本案的判决是马歇尔主持下的联邦最高法院作出的。据查,这个案件的判决书就是首席大法官马歇尔亲自写的。此人拥有博士学位,还真有点水平。这一点可以从本案的判决书里看出。这个判决书写得非常精妙,现代自由主义理论家哈耶克对这份判决书,包括对它的文笔,都赞不绝口。

这份判决书,主要讨论了三个问题,依次是:第一,马伯里是否有权利得到他所要求的任命状?第二,如果他有这个权利且这一权利受到了侵犯,那么美国的法律能否为他提供救济?第三,如果法律应当为马伯里提供救济,那么是否应由联邦最高法院发出职务执行命令书？显然，这三点表面上环环相扣、层层推进。其中对第一点，持肯定态度。对第二点，也持肯定态度。但到了第三点，即最关键的一点，却持否定态度，认为法律虽然应当为马伯里提供救济，但是不应该由联邦最高法院来发出职务执行命令书。为什么呢？因为《司法法》第13条虽然赋予联邦最高法院对类似本案这样的案件一审管辖权，然而该条款却与联邦宪法第3条第2项的规定相抵触，因而违宪无效。的确，根据美国宪法第3条第2项的规定，联邦最高法院仅仅对"涉及大使、公使、领事以及一州为一方当事人的案件"才具有一审管辖权；而本案所依据的《司法法》第13条，本身就违反了宪法的这一条款。据此，马歇尔驳回了马伯里的起诉。

重要的是，在论述的过程中，马歇尔趁机写出了两条道理来。这两点都非常有利于联邦最高法院：第一条，违宪的法律自当无效；第二条，法院必然有权对法律是否违宪进行司法审查。这样的论述一旦确立，法院就确立起了一种权力，那就是合宪性审查的权力，即，司法机关有权对法律是否合宪进行审查。

我们知道，马伯里其实就是马歇尔的"老板"亚当斯任命的。所以，按照情理来讲，马歇尔应该同情马伯里。但是，在判决书中，马歇尔却牺牲了马伯里，也就是说，在关键的时刻老马抛弃了小马。但是，老马通过这个案件，却是丢了芝麻，抓到了西瓜，为自己的法院，甚至为整个联邦系统的法院确立了一项很重要的权力，那就是合宪性审查权。

时至今日，为了纪念马歇尔的贡献，同时也为了确立自己的权威，美国联邦最高法院在自己的一楼大厅里展示了一尊马歇尔的大型雕像。晚年的马歇尔虽然已经严重谢顶，但这尊雕像仍然给他披上了一头浓密的头发。我曾经在美国联邦最高法院的大厅里亲眼看过这个雕像，很想告诉你们：同学们啊，请大胆地思考吧！即使头发都掉光，未来的雕像还能恢复你的发型。马歇尔的雕像就是这样的。

值得我们注意的是，合宪性审查的案件并不一定都有政治背景。可是，马伯里诉麦迪逊案作为人类历史上第一个具有典范意义的合宪性审查案件却具有复杂的政治背景。从这一点上说，这个案件背后的政治故事，对我们有很大的启发。但是，我们还应当注意的是，在该案判决书中所展现出来的，不是政治斗争

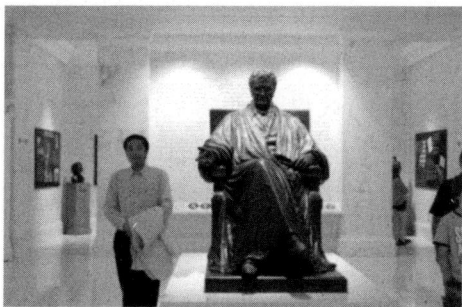

图 30　在今日美国联邦最高法院大厅里，可看到马歇尔大法官的大型雕像。图为本书作者 2010 年访美时在其旁的留影，林盛也摄

的言辞，而是法律论证的道理。政治上的责难与谩骂，以及政治斗争的谋略，全部都收敛起来，或者只隐存于判决书的"法言法语"背后。这就是法治的逻辑与智慧，即把政治的话语转化为法律论理的言说，甚至转化为法律技术来处理。判决书中没有大骂：好啊！杰斐逊，麦迪逊，你们这些人模狗样的家伙啊！背地里居然搞起小动作来了！你们对人家马伯里公平吗！这样的话一个字都没有，全部化为严谨的法律语言来论证。三个层次至少看上去也是层层推进，顺理成章的。而且，马歇尔在其雄辩的判决书里面，有进有退，以退为进，展现了其深远的政治谋略。本案最有趣的一点是，马伯里虽然在本案中输了，可是他又赚大了，因为这个倒霉蛋没有想到，他个人职业生涯中的一次意外的挫折，让他的名字长留在美国的宪法史上。如果有一天，你们也有机会拥有这样的不幸，那么请不要拒绝。

（2）合宪性审查制度的演进

在近代宪法时期，特别是立宪主义原理确立时期，除了美国这一典型的例外，以近代欧陆的法国和德国等国为代表，当时世界上绝大多数宪治国家，都将公权意义上最终的宪法解释权交给议会，即否定任何机关对代议机关所制定的法律可以进行合宪性审查。法国第三共和国宪法（1875 年宪法）即是一个典型，其背后存在议会中心主义的理念，此外还有卢梭思想的影响。总之，在 19 世纪，大部分国家的宪法实施主要是立法机关通过积极的立法去贯彻宪法中的立宪主义原理,尤其是宪法中有关基本权利的规定;与此同时,司法机关与立法机关则合力限制脱胎于君主权力的行政权,为此建立起了法律优位和法律保留的机制。

但伴随着近代立宪主义的危机,议会中心主义亦遭遇重大挫折,主要通过立法的具体化来实施宪法的方式自然也受到挑战。尤其是基本权利的保障方面,近代宪法的那种将基本权利交由普通立法去保护的做法,原本就具有重大风险,因为立法机关在将其具体化的过程中,既可以规定赋予其具体内容,也可能对其进行过当的限制,尽管"只有通过法律才能限制基本权利"这一法律保留观念的命题,在逻辑上无法推导出"只要通过法律就能限制基本权利",但遗憾的是,人类历史的发展不可能严守逻辑的约束,在近代西方宪法史上,"只有通过法律才能限制基本权利"的理念,在很大程度上演变成为"只要通过法律就能限制基本权利"的事实。有鉴于此,对普通法律是否违反了宪法规范进行审核,就成为现代宪法的重要课题之一。从比较宪法的角度来看,各国在现代宪法时期大致均建立了各种宪法保障制度,用以保障宪法的实施,合宪性审查制度是其中发挥了最重要功能的一项制度。

3. 现代各国的合宪性审查制度模式

有关这一点,"马工程"教材将其纳入"宪法监督制度"的框架中来考察的,并将其分为三种类型,即:普通法院审查制、专门机关审查和代议机关审查制。

另一种分类法是依审查主体和审查方式来分类的,认为世界各国一共有四种合宪性审查体制:第一种,最高代表机关审查制;第二种,司法审查制;第三种,宪法法院审查制;第四种,宪法委员会审查制。

最高代表机关审查制的审查主体是最高立法机关,也就是最高民意机关或者西方国家的代议机关。它具有一个明显的特点,即具有低度典型性。也就是说,这个体制主要见诸社会主义国家,此外,近代早期以及现代的极少数欧洲国家——如英国,也采用了这种制度,但很不典型。

而"司法审查"制度的审查主体,指的是普通的司法机关,从下级法院到上级法院,一直到最高法院都有权审查。美国就采用这个制度。大家不要以为在美国只有联邦最高法院才有权力进行合宪性审查,其实联邦的下级法院也有权进行审查。它的审查方式是具体审查,或者说"附随性审查"。这是什么意思呢? 意思就是:要首先存在一个普通案件,这个案件可能是民事案件,也可能是刑事案件,更多的可能是行政诉讼案件,案件中存在具体的争诉或纠纷;这个案件进入普通法院去审理,但因为里面涉及宪法问题,在一定条件下就可作为一个宪法诉讼,针对宪法问题进行审查。怎么审查呢? 一般来说,是审查这个案件中所适用的法律是否违反宪法。可见,具体审查或附随审查,是在某一具体个案当中插入合宪性审查,或者说,合宪性审查是附随着具体的普通个案提起的。在此制度下,宪法诉讼就不是一种独立的诉讼形态,而是附随于其他诉讼形态,包括民事诉讼、刑事诉讼或者行政诉讼。这个体制的代表性国家主要是美国,但据晚近的研究,目前世界上共有 81 个国家采用了这个制度。

　　再说宪法法院审查制。它的审查主体是宪法法院,是在普通法院之外专门设立的一种机关;其审查方式有两种:一种是抽象审查,即根据特定主体提请的要求,直接对法律文本进行审查,在程序上不依附于某一具体的案件;另一种审查方式是具体审查,其中主要是宪法诉愿,即某个公民认为自己宪法上的权利受到侵犯,可以先通过其他法律途径进行救济,当穷尽了其他法律途径的救济还不能得到救济之时,就可以向宪法法院提起诉讼,要求宪法法院进行合宪性审查,保护他宪法上的权利。所以说,宪法诉愿是个人在穷尽了其他一切法律上的救济途径之后,才将案件提交宪法法院进行审查,以维护自己基本权利的审查方式。宪法法院审查制的代表性国家是德国,但该制度最早起源于 1920 年奥地利宪法,据不完全统计,当今至少有 58 个国家采用该种制度。在亚洲,韩国以及我国的台湾地区采用了这种制度。从苏联分裂出来的许多国家,以及欧洲的前社会主义国家,也大多都采用这种制度。

　　我们来看看德国联邦宪法法院的图片。德国有州的宪法法院和联邦宪法法院两级。这就是德国联邦宪法法院大法官,着红袍,看上去气质都不错,非常有智慧的样子。有趣的是,德国联邦宪法法院的法官人数采用偶数制,总共有 16 位,分两个法庭,每个法庭一般由 8 位法官组成。如前所述,之所以采用偶数制,是为了促进案件讨论的深入,而不至于出现微弱多数的情形,比如像美国那样时而出现 5∶4 的局面,判决出来之后还是会引起社会激烈争议。而德国采用偶数

图 31　德国联邦宪法法院的法官们

大法官的制度，就有利于促进法院对案件进行深入的讨论，形成较为强大的多数。

　　再说宪法委员会审查制。它的审查主体也是一个专门机关，叫宪法委员会，这个体制的代表性国家是法国。宪法委员会的成员有多少位呢？简单说就是"9加N"：首先是 9 位委员，再加上不确定的几个人，即 N 位。这不确定的 N 位是什么人物呢？主要是在世的卸任总统。那稳定的 9 位的任命制度可叫作"三三分别任命制"，即 9 个人当中，三个由现任总统任命，三个由参议院议长任命，还有三位是由国民议会议长任命的。长期以来，它的审查方式主要是采用事前性的抽象审查，即在法律文本还没生效时就直接审查。2008 年起，法国确立了"合宪性问题优先解决"机制，即普通法院在普通诉讼案件中，如果遇到宪法问题的纠纷，法院可暂时中止诉讼，将其优先移送到宪法委员会审查，宪法委员会作出裁决后，再结合其判决继续开展诉讼。这就类似于具体审查。

4. 合宪性审查制度的基本功能

　　合宪性审查制度的基本功能，也可以说是基本作用。合宪性审查制度具有重要作用。有关这一点，说法有很多，其中，德国人宾丁的那句话说得很形象——合宪性审查制度实际上是"立宪法治国大厦的拱顶石"。也就是说，如果说法治国家像是一座巍峨的大厦，那么，合宪性审查制度就是这座大厦的拱顶石。

　　那么，合宪性审查制度的功能主要体现在哪些方面呢？主要是：为宪法实施提供保障、维护法治国家宪法秩序、协调宪法的稳定性与适应性的关系。

其实,我们强调,合宪性审查制度最重要的功能就在于保护公民的基本权利和自由。虽然,在前面讲的人类历史上第一个具有典范意义的合宪性审查案件中,马伯里的基本权利没有得到保障,但是此后,我们可以看到,合宪性审查制度发挥的主要功能就在于保护人的基本权利。当你有冤情,你的基本权利受到侵犯,可以通过合宪性审查制度来寻求救济。这应该是第一位的功能。第二位功能才是保障统一的法秩序。法秩序由许多立法及其有效运作的效果组成,但其中有些法律法规可能抵触了上位法,甚至抵触了宪法,一旦有了合宪性审查制度,人们就不必进行空泛的道德批判,只会谩骂这部法律是"恶法",甚至还冒着巨大风险去"暴力抗法"了,而是通过一个制度来理性地评价确认它是否真的违反了宪法,如果违反宪法,就把那部分或者整部法律从法律体系中清除出去,以便使整个法律体系保持合理、安定、统一的状态。在这个意义上,合宪性审查制度具有类似于一种"排毒养颜"的功效。

接下来,我们要思考一个问题:合宪性审查主要是审查立法是否违宪,而法律却是民意机关制定的,那么,民意机关是否会制定出侵犯人权从而违宪的法律?

这个问题在中国非常重要。在中国,之所以具有充分实效性的合宪性审查制度长期难以建成,其原因之一就在这个疑问里。合宪性审查要审查法律,可是这个法律是由全国人大及其常委会制定的,所以人们就反问:全国人大及其常委会制定出违反宪法的法律吗?人民代表为人民,受人民监督,怎么可能会制定出侵犯我们的法律呢?这些问题,在理论上一直困扰着思维过于政治化了的中国人。于是,叩问"立法机关是否可能制定出侵犯人权从而违宪的法律?"这样的问题,就是非常必要的了。

对于这个问题,我的答案是:那是有可能的。

从理论上说,第一,民意机关是由人民代表组成的,但毕竟不是由全体人民组成的,即使由全体人民组成,也不能确保可以制定出完全不会侵害个体权利的法律,更何况不管选举制度多么发达,民主性程度多么高,人民也不可能完全约束人民代表,因此人民代表有可能制定出侵犯人民利益的法律;第二,人民代表的产生以及法律的表决，往往都采用多数决，为此法律一般来说只体现多数人的意志，有可能过度限制或者侵犯以个体为主体的基本权利。即使民意机关是由全体人民组成的，这个问题还是存在。

以上两点主要是从理论上说的。而从现实上来说，即使在民主化程度较高的国家，也曾存在侵犯人权而违宪的法律。人类历史上的许多事实都证明这一点，而且各国合宪性审查的裁判史也说明了这一点，即议会或者其他同类的民意机关所制定出来的法律，完全有可能违反宪法，侵犯人民的基本权利。

那么，我国的合宪性审查制度如何呢？接下来讲授——

（三）我国的合宪性审查制度

这部分是本章的重点，我们讲几个方面。

1. 我国合宪性审查制度的历史沿革

前面讲过了，我国现行的合宪性审查制度，实际上是属于"宪法实施监督"的一种制度，最终可归入宪法保障制度这样一个更大的范畴。

说到我国合宪性审查制度的历史沿革，其基本脉络是这样的：1954 年宪法规定了全国人大有权"监督宪法的实施"（第 27 条），由此确立了宪法实施监督制度。但在当时的实践中，这一点本身就没有得到很好的实施，"文革"期间，宪法更是成为一纸空文，1975 年宪法干脆取消了这种有关宪法实施监督的规定。所幸的是，1978 年宪法和 1982 年宪法又恢复了 1954 年宪法所规定的宪法实施监督制度，尤其是 1982 年宪法明确规定：全国人大有权改变或者撤销全国人大常委会不适当的决定（第 62 条）；全国人大常委会有权撤销国务院制定的同宪法、法律相抵触的行政法规、决定和命令，有权撤销省、自治区、直辖市国家权力机关制定的同宪法、法律和行政法规相抵触的地方性法规和决议（第 67 条）；县级以上的地方各级人大有权改变或撤销本级常委会不适当的决定（第 99 条），县级以上地方各级人大常委会有权撤销本级政府的不适当的决定和命令，有权撤销下一级人大的不适当的决议（第 104 条）。

然而，我国这种合宪性审查制度，也需要一定的制度配套，这就是备案审查制度。2000 年制定的《中华人民共和国立法法》，设专章规定备案审查，第一次从法律层面较为全面、系统地规定了备案审查工作，标志着规范性文件备案审查制度的正式确立,可以说,合宪性审查机制也被正式纳入这个制度之中。2004年,在全国人大常委会法制工作委员会之下,设立了法规备案审查室,成为备案审查工作的运作实务部门。2006年,《监督法》获得通过,"两高"的司法解释被纳入备案审查范围,备案审查制度得到了发展。

党的十八大(2012年)之后,中国的法治发展站在了一个新的历史起点之上,备案审查工作又进入一个新阶段。2017年,党的十九大报告提出"加强宪法实施和监督,推进合宪性审查工作"。2018年修宪,将作为全国人大专门委员会之一的"法律委员会"更名为"宪法和法律委员会",并赋予其推动宪法实施、加强宪法监督、开展宪法解释、推进合宪性审查等职责。在这一阶段,备案审查各项制度和工作机制更为完备,备案审查工作力度也有所加强,备案审查工作也在较大程度上得到了活性化与显性化。2023年,全国人大修订《立法法》,合宪性审查制度以及其所依托的备案审查制度,得到了进一步的完善。

2. 我国合宪性审查制度的基本内容

我国当今合宪性审查制度得以存在和运行的规范依据有哪些呢? 可以说,《宪法》《全国人大组织法》《立法法》《监督法》《全国人大议事规则》及《全国人大常委会议事规则》《法规、司法解释备案审查工作办法》等规范性法律文件中的相关规定,均为我国合宪性审查制度提供了规范依据,并据此形成了现行合宪性审查制度的基本内容。

我国现行合宪性审查制度的基本内容相对比较繁杂,通过梳理可以发现,它包括该制度的外部架构和内部架构两个部分。

就它的外部架构而言,自现行宪法颁行之后,尤其是进入21世纪以来,宪法实施监督制度还是有所发展的,以致许多学者将这个制度表述为"违宪审查制度",后来改称"合宪性审查制度"。从这个立场出发,合宪性审查制度不仅包括了对下位法以及其他公权力行为是否违宪的审查机制,而且还涵盖了对下位法以及其他公权力行为是否有违其他上位法的审查机制。这也就是说,不是备案审查制度包含了合宪性审查制度,而是相反,即合宪性审查制度包含了合法性审查制度,甚至涵盖了备案审查制度。这是因为从法理逻辑上说,一切下位法和其他公权力行为都不得抵触一切上位法,也是宪法所期待的一种应有的法治秩序。

但根据实务部门曾经的见解以及"马工程"教材的观点，当今中国的合宪性审查制度是内嵌于备案审查制度中的，属于宪法监督制度的一环。后来，合宪性审查得到了一种延展性的认识，实务部门曾经提出了合宪性审查"三端"说，即包含事前审查、事中审查和事后审查。换言之，合宪性审查包括了法律法规和制度政策形成之前、执行之中、实施之后的"全过程审查"。其中，事前审查发生于规范性文件制定主体或起草单位在启动规范性文件制定工作之前，遇到有关宪法问题把握不准，向全国人大常委会提前进行请示，由全国人大宪法和法律委员会提出意见。事前审查的环节可能与宪法解释机制相配合，即可能通过宪法解释处理或解决合宪性、涉宪性问题；而事中审查，则发生在起草或审议、讨论法律草案、法规草案、司法解释、政策文件的过程中。比如，根据《立法法》第 23 条的规定，列入全国人大会议议程的法律案，由宪法和法律委员会根据各方面的意见进行统一审议，向主席团提出审议结果报告，对其中涉及的合宪性问题，应在报告中予以说明。该法第 36 条还规定，列入全国人大常委会会议议程的法律案，同样由宪法和法律委员会根据各方面的意见进行统一审议，提出修改情况的汇报或审议结果报告，对涉及的合宪性问题应在汇报或报告中予以说明；而事后审查意义上的合宪性审查，则可以说是较为典型的合宪性审查，但它在制度安排上则主要依托于备案审查制度，而后者又是以合法性审查为主的。

以上所说的，是横向意义上的合宪性审查。其实，长期以来我国已形成了多套的备案审查制度，它们之间多少带有点纵向意义上的关系，其中包括：(1)全国人大常委会所担纲的对各类法律规范性文件的备案审查；(2)国务院对地方性法规、规章等规范性文件的备案审查；(3)地方各级人大常委会对本行政区域其他国家机关和下级人大及其常委会的规范性文件的备案审查；(4)中共中央办公厅及上级党组织对党内法规的备案审查；(5)中央军委法制局对军事法规及规范性文件的备案审查。一般而言，我们所说的合宪性审查制度主要是依托于上述第一套备案审查制度的那一套。当然，这五套备案审查机制虽然分别存在，根据《立法法》第 115 条的规定，彼此之间形成衔接联动机制，对应当由其他机关处理的审查要求或者审查建议，及时移送有关机关处理。

那么，合宪性审查的基本目标是什么？有关这一点，"马工程"教材将其纳入宪法监督的框架中去认识,认为其包含了五个具体目标,即:(1)保证党中央令行禁止;(2)保障宪法法律实施;(3)保护公民合法权益;(4)维护国家法制统一;(5)促进制定机关提高法规、司法解释制定水平。这五个目标基本上也适合于合宪性审查,但其中有些目标在学理上是可以合并的,而且最终所确立的基本目标也应该在宪法上找到规范依据。就此而言,合宪性审查的目标(功能)主要可归纳为两个:第一个是维护社会主义法制的统一和尊严,在学理上也可简称为"法的统制"。这可以从《宪法》第 5 条中得到理解,其第 2 款中就明确规定:"国家维护社会主义法制的统一和尊严";合宪性审查的第二个目标或功能就是公民基本权利的保障了。大家知道,现行《宪法》第 33 条第 3 款规定"国家尊重和保障人权"。这一条也可以作为合宪性审查制度一个重要功能的说明,可简称为"人权保障"。

那么,现行合宪性审查制度的内部架构是如何的呢? 应该说,这个架构正处在一种持续发展的状态之中,目前可以从几个方面来描述:

(1)审查主体

审查主体说的是"谁来审查"。这一点非常重要。我国现行合宪性审查的主体,具有复合性和层级性。根据现行宪法的规定,我国目前合宪性审查有两个审查机关:第一个是全国人大,关于这一点《宪法》第 62 条有规定;第二个就是全国人大常委会,这在《宪法》第 67 条中有规定。这意味着:在我国,全国人大及其常委会可谓是宪法的第一守护者。但应该指出的是,迄今为止,合宪性审查的工作主要是由全国人大常委会进行的。当然,除这两个机关之外,还有一些辅助机关,其中包括全国人大各专门委员会,尤其是宪法和法律委员会,还有全国人大常委会法制工作委员会,即"法工委",以及其下设的法规备案审查室和国家法室等。

(2)审查对象

审查对象说的是"审查什么"。关于这一点,中共中央曾经提出要"把所有规范性文件纳入备案审查范围"。就全国人大及其常委会所担纲的备案审查机制而言,它的审查对象主要包括:行政法规、监察法规、地方性法规、自治州和自治县的自治条例、单行条例、经济特区法规、浦东新区法规、海南自由贸易港法规,港澳两个特别行政区立法机关所制定的法律也属于这一范畴；此外还有最高人民法院以及最高人民检察院的司法解释。

可能有人会问：国家监察委员会制定的监察法规，是否真的可以审查呢？2023 年新修订的《立法法》在第 118 条（该法附则部分）中已明确规定，国家监察委员会根据宪法和法律、全国人大常委会的有关决定，制定监察法规，报全国人大常委会备案，但没有明确规定监察法规是否也接受审查。监察法规的特殊地位由此可见一斑。不过，无论从法解释学角度还是从"有件必备、有备必审、有错必究"的实践原则而言，报送全国人大常委会备案即意味着同时接受审查，更何况 2019 年十三届全国人大常委会十四次会议通过的《关于国家监察委员会制定监察法规的决定》第 3 条中已明确规定："监察法规应当在公布后的三十日内报全国人民代表大会常务委员会备案。全国人民代表大会常务委员会有权撤销同宪法和法律相抵触的监察法规。"从这里亦可得知，监察法规也已被列入审查对象之列。

当然，以上所说的审查对象，本来是属于全国人大常委会备案审查的对象，而事前、事中的合宪性审查对象则不限于这些，然而在现实中，依托于全国人大常委会备案审查制度的合宪性审查，即较为典型的合宪性审查，是很难找到审查对象的。这是由于，备案审查制度，本来做的主要工作就是合法性审查；在实际的操作当中，备案审查的主体也倾向于采取"实质性的适度谦抑"的消极主义立场，即往往只愿意做一般性的合法性审查，主要审查行政法规、监察法规、地方性法规、自治条例、单行条例、经济特区法规等法规以及司法解释是否违反了法律；即使现实中某一个审查对象的某一条款存在合宪性争议，只要审查它是否违反了某一部法律，也就足够有理由作出是否应该予以处理的决定，而不愿意用力过猛，对它进行合宪性审查。现实中，也不乏这样的法律，作为宪法的"替身"，它们大多是宪法性法律，如《立法法》，就绝对是宪法的"小兄弟"，可以替宪法"挡箭"的。这也是由于为它所设定的主要内容就是立法权的分配，这可是"宪法性"的，而且"宪法性程度"很高的内容，为此理所应当就得为宪法"出生入死"了。

那么，法律本身是否可以作为合宪性审查的对象呢？说到这一层次，问题也就更复杂了。应该说，根据现行《宪法》第 62 条的有关规定，全国人大常委会的决定,是在合宪性审查对象之列的。需要说明的是,宪法在这里虽然说的只是全国人大常委会的"决定",但解释学上可理解为包括了全国人大常委会所制定的法律。不过,它主要是由全国人大来审查的,而不一定属于全国人大常委会审查的对象。全国人大常委会要将其纳入审查对象的范围,必须解决"自己审自己"、即自己是否可以审查自己制定的立法的难题。

就全国人大及其常委会所担纲的合宪性审查机制而言,在整个法律体系当中,确实就存在两种"非审查对象",也就是没有被列入审查对象之列的立法:其一是全国人大所制定的法律,即基本法律。一般认为,即使全国人大常委会能够审查它自己制定的法律,也不能审查全国人大所制定的基本法律,否则就"僭越"了。基本法律最多也只能有待于全国人大的审查,但那也是一种自我审查;其二是规章,包括部门规章以及地方政府规章,也没有被列入全国人大常委会所担纲的备案审查对象的范围之中。但规章并非完全免于审查,相反,有权审查规章的主体多的是。根据《立法法》的规定,国务院有权改变或者撤销不适当的规章,地方人大常委会也有权撤销本级政府的不适当的规章,另外,省级政府也有权改变或者撤销下一级政府的不适当的规章。

（3）审查的类型、方式及程序

我国现行合宪性审查的方式比较繁杂,而不同的审查方式所适用的审查程序也可能有所不同,为此我们又要讲它的类型,而且要首先讲,也就是要用类型分析的方法,来考察我国当今合宪性审查的方式及程序。

如前所述,从大的方面来看,我国当今存在多套的合宪性审查机制,其中有国家层面的合宪性审查机制,也有政党层面的合宪性审查机制;国家层面的合宪性审查又分为事前审查、事中审查和事后审查。这些合宪性审查都有自己的审查方式,但从类型学角度上说,它们的审查方式及程序大多都还在形成过程之中,其中定型化程度较高的应该是事后审查的方式与程序。在比较法角度看来,这种事后审查基本上属于抽象审查,即直接对规范性文件本身的全部或部分条款是否构成违宪所进行的审查,典型的可见之于德国;但在实践中,我国的合宪性审查也出现了准附随性审查的一些案例。这里所说的"附随性审查",又称"具体审查",即透过某个特定的具体案件对其中所适用的规范性文件的全部或部分条款是否构成违宪所进行的审查，典型的可见之于美国。

而从启动的程序来看，事后审查又可以分为依申请审查、主动审查、专项审查、移送审查和联合审查等多种方式或类型。

依申请审查内部包含多种方式。根据《立法法》第 110 条第 1 款的规定，国务院、中央军事委员会、国家监察委员会、最高人民法院、最高人民检察院、各省级人大常委会，认为行政法规、地方性法规、自治条例和单行条例与宪法或者法律相抵触，或者存在合宪性、合法性问题的，可以向全国人大常委会书面提出审查要求，由全国人大有关专门委员会和常委会工作机构进行审查，提出意见；而根据《立法法》110 条第 2 款的规定，其他国家机关和社会团体、企业事业组织以及公民如果认为行政法规、地方性法规、自治条例和单行条例、司法解释与宪法或者法律相抵触的，有权向全国人大常委会书面提出审查建议，由常委会工作机构进行审查，必要时送有关专门委员会进行审查、提出意见。在依申请审查的类型中，地方各级人民法院、人民检察院在审判、检察工作中发现法规、司法解释与宪法或者法律相抵触，或者存在合宪性、合法性问题的，可以上报至最高人民法院、最高人民检察院向全国人大常委会书面提出审查要求的方式，有利于发挥合宪性审查的动力机制的作用，为此特别值得关注。此外值得一提的是，依申请审查过去多被称为"被动审查"，但由于"被动"一词在中文语境中多含有贬义色彩，故我们改采"受动审查"这一更趋于中性的说法。

主动审查大多是审查机关依据其职权主动展开的审查。根据规定，行政法规、地方性法规、司法解释等公布后 30 天内，都要报送全国人大常委会进行备案，自治条例和单行条例甚至需要报送全国人大常委会批准后生效，由审查机关对它们进行审查。这种审查又称依职权审查。主动审查具有一定的内部性，但它对法规、司法解释的合法性审查，颇有实效性。

而专项审查则指的是全国人大专门委员会、常委会工作机构为了贯彻党中央决策部署，或为了落实全国人大常委会工作重点，就涉及事关重大改革和政策调整、涉及法律重大修改、关系公众切身利益，或引发社会广泛关注等方面的某一个专门事项，对相关法规、司法解释所进行的审查。专项审查其实也是主动审查的一种特别形态。《立法法》第 111 条第 1 款规定，全国人大专门委员会、常委会工作机构可以对报送备案的行政法规、地方性法规、自治条例和单行条例等进行主动审查,也可以根据需要进行专项审查。

移送审查指的是全国人大常委会工作机构收到应当由其他机关处理的审查建议,或发现应当由其他机关审查处理的问题,及时移送其他机关处理,又或其他机关在备案审查工作中发现法规、司法解释存在合宪性、合法性问题,将其移送到全国人大常委会工作机构审查处理的情形。

联合审查指的是全国人大常委会工作机构发现法规、规章、司法解释等规范性文件存在涉及其他机关备案审查工作职责范围的共性问题的,可以与全国人大有关专门委员会、其他机关备案审查工作机构开展联合审查的情形。

在审查方式和审查程序方面,根据《立法法》第112条的规定,全国人大专门委员会、常委会工作机构在审查中认为行政法规、地方性法规、自治条例和单行条例同宪法或者法律相抵触,或者存在合宪性、合法性问题的,可以向制定机关提出书面审查意见;也可以由宪法和法律委员会与有关的专门委员会、常委会工作机构召开联合审查会议,要求制定机关到会说明情况,再向制定机关提出书面审查意见。制定机关应当在两个月内研究提出是否修改或者废止的意见,并向全国人大宪法和法律委员会、有关的专门委员会或者常委会工作机构反馈。全国人大宪法和法律委员会、有关的专门委员会、常委会工作机构根据前款规定,向制定机关提出审查意见,如果制定机关按照所提意见对行政法规、地方性法规、自治条例和单行条例进行修改或者废止的,则审查终止。全国人大宪法和法律委员会、有关的专门委员会、常委会工作机构经审查认为行政法规、地方性法规、自治条例和单行条例同宪法或者法律相抵触,或者存在合宪性、合法性问题需要修改或者废止,而制定机关不予修改或者废止的,应当向委员长会议提出予以撤销的议案或建议,由委员长会议决定提请常委会会议审议决定。

在这里值得一提的是,2021年11月,全国人大常委会法工委还成立了备案审查专家委员会,从全国聘请了12位专家学者担任首批委员。审查实务部门在审查过程中,也可以请该委员会委员对有关问题进行论证。

在合宪性审查中,前后还有三道程序特别重要。

第一道程序是合宪性审查的启动。目前,有权提请审查机关启动审查程序的主体非常多,提请条件也非常宽松。为了避免审查案件的泛滥,今后有必要在合宪性审查机制启动环节建立起一套合理的、前置性的案件筛选机制。

第二道程序是信息的反馈与公开。根据《立法法》第 113 条的规定,审查机关在审查工作完成之后,一般应该就审查情况,通过适当方式向提请审查的国家机关、社会团体、企业事业组织以及公民进行必要的反馈,并可以向社会公开。

第三道程序则是年度工作报告。全国人大常委会法制工作委员会每年向全国人大常委会提交本年度的备案审查工作情况报告,由常委会会议审议;该报告根据常委会组成人员的审议意见修订后,向社会公开。

（4）审查的内容与标准

审查的内容,简言之就是审查主体所要判断的审查对象是否构成了违法或者违宪的情形。但这一判断又受制于审查标准。审查标准指的是对规范性文件进行审查过程中所应用的衡量方式与尺度。不同的审查标准决定了审查深广度以及严格程度的不同。长期以来,我国审查实务部门倾向于通过对规范性文件的文面审查,来判断作为审查对象的规范性文件是否与宪法或者作为上位法的法律相抵触或不一致,进而初步确立了两种审查标准的模式,即合法性标准与合理性标准。

合法性标准包含了合宪性标准,其具体含义主要是指作为审查对象的法规、司法解释等规范性文件在内容上不与宪法或者法律相抵触,以及不与上位法不一致。这里所说的"相抵触"是具有方向性的,发生在下位法与上位法的关系之间,即"以下犯上";而"不一致"则不具有方向性,可发生在同位法之间,或上位法与下位法的关系之间,也可能发生在下位法与上位法的关系之间,只有发生在下位法与上位法关系之间的不一致,才可能不符合合法性标准的要求。

合理性标准则可能比合法性标准更加严格,它类似于德国式合宪性审查中的比例原则标准,大致包括立法目的要有正当性,手段与目的要相匹配,权利义务配置要平衡,对公民权利的限制要符合必要且最低限度的原则,规范的内容要合乎情理等方面的内容。

目前,审查机关已大致明确了审查的重点内容,其包括:(1)是否符合宪法规定、宪法原则和宪法精神;(2)是否符合党中央的重大决策部署和国家重大改革方向;(3)是否超越权限,减损公民、法人和其他组织权利或者增加其义务;(4)是否违反上位法规定;(5)是否违背法定程序;(6)为实现立法目的规定的措施与立法目的是否成比例。

应该说,这些内容的确定,具有重要意义。但其具体要点尚颇为混杂,其中有些内容之间还存在交叉或重复的情形,需要今后进一步厘清。

而且,在未来的实践中,如何进一步厘清合法性标准和合理性标准的内涵,并协调好二者的关系,也同样成为需要解决的问题。其中的要点包括:第一,合法性标准是否既包含内容或实质上的合法性,还包含形式上的合法性;第二,究竟是应该在同一审查对象上并用这两种标准模式,还是应该根据不同的审查对象,将二者分别加以应用,比如将合法性标准与合理性标准并用于涉及公民基本权利保障的规范性文件,而将这两个标准分别应用于其他审查对象。

(5) 处理方式

经过审查,合宪性审查机关认定审查对象确实构成违宪的,可分别根据不同情况,作出不同处理,主要包括:建议自我纠正、不予批准、责令修改、改变或撤销。其中的建议自我纠正,就是通过内部的沟通和斡旋,建议制定机关自我纠正,即对违背宪法的规范性文件及时进行修改或废止;不予批准指的是根据有关规定,全国人大常委会对于报送审查和批准的自治区人大制定的自治条例和单行条例,认为违反宪法的,可作出不予批准的决定。责令修改则较为严格一些,它的含义比较容易理解,更为严格的是改变或撤销,其中改变指的是全国人大有权改变全国人大常委会制定的不适当的法律和决定;而撤销是最严格的处理方式,在全国人大及其常委会担纲的合宪性审查制度中,主要指的是:全国人大有权撤销全国人大常委会制定的不适当的法律,有权撤销全国人大常委会批准的违背宪法和《立法法》第85条第2款规定的自治条例和单行条例;全国人大常委会有权撤销与宪法相抵触的各种规范性法律文件,有权撤销省级人大常委会批准的违背宪法和《立法法》第85条第2款规定的自治条例和单行条例。有关这一点,《立法法》第108条中有明确规定。至于《立法法》第85条第2款规定了什么内容,请大家自己看一下法条。

3. 我国合宪性审查制度的运行状态

我国合宪性审查制度长期依托于备案审查制度,而早期的备案审查制度曾经在一定程度上存在所谓"备而不审、审而不纠、纠而不改"的情况,为此,合宪性审查制度的活性化也就无从谈起了。不过,自 2004 年全国人大常委会法工委设立了法规备案审查室之后,备案审查工作取得了一定的绩效,但这些工作比较低调,甚至具有保密倾向,没有以公众看得见的方式显现出来。曾经担任全国人大常委会法工委主任的乔晓阳先生是中国立法实务界的"大佬",他很巧妙地将这一时期中国的备案审查工作形容为"鸭子凫水",意思是虽然从水面上看起来鸭子没有动,但它的脚在水下还是很忙的。

延伸阅读:孙志刚案:合宪性审查制度活性化理想的一次挫败

然而,自 2013 年中国共产党十八届三中全会之后,随着全面深化改革和全面依法治国进程的不断推进,备案审查工作的力度得到了加强,有关方面甚至提出了"有件必备、有备必审、有错必纠"的要求或说法,工作绩效得到了明显提高,相关信息也得到了显性化,根据研究,自 2017 年开始,至第十三届全国人大届满之前,全国人大常委会备案审查机关就已审查处理了八个合宪性事案例。在这个阶段,有关备案审查的各项制度和工作机制也得到了逐步的健全和改善,尤其是从 2017 年开始,全国人大常委会法工委每年向全国人大常委会作备案审查工作报告,审查意见的说理性也在加强。通过 2018 年修宪,现行宪法第 70 条中所规定的全国人大法律委员会更名为"宪法和法律委员会"。这意味着,全国人大的这个专门委员会在合宪性审查工作中发挥更大的作用。而 2023 年新修订的《立法法》更是进一步完善了有关合宪性审查的制度规范。

小贴士:八个合宪性审查事案例

当然,正像前面讲到的那样,我们的合宪性审查制度是内嵌于"纵横交错"的备案审查制度架构之中的,其主体部分主要依托于全国人大常委会的备案审查制度。这样一种合宪性审查制度,可以从合法性审查制度中获得工作平台,也获得内部助力,甚至获得进退有度的一种缓冲地带。这是由于,在对各种规范性文件实行备案审查时,一般实行合法性审查优先原则，即在有法律作为依据的情况下，通常可以优先适用法律进行审查，而没有必要适用宪法进行判断。只有在穷尽了法律适用之后仍然无法作出判断的情况下，才有必要适用宪法对审查对象是否违宪进行判断。如果机械地应用这个原则，将它绝对化，合宪性审查就可能比较容易被湮没在普通的合法性审查之中，后者在一定程度上可以起到替代和消解合宪性审查的功能。而如前所述，像《立法法》这样的法律，就成为宪法的替身。

从宽泛的意义上说，这种合宪性审查，属于享有立法权的各种机关系统内部的一种自我审查，为此是一种相对温和、宽缓的合宪性审查机制。它虽不免处于"自己审自己"的窘境，但无须面对"反多数难题"那样的叩问，适合于实行人民代表大会制的国家。

正是基于前面所说的原因，长期以来，审查机关倾向于采取消极主义的审查立场。备案审查实务部门也承认自己是有意识持有这种立场的，称之为"实质性的适当谦逊"。这种立场表现在审查机关一般视合宪性审查为畏途，除了将合法性审查优先原则用到极致以外，尽量采取回避宪法判断的策略，即使对明显存在合宪性争议的审查对象，也尽可能以合法性审查替代合宪性审查，或以合法性审查的手段解决合宪性争议的问题。前面所说的八个合宪性审查案件，基本上都是通过上面所说的手法作出审查判断的。

以合法性审查替代合宪性审查，或者以合法性审查的手段解决合宪性问题，表面上似乎也达到了合宪性审查的效果，实际上还有待于通过名副其实的合宪性审查，去充分激活宪法的实效性，形成依宪治国的宪法秩序。但应该看到的是，我国的合宪性审查制度，总体上还处在继续形成和发展的态势之中。认识到这一点，就会看到未来的曙光。

到这里为止，一个学期的《宪法学》课程就讲授完毕了。至此，也许同学们会觉得学了很多知识，但过几年蓦然回首，有人可能会觉得"哎，当年的宪法课我到底学了什么？"记得有一次我碰到一位年轻人，他主动上来跟我打招呼，兴奋地说大学时代曾跟我学过宪法学，闲聊中我就问：你还记得当时宪法学课所讲的内容吗？他呵呵地笑了，尴尬地说差不多都忘记了，但记得"宪法顶个地球"的桥段。

有鉴于此,在这里我想最后告诉大家:在你们学完宪法学全部课程之后,如果说今后什么都可以忘记的话,有三点道理请务必不要轻易忘记——

第一,宪法者,限权之法也。它通过限制公共权力的肆意滥用,保护人民的个体尊严与基本权利,由此赋予公权力的正当性,赋予政权的合法性。

第二,宪法者,也可谓世之经纬,国之重器。换言之,它既是镇国之法宝,也是人民之甲胄。"镇国之法宝"是为公权力之所谋,"人民之甲胄"是为人民之所用。两者都是宪法的重要功能,犹如车之两轮,鸟之双翼,绝对不可偏废。

第三,如果将宪法的精神归结为一句话,那就是:要把每一个人当作人来对待,绝不可触碰人作为人所应该享有的尊严。只有真正懂得对人的尊严给予崇高敬意的人,才真正理解宪法的精神。对于这样的人,我将不顾头发稀疏,脱帽表示敬意!

同学们! 放眼当今中国,社会思潮与价值秩序的大激荡时代可能即将到来,它将召唤宪法学隆重出场。这是因为,中国究竟避免不了一场有关重大问题的争论,包括对人的价值的争论、对国家本质的争论、对国家前途的争论、对有关良善政治体制的争论。争论需要准据,也需要结晶,这都需要宪法学隆重出场。

至此,我们这学期的宪法学课程全部结束。

最后,请允许我引用我所喜欢的莎士比亚的一行诗句,转赠给诸君:

我们历尽了千辛万苦,终于在乱麻中采撷了这朵鲜花。

附　　录

一、法科初学者《宪法学》课程精选推荐书单

1.《宪法学》编写组:《宪法学》(第二版),高等教育出版社·人民出版社2020年版。

2.《中华人民共和国宪法(应用版)》,法律出版社2021年版。

3. 林来梵:《宪法学讲义》(第四版),清华大学出版社2023年版。

4. 韩大元、林来梵、郑贤君:《宪法学专题研究》(第二版),中国人民大学出版社2008年版。

5. 林来梵:《宪法学的脉络:四个基础性概念研究》,商务印书馆2022年版。

6. 陈新民:《德国公法学基础理论》(增订新版上下卷),法律出版社2010年版。

7.〔日〕芦部信喜:《宪法》(第六版),林来梵等译,清华大学出版社2018年版。

8.〔英〕洛克:《政府论》(上、下),翟菊农等译,商务印书馆2020年版。

9.〔法〕卢梭:《社会契约论》,何兆武译,商务印书馆2017年版。

10.〔法〕孟德斯鸠:《论法的精神》(上、下),许明龙译,商务印书馆2017年版。

11.〔英〕密尔:《代议制政府》,汪瑄译,商务印书馆2017年版。

12.〔美〕汉密尔顿等:《联邦党人文集》,程逢如等译,商务印书馆2020年版;或同氏:《联邦论》,尹宣译,译林出版社2016年版。

13. 季卫东:《宪政新论》(第二版),北京大学出版社 2005 年版。

14. 夏勇:《人权概念起源》(修订版),中国政法大学出版社,2001 年版。

15. 蔡定剑:《中国人民代表大会制度》(第四版),法律出版社 2003 年版。

16. [美]安东尼·刘易斯:《批评官员的尺度——<纽约时报>诉警察局长沙利文案》,何帆译,北京大学出版社 2011 年版。

17. 费孝通:《民主·宪法·人权》,生活·读书·新知三联书店 2013 年版。

18. 梁漱溟:《中国文化要义》,上海人民出版社 2018 年版。

19. 钱穆:《中国历代政治得失》,生活·读书·新知三联书店 2018 年版。

20. 林来梵:《文人法学》(增订版),清华大学出版社 2017 年版。

二、《宪法学》课程体系化进阶学习推荐书单

(一)宪法学导论部分

1.《宪法学》编写组:《宪法学》(第二版),高等教育出版社·人民出版社 2020 年版。

2. 林来梵:《宪法学讲义》(第四版),清华大学出版社 2023 年版。

3. [日]芦部信喜:《宪法》(第六版),林来梵等译,清华大学出版社 2018 年版。

4. 韩大元、林来梵、郑贤君:《宪法学专题研究》(第二版),中国人民大学出版社 2008 年版。

5. 周叶中主编:《宪法》(第五版),高等教育出版社 2020 年版。

6. 胡锦光、韩大元:《中国宪法》(第 4 版),法律出版社 2018 年版。

7. [德]卡尔·拉伦茨:《法学方法论》(全本、第六版),黄家镇译,商务印书馆 2020 年版。

8. 白斌:《宪法教义学》,北京大学出版社 2014 年版。

9. 李忠夏:《宪法变迁与宪法教义学》,法律出版社 2018 年版。

10. 蒋廷黻:《中国近代史》,民主与建设出版社 2017 年版。

（二）宪法总论部分

11.［古希腊］亚里士多德：《政治学》，吴寿彭译，商务印书馆 2017 年版。

12.［美］约翰·罗尔斯：《正义论》，何怀宏等译，中国社会科学出版社 2011 年版。

13.［德］哈贝马斯：《在事实与规范之间——关于法律和民主法治国的商谈理论》（修订本），童世骏译，生活·读书·新知三联书店 2014 年版。

14.［美］斯科特·戈登：《控制国家——从古雅典至今的宪政史》，应奇等译，江苏人民出版社 2008 年版。

15. 李强：《自由主义》（第三版），东方出版社 2015 年版。

16.［美］布鲁斯·阿克曼：《我们人民：奠基》，王庆华译，中国政法大学出版社 2017 年版。

17. 王希：《原则与妥协：美国宪法的精神与实践》（增订本），北京大学出版社 2014 年版。

18. 许崇德：《中华人民共和国宪法史》（上、下），福建人民出版社 2005 年版。

19. 陈新民：《德国公法学基础理论》（增订新版上下卷），法律出版社 2010 年版。

20. 韩大元：《宪法学基础理论》，中国政法大学出版社 2008 年版。

21. 林来梵：《从宪法规范到规范宪法：规范宪法学的一种前言》，商务印书馆 2017 年版。

22. 韩大元、张翔：《宪法解释程序研究》，中国人民大学出版社 2016 年。

23. 陈玉山：《中国宪法序言研究》，清华大学出版社 2016 年版。

24. 胡锦光：《中国宪法问题研究》，新华出版社 1998 年版。

25. 季卫东：《宪政新论》（第二版），北京大学出版社 2005 年版。

26. 林来梵：《宪法学的脉络：四个基础性概念研究》，商务印书馆 2022 年版。

27.［法］狄骥：《宪法学教程》，辽海出版社等 1999 年版。

28.［德］康拉德·黑塞：《联邦德国宪法纲要》，李辉译，商务印书馆 2007 年版。

29.［法］托克维尔：《论美国的民主》，董果良译，商务印书馆 2017 版。

30.［英］戴雪：《英宪精义》，雷宾南译，中国法制出版社 2017 版。

（三）有关国家组织部分

31. ［法］卢梭：《社会契约论》，何兆武译，商务印书馆 2017 年版。

32. ［英］洛克：《政府论》（上、下），翟菊农、叶启芳译，商务印书馆 2020 年版。

33. ［英］密尔：《代议制政府》，汪瑄译，商务印书馆 2017 年版。

34. 姜峰：《立宪主义与政治民主：宪法前沿十二讲》，华中科技大学出版社 2013 年版。

35. 马岭：《宪法权力解读》，北京大学出版社 2013 年版。

36. 李树忠：《国家机关组织论》，知识产权出版社 2004 年版。

37. ［日］阿部照哉、池田政章等：《宪法—总论篇·统治机构篇》，周宗宪译，中国政法大学出版社 2006 年版。

38. 叶海波：《政党立宪研究》，厦门大学出版社 2009 年版。

39. 蔡定剑：《中国人民代表大会制度》（第四版），法律出版社 2003 年版。

40. 陈斯喜：《人民代表大会制度概论》，中国民主法制出版社 2016 年版。

41. 周伟：《各国立法机关委员会制度比较研究》，山东人民出版社 2005 年版。

42. 秦前红：《监察改革中的法治工程》，译林出版社 2020 年版。

43. 王振民：《中央与特别行政区关系：一种法治结构的解析》，清华大学出版社 2002 年版。

44. 邹平学等：《香港基本法实践问题研究》，社会科学文献出版社 2014 年版。

（四）有关基本权利部分

45. ［德］康德：《法的形而上学原理》，沈叔平译，商务印书馆 2017 年版。

46. ［德］列奥·斯特劳斯：《自然权利与历史》，彭刚译，生活·读书·新知三联书店 2016 年版。

47. 郑贤君：《基本权利原理》，法律出版社 2010 年版。

48. 张翔：《基本权利的规范建构》（增订本），法律出版社 2017 年版。

49. ［日］阿部照哉、池田政章等：《宪法—基本人权篇》，周宗宪译，中国政法大学出版社 2006 年版。

50. 张卓明:《选举权论》,社会科学文献出版社 2014 年版。

51. 刘权:《比例原则》,清华大学出版社 2022 年版。

52. 韩大元、王建学:《基本权利与宪法判例》(第二版),中国人民大学出版社 2021 年版。

（五）有关宪法保障部分

53. 王旭:《宪法实施原理:解释与商谈》,法律出版社 2016 年版。

54. 范进学:《完善我国合宪性审查制度与机制研究》,译林出版社 2021 年版。

55. 胡锦光:《合宪性审查原理五论》,中国民主法制出版社 2022 年版。

56. 林来梵主编:《宪法审查的原理与技术》,法律出版社 2009 年版。